Atividade Física Adaptada e Saúde

Da teoria à prática

INSTITUTO PHORTE EDUCAÇÃO
PHORTE EDITORA

Diretor-Presidente
Fabio Mazzonetto

Diretora Executiva
Vânia M. V. Mazzonetto

Editor Executivo
Tulio Loyelo

Luzimar Teixeira

Atividade Física Adaptada e Saúde

Da teoria à prática

Phorte editora
São Paulo, 2008

Rua Treze de Maio, 596 – Bela Vista – São Paulo – SP
CEP: 01327-000 – Brasil
Tel/Fax: (11) 3141-1033
Site: www.phorte.com E-mail: phorte@phorte.com

CIP-BRASIL. CATALOGAÇÃO-NA-FONTE
SINDICATO NACIONAL DOS EDITORES DE LIVROS, RJ

A888

Atividade física adaptada e saúde: da teoria à prática / Luzimar Teixeira - São Paulo: Phorte, 2008.
446p. : il.

Inclui bibliografia
ISBN 978-85-7655-185-0

1. Educação física - Aspectos fisiológicos. 2. Exercícios físicos - Aspectos fisiológicos. I. Teixeira, Luzimar.

08-1495. CDD: 796.01922
CDU: 796.011.3

16.04.08 16.04.08 006234

Impresso no Brasil
Printed in Brazil

Luzimar Teixeira

Doutor em Educação Física pela Universidade de São Paulo
Mestre em Educação Física pela Universidade de São Paulo
Professor nos cursos de Graduação, Mestrado e Doutorado da Escola de Educação Física e Esporte da USP
Coordenador de cursos de Pós-Graduação na Universidade Gama Filho e Centro Universitário UniFMU
Coordenador do Instituto Punin de Informação e Referência em Asma

Colaboradores

CELSO R. F. CARVALHO
Prof. Livre-docente da Faculdade de Medicina da USP
Graduado em Educação Física
Graduado em Fisioterapia

CRISTIANE PEIXOTO
Mestre em Educação Física e Envelhecimento pela Universidade de São Paulo
Pós-graduada em Ginástica Especial Corretiva pela UniFMU
Docente dos cursos de pós-graduação da UniFMU e Gama Filho
Palestrante do núcleo de envelhecimento da Fitness Brasil desde 2003
Gestora do Programa Quali-Idade da Reebok Sports Club

DENISE MARIA MARTINS VANCEA
Doutora em Ciências pela Escola Paulista de Medicina – UNIFESP
Autora do Livro "Exercício Físico no Controle do Diabetes-Mellitus"
Professora da Pós-Graduação da Universidade Gama Filho
Membro da Sociedade Brasileira de Diabetes

ESTER FRANCISCA MENDES BÔSCOLO
Mestre em Educação Física pela Universidade de São Paulo
Especialista em Psicopedagogia
Graduada em Educação Física pela Universidade de São Paulo
Coordenadora de pesquisas na Universidade de Guarulhos

FABIANE VILLA
Mestranda em Ciências da Reabilitação: Movimento, Postura e Ação Humana pela Faculdade de Medicina da Universidade de São Paulo
Bacharel e Licenciada em Educação Física pela Escola de Educação Física e Esporte da Universidade de São Paulo
Professora do Centro de Práticas Esportivas da Universidade de São Paulo.

LINDA MOREIRA PFRIMER
Doutoranda em Ciências Endocrinológicas pela Escola Paulista de Medicina – UNIFESP
Mestre em Ciências Endocrinológicas pela Escola Paulista de Medicina – UNIFESP
Especialista em Musculação, Hidroginástica e Ginástica pela Universidade Católica de Goiás
Especialista em Fisiologia e Prescrição de Exercícios pela Universidade Católica de Goiás
Licenciada em Educação Física pela Escola Superior de Educação Física de Goiás

Instrutora Internacional de Hidroginástica pela Aquatic Exercise Association
Professora de Atividade Física para Populações Especiais em cursos de pós-graduação na UGF, FMU e UNIFOA.
Coordenadora do Programa de Reabilitação e Atividades Físicas Direcionado ao Osteoporótico – PRADO/UNIFESP
Pesquisadora do Grupo de Estudos em Doenças Osteometabólicas da UNIFESP

MARCELA GRISOLIA GRISOSTE ZWARG
Docente do curso de Educação Física da Universidade Católica Dom Bosco (MS)
Mestranda em Biodinâmica do Movimento Humano pela Universidade de São Paulo
Pós-graduada em Atividade Física Adaptada e Saúde pela Universidade Gama Filho
Pós-graduada em Bases Nutricionais da Atividade Física pela Universidade Gama Filho
Pós-graduada em Fisiologia do Exercício pela Universidade Gama Filho
Graduada em Educação Física pela Universidade Católica Dom Bosco (MS)
Graduada em Nutrição pela Universidade Católica Dom Bosco (MS)

MARCELLO ÁRIAS DIAS DANUCALOV
Mestre em Farmacologia pela Universidade Federal de São Paulo
Graduado em Educação Física pela Faculdade de Educação Física de Santos
Pós-graduado em Fisiologia do Exercício pela Universidade Federal de São Paulo
Pós-graduado em Ioga pelo Centro Universitário FMU
Co-autor do livro Neurofisiologia da meditação

MARCELO SALDANHA AOKI
Doutor em Biologia Celular e Tecidual pelo Instituto de Ciências Biomédicas da Universidade de São Paulo
Mestre em Biologia Celular e Tecidual pelo Instituto de Ciências Biomédicas da Universidade de São Paulo
Licenciado em Educação Física pela Escola de Educação Física e Esporte da Universidade de São Paulo
Professor do curso de Ciências da Atividade Física da Universidade de São Paulo

MÁRCIA ALESSANDRA CARNEIRO PEDROSA DE CASTRO
Fisioterapeuta
Mestre em Fisiologia pela Universidade Federal de São Paulo
Doutora em Ciências Endocrinológicas pela Universidade Federal de São Paulo
Docente da Faculdade de Ciências Médicas da Paraíba

MÁRCIA GREGUOL GORGATTI
Doutora em Biodinâmica do Movimento Humano pela Escola de Educação Física e Esporte da Universidade de São Paulo
Mestre em Biodinâmica do Movimento Humano pela Escola de Educação Física e Esporte da Universidade de São Paulo
Graduada em Esporte pela Escola de Educação Física e Esporte da Universidade de São Paulo
Professora adjunta do Departamento de Esporte do Centro de Educação Física e Esporte da Universidade Estadual de Londrina
Organizadora do livro Atividade Física Adaptada e Qualidade de Vida para Pessoas com Necessidades Especiais

MARIA CLÁUDIA VANÍCOLA
Mestre em Biodinâmica do Movimento Humano pela Escola de Educação Física e Esporte da Universidade de São Paulo
Graduada em Educação Física pela Escola de Educação Física e Esporte da Universidade de São Paulo
Especializada em Ginástica Especial Corretiva pelo Centro Universitário FMU
Especializada Ginástica Médica pelo Instituto Sergio Pivetta de Milão

MARISE LAZARETTI CASTRO
Livre-docente em Endocrinologia
Chefe do Setor de Doenças Osteometabólicas da disciplina Endocrinologia da Universidade Federal de São Paulo

MÔNICA LONGO DE OLIVEIRA
Doutoranda na disciplina de Endocrinologia pela Universidade Federal de São Paulo

Graduada em Fisioterapia pela Universidade Federal de São Carlos (UFSCar)
Formação em RPG e GDS Bélgica.
Professora de Fisioterapia na disciplina Fisioterapia Aplicada à Reumatologia
Fisioterapeuta responsável pelo Programa de Reabilitação e Atividade Física Direcionado ao Osteoporótico da Universidade Federal de São Paulo
Pesquisadora do Grupo de Estudos em Doenças Osteometabólicas da Universidade Federal de São Paulo

NEWTON NUNES
Doutor em Educação Física pela Escola de Educação Física e Esporte da Universidade de São Paulo
Mestre em Educação Física pela Escola de Educação Física e Esporte da Universidade de São Paulo
Graduado em Educação Física pela Escola de Educação Física e Esporte da Universidade de São Paulo
Especialização em Reabilitação Cardiovascular pelo InCor
Professor de Educação Física no InCor

RICARDO ZANUTO
Graduado em Educação Física pela Faculdades Integradas de Santo André (FEFISA)
Graduando em Nutrição pelo Centro Universitário Metodista de São Paulo (UMESP)
Pós-graduação lato sensu em Fisiologia do Exercício pela Faculdades Integradas de Santo André (FEFISA)
Pós-graduação lato sensu em Natação e Atividades Aquáticas pelas Faculdades Integradas Metropolitanas Unidas (UniFMU)
Mestre em Fisiologia Humana e Biofísica pelo Instituto de Ciências Biomédicas da Universidade de São Paulo
Doutor em Fisiologia Humana e Biofísica pelo Instituto de Ciências Biomédicas da Universidade de São Paulo
Professor Titular de Bioquímica, Biologia, Saúde e Qualidade de Vida em academias da FEFISA

ROBERTO SERAFIM SIMÕES
Educador físico pós-graduado em Treinamento Desportivo pelo Centro Universitário FMU
Pós-graduado em Ioga pelo Centro Universitário FMU
Pós-graduado em Fisiologia do Exercício pelo Centro Universitário FMU
Co-autor do livro Neurofisiologia da meditação

SYLVIA LÚCIA DE FREITAS
Mestre em Ciências pela Faculdade de Medicina da Universidade de São Paulo
Licenciada em Educação Física pela Escola de Educação Física e Esporte da Universidade de São Paulo
Especialização em Natação
Educadora de práticas desportivas na Escola de Educação Física e Esporte da Universidade de São Paulo

Dedicatória

A meus pais, Salvador (*in memoriam*) e Iva, que
nunca mediram esforços e sempre incentivaram meus estudos.
A meus filhos Gustavo, Fernando, Isadora e Fernanda, vocês são a principal motivação.
À companheira, amiga e mãe de duas princesas, Julinha, pelo amor e pelos presentes.
Ao Sr. Peter Yang Kuo Hsien e a Sra. Julie Yang, fundadores do Instituto
Punin, que transformaram a dor de uma perda em força para ajudar.

Luzimar Teixeira

Agradecimentos

Agradeço a todos os colaboradores deste livro, que com seus conhecimentos teóricos e práticos tornaram realidade esta publicação.

Agradeço a toda equipe da Phorte Editora pelo eficiente apoio em todas as etapas de produção deste livro.

Agradeço a toda a equipe da Central de Cursos, que cuida com muito carinho do Curso de Especialização em Atividade Física Adaptada e Saúde, motivo desta publicação.

Agradeço a Profa. Fernanda Cerveira pelo auxílio na leitura final.

Agradeço ao Instituto Punin por todo material educativo fornecido e apoio dado aos cursos, palestras e congressos.

Luzimar Teixeira

Apresentação

A inter-relação de circunstâncias que acompanham a atividade física determina, em grande parte, seu propósito; nesse sentido, as atividades físicas adaptadas constituem um termo amplo e geral que pretende abranger todas as áreas de intervenção não atendidas pelos programas de atividades físicas formais.

Os diferentes objetivos das atividades físicas têm como referência a idade, o rendimento motor, o lazer e a recreação. As atividades físicas adaptadas têm o mesmo objetivo, que se concretiza, porém, e se faz de diferentes formas ao ser dirigido a pessoas com determinadas particularidades.

É grande a diversidade de atividades físicas adaptadas e é necessário lembrar que elas apresentam numerosas opções, dependendo do marco que se coloque. Esse fato indica a necessidade de formar, com maior profundidade de conhecimentos, os profissionais para atuar nessa área.

Originalmente, a expressão "educação física adaptada" foi usada nos anos 1950, nos EUA, para descrever programas escolares de educação física para crianças incapacitadas. Com a introdução da expressão "atividade física adaptada", nos anos 1970, o conceito de Educação Física Adaptada se expandiu além do ambiente escolar e dos programas de educação física. No final dos anos 1980, profissionais em todo o mundo iniciaram um diálogo e um intercâmbio internacional acerca de idéias sobre terminologia e definições. Muitas definições foram propostas e continuam sendo discutidas e debatidas. Nesse momento, uma importante evolução é a mudança de um modelo médico, em que a preocupação principal era o alívio dos distúrbios físicos, para um modelo educacional e de inclusão social, que enfatiza o desenvolvimento do domínio motor por meio da aprendizagem de habilidades motoras. As práticas são cada vez mais integradas e unificadas, como é o exemplo das modalidades esportivas unificadas das Olimpíadas Especiais.

Essas definições esclarecem que a atividade física adaptada não está preocupada exclusivamente com populações que historicamente vêm sendo denominadas incapazes ou especiais; pelo contrário, a atual ênfase está nas diferenças e interações individuais e com o meio ambiente, que são manifestadas como físicas, mentais, sociais ou emocionais e afetam a aquisição de um estilo de vida saudável, ativo e com lazer, integração e inclusão. Mais do que isso, a atividade física adaptada não é somente uma expressão usada para descrever um corpo de conhecimento multidisciplinar, mas também uma base teórica para pesquisa e programação estratégica, para promover atividades físicas para indivíduos com particulares necessidades.

Nesse sentido, a área acadêmica da Educação Física Adaptada deu largos passos nos últimos vinte anos, pois a definição da área de atuação profissional aconteceu na medida em que a área de conhecimento a ela correspondente tornou-se estabelecida.

Existem ainda particularidades da área, como a definição sobre a propriedade do trabalho ser ou não da Educação Física Adaptada. Torna-se necessário reconhecer que a área é dinâmica na busca de integração de conhecimentos e de criação de interfaces com outras áreas. Isso deve ser visto como uma virtude em vez de como um problema. Constata-se um número crescente de grupos multidisciplinares procurando compreender e gerar conhecimentos de procedimentos para um grande número de deficiências e distúrbios da saúde.

A atuação no campo da Educação Física Adaptada e a proposição de programas nessa área levantam algumas questões que ainda devem ser consideradas:

1. Como as características estáveis e transitórias que geram necessidades especiais para o indivíduo influenciam a competência motora?

2. Como a competência motora da população com necessidades especiais pode ser melhorada a partir da organização da prática da atividade motora que respeite as necessidades dessa população e possa contribuir para a melhora da qualidade de vida?

3. Em que medida podem ser estabelecidas delimitações entre a atuação dos diferentes profissionais que estão direta ou indiretamente ligados à população com necessidades especiais?

4. Como e quando há a necessidade de integração profissional ou do trabalho multidisciplinar para resolver problemas complexos que envolvem pessoas com determinadas particularidades?

Acompanhando o dinamismo da área da Educação Física Adaptada e na busca de integração de conhecimentos e de criação de interfaces com outras áreas, apresentamos este livro como mais uma contribuição para compreender e gerar conhecimentos de procedimentos necessários na formação dos profissionais para atuar nessa área.

Luzimar Teixeira

Prefácio

Mais uma vez, o ativo e competente professor Luzimar Teixeira vem a campo, com o livro Atividade Física Adaptada e Saúde: da Teoria à Prática, para transmitir seus conhecimentos, de forma simples e objetiva, a todos nós, envolvidos direta ou indiretamente com a área da saúde. Há pelo menos 10 anos venho acompanhando de perto o incansável professor, no sentido mais amplo da palavra, cujas características mais marcantes são a simpatia e o profissionalismo, procurando de todas as formas transmitir a seus alunos – quase filhos –, com transbordante energia, os princípios fundamentais do conhecimento científico da atividade física como adjuvante indispensável ao tratamento de doenças crônicas.

Seu currículo nos deixa claro o que vamos encontrar no livro: professor de graduação e pós-graduação da Escola de Educação Física e Esporte da Universidade de São Paulo, professor de pós-graduação pela Universidade Gama Filho e UniFMU, coordenador do Instituto Punin de Informação e Referência em Asma e referência nacional na área de atividade física adaptada à saúde. O livro, abordando temas como asma, alterações posturais, obesidade, gravidez, hipertensão, aspectos cardiovasculares e musculoesqueléticos e deficiências, entre muitos outros, procura, de forma clara, demonstrar a importância do trabalho interdisciplinar, com embasamento científico, para o equilíbrio de doenças crônicas ou situações fisiológicas que podem, de uma forma ou de outra, interferir na qualidade de vida do indivíduo. Enfim, todos estão convidados a desfrutar, assim como eu, desses ensinamentos transmitidos em mais este ótimo livro do professor Luzimar.

Fábio F. Morato Castro
Professor Livre-docente e Associado da disciplina de Imunologia Clínica e Alergia da Faculdade de Medicina da Universidade de São Paulo e Supervisor do Serviço de Imunologia do Hospital das Clínicas de São Paulo.

Sumário

Introdução

Marcello Árias Dias Danucalov
Roberto Serafim Simões
Luzimar Teixeira
Marcelo Saldanha Aoki

Integração fisiológica: eixo neuroimunoendócrino

O corpo humano é uma "máquina" extremamente complexa. Na tentativa de entender o seu funcionamento, equivocadamente, a Fisiologia Humana foi, por muito tempo, estudada por meio da análise dos sistemas isolados. A maioria dos livros didáticos continua a abordar a Fisiologia sob uma perspectiva reducionista.

A abordagem atual, em contrapartida, tem como objetivo estudar o funcionamento integrado do corpo humano. Nesse contexto, a comunicação-integração dos sistemas corporais é fundamental para manutenção do equilíbrio fisiológico e da saúde.

Dessa necessidade de uma abordagem integrada é que surge a proposta deste texto sobre integração fisiológica: eixo neuroimunoendócrino.

Acredita-se que o corpo humano é composto de 75 a 100 trilhões de células distribuídas em diferentes tecidos e trabalhando de forma extremamente organizada (Silverthorn, 2003). O funcionamento adequado dessas células garante o equilíbrio fisiológico e a saúde. Fazendo uma analogia do corpo a uma grande empresa, percebe-se que quanto mais funcionários a empresa possui, mais complexa é a sua organização. O corpo possui vários funcionários (células) e cada um deles tem sua função específica. No entanto, vale ressaltar que os funcionários dessa empresa necessitam de condições ideais de trabalho. No corpo humano, isso não é diferente: as células também apresentam algumas exigências para o seu ótimo funcionamento.

Essas exigências ou condições precisam ser mantidas a fim de que o funcionamento da empresa se mantenha. Os diretores da empresa têm, entre diversas funções, manter essas condições, garantindo o sucesso. Da mesma forma que a empresa, alguém no corpo precisa controlar essas condições para as células. O papel de diretor é desempenhado no corpo humano pelo sistema neuroimunoendócrino.

Sendo assim, o diretor do corpo humano é o responsável por manter as condições de trabalho equilibradas. Mas quais são as principais exigências desses importantes funcionários?

As células necessitam de várias condições equilibradas, como, por exemplo, a energia. Nenhum funcionário trabalha de estômago vazio. Da mesma forma, o fluxo de energia nas células precisa ser mantido em equilíbrio. A carga energética ideal para célula é medida pela relação ATP:ADP. Quando esta relação é igual a 1, a carga energética da célula está em equilíbrio. Em uma situação de esforço físico máximo que resulta em fadiga, a célula muscular pode apresentar um decréscimo de até 0,6 nesta relação (Maughan et al., 1997).

Ainda relacionado às exigências energéticas, os neurônios têm uma necessidade específica de glicose como substrato energético, por exemplo. A redução da glicemia abaixo dos valores considerados normais tem diversos efeitos deletérios sobre a funcionalidade do sistema nervoso (Viru & Viru, 2001).

Outro importante parâmetro a ser controlado é a quantidade de água no corpo. Apesar do corpo humano ser constituído de aproximadamente 70% de água, ele tolera uma pequena perda hídrica. Uma redução de 2% do peso corporal já constitui um desequilíbrio hídrico (Viru & Viru, 2001).

Essas são apenas algumas das condições necessárias para o funcionamento do corpo. Ainda pode-se destacar o pH, a temperatura corporal, a pressão arterial, a pressão parcial de O_2 e CO_2 etc (Viru & Viru, 2001). Porém, o objetivo deste capítulo não é esgotar este assunto. O intuito é apresentar o responsável pelo controle dessas variáveis.

O complexo mecanismo de controle dessas variáveis da homeostase pode ser, didaticamente, chamado de Sistema de Controle Biológico. Esse mecanismo de controle é constituído por quatro componentes: estímulo, receptor, unidade de controle integrado e mecanismo efetor.

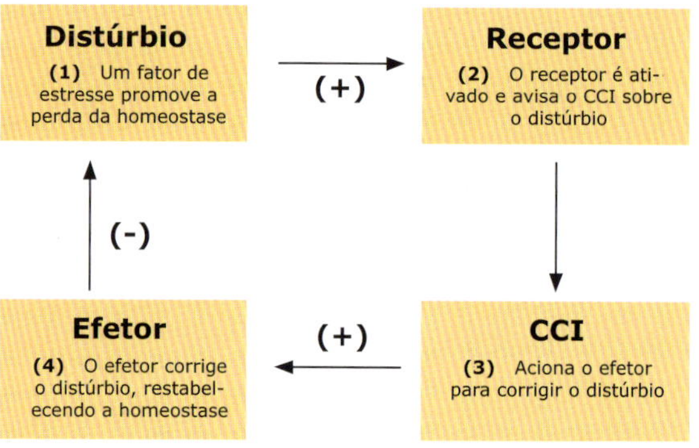

Figura 1 [In.] – Componentes do Sistema de Controle Biológico – CCI (Centro de Controle Integrado).

O *estímulo* pode ser definido como o fator que perturba a homeostase. O aumento da temperatura, a queda da glicemia e o aumento da pressão parcial de CO_2 são exemplos de estímulos que desequilibram a homeostase.

O *receptor* é o responsável por perceber as alterações no organismo. Os referidos receptores são neurônios especializados que fazem parte do Sistema Nervoso Aferente (ou Sensorial). Esses receptores dividem-se em cinco categorias: termoceptores, nociceptores, mecanoceptores, quimioceptores e fotoceptores.

Esses neurônios desempenham a importante função de avisar o Centro de Controle Integrado sobre o distúrbio. O Centro de Controle Integrado está anatomicamente localizado no sistema nervoso central. É nesse local que são tomadas as decisões. A partir dessas diretrizes, os mecanismos efetores realizaram o ajuste do meio interno. Os principais *efetores* no corpo humano são o sistema nervoso autônomo e o sistema endócrino. A ativação desses efetores e a liberação de hormônios e neurotransmissores podem, por conseguinte, afetar o trabalho do sistema imunológico – o principal defensor do organismo. A seguir, é apresentado um detalhamento básico de cada um desses componentes.

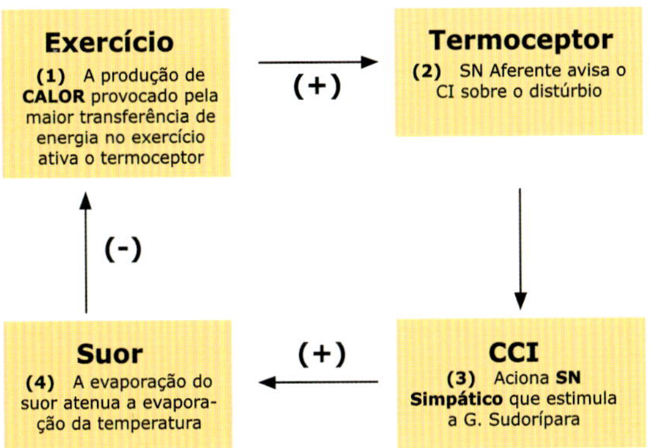

Figura 2 [In.] – Sistema de Controle Biológico e resposta à elevação da temperatura corporal durante o exercício físico.

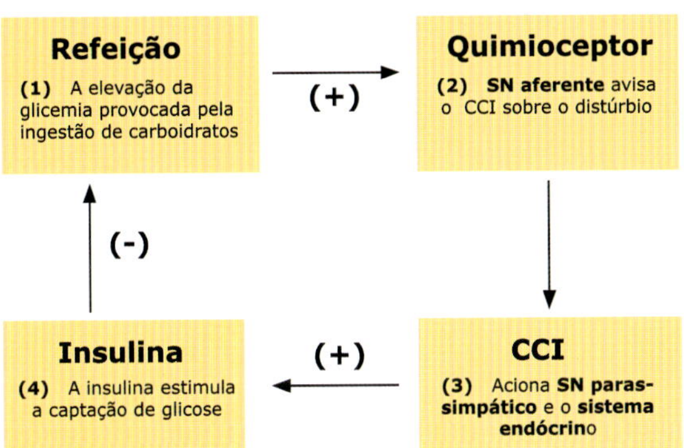

Figura 3 [In.] – Sistema de Controle Biológico e resposta à elevação da glicemia após uma refeição rica em carboidrato.

O sistema nervoso

Esse sistema é formado por diminutas células conhecidas por neurônios. Cem bilhões de neurônios compõem o crânio dos seres humanos, dando forma ao sistema nervoso. A função do sistema nervoso é baseada na capacidade dessas células em realizar comunicação e transmitir informações (Silverthorn, 2003).

O sistema nervoso é um aglomerado de estruturas altamente especializadas, no qual cada parte exerce uma função específica. Entretanto, cada uma das partes isoladas está intimamente conectada às demais, de forma que, em muitas ocasiões, a ativação de uma dada região poderá acarretar uma resposta em outras regiões mais distantes.

Pode-se dividi-lo em duas partes principais: o Sistema Nervoso Central (SNC), que contém as estruturas existentes no crânio (encéfalo) e na medula espinhal; e o Sistema Nervoso Periférico (SNP), constituído pelos nervos que saem do SNC em direção aos músculos, órgãos e vísceras em geral.

Os nervos do SNP tecem íntima relação com o meio ambiente, pois por meio deles pode-se sentir o mundo, graças à porção sensorial do SNP. Uma vez captadas as sensações, estas são processadas nas estruturas do SNC e, então, é elaborada uma resposta ao estímulo previamente detectado. Na maioria das vezes, a resposta envolve algum tipo de ação eferente que será realizada pelo SNP. Os nervos do SNP contêm algumas estruturas relacionadas ao sistema nervoso autônomo (SNA), que é a porção do sistema nervoso destinada a cuidar do equilíbrio fisiológico, como a regulação da pressão arterial, dos batimentos cardíacos, da regulação da temperatura etc. Existe, ainda, um outro tipo de resposta eferente relacionada ao controle dos músculos.

Funcionalmente, o sistema nervoso divide-se em algumas áreas: as sensoriais, as motoras e as integradoras. Quanto mais primitivo o sistema nervoso, menor será a área de integração. Quanto mais complexo for o sistema nervoso, maiores serão as áreas destinadas a realizar os processos integrativos. Sistemas nervosos mais primitivos geralmente trabalham somente a resposta de fuga ou de luta. Diante de um perigo iminente, a parte sensorial do sistema nervoso, aquela que percebe os estímulos advindos do meio externo, estimula a parte motora, aquela que cuida da movimentação do organismo no espaço, e a fuga ou a luta tem início. No ser humano, os diversos processos são interpostos entre o início do estímulo sensorial e a resposta motora final. Tudo isso passa a exigir um enorme aparato integrativo, que diante de um leão não produz apenas duas alternativas, mas elabora centenas de possibilidades.

Todas essas complexas funções que envolvem pensamento, emoção, vontade e as mais variadas formas de linguagem são comumente chamadas de mente humana. Logo, os três processos básicos de um cérebro são sentir o mundo, agir no mundo e, sobretudo, processar o mundo.

Nesse contexto, qualquer perturbação do equilíbrio fisiológico será percebida pela porção sensorial do sistema nervoso. Os neurônios aferentes (sensoriais) rapidamente conduzirão a informação ao centro de processamento. Neste local, será tomada a decisão de qual resposta deve ser implementada. Essa resposta será realizada pela porção efetora do sistema nervoso (neurônio eferente), que se divide em resposta eferente autônoma (simpática ou parassimpática) ou somática.

O sistema endócrino

A regulação do equilíbrio fisiológico envolve o trabalho de dois grandes sistemas de controle: o primeiro é o sistema nervoso, responsável pelos ajustes rápidos, e o segundo o sistema de controle é o hormonal ou endócrino. Além do controle sobre a homeostase, o sistema hormonal também é o responsável por diversas funções, destacando-se o crescimento e desenvolvimento biológico, a regulação do metabolismo e a reprodução (Silverthorn, 2003).

A palavra *hormônio* deriva do grego "eu estimulo". Os hormônios são substâncias químicas secretadas por glândulas específicas, que têm como função estimular outras células. Essas substâncias atuam de forma semelhante aos neurotransmissores anteriormente discutidos. Para que um hormônio desempenhe sua função, é necessário que se ligue ao seu respectivo receptor. Posteriormente, a esta ligação será desencadeada uma resposta na célula-alvo.

Via de regra, o sistema nervoso e o hormonal estão intimamente associados, tanto anatômica como funcionalmente (eixo hipotálamo-hipófise). Diferentes tipos de estímulos são percebidos pelo sistema nervoso aferente ou sensorial, atingindo, em última instância, o hipotálamo. Esse órgão neuroendócrino controla a liberação de alguns hormônios produzidos pela glândula hipófise. A glândula hipófise sintetiza uma grande quantidade de substâncias químicas, e muitas delas atuam como sinalizadoras para outras glândulas presentes no corpo humano. Atualmente, sabe-se que o funcionamento da mente pode influenciar o organismo, estimulando a saúde ou a doença, na medida em que equilibram ou desequilibram a liberação de inúmeros hormônios. A Tabela 1 [In.] identifica as principais glândulas e resume alguns dos principais hormônios e suas funções.

Tabela 1 [In.] – Localização das glândulas endócrinas produtoras de hormônios

Glândula	**Hormônio**	**Efeitos hormonais**
Hipófise anterior	GH	(+) crescimento tecidual geral
	TSH	(+) hormônios da tireóide
	ACTH	(+) cortisol e outros hormônios supra-renais
	FSH e LH	O FSH estimula a produção de estrogênio pelos ovários; o LH estimula a produção de estrogênio e progesterona, e testosterona pelos testículos
	PRL	(+) produção de leite
	Endorfinas	Promove a euforia, bloqueia a dor
Hipófise posterior	ADH	(+) excreção de água pelos rins
	Ocitocina	(+) contração do endométrio
Córtex supra-renal	Cortisol e Corticosterona	Participa do eixo do estresse; conserva a glicemia; mobiliza energia
	Aldosterona	Atua na reabsorção de sódio, potássio e água pelos rins
Medula supra-renal	Adrenalina e Noradrenalina	Maximiza a atividade do SNA simpático
Tireóide	T_4 e T_3	(+) crescimento e a atividade das células; (+) taxa metabólica
Pâncreas	Insulina	(+) transporte de glicose, principal hormônio anabólico
	Glucagon	(+) liberação de glicose do fígado
Paratireóides	Paratormônio	Elevam o cálcio sangüíneo
Ovários	Estrogênio e Progesterona	Controlam o ciclo menstrual; promovem as características sexuais femininas
Testículos	Testosterona	Promovem as características sexuais masculinas

O sistema imunológico

A palavra latina *immunis* significa permissão especial. O sistema imunológico é um dos sistemas mais fascinantes do corpo humano. Trabalha baseado em três princípios básicos: *reconhecimento*, *especificidade* e *memória*. Esse conjunto de células realiza a função de defesa do corpo humano (Silverthorn, 2003).

A imunologia é uma ciência recente. Sua origem é atribuída a Edward Jenner, que em 1796 descobriu que a *vacínia* induzia proteção contra a varíola humana. Jenner deu ao seu processo o nome de vacinação (Janeway et al., 2002). Este termo é usado até hoje para descrever a inoculação de indivíduos sadios com agentes enfraquecidos, causadores de doenças.

Na época em que Jenner realizou esse processo, pouco se sabia a respeito dos agentes infecciosos que causam doenças. Somente no século XIX Robert Koch mostrou que as doenças infecciosas eram causadas por microorganismos. Atualmente, a literatura descreve quatro grandes categorias de microrganismos causadores de patologias: os vírus, os fungos, as bactérias e os parasitas. A partir de Koch, os avanços foram rápidos, até que, por volta de 1880, Louis Pasteur desenvolveu uma vacina contra a cólera em galinhas, além de uma vacina anti-rábica para seres humanos. Em 1890, Emil von Behring e Schibasaburu Kitasato descobriram que o soro dos indivíduos vacinados continha substâncias que foram chamadas de anticorpos. Essas substâncias se ligavam especificamente aos agentes infecciosos (Janeway et al., 2002).

O trabalho do sistema imunológico se resume ao reconhecer o que é próprio (*self*) ou não próprio (*non-self*) ao corpo humano (*reconhecimento*). Existem dois tipos de resposta imunitária frente aos antígenos. A imunidade celular (inata), ou seja, aquela que é trazida desde do nascimento e que confere a capacidade de reconhecer e destruir muitos microrganismos por meio de células fagocitárias chamadas macrófagos.

Outro tipo de resposta, um pouco mais complexa, é conhecido como resposta imune adaptativa (adquirida). Esse tipo de resposta envolve a produção de anticorpos contra um determinado antígeno (*especificidade*), e só é desenvolvida na medida em que um indivíduo se expõe à presença de novos antígenos específicos. Após a exposição inicial, essas células estão prontamente disponíveis para combater uma grande quantidade de antígeno, utilizando os anticorpos previamente sintetizados (*memória*).

Tanto a imunidade inata quanto a adaptativa depende da atividade de células brancas do sangue: os leucócitos. Este é um termo geral que inclui inúmeras células de defesa do corpo humano. A seguir, é apresentado um roteiro de termos importantes para a posterior compreensão dos mecanismos envolvidos com a psiconeuroimunoendocrinologia humana (Janeway et al., 2002):

- *Antígenos*: qualquer molécula que pode ligar-se especificamente a um anticorpo;
- *Anticorpos*: proteínas plasmáticas que se ligam especificamente aos antígenos. Cada molécula de anticorpo possui es-

truturas únicas que permitem essa ligação com o antígeno correspondente. Todos os anticorpos são conhecidos coletivamente como imunoglobulinas. São produzidos por células plasmáticas em resposta a uma infecção ou imunização, ligando-se e neutralizando os agentes patogênicos, preparando-os para serem destruídos;

- *Leucócitos*: como dito anteriormente, é um termo geral que se refere às células sangüíneas brancas, direcionadas à defesa do organismo, como os neutrófilos, os eosinófilos, os linfócitos, os macrófagos e os monócitos;
- *Linfócitos*: todas as respostas imunes adaptativas são mediadas por linfócitos. Existem duas classes principais de linfócitos; os linfócitos B (*células B*) e os linfócitos T (*células T*), que participam, respectivamente, da imunidade humoral e da imunidade celular:
  - *Células B*: ativadas pelo antígeno, as células B diferenciam-se em células produtoras de anticorpos;
  - *Células T*: são divididas em inúmeras categorias, como as células T reguladoras, as células T supressoras, entre outras. Produzidas no timo, dão origem a inúmeras outras células, entre elas as células B;
- *Neutrófilos*: também conhecidos como leucócitos polimorfonucleares, constituem a principal categoria de células brancas no ser humano, exercendo importantes papéis na ingestão e na morte de germes extracelulares;
- *Monócitos*: células precursoras dos macrófagos;
- *Macrófagos*: são grandes células fagocitárias importantes na imunidade inata;
- *Células matadoras naturais – Natural Killers (NK)*: são linfócitos não T e não B, que matam certas células tumorais. São importantes na imunidade inata frente aos vírus e outros agentes intracelulares.

Psiconeuroimunoendocrinologia

Desde a Revolução Industrial, as facilidades impostas pela melhora da tecnologia no mundo moderno têm gerado seres humanos cada vez mais sedentários, e paralelamente tem ocorrido um aumento das doenças crônicas degenerativas. Pouca importância tem sido dada às alterações que o sedentarismo provoca no sistema imunológico.

Uma das áreas mais fascinantes e de rápido desenvolvimento na fisiologia moderna compreende a ligação entre a mente e o corpo. Embora muitos renomados cientistas não tenham levado a sério esse tópico durante muitos anos, a interação entre as emoções e as doenças somáticas tem sido descrita por séculos. Muitas sociedades descrevem histórias de pessoas que perderam a alegria de viver e mais tarde morreram sem nenhuma doença aparente, ou de pessoas que desistiram da morte e tiveram uma recuperação notável (Silverthorn, 2003).

A interação entre a mente e os demais sistemas de integração, como o nervoso, o endócrino e o imunológico, reforça a existência de um sistema neuroimunoendócrino, responsável pela manutenção do equilíbrio interno, e cuja existência também permite entender como modificações em um dos elos levaria ao desarranjo dos demais (Cohen, 1991). A base de sustentação para a existência desse eixo seria a possibilidade de troca de informações entre os diferentes subsistemas, por meio da liberação de uma grande quantidade de substâncias químicas, como citocinas, peptídeos, monoaminas, glicocorticóides, radicais livres e opióides (Selye, 1973a).

Esse pressuposto permite a compreensão da conexão entre a incapacidade de enfrentar o estresse e o desenvolvimento de enfermidades. O estresse é um fenômeno biológico comum e conhecido por todos ao longo de experiências anteriores. A vida moderna tem sido caracterizada pelos altos índices de estresse, o que tem levado uma grande quantidade de pessoas a procurar abrigo em spas, academias de ginástica, livros de auto-ajuda, práticas meditativas, assim como no seio de diversas religiões. Sendo assim, é lícito compreender melhor os mecanismos envolvidos na geração do estresse, bem como a possibilidade de diminuí-lo por meio dessas práticas.

Em sua etimologia, o verbete *estresse* tem como sinônimo o termo *strain* e remonta às origens das línguas indo-européias. No grego antigo, era a raiz de *strangale* e do verbo *strangaleuin*, que significa estrangular. Em latim, a raiz formou o verbo *stringere* que significa apertar. Logo, as raízes do estresse remetem à idéia do empenho de forças fundamentalmente contrárias.

A percepção do estresse é bem antiga. Para os homens primitivos, a perda de vigor e o sentimento de exaustão em resposta ao trabalho intenso ou à exposição prolongada ao frio, calor, perda de sangue, medo ou doença teriam alguma semelhança entre si (Selye, 1973b).

Claude Bernard, cientista francês considerado pai da fisiologia moderna, introduziu o conceito de *milieu intérieur* ou o princípio do equilíbrio fisiológico interno dinâmico, dependente do líquido orgânico que circunda e banha todos os tecidos. Bernard foi o primeiro a observar que o meio interno dos organismos vivos não era meramente um veículo para levar alimento às células, mas que da estabilidade do meio interior dependia o bem-estar geral. A partir da noção de meio interno constante, Walter Cannon, um fisiologista norte-americano, desenvolveu o conceito de homeostase, do qual depende a qualidade de vida do ser humano. Entende-se por homeostase o conjunto de mecanismos regulatórios que mantêm a constituição do meio interno dentro de limites adequados para a sobrevivência do organismo, permitindo sua funcionalidade pela adaptação às condições externas variáveis da natureza. Esses mecanismos são os responsáveis pela detecção e correção de variações em diversos parâmetros orgânicos, como pressão arterial, volume sangüíneo, temperatura corporal interna, concentração de sais minerais, pH etc. A existência desses mecanismos de regulação permite o funcionamento do organismo nas condições externas presentes na natureza.

Segundo Selye, o estresse é definido como um estado de diminuição da homeostase, em que o organismo apresenta diversos sintomas que demonstram sua crescente dificuldade em se adaptar aos agentes físicos ou patógicos (Selye, 1938). Esse mesmo pesquisador, laureado com o Prêmio Nobel de Fisiologia, foi o responsável por introduzir o conceito de estresse, que pode ser definido como a resposta não específica estereotipada do organismo sadio a estímulos de diversas origens.

Por meio de diversos estudos, Seyle elaborou uma teoria que foi denominada de Síndrome de Adaptação Geral. Esse fisiologista canadense observou e descreveu as fases da resposta ao estresse. A primeira fase, conhecida como *alarme*, foi descrita como o momento no qual o corpo percebe e reage ao estresse. A fase posterior foi denominada *resistência*. Nesse estágio, o corpo se ajusta ao estresse, gerando uma resposta. Caso a exposição ao estresse persista, o corpo entrará na última fase, a *exaustão*. Essa última fase é marcada pela incapacidade de gerar uma resposta e pela atenuação dos sistemas de defesa corporal (Selye, 1938).

Outro ponto abordado na teoria de Seyle, que reforça a importância do eixo neuroimunoendócrino em resposta ao estresse, foi o fenômeno denominado *tríade* (Selye, 1938). Após submeter animais aos mais diferentes tipos de estresse, Seyle observava uma constante alteração morfológica em suas cobaias. A primeira resposta descrita foi a hipertrofia da adrenal, posteriormente denominada a glândula do estresse. A segunda alteração observada por esse fisiologista foi a redução do baço e do timo, órgãos relacionados ao sistema imunológico. Por fim, como terceiro fenômeno, Seyle verificou a ocorrência de úlceras gástricas após o período de intenso estresse. No estômago, existem células que recebem inervação simpática. Quando estimuladas, as células parietais aumentam a produção de ácido clorídrico. Essa acidez exagerada pode desencadear feridas na parede do estômago. Pela ocorrência da tríade após o período de estresse, Seyle percebeu o caráter integrado de resposta (adaptação) dos sistemas nervoso, endócrino e imunológico (Selye, 1938).

Em resposta à exposição ao estresse, a reação de adaptação aumentaria o poder de resistência do organismo aos agentes estressores e à sua capacidade de se moldar às mudanças ambientais (Selye, 1938).

O fator limitante da adaptação de um organismo é a chamada energia de adaptação, ou seja, a capacidade de resistir às influências adversas do meio ambiente, que é limitada e declina com o aumento e/ou a contínua exposição ao agente estressante, levando a um desajuste da referida capacidade adaptativa e ao surgimento de doenças (Selye, 1938).

Ao longo da vida, a capacidade de adaptação do indivíduo deteriora-se, processo conhecido como senescência, provocando a queda da qualidade de vida. Em situações extremas ou quando o organismo não consegue reagir de forma adequada às situações do cotidiano, sobrevém o estado comumente chamado de estresse crônico. O estresse crônico pode atingir qualquer pessoa, independente da idade: atletas sobrecarregados com inúmeras sessões de treino, crianças sobrecarregadas com tarefas cotidianas, trabalhadores presos diariamente em engarrafamentos etc. Um indivíduo submetido a essas condições constantemente passaria pelas três fases: no primeiro momento, a experiência parece ser muito dura, e, em conseqüência, a reação de *alarme* é acionada. Em seguida, o corpo acostuma-se à situação, é o estado chamado de *resistência*. Quando, finalmente, não se pode mais suportá-la, configura-se o estado de *exaustão* (Selye, 1938).

É sabido que estressores físicos são capazes de influenciar a funcionalidade do sistema imunológico. Além desses fatores estressantes já mencionados, as injúrias térmicas, traumáticas, cirúrgicas, o infarto do miocárdio e o choque hemorrágico também são capazes de influenciar a funcionalidade do sistema imunológico (Hoffman-Goetz e Pedersen, 1994).

O exercício físico como agente estressor

Inicialmente, afirmar que o exercício é um fator causador de estresse pode parecer um paradoxo, pois a maioria das evidências científicas acredita que a prática da atividade física é um elemento fundamental para manutenção e promoção da saúde. Essa "confusão" está relacionada ao fato de se atribuir um caráter negativo à palavra estresse. Na Fisiologia, conforme ressaltado anteriormente, estresse é definido como o estímulo que perturba a homeostase.

Conforme já mencionado, a exposição gradual ao estresse torna o organismo mais resistente, por meio das adaptações promovidas durante os períodos adequados de recuperação. Esse mecanismo foi descrito inicialmente por cientistas envolvidos com o treinamento desportivo como *supercompensação* (Matveyev, 1981).

Portanto, considerando que o exercício físico é capaz de alterar o estado de equilíbrio fisiológico, a ele deve ser atribuído o *status* de agente estressor. A magnitude do abalo causado na homeostase é proporcional às alterações no eixo neuroimunoendócrino, o que reforça a capacidade dessa estratégia de modular positiva ou negativamente a saúde do indivíduo. Em razão disso, muitos cientistas têm feito uso do exercício quando querem testar algum medicamento ou alguma terapia que supostamente possa combater o estresse, pois, caso a intervenção seja eficaz, o indivíduo que se submete a ela deverá realizar o mesmo exercício com um nível de estresse.

O exercício também é reconhecido como um potente influenciador do sistema imunológico, muito embora os mecanismos envolvidos nestas adaptações não sejam totalmente conhecidos. Sabe-se, porém, que a prática de exercícios em diferentes intensidades e segundo diferentes protocolos de execução e duração pode exercer efeitos positivos ou negativos sobre diversos parâmetros do sistema imunológico, uma vez que pode aumentar algumas células deste sistema, ou, ainda, reduzi-las sensivelmente (Fitzgerald, 1988). Logo, exercícios moderados como *jogging* na praia estimulam o sistema imunológico, ocorrendo justamente o oposto com exercícios mais intensos (McArdle et al., 2004). Deve-se salientar que além da intensidade na qual o exercício é realizado, a freqüência com que se pratica (*agudo ou crônico*) também é fundamental na promoção de seus efeitos. Portanto, ao estudar os efeitos do exercício sobre o sistema imunológico, deve-se obrigatoriamente distinguir os resultados que são característicos de sessões agudas daqueles decorrentes do exercício crônico, repetitivo, intenso e em demasia.

Baseado nas hipóteses supracitadas, pesquisadores têm sugerido que o exercício de intensidade moderada aumentaria a resistência contra infecções ao liberar fatores imunomoduladores na circulação, como hormônio do crescimento, prolactina e citocinas (MacKinnon, 1994). Portanto, de acordo com essa proposta, para que o exercício moderado apresente efeitos positivos deve ser realizado em intensidade que corresponda a pelo menos 60% da capacidade aeróbica máxima de um indivíduo, que é a capacidade associada ao ato de correr, nadar, pedalar, caminhar etc. Isso se deve ao fato de que alterações significativas de hormônios como adrenalina, noradrenalina, hormônio do crescimento e *beta*-endorfina, assim como aumentos da temperatura corporal, ocorreriam a partir dessa intensidade. O exercício de alta intensidade, por sua vez, não apresentaria esses mesmos efeitos positivos em razão de promover a liberação de diversas substâncias imunossupressoras em quantidades elevadas, os glicocorticóides. O cortisol é um hormônio glicocorticóide que pode ser nocivo para o sistema imunológico, principalmente quando suas concentrações plasmáticas são mantidas elevadas por longos períodos de tempo. Esse fato é comumente visto em pessoas que sofrem com o estresse crônico, seja ele advindo de cargas excessivas de exercício ou de preocupações exageradas com os problemas do cotidiano.

Portanto, o exercício físico agudo ou crônico, por se tratar de um fator estressor, tem seu papel sobre o sistema nervoso e endócrino. Porém, com relação aos seus efeitos sobre o sistema imunológico, sua função ainda não está firmemente estabelecida. Essa dificuldade em estabelecer o papel do exercício sobre a imunidade está relacionada ao grande número de variáveis diretamente ligadas à prática da atividade física, como intensidade, duração e cronicidade (Hoffman-Goetz e Watson, 1993; Nieman, 1997). Os mecanismos envolvidos na resposta do sistema imunológico ao exercício englobam alterações hormonais, notadamente nas concentrações plasmáticas de alguns hormônios (Urhausen et al., 1995) e do aminoácido conhecido como glutamina, pois é sabido que é essencial no metabolismo dos leucócitos (Newsholme et al., 1986).

O exercício e suas conseqüências fisio-metabólicas causam profundas mudanças no número e distribuição de leucócitos na circulação e podem levar a mudanças na resposta proliferativa dos linfócitos. A redistribuição dos leucócitos tem sido atribuída às mudanças hormonais ocorridas durante e imediatamente após o exercício (Bassit et al., 2000). Já no início do século XX, demonstrou-se que participantes da maratona de Boston apresentavam leucocitose, que é o aumento das células do sistema imunológico no sangue após o exercício (Brines et al., 1996). A leucocitose é uma das mudanças consistentemente observada durante o exercício (McCarthy e Dale, 1988). O número de leucócitos na circulação pode crescer quatro vezes, continuar aumentando após o término do exercício e ainda permanecer elevado por períodos prolongados, após alguns tipos de atividade. Em geral, a magnitude da leucocitose parece estar diretamente relacionada à intensidade e duração do exercício e inversamente relacionada ao nível de aptidão do indivíduo (McCarthy e Dale, 1988). O aumento do número dos leucócitos se deve predominantemente ao aumento nos neutrófilos e, em menor grau, linfócitos, apesar do número de monócitos também aumentar. Ao contrário, durante exercícios muito longos, como 24 horas de caminhada, o número de leucócitos aumenta progressivamente após 16 horas, e então diminui e continua baixo até 62 horas após a caminhada (Galun et al., 1987).

Indivíduos não treinados também exibem leucocitose durante e depois de vários tipos de exercício. A magnitude da leucocitose induzida pelo exercício em indivíduos não treinados é semelhante àquela dos atletas, quando o exercício é realizado na mesma taxa de trabalho relativo, ou seja, com intensidades semelhantes quando se respeita a individualidade biológica de cada atleta (Oshida et al., 1988).

Em condições de repouso, menos da metade dos leucócitos maduros do corpo está circulando no sistema vascular. O restante é seqüestrado para perfusão de microvascularidades nos pulmões, fígado e baço. O mecanismo exato pelo qual os leucócitos são lançados dentro da circulação durante o exercício permanece desconhecido, mas pode envolver fatores mecânicos, assim como o aumento do débito cardíaco e mudanças nas interações entre leucócitos e células endoteliais dos capilares (Muir et al., 1984). O exercício ainda influencia o número de linfócitos. A linfocitose, que é o aumento do número de linfócitos, ocorre durante e imediatamente após o exercício, realizado nas mais diversas condições como após 10 minutos de subida de escadas ou após uma corrida de maratona (Nieman et al., 1995). Tal como o observado com relação aos leucócitos totais, o número de linfócitos sobe progressivamente com o aumento da taxa de trabalho, e a magnitude da linfocitose está relacionada à intensidade do exercício.

Vários subgrupos de linfócitos podem responder diferentemente ao exercício. Em geral, todos os subgrupos aumentam em número, mas as células B e *Natural Killer* (NK) podem atingir número proporcionalmente maior que as células T. O exercício intenso e breve recruta as células T da circulação (Bieger et al., 1980), mas seu número pode ser restaurado logo após a atividade (Espersen et al., 1990). O número aumenta mais em indivíduos não treinados do que em treinados após exercício intenso e breve. Já o número de células B aumenta drasticamente durante o exercício, retornando rapidamente ao nível basal logo após o seu término (Christensen e Hill, 1987).

Trabalhos realizados com animais de laboratório mostraram que a produção de anticorpos (*imunoglobulinas*) pelas células B também é reduzida pelo exercício exaustivo, sugerindo supressão da proliferação de células T e subseqüente estímulo da diferenciação das células B (Simpson et al., 1989).

Entretanto, indivíduos que praticaram meditação por alguns meses demonstraram aumentos significativos na produção de anticorpos específicos (Davidson, 2003). Essa pesquisa sobre meditação é a única na literatura científica mundial que investigou os efeitos da prática meditativa sobre a função imunológica no ser humano.

Ainda com relação ao sistema imunológico, deve-se destacar o papel dos linfócitos. Essas células são um importante componente do eixo neuroimunoendócrino, responsável pelo controle da homeostase (Maestroni et al., 1987), o que justifica uma abordagem mais aprofundada desse tipo celular. Os linfócitos são células com diâmetro entre 6-10 μm, o que significa dizer que são extremamente pequenas. No corpo humano, existem cerca de $2x10^{12}$ linfócitos. O número total é tão grande que o sistema imunológico pode ser comparável, em massa celular, ao fígado ou ao encéfalo, representando cerca de 2% do peso corporal (Junqueira e Carneiro, 2004). Os linfócitos originam-se a partir de células primitivas localizadas na medula óssea. Os linfócitos B adquirem maturidade na própria medula óssea, ao contrário dos linfócitos T, que o fazem no timo. As células B, quando estimuladas por citocinas, passam a se dividir e podem dar origem às células produtoras de anticorpos. As células T não sintetizam imunoglobulinas, mas atuam como moduladoras da resposta imunológica.

Os linfócitos T estão intimamente envolvidos na iniciação e regulação da maior parte das respostas imunológicas, graças à sua capacidade em modular a atividade de algumas células desse sistema. Exemplos dessas modulações são a ativação de células B para proliferação e produção de anticorpos; a morte de células tumorais e células infectadas por vírus; e secreção de fatores solúveis que modulam a atividade de outras células do sistema imunológico (Roitt et al., 2003).

Os estudos sobre os efeitos do exercício na função de linfócitos B e T realizados até o momento utilizaram-se de protocolos de treinamento e exercícios variados, não havendo uma sistematização desses resultados. Menos sistematizado ainda está o ramo da ciência que investiga os efeitos sobre o sistema imunológico advindos da prática da prece e da meditação.

Meditação e o eixo neuroimunoendócrino

Apesar de ainda ser pouco explorada, a relação entre a prática da meditação e o controle do estresse tem despertado a curiosidade de alguns cientistas. Entre eles, é importante mencionar Richard Davidson. A pedido de Dalai Lama, esse pesquisador iniciou uma série de pesquisas com monges budistas e com praticantes menos versados em meditação. Uma de suas pesquisas investigou os efeitos da meditação sobre o sistema imunológico de seus praticantes. Essa pesquisa, conduzida de forma extremamente elegante, fez uso de 25 voluntários treinados em técnicas meditativas durante oito semanas. Dezesseis outros voluntários serviram como grupo controle da experiência, e não passaram pelo treino em meditação. Richard Davidson et al. realizaram eletroencefalografias em ambos os grupos e perceberam que o grupo praticante de meditação apresentou durante a prática meditativa, assim como em períodos posteriores, uma maior ativação de seu córtex pré-frontal esquerdo. Ativações eletroencefalográficas nesta região têm sido correlacionadas com a presença de emoções mais positivas (Davidson et al., 1990; Davidson, 1992). Outras pesquisas ainda correlacionam essas ativações assimétricas do córtex pré-frontal esquerdo, com melhores funções imunológicas refletidas por meio de maior atividade das células *Natural Killers* (NK) (Davidson et al., 1989). Como algumas recentes pesquisas têm demonstrado, o estresse da vida cotidiana pode interferir na resposta imunológica a algumas vacinas. Em outras palavras, quanto maior o nível de estresse, menores os benefícios advindos da imunização medicamentosa, como, por exemplo, da vacina que combate o vírus da *influenza* (Kiecolt-Glaser et al., 1996). Richard Davidson et al. hipotetizaram que a prática meditativa poderia melhorar a resposta imunológica. Para testar tal hipótese, os dois grupos participantes da pesquisa receberam uma vacina contra o vírus da *influenza*, logo após o término do período de treino meditativo. Após quatro meses, a quantidade de anticorpos específicos para esse vírus foi medida, e o grupo praticante de meditação mostrou efeitos mais positivos em seu sistema imunológico, uma vez que a contagem de anticorpos foi significativamente maior do que a do grupo controle. Os autores ainda demonstraram que os indivíduos submetidos à prática da meditação e que apresentaram uma maior ativação cortical esquerda apresentaram também uma maior contagem de anticorpos. A pesquisa conclui que a meditação, mesmo realizada em curto espaço de tempo, pode produzir efeitos significativos no cérebro e no sistema imunológico (Davidson et al., 2003). Pesquisas adicionais são necessárias para que se possa investigar com mais profundidade tais achados, uma vez que a reprodução dessas pesquisas pode ser de grande valia para todos os profissionais atuantes na área da saúde.

Mecanismos de resposta ao estresse: papel do eixo psiconeuroimunoendócrino

Como já comentado, a experiência do estresse é comum a todos nós. Expectativas positivas, assim como negativas, geram um espectro muito grande de alterações fisiológicas necessárias para a manutenção da homeostase do organismo. Conforme ressaltado anteriormente, uma das adaptações mais fundamentais é a liberação de glicocorticóides pelas glândulas adrenais, mais especificamente o córtex de tais glândulas. Todavia, a hipersecreção de glicocorticóides pode desencadear uma disfunção psicofisiológica no organismo em questão. Desequilíbrios das cascatas regulatórias do estresse estão associados à patogênese de diversas doenças, como colite, hipertensão, asma, depressão, ansiedade etc., assim como algumas doenças neurodegenerativas como o mal de Alzheimer (Herman e Cullinan, 1997).

A secreção de glicorticóides é desencadeada por meio do eixo neuroendócrino conhecido como eixo Hipotálamo-Hipófise-Adrenocortical (HHA). Em contrapartida, o eixo HHA é controlado por uma grande quantidade de neurocircuitos associados à percepção do estresse. O principal núcleo hipotalâmico relacionado a esse eixo é o núcleo paraventricular (NPV). Sob condições do estresse, esse núcleo libera um hormônio conhecido como hormônio liberador de corticotropina (CRH), além de arginina-vasopressina (AVP). Esses hormônios induzem a liberação do hormônio adrenocorticotrópico (ACTH) da glândula hipófise anterior, e este é o responsável pela liberação de glicocorticóides do córtex das glândulas adrenais. Estresses prolongados correlacionam-se positivamente com os aumentos da liberação de CRH, AVP e ACTH, e isso induz uma liberação crônica de glicocorticóides, o que afeta negativamente o sistema imunológico do organismo, privando-o de suas defesas naturais contra agentes patogênicos (Herman e Cullinan, 1997).

Não são poucas as cascatas bioquímicas associadas ao estresse. Aproximadamente 30 anos atrás, falar de doenças produzidas pela mente era algo destinado aos cursos voltados à psicologia e auto-ajuda, que as caracterizavam como doenças psicossomáticas. Atualmente, as neurociências têm corroborado as afirmações realizadas há décadas por tais profissionais, na medida em que têm descoberto os caminhos neuronais que intermedeiam o pensamento, as emoções e a liberação de neurotransmissores e hormônios que podem patrocinar a saúde ou a doença. Uma das cascatas bioquímicas do estresse pode ser observada na Figura 4.

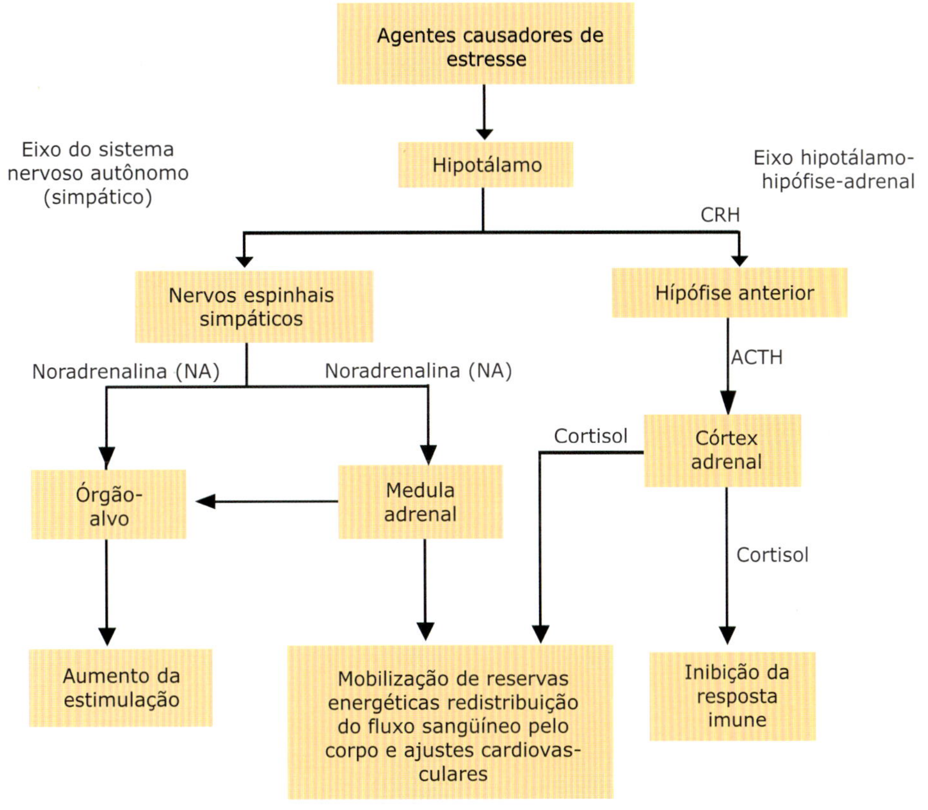

1- O estresse ativa o Sistema Nervoso
2- O córtex comunica-se com a amígdala por meio de neurocircuitos específicos
3- De forma simultânea, um sinal pré-consciente pode desencadear a atividade da amígdala.
4- A amígdala comunica-se com o hipotálamo
5- O hipotálamo libera CRH
6- O CRH estimula a hipófise
7- A hipófise libera ACTH
8- Este hormônio segue em direção ao córtex das adrenais
9- As adrenais liberam os glicorticóides.
10- Paralelamente, o tronco cerebral ativa o sistema nervoso simpático por meio da espinha dorsal
11- Em resposta, a medula das glândulas adrenais libera epinefrina ou adrenalina
12- Este hormônio atua sobre os pulmões, o coração e os músculos, preparando o corpo para lutar ou fugir
13- Caso o estresse não diminua, tornando-se crônico, os glicorticóides induzem o *lócus ceruleus* a liberar noradrenalina ou norepinefrina.
14- Esses neurotransmissores atuam na amígdala reforçando a cascata em questão
15- A liberação crônica e exagerada de cortisol atenua a inflamação e a resposta imunitária.

Figura 4 [In.] – A resposta ao estresse.

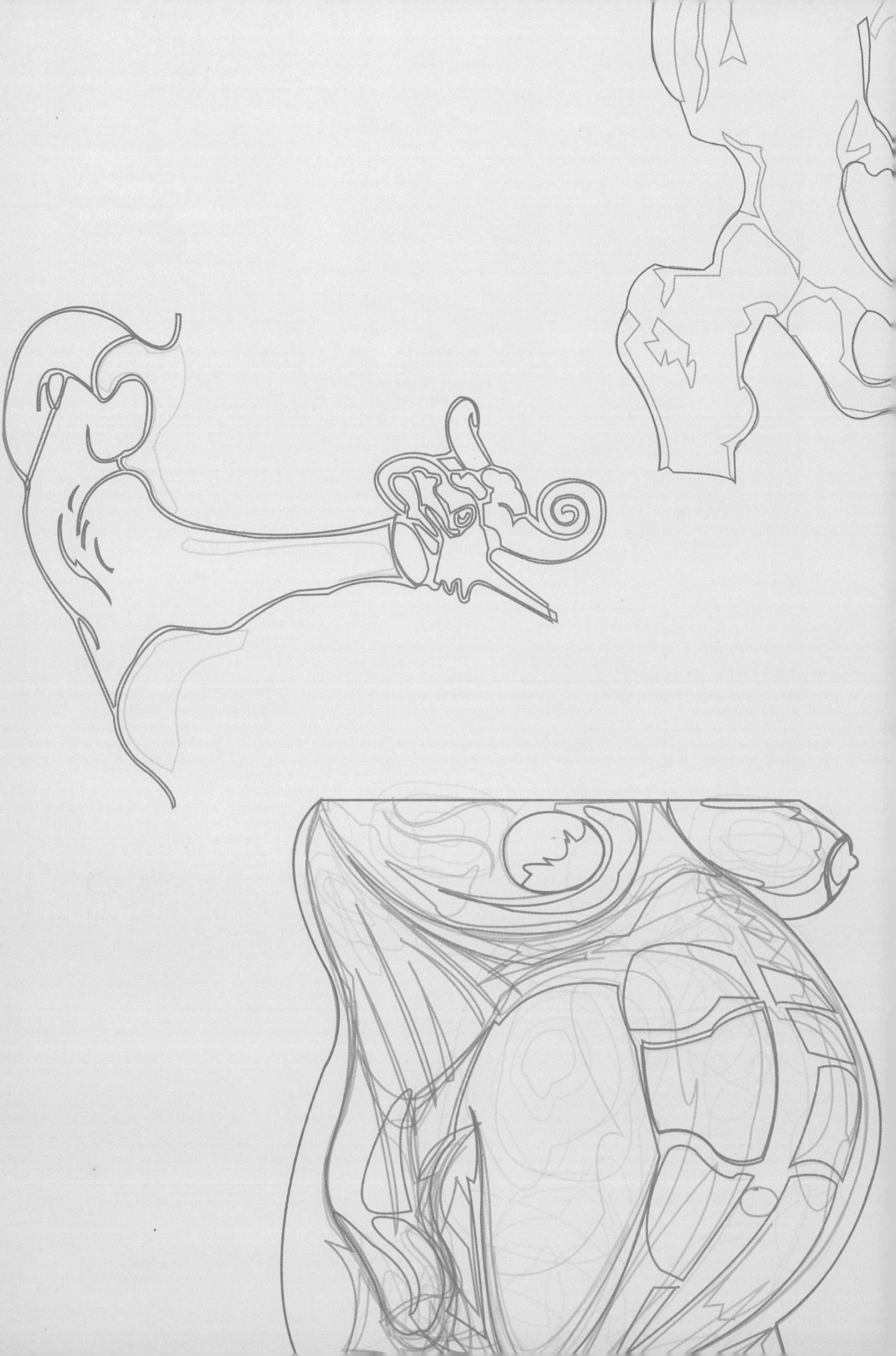

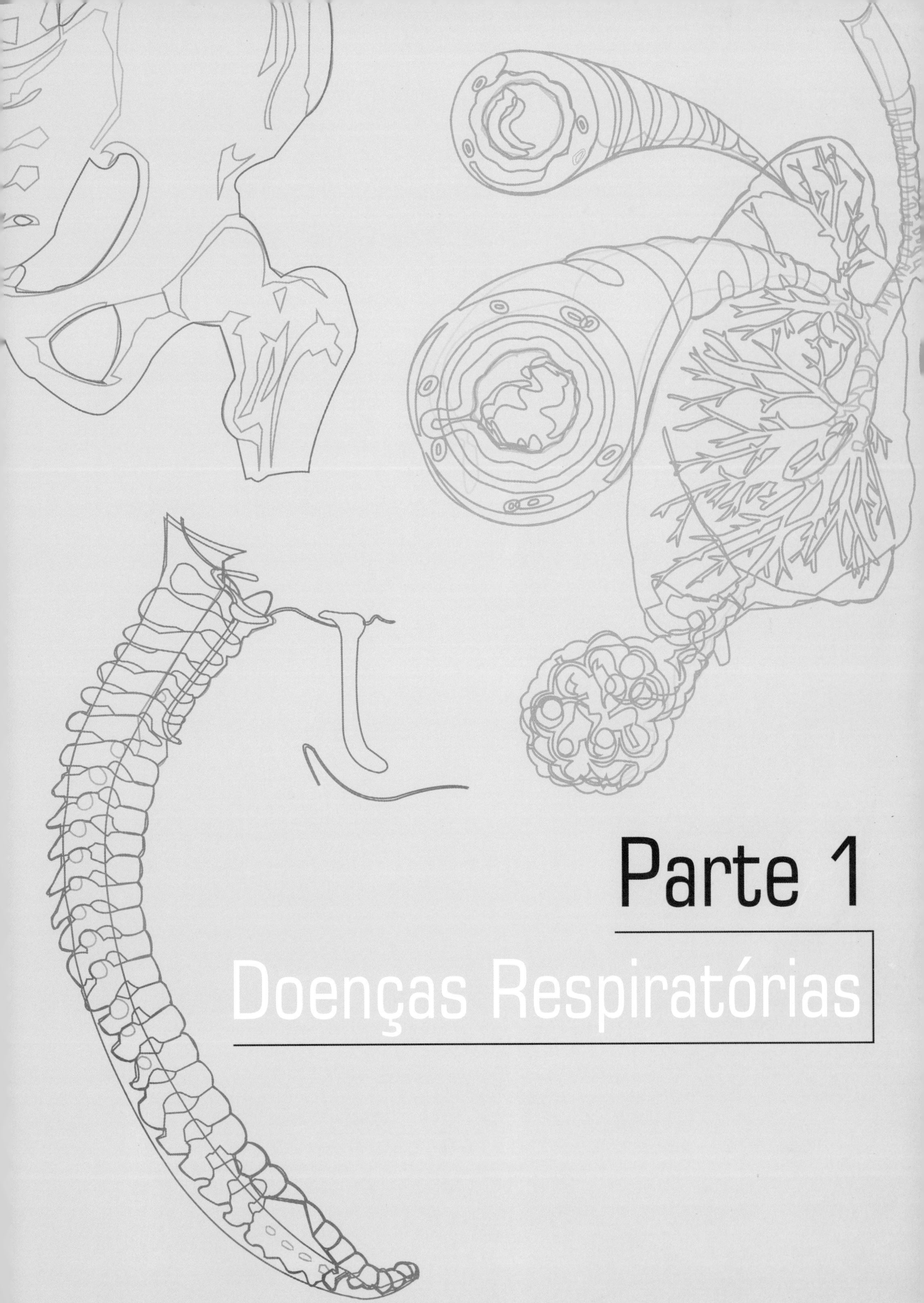

Parte 1

Doenças Respiratórias

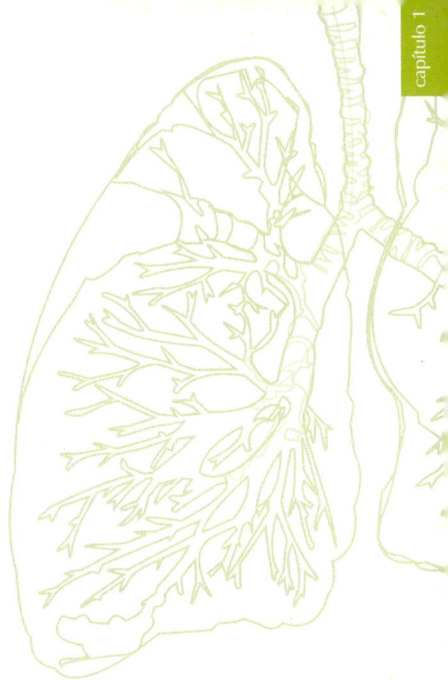

Capítulo 1

Asma

Luzimar Teixeira

A asma é uma doença muito comum e antiga. Acredita-se que tenha sido descrita pela primeira vez no Egito, há cerca de 3.500 anos. Foi Hipócrates, considerado o pai da Medicina, quem a reconheceu e a denominou como dificuldade para respirar, por volta de 2.500 anos atrás. O termo *asma* foi inicialmente utilizado para se referir a qualquer doença associada à falta de ar. Apesar de seu respeitável passado, somente nos últimos 50 anos começou a ser um significante problema de saúde. Antes disso, sua morbidade não era importante diante das doenças infecciosas e da desnutrição, e seu índice de mortalidade era desconhecido.

A asma é uma das doenças crônicas mais incidentes na infância, com variação de país para país. Nos países ocidentais, acomete de 2% a 20% da população geral. Cerca de 300 milhões de pessoas no mundo sofrem de asma. Estima-se que esse número terá alcançado 400 milhões em 2025. No Brasil, o *International Study of Asthma and Allergy in Childhood* (ISAAC) aponta até 27% de prevalência, com variações regionais. No que se refere a custos com medicamentos e atendimento, a asma tornou-se um dos itens mais caros nos orçamentos de muitos países. No Brasil, ocorrem 350 mil internações pela doença todos os anos, é a quinta causa de hospitalização pelo SUS e o terceiro maior valor gasto com uma doença, além de morrerem cerca de 2.500 pessoas por ano com crises de asma.

O termo correto para descrever a quantidade de asma em uma comunidade é "prevalência", mas os estudos epidemiológicos para estabelecê-la em diferentes comunidades enfrentam problemas metodológicos. Apesar desses problemas referentes à prevalência, é possível afirmar que:

- Aumentou nos países ocidentalizados e urbanizados nas duas últimas décadas;
- Aumentaram também os índices de outras doenças alérgicas, como rinite alérgica e eczema;
- Existem evidências atuais de que esse aumento está se estabilizando;
- É similar em diferentes grupos raciais no mesmo ambiente;
- Embora seja similar em diferentes grupos raciais no mesmo ambiente, a morbidade e a mortalidade podem ser diferentes;
- Grupos socioeconômicos mais pobres possuem maior taxa de mortalidade.

A asma é uma doença crônica e persistente das vias aéreas, caracterizada por episódios recorrentes de tosse, chiado, sensação de aperto torácico e falta de ar, geralmente reversíveis, mas que podem ser graves e algumas vezes fatais. Os fatores que mais contribuem para a mortalidade e a morbidade são o subdiagnóstico e o tratamento inadequado. A maioria das crises reflete falhas no tratamento. É uma doença cercada de mitos e preconceitos, a começar pelo nome, que quase sempre é evitado por estar popularmente associado a formas mais graves de doença. Esses mitos e preconceitos a respeito da asma e seu tratamento geralmente levam pais e pacientes à procura de tratamentos alternativos e milagrosos, que prometem a cura. É causa importante de faltas à escola e ao trabalho e de limitações para esportes e outras atividades. Entre os adultos, representa importante problema, pois freqüentemente seu controle é difícil. É uma doença que pode estar associada a outras condições de saúde, o que torna mais grave a situação clínica global do paciente.

Nos últimos anos, houve enorme progresso, não só pelo melhor entendimento dos mecanismos da asma como também pelo surgimento de novos recursos terapêuticos, sobretudo nos grupos dos broncodilatadores, antiinflamatórios e antimediadores. Apesar desses progressos, no entanto, não se observou impacto proporcional na mortalidade e na morbidez da doença.

Isso sugere que programas de educação, com abordagem multifatorial, são importantes.

Estudos recentes apontam que a asma está se tornando cada vez mais freqüente, grave e problemática, e que o número de crianças asmáticas dobrou nos últimos 20 anos. Várias possibilidades têm sido aventadas para explicar esse aumento, entre elas a poluição do ar e o aumento de elementos alergênicos na atmosfera, inalantes ambientais ou aeroalérgenos, em particular o ácaro, que encontrou um ambiente propício para sua proliferação. Os ácaros *Dermatophagoides pteronyssinus* e *Blomia tropicalis* são os principais componentes de nossa poeira caseira. Não se devem descartar os fatores não alergênicos, como fumaça de cigarro, produtos químicos e infecções virais, entre outros.

Outro aspecto importante é a morbidade, ou seja, os prejuízos que a doença acarreta ao asmático. Acometidos de crises freqüentes e com baixa resistência a atividades físicas, por exemplo, os asmáticos são submetidos a inúmeras restrições que os privam do pleno desenvolvimento de suas aptidões. Assim, na infância levam o rótulo de "criança doente", sofrendo como conseqüência a rejeição dos colegas. Os avanços na área do conhecimento e controle da doença, alcançados nos últimos 20 anos, tornaram possível, contudo, dar a 95% dos asmáticos uma boa qualidade de vida.

Infelizmente, em nosso meio, a asma é geralmente tratada apenas durante as exacerbações com broncodilatadores. Há ainda o temor quanto ao uso dos aerossóis ("bombinhas"). Dessa forma, os recursos relativos à terapêutica preventiva são pouco prescritos. Além disso, a orientação aos programas educativos/preventivos de atividades físicas é pouco indicada.

Reconhecemos que os programas são poucos, têm pouca divulgação e não estão ao alcance da maioria. Esses fatores podem explicar, pelo menos em parte, por que a asma está se tornando cada vez mais grave.

Etiopatogenia

Trata-se de uma doença de natureza complexa, multifatorial e caracterizada pela diversidade de seus sintomas, sendo os problemas respiratórios as manifestações mais comuns em crianças. Pode determinar um comprometimento funcional de repetição irregular que se manifesta por meio de uma hiperatividade das vias aéreas a diferentes estímulos, levando a crises de broncoespasmo. Na patogenia da asma, aceita-se que o brônquio do asmático apresenta uma sensibilidade diferente da população em geral, o que o leva a reagir diante de determinados estímulos.

As alterações funcionais características da asma ocorrem, de modo geral, em razão de espasmos da musculatura lisa dos brônquios, edema da mucosa, inflamação e hipersecreção brônquica, provocando aumento da resistência das vias aéreas, distribuição irregular do ar inspirado, distúrbios na relação ventilação-perfusão e maior consumo energético durante o trabalho respiratório (Figura 1.1).

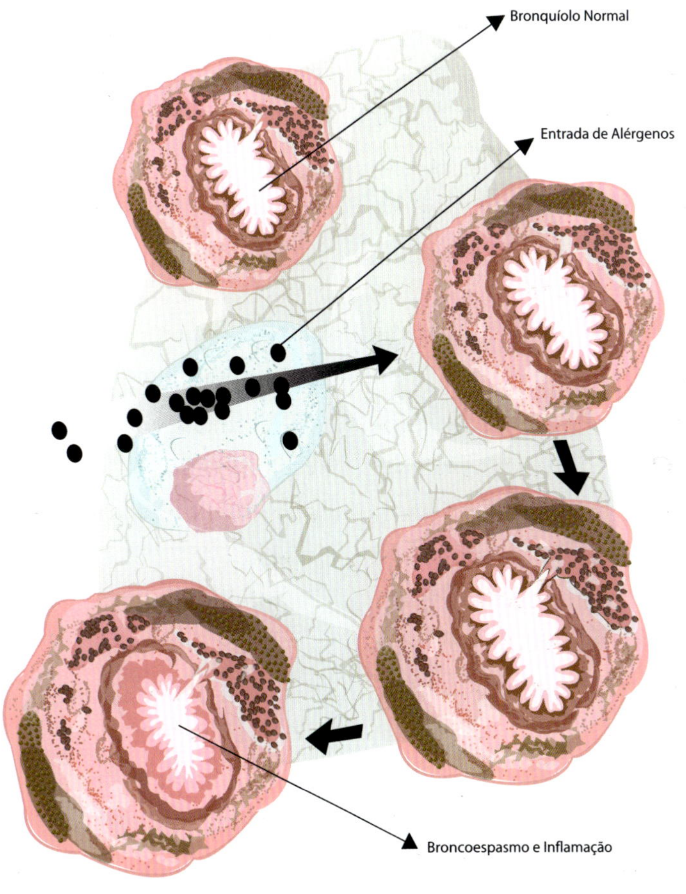

Figura 1.1 – Corte transversal de um bronquíolo e sua evolução para uma crise asmática, ilustrando seus aspectos patológicos.

As crises podem ter a duração de horas/dias e períodos sem sintomas de dias/meses. A dispnéia é predominantemente expiratória e decorrente dos fatores já mencionados. Desses fatores, o broncoespasmo e a inflamação parecem ser os mais importantes, embora ainda não esteja clara a relação entre a asma e a reatividade sem especificação das vias aéreas.

Fisiopatologia

A asma é o exemplo de doença das vias aéreas em que o parênquima pulmonar apresenta-se normal. Sua marca fisiológica é a obstrução das vias aéreas, com os sintomas característicos do impedimento à movimentação de ar para dentro e para fora dos pulmões. Outra característica é a rápida flutuação no grau de obstrução das vias aéreas. São diversos os locais e mecanismos envolvidos na obstrução, sendo caracterizada por uma grande variabilidade entre diferentes pessoas, bem como na mesma pessoa em diferentes ocasiões.

O desenvolvimento da asma na infância geralmente apresenta uma considerável variação. Há indivíduos em que os fatores que a provocam são identificáveis; em outros, está associada a características de atopia, como rinite e eczema.

Atopia e asma são geralmente manifestações familiares; no entanto, nem todos os indivíduos atópicos desenvolvem asma e vice-versa, o que indica que a herança dessas características é transmitida independentemente. A probabilidade de desenvolver asma aumenta se ocorrerem as duas predisposições genéticas simultaneamente.

Incidência

A incidência da asma difere de país para país em razão das variações geográficas e demográficas. Geralmente, é mais freqüente na criança do que no adulto. O início da doença se dá, na maioria dos casos, antes dos cinco anos de idade, e um terço dos casos ocorre antes dos dois anos de idade. Essa incidência permanece constante após a adolescência, ocorrendo um ligeiro aumento por volta dos 30/40 anos por razões desconhecidas, mas provavelmente por mecanismos ligados ao estresse (Gráfico 1.1).

Gráfico 1.1 – História natural da doença

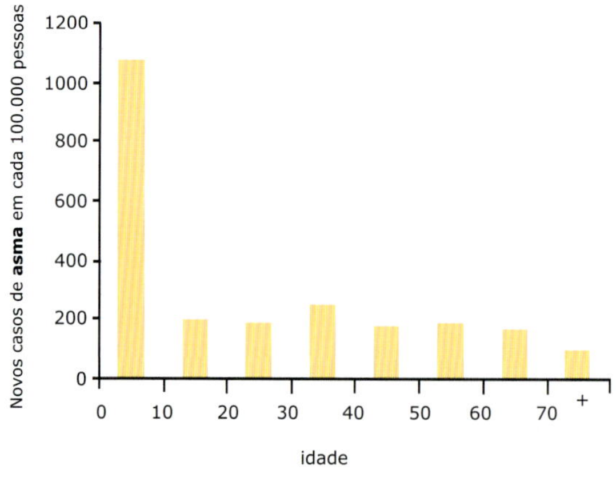

Com relação ao sexo, a incidência maior é entre o sexo masculino, sendo os mais afetados na relação 2:1 a 3:2; além de apresentarem uma maior freqüência, são os que apresentam maior gravidade da doença. Na adolescência, o sexo feminino é o mais acometido.

Mecanismo da reação alérgica

O termo "alergia", que significa alteração do estado original, do grego *allos*, foi utilizado para descrever os efeitos desagradáveis e os danos teciduais produzidos quando a resposta imunológica do organismo é diferente da resposta habitual. As reações alérgicas podem ser sistêmicas, como choque anafilático ou localizadas, como a rinite e a asma.

É uma reação imunológica mediada pelo anticorpo IgE, que está ligado ao mastócito, além de ser um mediador primário. Nota-se que existem mediadores secundários na patogênese da asma. Os mastócitos contêm mediadores pré-formados, que são liberados quando o antígeno une duas moléculas de IgE da superfície celular. Além dos pré-formados, outros mediadores surgem a partir do ácido araquidônico, cujo metabolismo pode seguir a via dos leucotrienos ou das prostaglandinas. Os mastócitos são encontrados no epitélio pulmonar e em maior densidade nas vias aéreas dos asmáticos. A liberação dos mediadores ocorre em razão de inúmeros estímulos nessas vias, não só diante da provocação antigênica, mas também por meio de estímulos físicos, como os exercícios.

Os mediadores liberados promovem edema, aumento da permeabilidade e contração do músculo liso e provocam a migração de células inflamatórias para o local. Essa inflamação aumenta e mantém a sensibilidade das vias aéreas, deixando os tecidos hiper-reativos a outras exposições antigênicas ou a estímulos inespecíficos, como o exercício físico (Figura 1.2).

Mecanismo de reação alérgica

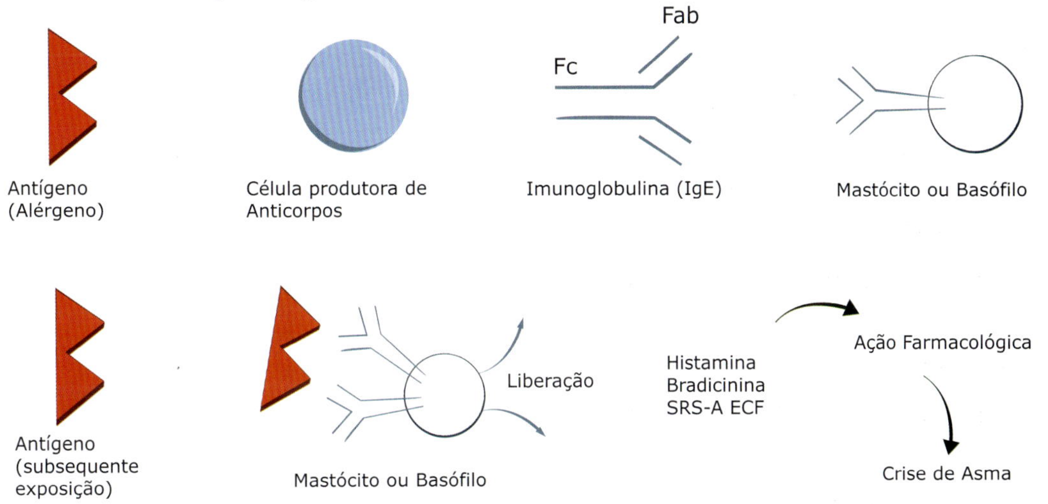

A exposição ao alérgeno desencadeia duas reações: uma imediata e outra tardia. A reação imediata inicia-se alguns minutos após a exposição e dura algumas horas. É caracterizada pela liberação de mediadores químicos pelos mastócitos. A reação tardia inicia-se 4 a 6 horas após a exposição e dura de 24 a 96 horas. É caracterizada pelos mediadores inflamatórios eosinófilos, linfócitos, neutrófilos e plaquetas e também pela participação de citocinas e adesinas, além de outros mediadores. Durante a fase tardia, algumas citocinas provocam a liberação de mediadores mastocitários, iniciando novas reações imediatas que se conjugam à reação tardia. É o que ocorre diante das exposições crônicas, em que o efeito acumulativo leva a um processo inflamatório crônico, não separando mais as duas fases.

Figura 1.2 – Mecanismo de reação alérgica.

Alguns aspectos são muito importantes nesse mecanismo:

- Nos asmáticos, a IgE está aumentada;
- 80% dos mastócitos do tecido pulmonar estão concentrados nas vias aéreas;
- Os mastócitos têm alta afinidade pela IgE;
- Pequenas quantidades de antígeno são suficientes para causar a reação.

São inúmeras, portanto, as ligações anticorpos × mastócitos, que estão concentrados nas vias aéreas. Em conseqüência, quando ocorre o contato com os alérgenos, a reação antígeno × anticorpo é exagerada e libera substâncias ativas. São essas as substâncias provocadoras de broncoespasmo. Na Figura 1.3, é apresentado um esquema resumido do mecanismo de reação alérgica.

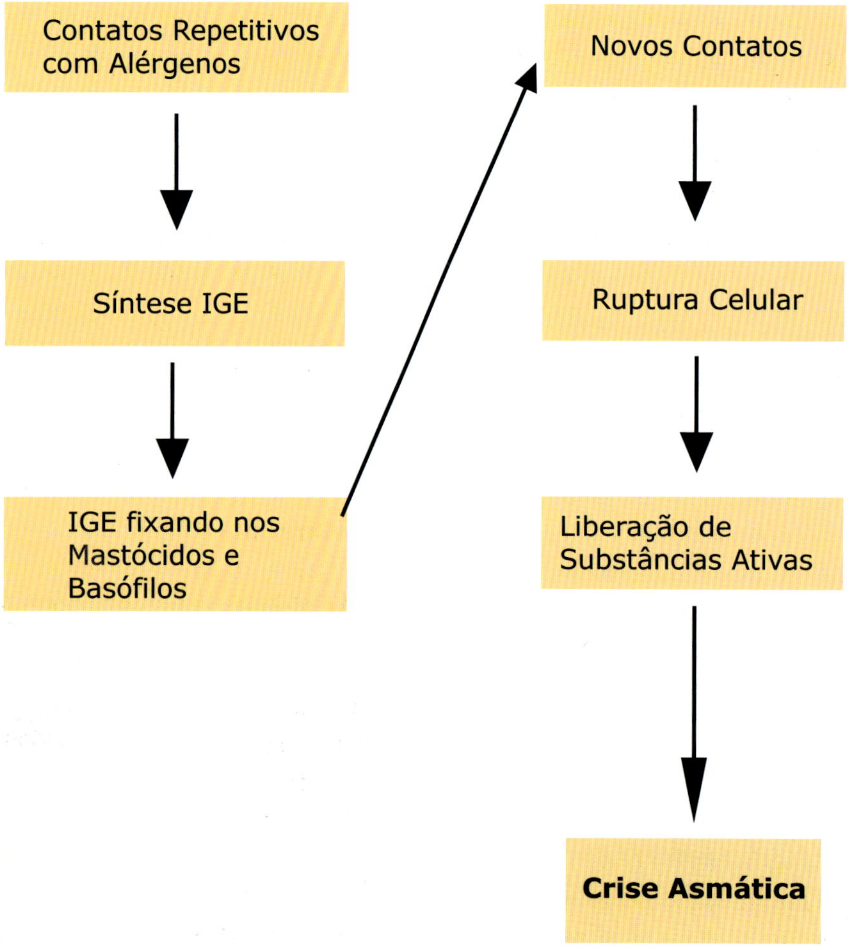

Figura 1.3 – Esquema do mecanismo de reação alérgica.

Fatores genéticos e desencadeantes

A predisposição para a asma é herdada, mas a evolução dessa herança não é clara como em outras doenças. Embora o fator familiar seja reconhecido, o desenvolvimento da doença depende da interação de fatores ambientais e predisposição genética. A interação desses fatores pode ser vista na Figura 1.4;

Alergia

- Inalantes, como o pó caseiro. Composto de poeira caseira, ácaros, fezes dos ácaros, fungos e seus esporos (mofo);
- Alimentos como leite, ovos, chocolate. Pode também ser provocada por aditivos, corantes e conservantes alimentares, em especial os de cor amarelada (tartrazina);
- Remédios como ácido acetilsalicílico e antiinflamatórios não esteróides.

Irritantes

- A poluição do ar mantém uma estreita correlação com o aumento das crises. Regiões poluídas apresentam maior incidência de registros de problemas respiratórios;
- Variações bruscas de temperatura e umidade, principalmente do calor para o frio, atuam de forma direta, estimulando os terminais nervosos dos órgãos de choque (pele, mucosas, conjuntiva), assim como também predispõem o organismo às infecções. Podem contribuir para o aumento de esporos de fungos no ar.

Infecções respiratórias

- As infecções virais destacam-se como causa das crises;
- Aparecem freqüentemente associadas ao broncoespasmo.

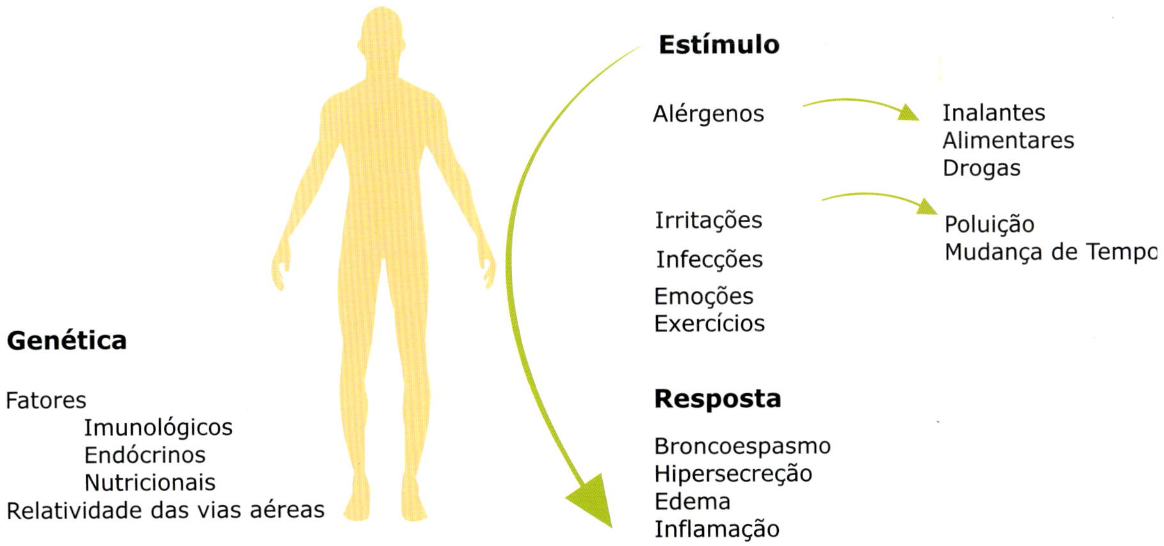

Figura 1.4 – Interação de fatores genéticos e ambientais.

Os fatores provocadores/desencadeadores da crise de asma são mostrados na Figura 1.5.

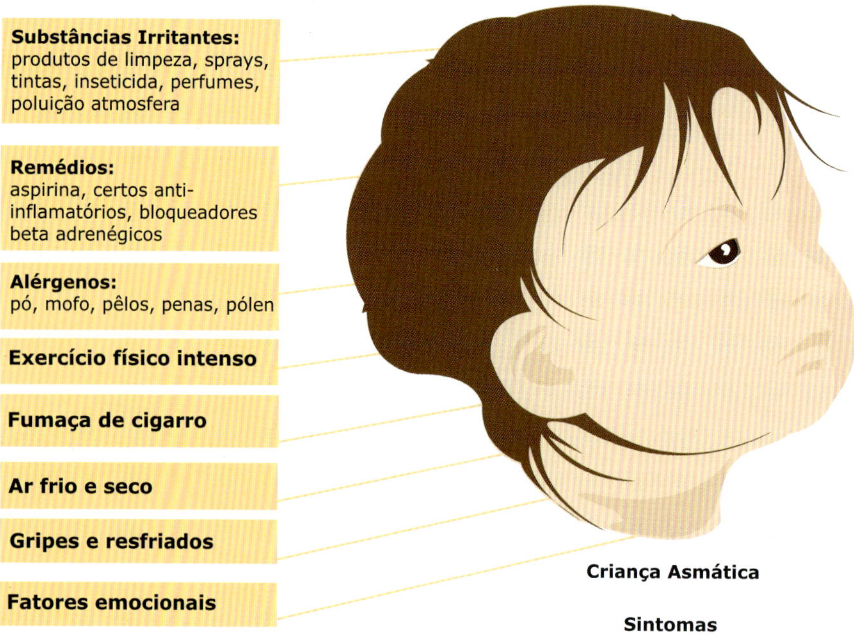

Figura 1.5 – Esquema dos fatores provocadores/desencadeadores de crises de asma.

Fatores emocionais

- São importantes no desenvolvimento da doença, mas por si só não provocam a crise, no sentido de ser o fator etiológico;
- Em razão dos traços comportamentais e emocionais característicos, o asmático é suscetível a estresse, distúrbios emocionais e situações de ansiedade;
- O aspecto emocional está presente em todas as crises;
- Nas crianças, a situação se complica, geralmente em razão da ansiedade dos pais.

Exercícios físicos

- São provocadores de broncoespasmo induzido pelo exercício (BIE) em 80% a 90% dos asmáticos;
- São provocadores de BIE em 40% dos atópicos, naqueles que têm rinite e eczema;
- Os exercícios são classificados em: mais asmagênicos ou mais provocadores de crises, como a corrida livre, na esteira e ciclismo; e menos asmagênicos ou menos provocadores de crises, como a natação, a caminhada e a canoagem;
- O BIE é caracterizado por uma queda de 10% a 15% no pico de fluxo espiratório (PFE);
- Ocorre com a duração do exercício, entre 6 e 10 minutos, e intensidade de trabalho de aproximadamente dois terços do consumo máximo de oxigênio;
- A resposta ao exercício aparece 5 minutos após cessado o esforço, mantém-se até os 15/20 minutos e se reverte após aproximadamente 60 minutos;
- Alguns indivíduos podem desenvolver uma reação tardia, que aparece de 4 a 10 horas após o exercício.

Gráfico 1.2 – Distribuição percentual das reações positivas ao teste alérgico em cada um dos alérgenos

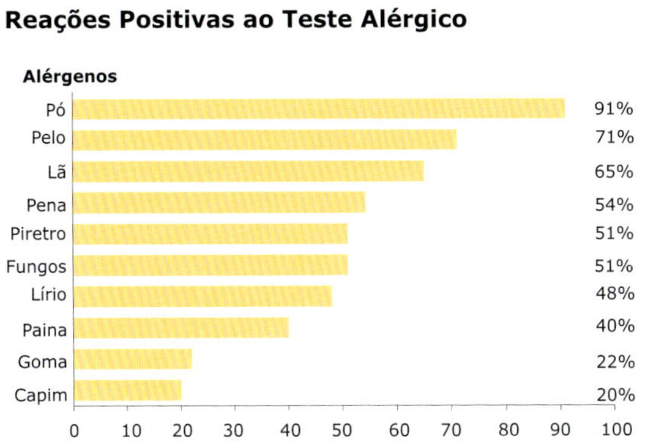

Como se pode observar no Gráfico 1.2, a poeira caseira (ácaros e suas fezes) é o principal provocador, seguido por outros não menos importantes, que devem ser evitados. Cabe lembrar que a sensibilidade geralmente ocorre em relação a mais de um alérgeno e que a exposição a eles aumenta a inflamação, a sintomatologia, o uso de medicamentos e a gravidade da crise, conforme o Gráfico 1.3.

Gráfico 1.3 – Exposição aos fatores desencadeantes

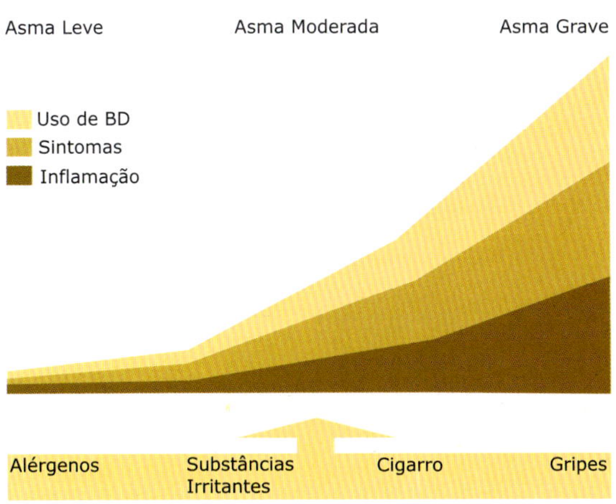

Tendo em vista que essa diversidade de fatores, somados aos hábitos de vida, atua no desencadeamento da crise asmática, é importante orientar os familiares e as crianças no sentido de incorporarem atitudes mais compatíveis com a saúde.

Quadro 1.1 – Comportamento dos familiares

Profissão dos pais (pintor, marceneiro)
Tipos e produtos usados na limpeza (amaciante, desinfetante)
Hábito de fumar (dentro de casa, no carro)
Plantas no interior da casa (xaxim, vaso de barro)
Utilização de nebulizadores (umidade nas paredes)
Ventilação e conforto térmico da casa
Hábitos de usar perfumes e cosméticos (cheiro forte, pó)
A distribuição ao dormir

Principais alterações e conseqüências

Nas crises de asma, o estreitamento das vias aéreas, de pequeno e grande calibre, provoca alterações na relação ventilação/perfusão, em virtude da ventilação não uniforme. A hipoxemia que ocorre em decorrência desse fato aumenta o estímulo respiratório, que é uma tentativa de estimular a ventilação, envolvendo maior gasto energético.

A principal ocorrência da crise de asma é a obstrução generalizada das vias aéreas, e quatro eventos contribuem para essa obstrução:

- Broncoespasmo (aumento do tônus da musculatura lisa do brônquio);
- Hipersecreção (receptores estimulados aumentam a secreção de muco para a luz dos brônquios);
- Edema da mucosa respiratória (mediadores inflamatórios aumentam a permeabilidade vascular);
- Inflamação (mastócitos liberam fatores quimiotáticos que atraem o infiltrado inflamatório celular como eosinófilos e neutrófilos).

Como conseqüência, ocorrem também a descamação epitelial (ruptura e subseqüente eliminação do epitélio respiratório) e o espessamento da membrana basal (multiplicação das células epiteliais para repor a membrana, o que resulta em espessamento). Dá-se, então, a modificação da estrutura da via aérea ou seu remodelamento.

Esses eventos provocam uma seqüência de alterações. Na crise, temos estreitamento das vias aéreas, alterações na relação ventilação/perfusão (ventilação não uniforme), hipoxemia, estímulo respiratório e maior gasto energético. O consumo de oxigênio, que para a ventilação pulmonar é menor que 5% do consumo total de oxigênio do organismo, em crise eleva a porcentagem despendida para 25% ou mais e o aumento da ventilação pode se tornar insustentável. Desse modo, em crises prolongadas ocorrem fadiga da musculatura e falência respiratória (Figura 1.7).

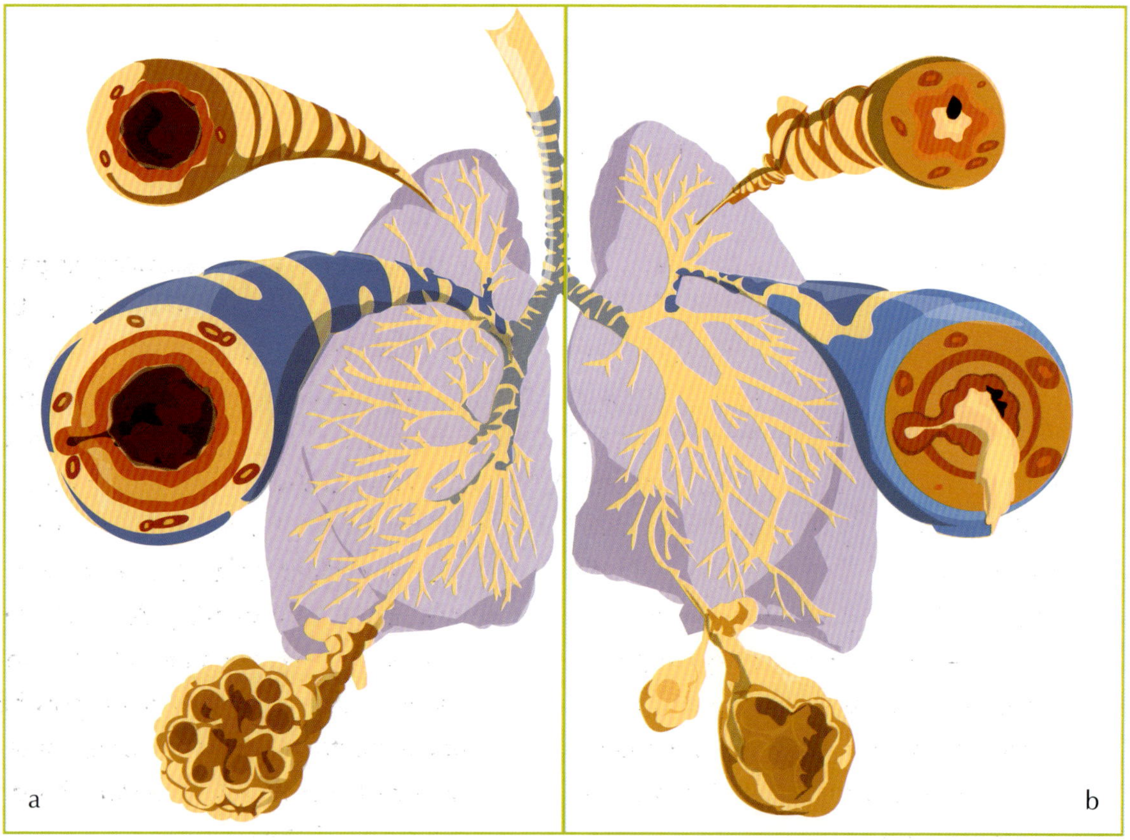

Figura 1.6 – (a-b) Brônquios, bronquíolos e alvéolos normais (a) e com as alterações (b): espasmo, inflamação e hiperdistensão alveolar crônica (enfisema).

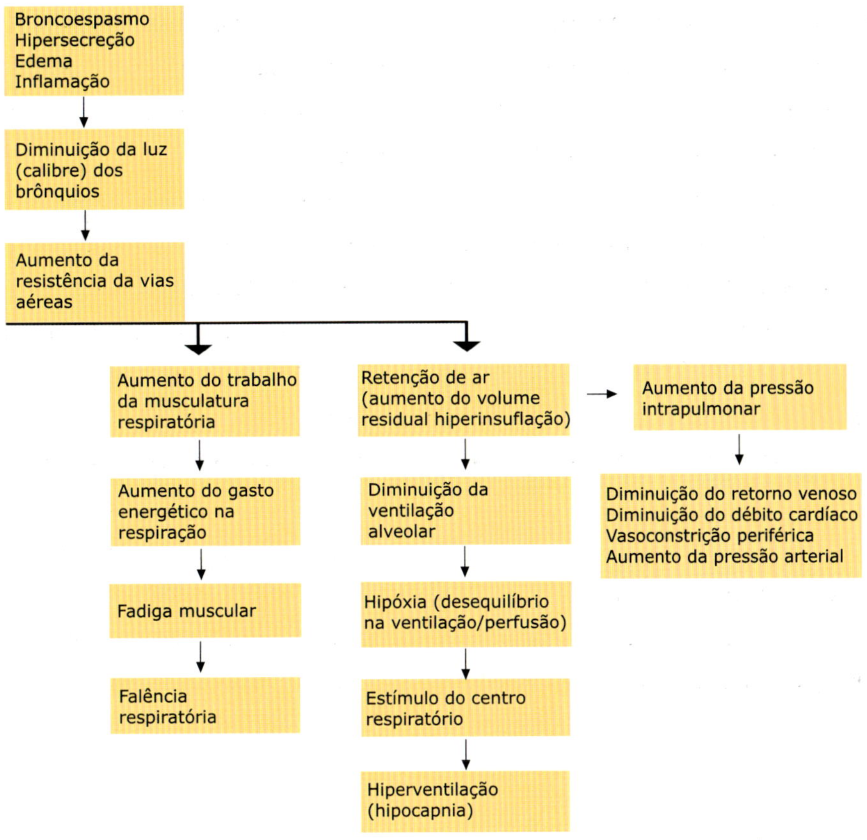

Figura 1.7 – Esquema dos principais eventos na crise de asma e suas conseqüências.

Diante desses fatos, cabe lembrar que:

- A eficiência do sistema respiratório está diretamente ligada à composição sangüínea adequada e também aos componentes celulares que ajudam o organismo na utilização do oxigênio durante as atividades motoras.
- O exercício leve pode aumentar em até três vezes o consumo de oxigênio (O_2) e a produção de gás carbônico (CO_2).
- Exercícios moderados e intensos chegam a aumentar cerca de seis a dez vezes esses valores.
- Um atleta olímpico pode obter um aumento de até 20 vezes desses valores.
- Na maioria das vezes, as limitações para as atividades motoras de resistência dependem mais do coração e circulação do que de variáveis pulmonares (capacidade vital, ventilação pulmonar etc.), descartando-se doenças pulmonares.
- A freqüência e o volume de inspiração estão diretamente relacionados ao crescimento do pulmão; desse modo, as atividades físicas no período da adolescência são muito benéficas, pois há um aumento da caixa torácica e, conseqüentemente, melhor desempenho do sistema respiratório.
- As atividades físicas, como caminhadas, e a realização de pequenas tarefas au-

mentam em até três vezes o consumo de O_2 (VO_2) e a produção de CO_2 (VCO_2). As demandas energéticas da respiração determinam aumento no gasto cardíaco para manter a concentração de O_2 adequada no sangue e na musculatura ativa.

- Na atividade física, os músculos auxiliares da respiração passam a apoiar o trabalho respiratório, de forma que a respiração em repouso demanda 1% do metabolismo basal e 1% da absorção do oxigênio, ao passo que a respiração durante a atividade física intensa demanda 25% a 30% do metabolismo basal e até 12% da absorção total de oxigênio, o que corresponde ao gasto energético para respirar durante uma crise de asma.

Os asmáticos apresentam diversas queixas nasais. Os achados otorrinolaringológicos mais comuns em asmáticos são mostrados no Quadro 1.2.

Quadro 1.2 – Achados otorrinolaringológicos mais comuns em asmáticos

Queixas	Ocorrência (%)
Respiração oral	84
Sono de boca aberta	84
Tosses intercrises	84
Espirros freqüentes	84
Modismos (esfregar ou coçar o nariz)	77
Coriza constante	64
Prurido nasal	64
Ronco durante o sono	61
"Fungado"	61
Cefaléia	58
Distúrbios da voz	16
Hipoacusia (baixa audição)	13

Modificado de Teixeira (1993).

Alterações torácicas e posturais

Alterações torácicas

As costelas (12 de cada lado) são sustentadas posteriormente pela coluna vertebral; depois de formarem o arcabouço do tórax, articulam-se (exceto as duas últimas) anteriormente com o osso esterno por meio da cartilagem costal. Esses elementos combinados constituem a caixa torácica, que além de proteger as vísceras torácicas é expansível e capaz de alterar a capacidade do tórax. As costelas elevam-se lateralmente entre suas articulações vertebrais e esternal (comparação universal à "alça de balde"). Essa movimentação proporciona aumento transversal do tórax e, ao mesmo tempo, impele o esterno, aumentando a dimensão ântero-posterior, conforme a Figura 1.8.

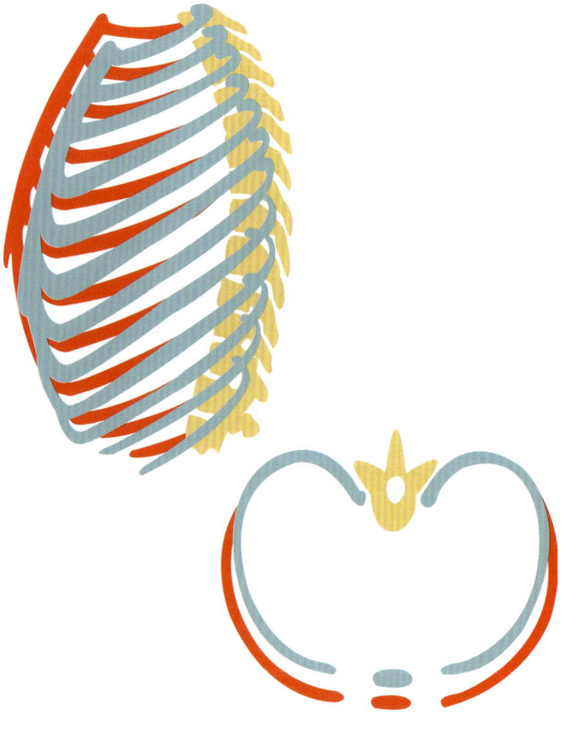

Figura 1.8 – Dimensão ântero-posterior do tórax.

A mecânica de funcionamento do tórax (mecânica respiratória) é importante e as alterações respiratórias, segundo sua origem, podem modificá-la. Por sua vez, as alterações torácicas podem ser causadas pelas alterações nessa mecânica e, dependendo da gravidade, isso pode significar uma diminuição nas possibilidades respiratórias, como alterações nos fluxos expiratórios.

A maioria das alterações torácicas, quando não é congênita, está relacionada às alterações respiratórias e/ou posturais. Os distúrbios da saúde geralmente são acompanhados de limitações respiratórias, que, por sua vez, predispõem o organismo a doenças e alterações morfológicas. Dessa forma, as doenças respiratórias podem refletir diretamente na forma do tórax, provocando modificações em decorrência, por exemplo, da ausência de ar em determinadas áreas pulmonares causada por obstrução das vias aéreas, o que leva à retração das costelas.

Em razão de sua forma e elasticidade, necessárias para sua função, o tórax é facilmente deformável, o que explica por que as alterações torácicas são tão freqüentes. Observa-se que essas alterações são menos freqüentes nos adultos do que nas crianças, o que parece indicar uma regressão natural no transcurso do desenvolvimento.

As doenças pulmonares obstrutivas provocam a hiperinsuflação pulmonar aguda nas crises, mas que pode se tornar crônica. A repetição das crises com retenção de volume residual dá ao tórax características do padrão respiratório assumido. Desse modo, a atividade respiratória, além de vital, exerce uma ação modeladora sobre o tórax. Sua forma pode mudar por causa dessa ação. Uma ventilação eficaz e uma caixa torácica bem desenvolvida são fatores básicos para a saúde. Nesse sentido, deve haver preocupação com a respiração, o desenvolvimento e o funcionamento da caixa torácica.

O resultado de um plano de exercícios para as alterações torácicas será tanto melhor quanto mais elástico for o tórax, ou seja, quanto mais jovem for. As modificações obtidas são mais funcionais que morfológicas.

São várias as alterações torácicas e distintas suas origens, sendo as mais comuns as descritas a seguir.

Hemitórax escoliótico

É causado por um acentuado desvio lateral da coluna vertebral (escoliose). A rotação vertebral provocada pelo desvio empurra as costelas, formando o hemitórax. Pode ser de origem respiratória quando a escoliose que o provoca for dessa origem. Não sendo uniforme a rotação vertebral na escoliose, as diferentes pressões nos arcos costais provocam distintos relevos no tórax (Figura 1.9).

Figura 1.9 – Hemitórax escoliótico (assimétrico).

Depressão submamilar

Já definida e localizada pelo próprio nome, pode ser bilateral e unilateral. Problemas congênitos e respiratórios são as principais causas. A depressão submamilar de origem respiratória pode estar associada também à hipotonicidade abdominal. O diafragma não encontra bom ponto de apoio abdominal e o faz nas últimas costelas, provocando a depressão (Figura 1.10).

Tórax em quilha (peito de pomba)

A projeção do esterno pode ser congênita ou causada por problemas respiratórios. Quando for de origem respiratória, está geralmente associada às depressões submamilares. As retrações laterais, que evidenciam a projeção do esterno, parecem ocorrer em razão da ausência de ar em determinadas áreas pulmonares, causada pela obstrução das vias aéreas (Figura 1.11).

Figura 1.10 – Depressão submamilar.

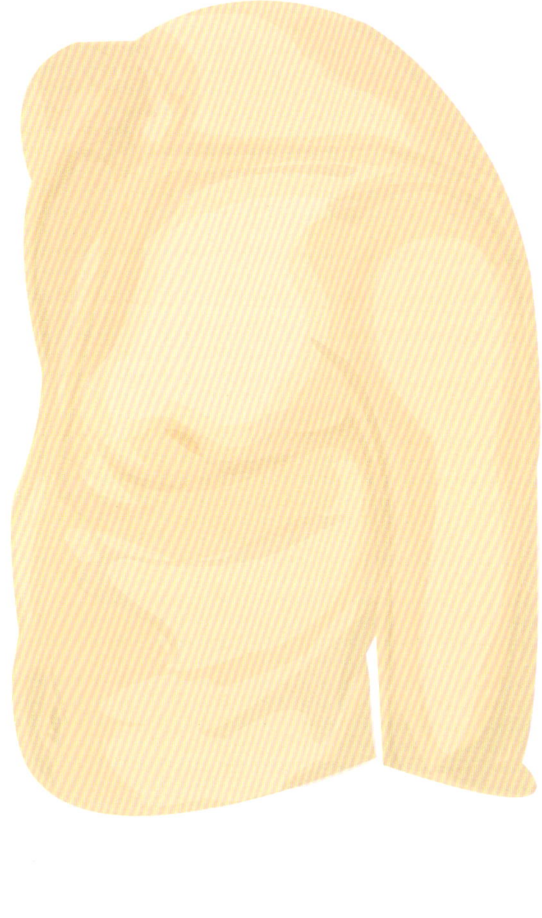

Figura 1.11 – Tórax em quilha.

Tórax em tonel

As medidas dos diâmetros ântero-posterior e transverso aproximam-se, ficando o tórax arredondado, característica decorrente da hiperinsuflação pulmonar e da retenção de volume residual causadas por problemas respiratórios. As doenças pulmonares obstrutivas provocam a hiperinsuflação pulmonar, aguda nas crises, mas que pode se tornar crônica (enfisema). A repetição das crises com retenção de volume residual dão ao tórax a característica arredondada de um tonel (Figura 1.12).

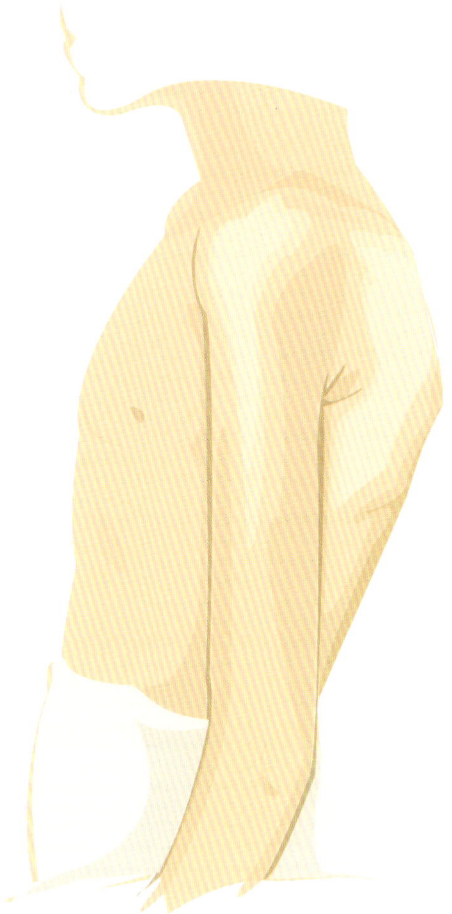

Figura 1.12 – Tórax em tonel.

Tórax infundibular

Retração do esterno na altura do apêndice xifóide. Nesse ponto, o diâmetro ânteroposterior é muito diminuído. Essa retração do esterno é congênita e pode provocar acomodações de órgãos internos e alterações na mecânica respiratória (Figura 1.13).

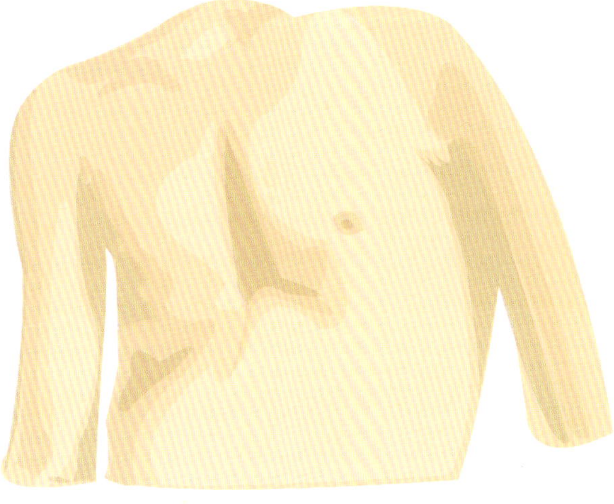

Figura 1.13 – Tórax infundibular.

Os problemas do tronco, dependendo da gravidade, sempre significam uma diminuição nas possibilidades respiratórias e podem atuar como fatores agravantes na crise de asma. Dessa forma, serão abordadas outras intercorrências, como as seguintes.

Fratura de costelas ou cirurgias torácicas

Os traumatismos costais, acidentais ou cirúrgicos, comprometem toda a eficácia dos movimentos costais. A dor durante o ato respiratório dificulta a respiração e leva à sua inibição. Por isso, são necessários exercícios torácicos e de reeducação respiratória.

Insuficiência diafragmática

Ocorre freqüentemente em razão da bronquite crônica, apresentando-se também em casos de obesidade. A movimentação do diafragma é insuficiente em virtude da alteração de seu ponto de apoio abdominal. As porções baixas pulmonares não ventilam e a tentativa de compensação das porções superiores pode levar a dilatações enfisematosas da área. São indicados os exercícios de reeducação respiratória diafragmática e abdominal, visando fornecer um ponto de apoio para o diafragma.

Paralisia dos músculos respiratórios

Ocorre freqüentemente em razão da poliomielite, de traumatismos medulares e de miopatias. A paralisia dos inspiradores apresenta como características um aumento dos ciclos respiratórios e o uso dos músculos acessórios da inspiração. A paralisia dos expiradores (abdominais) provoca um aumento do volume residual. Há também o acúmulo de secreções brônquicas, que não se movimentam em razão da pouca eficácia da mecânica respiratória e da tosse. Nos casos de paralisia, é importante que a respiração seja assistida, visto que a reeducação respiratória depende da capacidade de recuperação dos músculos atingidos.

Alterações posturais

As alterações da coluna vertebral são freqüentes e, no caso das insuficiências respiratórias, geralmente vêm associadas às alterações torácicas. Na asma, a combinação de alterações tóraco-vertebrais é comum e muitas vezes é difícil precisar se foi a torácica que causou a postural ou vice-versa.

As alterações do tronco também são causas de mudanças na mecânica respiratória. Segundo sua origem, podem modificar a mecânica respiratória e/ou o funcionamento fisiológico do pulmão.

A ventilação pulmonar depende da elasticidade pulmonar e da amplitude dos movimentos torácicos. O aumento do volume da caixa torácica se deve em grande parte ao movimento do diafragma, que promove a expansão do tórax em todos os sentidos. Essa expansão é proporcional à amplitude do movimento de elevação das costelas que, por sua vez, depende da posição da coluna vertebral. A melhor expansão é obtida quando a costela atinge o mesmo plano da vértebra na qual está articulada, o que não acontece nas alterações posturais, como escoliose e cifose. Dessa forma, a mecânica de funcionamento do tórax é importante por depender em grande parte desse ato mecânico. Nesse sentido, devem ser orientadas as atividades físicas visando prevenir ou evitar o agravamento dos desvios posturais, objetivando uma adequada mecânica respiratória.

Escoliose

É o desvio lateral da coluna, vista no plano frontal. Apresenta uma ou mais curvaturas laterais e determina alterações estéticas e funcionais proporcionais à acentuação dessas curvas. Pode ser funcional (vício postural, ciática, emocional) ou estrutural (neuropática, toracogênica, metabólica). Tem como principais características o desnivelamento de ombros e das escápulas, a acentuação da prega lombar e a inclinação lateral da pelve. Provoca alterações na mecânica respiratória em decorrência de um bloqueio inspiratório do lado côncavo do desvio (as costelas bloqueiam-se umas às outras) e da horizontalização das costelas em seu lado convexo, ficando próximo da posição final de inspiração. A caixa torácica sofre dupla deformação. É causa de dores generalizadas nas costas.

Figura 1.14 – Escoliose

Hipercifose

É o aumento da curva posterior convexa da coluna (acentuação da curvatura fisiológica existente). Tem como características a projeção dos ombros para frente e para baixo, a projeção da cabeça à frente, a inclinação pélvica anterior ou posterior e os joelhos hiperestendidos ou semiflexionados. Em termos musculares, ocorre geralmente encurtamento dos músculos peitorais e hipotonia dos dorsais e abdominais. A acentuação da curvatura cifótica dorsal provoca descida das costelas e deixa os músculos intercostais em posição curta, o que não permite a expansão do tórax; em conseqüência, tem-se uma insuficiente amplitude torácica e um bloqueio inspiratório. Quanto mais acentuada for a curva, maior será o bloqueio inspiratório.

Figura 1.15 – Cifose.

Hiperlordose

É o aumento da curva lordótica da região lombar (também uma acentuação da curvatura fisiológica existente) e tem como características a projeção da bacia e do abdômen para a frente, o encurtamento dos músculos lombares e a insuficiência nos abdominais e glúteos, sendo causa de dores lombares. Isolada, poderia provocar alguma alteração respiratória, com a exagerada projeção do abdômen à frente, o que leva ao deslocamento das vísceras e à conseqüente retificação do diafragma e diminuição de sua movimentação.

Figura 1.16 – Lordose.

Alterações lateral e ântero-posterior associadas

Não raramente, as alterações apresentam-se associadas, o que requer atenção sobre a dupla função dos músculos envolvidos. As associações mais comuns são: cifoescoliose, escoliose dorsal com cifose e escoliose lombar com lordose. É menos comum a escoliose associada a inversões de curvas fisiológicas (ântero-posteriores).

Na asma, essas combinações, freqüentemente associadas às alterações torácicas, são extremamente danosas por provocarem grandes prejuízos à mecânica respiratória.

Avaliação do pico de fluxo expiratório e suas aplicações

Estudos recentes sugerem que a asma está se tornando cada vez mais freqüente, grave e problemática, e que o número de crianças asmáticas dobrou nos últimos 20 anos. Atualmente, é considerada a principal causa de falta à escola e ao trabalho. Várias possibilidades têm sido aventadas para explicar esse aumento, entre elas a poluição do ar e o aumento de alérgenos na atmosfera, em particular o ácaro, que encontrou um ambiente propício para sua proliferação. Embora a taxa de mortalidade por asma ainda seja pequena, o risco de morte por uma crise asmática é inquestionável. Em alguns países, parece ter havido um aumento no número de casos fatais, e os estudos realizados em busca das causas indicam a falta de tratamento adequado e preventivo, chamando atenção para o fato de que os asmáticos muitas vezes são subavaliados quanto à gravidade de sua doença. A subavaliação leva ao tratamento inadequado e, conseqüentemente, a problemas sérios. Outro aspecto importante são os prejuízos que a doença acarreta aos asmáticos. Acometidos de crises freqüentes e com baixa resistência a atividades físicas, por exemplo, os asmáticos são submetidos a inúmeras restrições, que o privam do pleno desenvolvimento de suas aptidões. Desse modo, na infância levam o rótulo de "criança doente", sofrendo, como conseqüência, a rejeição dos colegas. Os avanços na área do conhecimento e controle da doença alcançados nos últimos anos, contudo, tornaram possível dar a 95% dos asmáticos uma boa qualidade de vida. Infelizmente, os recursos relativos à terapêutica e a programas educativos/preventivos não estão ao alcance da maioria.

Um programa educativo é essencial para a conscientização do asmático e de seus familiares sobre a doença, para que estabeleçam relações entre os fatores desencadeantes e a expressão dos sintomas.

Os trabalhos de conscientização sobre a asma ainda são muito limitados. É necessária a implantação de um sistema educativo abrangente para que se obtenham resultados objetivos.

Um plano de educação em asma tem por finalidades:

- Conscientizar no sentido de que a asma é uma doença crônica, podendo ser grave, mas possível de ser controlada;
- Ensinar a reconhecer os sintomas;
- Encorajar a participação ativa no tratamento;
- Estimular a participação em atividades físicas/esportivas;
- Melhorar a qualidade de vida do asmático.

Com o intuito de esclarecer as alterações que ocorrem no aparelho respiratório dos asmáticos em relação aos sintomas e ao caráter inflamatório crônico, é preciso:

- Saber quais são os fatores desencadeantes (alérgenos, poluição etc.);
- Usar medicamentos apropriados e na menor quantidade que mantenha os pacientes sem sintomas;
- Saber reconhecer precocemente quando a asma está saindo de controle e o modo de evitar o agravamento da crise.

Para isso, é necessário fazer um diário de sintomas. O diário tem por finalidade fazer com que os alunos/pacientes anotem os sintomas, efetuem a medida do pico do fluxo expiratório (PFE) e registrem o uso da medicação. A rotina no preenchimento do diário auxilia o aluno/paciente a reparar os sintomas da asma, facilitando o reconhecimento precoce da exacerbação.

Podemos perceber que a abordagem do tratamento da asma deve contemplar vários itens, como educação, atividade física, controle ambiental e terapêutica farmacológica, bem como controle e monitoração da intensidade da doença.

O programa educativo deve abordar temas como conceito de asma, fatores desencadeantes e controle ambiental, noções sobre os medicamentos usados, técnicas de administração dos aerossóis, sinais de exacerbação e um plano de ação (o que fazer quando a asma sair de controle), além de um programa de atividades físicas/esportivas.

Pico de Fluxo Expiratório (PFE)

Para que serve o monitor de pico de fluxo expiratório?

O monitor de pico de fluxo expiratório (PFE) mede a velocidade de saída do ar dos pulmões (em litros por minuto). Na crise de asma, os brônquios estão estreitos, obstruídos, e conseqüentemente o ar passa com dificuldade. O monitor mede o grau de estreitamento e obstrução. É importante salientar que isso é possível antes do aparecimento dos sintomas, o que permite uma ação precoce. É uma ferramenta simples e de fácil utilização. Suas medidas são usadas para avaliar a gravidade da asma, caracterizar uma população e indicar a resposta ao tratamento.

A variação do PFE é utilizada para documentar a obstrução variável do fluxo aéreo, sendo indicativos de asma a existência de:

- Diferença percentual média entre a maior de três medidas de PEF efetuadas pela manhã e à noite com amplitude superior a 20% em um período de duas a três semanas;
- Aumento de 20% nos adultos e de 30% nas crianças no PFE, 15 minutos após uso de β2 de curta duração (III Consenso Brasileiro no Manejo da Asma).

As diretrizes internacionais também recomendam o monitoramento do PFE para avaliar a gravidade da asma e a resposta ao tratamento. O monitoramento do PFE fornece dados objetivos sobre a obstrução das vias aéreas e sua variabilidade. Os dados do PFE dentro de um plano de ação para a asma são fundamentais.

Identifique a piora da crise precocemente e evite uma crise mais grave!

A medida do PFE ajuda, a saber, se:

- Os medicamentos estão tendo uma ação adequada;
- É necessário outro medicamento ou alteração de doses;
- A asma está controlada.

Também pode ajudar na:

- Identificação de fatores desencadeantes;
- Verificação da resposta aos broncodilatadores;
- Avaliação precoce da crise;
- Avaliação da gravidade da crise.

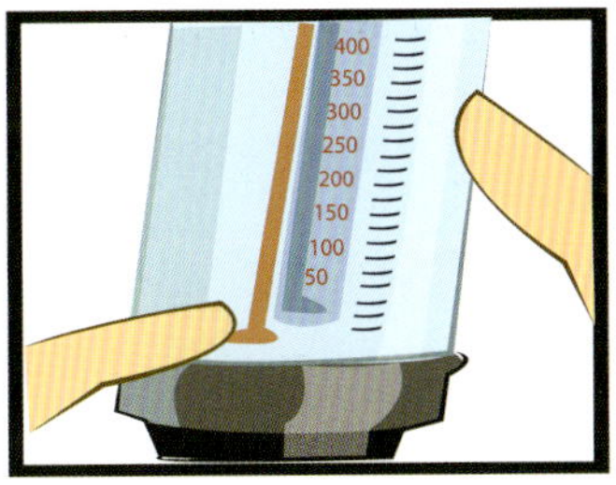

1- Verifique se o marcador está no ponto zero.

2- segure o monitor de forma que o marcador fique livre.

3- Inspire profundamente. Coloque o monitor na boca e expire o mais forte e rápido que puder (não deixe o ar escapar pelos cantos da boca).

Zoom do marcador

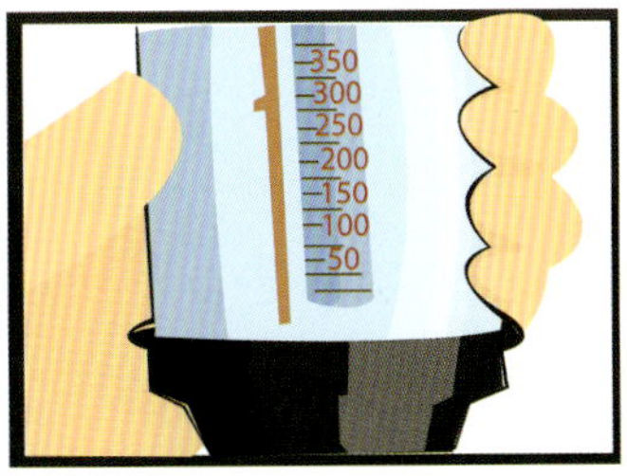

4- Repita três vezes os passos 1, 2 e 3 e anote a maior medida.

Figura 1.17 – Como utilizar corretamente o monitor.

Lembre-se

A utilização correta do monitor e as anotações completas fornecerão dados confiáveis para uma terapêutica adequada e medidas preventivas.

- Anotar as medidas de PFE em um diário (anexo ao monitor);
- Anotar os sintomas diários e noturnos;
- Anotar os medicamentos utilizados;
- Anotar os contatos com os fatores desencadeantes;
- Anotar as atividades não usuais, principalmente as atividades físicas/esportivas;
- Anotar as interocorrências (laringites, otites, gripes, resfriados etc.);
- As anotações (banco de dados) do PFE fornecem informações muito mais importantes sobre a resposta ao tratamento e controle da asma do que medidas esporádicas ou resumidas.

Como saber o valor a ser atingido

O valor previsto (valor de referência) para cada indivíduo é determinado por meio do sexo, idade e altura, de acordo com as tabelas a seguir.

Tabela 1.1 – Valor de referência – Masculino

Altura (cm)	**Idade**										
	15	**20**	**25**	**30**	**35**	**40**	**45**	**50**	**55**	**60**	**65**
120	459	510	540	554	555	547	534	520	512	509	505
125	467	517	548	561	562	554	541	528	519	517	513
130	474	525	555	569	569	561	549	535	527	524	520
135	481	532	562	576	577	569	556	542	534	531	527
140	489	539	570	583	584	576	563	550	541	539	535
145	496	547	577	590	591	583	571	557	549	546	542
150	503	554	584	598	599	591	578	564	556	553	549
155	511	561	591	605	606	598	585	571	563	561	557
160	518	569	599	612	613	605	592	579	571	568	564
165	525	576	606	620	621	613	600	586	578	575	571
170	532	583	613	627	628	620	607	593	585	582	578
175	540	590	621	634	635	627	614	601	592	590	588
180	547	598	628	642	642	634	622	608	600	597	593
185	554	605	635	649	650	642	629	615	607	604	600
190	562	612	643	656	657	649	636	623	614	612	608

Greggi e Nunn (BMJ, 1973, 3, p. 282-4).

Tabela 1.2 – Valor de referência – Feminino

Altura (cm)	**Idade**										
	15	**20**	**25**	**30**	**35**	**40**	**45**	**50**	**55**	**60**	**65**
120	404	411	415	418	417	415	410	403	393	381	366
125	411	418	423	425	425	422	417	410	400	388	374
130	418	425	430	432	432	429	424	417	407	395	381
135	425	432	437	439	439	436	431	424	414	402	388
140	432	439	444	446	446	443	438	431	421	409	395
145	439	446	451	453	453	450	446	438	429	416	402
150	446	453	458	460	460	458	453	445	436	424	409
155	453	460	465	467	467	465	460	452	443	431	416
160	461	468	472	474	474	472	467	460	450	438	423
165	468	475	479	482	481	479	474	467	457	445	430
170	475	482	486	489	488	486	481	474	464	452	437
175	482	489	494	496	496	493	488	481	471	459	445
180	489	496	501	503	503	500	495	488	478	466	452
185	496	503	508	510	510	507	502	495	485	473	459
190	503	510	515	517	517	514	509	502	492	480	466

Greggi e Nunn (BMJ, 1973, 3, p. 282-4).

Tabela 1.3 – Valor de referência – Crianças

Altura (cm)	PEF (litros/minuto)	Altura (cm)	PEF (litros/minuto)
100	106	137	302
105	132	140	318
109	145	142	328
110	159	145	344
112	169	147	355
114	180	150	370
115	185	152	381
117	196	155	397
119	207	157	407
120	212	160	423
122	222	163	439
124	233	165	450
125	238	168	466
127	249	170	476
130	265	175	503
135	291	180	529

Godfrey et al. *Brit.J.Dis.* Chest 64,15 (1970)

Como calcular o valor para determinar o nível da crise de asma

Para calcular os valores, deve-se consultar a tabela e verificar o valor previsto (valor de referência). Caso o valor de PFE ultrapasse o previsto, será o melhor valor e aquele que deverá ser considerado. Uma maneira fácil de efetuar os cálculos é por meio de uma regra de três simples:

Exemplos:

Uma criança com 137 cm de altura tem PFE previsto de 302.

PFE previsto = 302; PFE obtido = 250

302 = 100% $\quad \frac{250.100}{302}$ = 82% **(asma controlada – zona verde)**

250 = X

PFE previsto = 302; PFE obtido = 190

302 = 100% $\quad \frac{190.100}{302}$ = 62% **(asma na zona de atenção – amarela)**

190 = X

PFE previsto = 302; PFE obtido = 150

302 = 100% $\quad \frac{150.100}{302}$ = 49% **(asma na zona de perigo – vermelha)**

150 = X

Os pontos de ação do PFE são calculados com porcentagem simples apesar das limitações do critério percentual. A figura abaixo ilustra as zonas verde, amarela e vermelha.

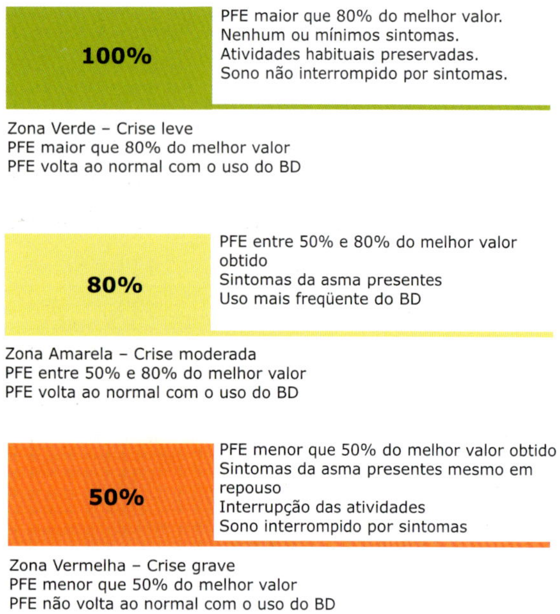

Figura 1.18 – Esquema de avaliação da gravidade da asma por meio das medidas de PFE e sua correspondência às zonas Verde, Amarela e Vermelha

Atividade física adaptada para asma

São inúmeros os trabalhos apresentados por diversos pesquisadores sobre os efeitos benéficos dos programas de atividades físicas para asmáticos. De forma geral, as atividades físicas são consideradas benéficas para indivíduos com disfunções pulmonares, sendo referidos benefícios físicos e fisiológicos como conseqüência da atividade física. Outros fatores também são associados à melhora da condição física: aumento de apetite, diminuição no uso de medicamentos, melhora no sono e sensação de bem-estar.

A melhora da condição física do asmático permite-lhe suportar com mais tranqüilidade os agravos da saúde, pois aumenta sua resistência, fornecendo-lhe reservas para enfrentar as crises obstrutivas. A participação regular em programas de atividades físicas pode aumentar a tolerância ao exercício e à capacidade de trabalho, com menor desconforto e redução de broncoespasmo. A orientação adequada proporciona ainda uma série de benefícios, entre eles a melhora da mecânica respiratória, a prevenção e a correção das alterações posturais e torácicas, a melhora da condição física geral e a prevenção de outras complicações pulmonares.

A asma é uma doença de evolução crônica que muitas vezes melhora na adolescência, mas isso nem sempre ocorre, pois a pessoa pode continuar a ter sintomas até a idade adulta ou durante a vida toda. De qualquer forma, se adequadamente tratada, não impede que o indivíduo pratique atividades físicas. A pessoa asmática deve estar sob tratamento médico, pois a atividade física não pode ser considerada tratamento de asma. Para participar das aulas de Educação Física, treinos ou jogos, a doença deve estar bem controlada. Às vezes, mesmo que o indivíduo esteja bem (sem sintomas), uma atividade física intensa pode desencadear uma crise de broncoespasmo (broncoespasmo induzido pelo exercício ou BIE) 5 a 15 minutos após a realização do esforço físico.

O aparecimento de sintomas (tosse, chiado e/ou falta de ar, sensação de aperto no peito) leva o asmático a evitar as atividades físicas, com receio de que possa ter uma crise, ou a interromper suas atividades quando aparecem sintomas. Essas situações criam um círculo vicioso de hipoatividade física e deterioração do condicionamento físico geral. No caso de crianças, as atividades físicas são essenciais, pois proporcionam experiências básicas de movimento, importantes em seu desenvolvimento. Além disso, é por meio das atividades físicas que as crianças se relacionam, seja brincando ou engajando-se em atividades esportivas, prevenindo o isolamento psicossocial e melhorando a auto-imagem e autoconfiança. Na adolescência, as atividades esportivas são mais intensas e competitivas, e o adolescente asmático muitas vezes se sente preterido, considerando-se, erroneamente, menos capaz ou inferior. Esse comportamento faz com que evite as atividades físicas e os treinamentos, tornando-se, finalmente, menos apto.

As atividades físicas devem, portanto, ser incentivadas como fator de saúde para crianças e adolescentes asmáticos. É imprescindível que os profissionais da área (professores, técnicos ou médicos esportivos) saibam orientar e incentivar seus alunos/pacientes.

Broncoespasmo Induzido pelo Exercício (BIE)

As atividades físicas são benéficas e têm sido recomendadas, mas podem provocar broncoespasmo induzido pelo exercício (BIE). As pesquisas indicam que os exercícios físicos são provocadores de BIE em 80% a 90% dos asmáticos e em 40% dos atópicos (não asmáticos). Outros estudos indicam a ocorrência de BIE em atletas, sendo a prevalência de 15% a 25%.

Sintomas como tosse, dispnéia, aperto torácico e chiado após exercícios são característicos. Geralmente, professores de Educação Física e técnicos esportivos confundem esses sintomas com baixa condição física. A resposta do asmático diante do exercício é diferente da resposta do não asmático. Nem todas as atividades físicas provocam esse tipo de reação. Diferentes exercícios em diferentes intensidades provocam diferentes magnitudes de crises. Os exercícios podem ser classificados em mais asmagênicos (mais provocadores de crises), como a corrida, e menos asmagênicos, como a natação. O exato mecanismo responsável pelo BIE é incerto, sendo que o resfriamento e o ressecamento das vias aéreas na atividade física parecem ser os maiores responsáveis (Figura 1.19).

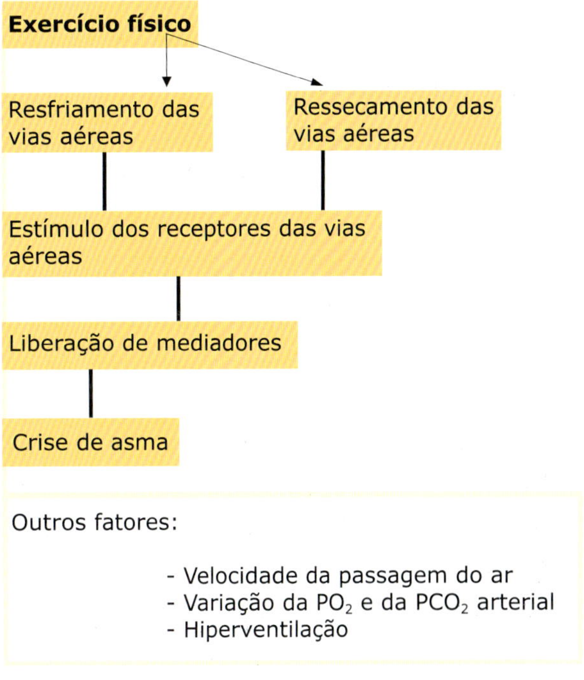

Figura 1.19 – Esquema da hiperatividade brônquica por resfriamento e ressecamento das vias aéreas durante a atividade física.

É importante salientar a importância da respiração nasal durante as atividades físicas. O BIE é caracterizado por uma queda de 10% a 15% do fluxo expiratório máximo. Ocorre com a duração do exercício entre 6 e 8 minutos e a intensidade de trabalho de aproximadamente dois terços do consumo máximo de oxigênio (freqüência cardíaca de 170 a 180/min para crianças).

A resposta ao exercício aparece alguns minutos após cessado o esforço e se reverte após aproximadamente 60 minutos. Na maioria dos indivíduos, o BIE consiste em uma única crise de rápido início e recuperação. Alguns podem desenvolver uma reação tardia (4 a 10 horas após o exercício). Há medicamentos muito eficientes na prevenção do BIE, como os beta 2 agonistas (broncodilatadores), cromoglicato dissódico ou nedocromil, usados em aerossóis (sprays) 10 minutos antes das atividades físicas, estes últimos com menos efeitos colaterais.

Inúmeros fatores podem agravar o BIE, como gravidade da asma, presença de obstrução nasal, tipo e intensidade do exercício físico, poluição atmosférica, temperatura e umidade ambiente, assim como associação a determinados produtos químicos (medicamentos, conservantes, corantes etc.).

A obstrução nasal agrava e intensifica o BIE pela diminuição da capacidade de filtragem, preaquecimento e preumidificação do ar inalado. Embora existam inúmeras causas de obstrução de vias aéreas superiores, a mais comum e tratável é a rinite alérgica.

No tratamento do BIE, medidas farmacológicas e não farmacológicas são recomendadas.

Na alternativa farmacológica, o tratamento de escolha tem sido os beta 2 agonistas, o cromoglicato e o nedocromil, embora esses últimos não sejam broncodilatadores mas inibem a liberação de mediadores químicos dos mastócitos, protegendo também da reação tardia ao exercício. A utilização de ambos é uma combinação eficaz.

As estratégias não farmacológicas, que poderíamos chamar de preventivas, incluem atividades físicas de aquecimento de 10 a 15 minutos (a 50% do VO_2 máx. previsto para a idade), não-realização de atividades em ambientes agressivos (poluição, presença de alérgenos, umidade, temperatura) ou mais asmagênicas (corrida, por exemplo) e restrição alimentar (tipo de alimento e tempo de ingestão antes do exercício).

Gráfico 1.4 – Resposta ao exercício de uma criança asmática e de uma não asmática

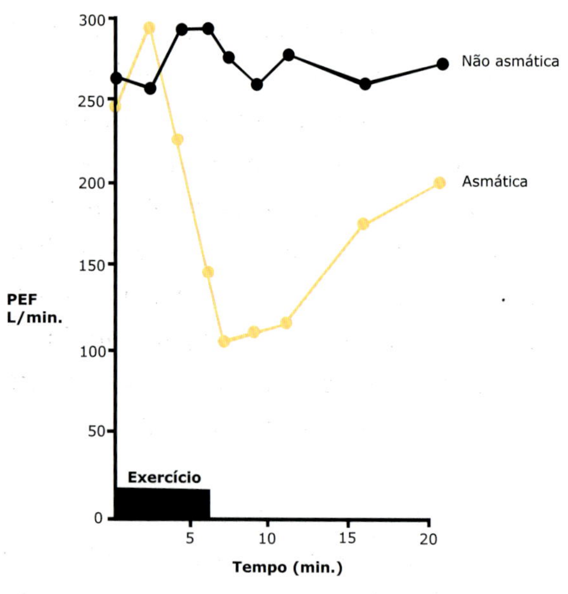

Gráfico 1.5 – Broncoespasmo induzido pelo exercício com quatro diferentes atividades realizadas na mesma taxa metabólica

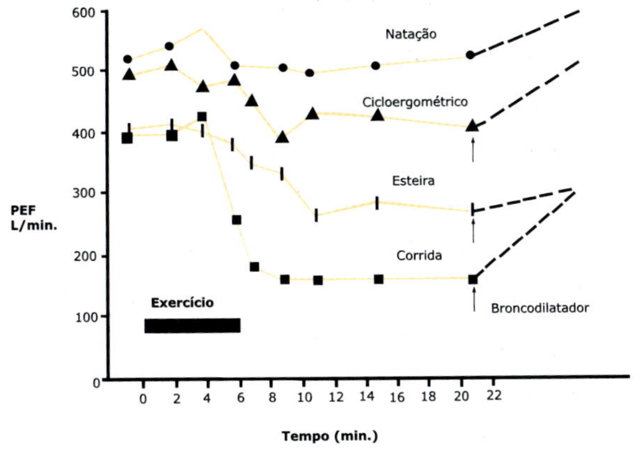

Gráfico 1.6 – Variação do fluxo expiratório em adultos (A) e crianças (C) em diferentes atividades

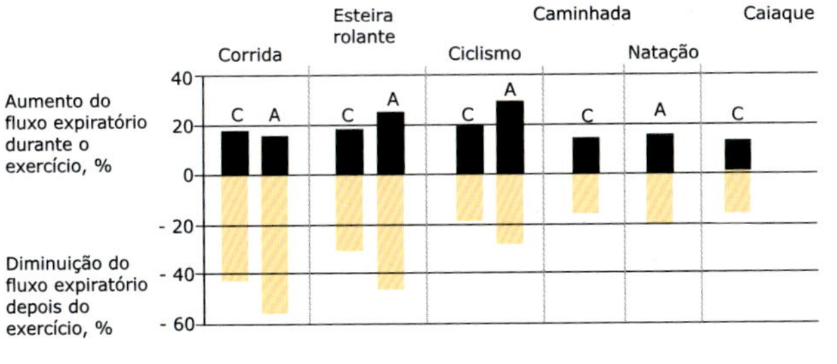

Teixeira, 2004

Diante dos conceitos atuais do tratamento da asma e da terapêutica disponível, capaz de prevenir as crises obstrutivas provocadas pelas atividades físicas, é necessário estimular e orientar as crianças e adolescentes asmáticos à prática das atividades, com o objetivo de incorporar sua importância e seus benefícios e de evitar o isolamento, a superproteção e o medo que, por desinformação, levam à inatividade e à deterioração funcional.

Orientações e cuidados:

Se durante a aula um aluno asmático entrar em BIE, algumas medidas podem ajudar:

- diminuir o ritmo da atividade do aluno;
- estimular a respiração diafragmática com freno labial (inspiração nasal com expiração oral e lábios semicerrados);
- manter o aluno sentado e reclinado para frente ou recostado para trás;
- utilizar a medicação broncodilatadora;
- usar, se necessário, a respiração auxiliada (técnica de auxílio na expiração com o objetivo de mantê-la ventilada).

Observação: Essas medidas não substituem a administração do broncodilatador ou socorro médico.

Atividades físicas e asma: um programa prático

A terapêutica medicamentosa, a higiene ambiental e a psicoterapia ocupam-se com as causas da crise de asma, ao passo que a atividade física orienta-se em função dos danos físico-orgânicos e sociais que podem ser causados pela doença, entendendo que o engajamento em programas de atividades físicas não exclui o tratamento medicamentoso e os cuidados ambientais. O professor de Educação Física deve conhecer os medicamentos, os alérgenos mais comuns e ser capaz de reconhecer a gravidade de uma crise, para, desse modo, orientar e tomar os procedimentos mais adequados em cada situação.

O programa de atividades físicas adaptadas ao portador de asma baseia-se em reeducação respiratória, reeducação postural e condicionamento físico.

Reeducação respiratória

Um fator limitante para as atividades físicas do asmático é a rigidez torácica; por isso, são recomendados exercícios de desbloqueio torácico, com o objetivo de aumentar a mobilidade costovertebral. O desbloqueio torácico é anterior ao trabalho de exercícios respiratórios em razão da importância dos movimentos articulares durante a respiração. Por sua vez, os exercícios respiratórios têm por objetivo melhorar as funções ventilatória e respiratória e evitar o aumento do volume residual. Registra-se também que esses exercícios promovem um suporte psicológico e diminuem a ansiedade. Para alcançar essa meta, é necessária a conscientização dos movimentos musculares durante a inspiração e expiração (ativa), ou seja, a reeducação respiratória com ênfase no trabalho abdômino-diafragmático.

Os exercícios torácicos são indicados para o desbloqueio torácico, ou seja, para melhorar a mecânica respiratória (Figura 1.19).

Os exercícios respiratórios visam reeducar a mecânica funcional respiratória, "treinar" essa função e, dessa forma, garantir uma ventilação boa e eficaz (Figura 1.20).

1- Em gateio quadrupedia e contraindo o abdômen, provocar uma cifose total. Inverter, provocando uma lordose total. Realizar esses movimentos lentamente, mantendo quadris e coxas a 90º em relação ao tronco.

2- Em quadrupedia, alongar os braços à frente, mantendo o tronco próximo ao chão. Inspirar e, ao expirar, contrair o abdômen, voltando à posição inicial do gateio.

3- Em quadrupedia e com um dos braços apoiados, estender o outro para o lado e para cima, girando o tronco e a cabeça para esse mesmo lado.

4- Em quadrupedia, estender um dos braços à frente e, em seguida, direcioná-lo para o lado oposto. A cabeça e o tronco acompanham o movimento. Tronco a 90º em relação as coxas.

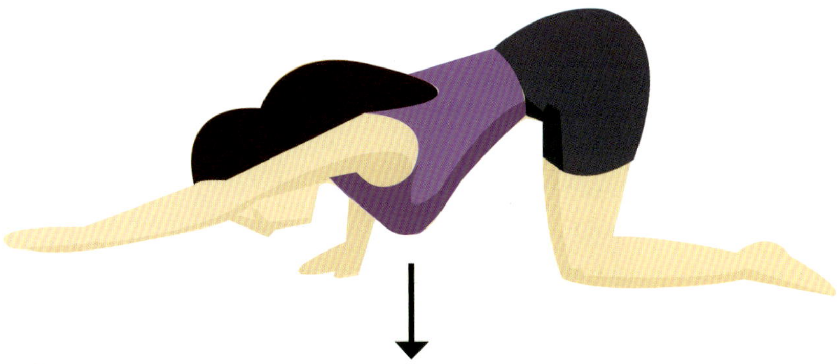

5- Em quadrupedia, estender um dos braços à frente, ficando bem rente ao chão. Abaixar o peito, mantendo o abdômen contraído. Tronco a 45º em relação às coxas.

6- Na mesma posição, ficar com ambos os braços estendidos à frente, simultaneamente. Manter abdômen contraído, inspirando e expirando profunda e lentamente.

7- Sentado, levar os braços flexionados atrás da nuca, mantendo os cotovelos ao alto. Levar os cotovelos para trás, como se alguém os empurrasse. Manter o abdômen contraído.

Figura 1.20 – Exercícios torácicos.

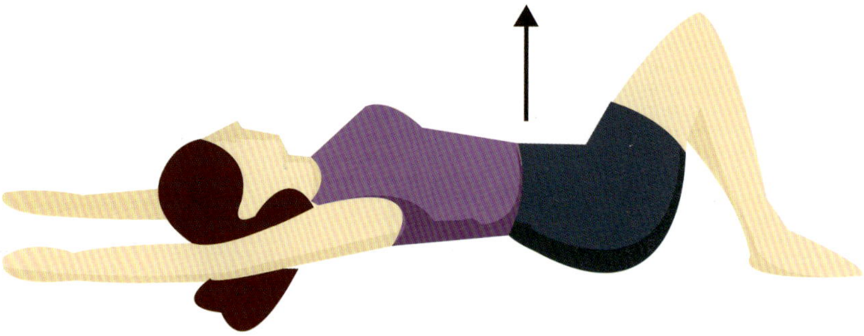

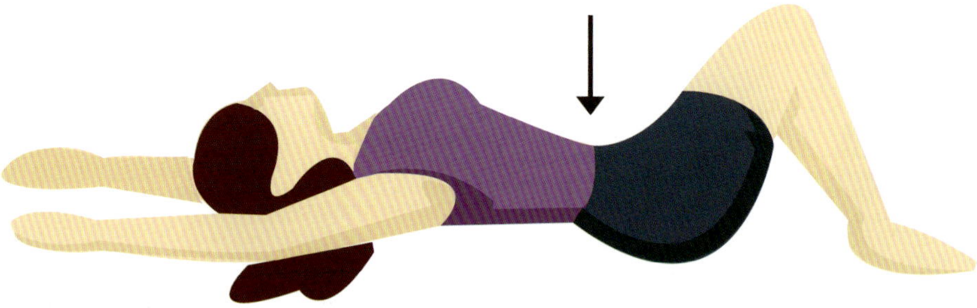

1- Tapar uma das narinas, inspirar e expirar pela outra. Manter o queixo relaxado, repousando a língua entre os dentes.

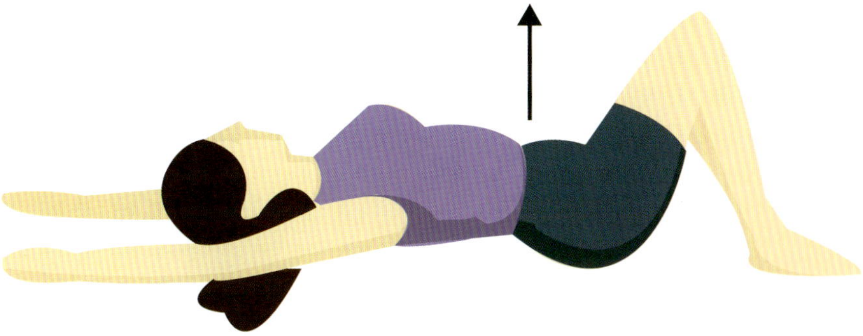

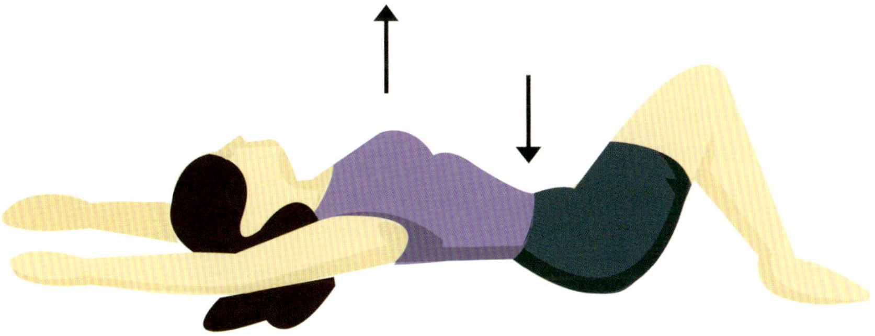

2- Deitar em decúbito dorsal, pernas flexionadas, braços estendidos para trás. Inspirar pelo nariz, inflando o abdômen. Expirar pela boca, semicerrada, contraindo o abdômen.

3- Na mesma posição que antes, controlar os tempos de expiração, ou seja, expirar contando até 5, depois até 7, e assim sucessivamente.

4- Na mesma posição que os exercícios anteriores, manter um saquinho de areia sobre o abdômen.

5- Na mesma posição que os exercícios anteriores, inspirar e provocar apnéia, ou seja, parar de inspirar e conter a respiração, como se levasse ar aos pulmões para a barriga. Expirar todo o ar e recomeçar.

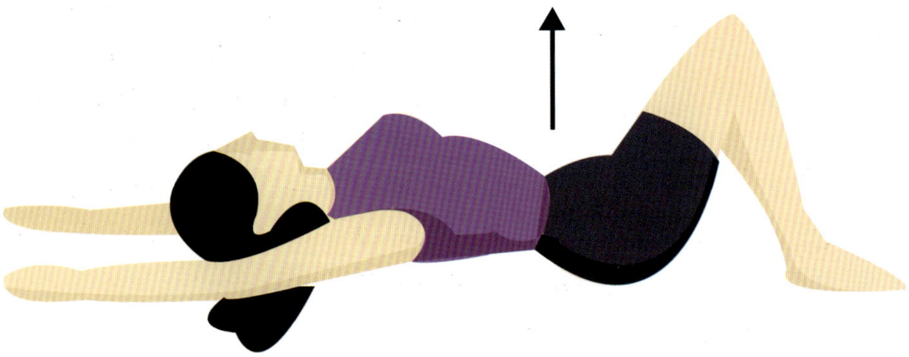

6- Deitar em decúbico dorsal. Inspirar pelo nariz. Ao expirar pela boca, trazer os joelhos juntos ao peito e abraçá-los. Recomeçar.

Figura 1.21 – Exercícios respiratórios.

Reeducação postural

Considerando que as alterações posturais interferem e modificam a mecânica respiratória e que as alterações respiratórias interferem e modificam a postura, temos na asma um ciclo vicioso, com sobreposição de efeitos danosos. Desse modo, torna-se evidente e necessário um trabalho com exercícios posturais. Esse trabalho é baseado na tomada de consciência sobre o controle, a manutenção e as mudanças das posturas corporais. Paralelamente, é preciso dar condições à musculatura para assumir atitudes novas. Atingir esses objetivos depende de exercícios de percepção corporal (proprioceptivos), alongamento, fortalecimento de grupos musculares responsáveis pela manutenção da postura (paravertebrais, abdominais e glúteos) e relaxamento.

O objetivo dos exercícios posturais é promover o alinhamento dos segmentos vertebrais e prevenir as alterações posturais comuns e decorrentes das alterações respiratórias (Figura 1.22).

1- Em pé e com joelhos ligeiramente flexionados, colocar uma das mãos próximas às costelas e a outra logo abaixo do umbigo. Ao inspirar, contrair o abdômen, tentando aproximar uma mão da outra, sem, no entanto, flexionar o tronco à frente.

2- Em seguida, caminhar da forma mais natural possível.

3- Sentado, pernas flexionadas e sola dos pés unidas. Sustentar um bastão acima da cabeça. Levar a cintura para trás e para frente, percebendo o movimento de báscula do quadril.

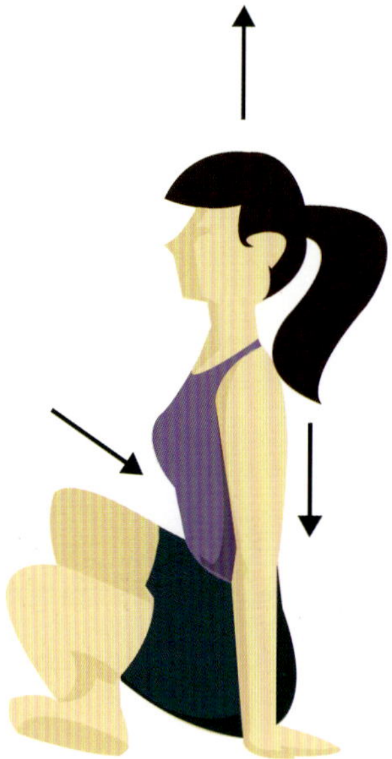

4. Na mesma posição que o exercício anterior, deixar que o bastão fique atrás das escápulas. Repetir o movimento de báscula do quadril, levando a cintura para frente e para trás

5. Sentado, pernas flexionadas. Imaginar um fio preso no teto alto e sua ponta, no alto da cabeça. Ao expirar, procure imaginar que o fio está mais curto e, por isso, tente puxar a cabeça para o alto. Quando inspirar, encaixar a coluna na parte lombar. Atenção para os ombros que devem ser empurrados para baixo.

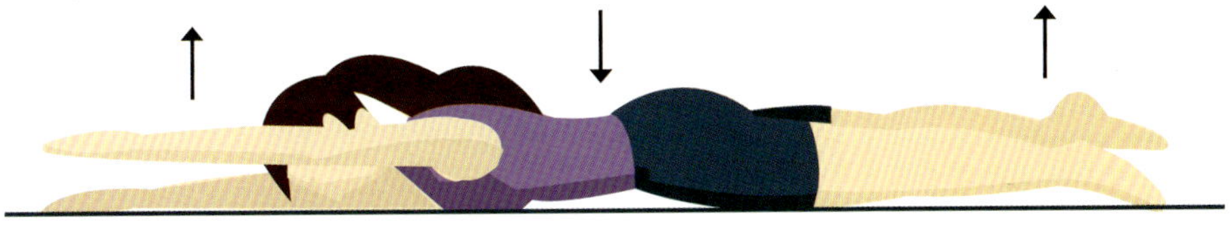

6. Em decúbio ventral, pernas e braços estendidos. Elevar os braços do chão, alternadamente. Manter, durante todo o exercício contato com o chão e os olhos voltados para baixo.

7. Na mesma posição, elevar, simultaneamente, os braços e pernas opostos.

8. Em quadrupedia, estender, simultaneamente, braço e perna opostos, procurando sentir a ponta do pé e da mão bem estendida como se tentasse alcançar algo que está atrás e algo que está à frente.

Figura 1.22 – Exercícios posturais.

Condicionamento físico

Apesar de o BIE atingir a maioria dos asmáticos e ser um fator que pode limitar as oportunidades de realizar atividades físicas, é possível aumentar sua aptidão cardiorrespiratória após um programa de condicionamento físico específico. Há um aumento da tolerância ao esforço físico que retarda o desconforto do BIE. A gravidade do quadro asmático não é, no entanto, alterada. O BIE tende a aparecer após um esforço em torno de 70% a 90% do VO_2máx com duração média maior que 6 minutos; portanto, as atividades aeróbicas devem ser intervaladas e trabalhadas em limites inferiores a 80% do VO_2máx. A administração de broncodilatador aerossol 15 minutos antes do início desse tipo de atividade é aconselhada, principalmente para aquelas crianças que apresentam uma condição física mais precária ou se a duração do esforço ultrapassar 5-6 minutos sem pausas (jogos, gincanas).

Conclusões e recomendações

1. As atividades físicas adaptadas por si só não constituem tratamento da asma. Não dispensam a medicação, os cuidados com o ambiente e a orientação psicoterápica; pelo contrário, uma criança com a doença malcontrolada não é capaz de acompanhar nem se beneficiar de um programa de exercícios físicos.

2. Um programa regular de atividades físicas pode melhorar a mecânica respiratória, tornar a ventilação pulmonar mais eficaz, aumentar a mobilidade torácica, melhorar a movimentação diafragmática e, dessa forma, prevenir as complicações pulmonares e as alterações posturais e torácicas, favorecendo o desenvolvimento normal da criança.

3. A melhora na condição física do asmático é conseqüência do aumento de sua resistência cardiorrespiratória, que lhe permite suportar melhor os agravos da saúde, ou seja, fornece-lhe reservas para enfrentar as crises obstrutivas.

4. A participação regular em programas de atividades físicas pode aumentar a tolerância ao exercício e a capacidade de trabalho com menor desconforto e broncoespasmo.

5. O aumento de apetite, a melhora do sono, a diminuição do uso de drogas e a sensação de bem-estar também são fatores associados à melhora da condição física.

6. Para iniciar um programa de atividades físicas, recomenda-se procurar compreender as funções orgânicas, sobretudo aquelas diretamente envolvidas no esforço físico, de forma que o organismo trabalhe para o indivíduo e não contra ele.

7. É importante lembrar que os asmáticos não podem ser considerados um grupo homogêneo em sua aptidão física inicial e suas reações fisiológicas ao exercício. Há uma variação importante em função da gravidade da doença.

8. Utilização da respiração nasal para que o ar possa chegar filtrado e aquecido aos pulmões. Dessa forma, são evitados o resfriamento e o ressecamento das vias aéreas, dois eventos capazes de provocar uma crise.

9. Realização de atividades físicas apenas quando as vias aéreas superiores estiverem desobstruídas. Recomenda-se lavar os seios da face e administrar medicação.

10. Observar as condições atuais, analisando quando foi a última crise e sua gravidade. Suspender as atividades físicas apenas quando necessário.

11. Evitar ambientes inadequados que apresentem forte odor, mofo, poluição, frio ou temperaturas exageradas.

12. Fazer exercícios de aquecimento antes de iniciar o programa de atividades físicas ou esportivas. Um bom preventivo é realizar 10 minutos de aquecimento a 50% do máximo da freqüência cardíaca prevista para a idade.

13. Fazer um suave alongamento logo que terminar o programa de exercícios, pois o objetivo é relaxar e promover maior elasticidade muscular.

14. Na natação, é preciso orientar o alérgico para que as vias aéreas sejam lavadas com soro fisiológico depois da atividade, pois é necessário remover as substâncias irritantes e produtos químicos utilizados no tratamento da água das piscinas.

Curiosidades e informações sobre os ácaros

Figura 1.23 – Ácaro.

Você sabia?

Que encontramos na poeira domiciliar fibras de tecidos, escamas de pele humana, partículas de comida, bactérias, fungos, germes e ácaros?

Que 19.000 ácaros podem viver em um grama de poeira?

Que o tamanho do ácaro é de 0,2 a 0,3 mm (só são visíveis a microscópio)?

Que o ácaro é um aracnídeo com tempo de vida de 2 a 4 meses?

Que na poeira de um saco de aspirador podem-se encontrar 1,5 milhão de ácaros?

Que o local ideal para sua "moradia" deve ter 20°C e 75% a 80% de unidade relativa?

Que o ácaro tem 3 garras em cada uma de suas 8 pernas? E mais 2 pinças?

E que por isso sua remoção é difícil em materiais têxteis?

Que os ácaros se alimentam de escamas de pele humana?
Que uma pessoa produz e descama 1,2 gramas de pele por dia?
Que 1,5 gramas de pele alimentam 100.000 ácaros?
Que os fungos "ajudam" os ácaros, fazendo a pré-digestão da pele humana?
Que os ácaros produzem uma grande e constante quantidade de fezes?
Que cada ácaro produz 20 bolotas de fezes por dia?
Que cada ácaro produz 250 vezes o peso dele em fezes?
Que cada bolota de fezes do ácaro tem 30 microns de diâmetro?
E que cada bolota é constituída de bolotas menores de 2 a 10 microns?
Que as bolotas de fezes do ácaro são envolvidas por uma enzima de seu sistema digestivo? E que essa enzima, conhecida como Der p 1, é altamente alergênica?
Que a enzima das fezes do ácaro (Der p 1), não é biodegradável, permanece ativa por vários anos e que a luz não a destrói?
Que a enzima das fezes do ácaro (Der p 1) é pequena o bastante para ser respirada?
E que pode ficar em suspensão no ar durante muitas horas (nas bolotas menores) e ser inalada?
Que a enzima das fezes do ácaro (Der p 1) instala-se nos bronquíolos? E que isso irrita os bronquíolos, que se contraem dificultando a respiração? E, ainda, que isso é uma crise de asma?
Que a enzima das fezes do ácaro (Der p 1), além de irritar os bronquíolos, provoca corrimento nasal, espirros e irritação nos olhos?
Que após 6 anos de uso de um mesmo travesseiro, 10% de seu peso é constituído de ácaros e fezes de ácaro? E que são encontradas de 3 a 5 espécies de ácaros nos travesseiros?
Que, em um colchão com 10 anos de uso, estima-se que vivam 1 trilhão de ácaros?
Que os ácaros atacam também a pele viva?
E que isso provoca dermatites?
Que deixamos na cama resíduos de pele, em uma temperatura e umidade (de nossa transpiração) excelentes para o ácaro sobreviver continuamente?
Que a eliminação dos ácaros do carpete não diminui a quantidade de ácaros no colchão?
Mas que a eliminação dos ácaros do colchão faz o número de ácaros do carpete ser reduzido em 50%? E que faz diminuir em até 100 vezes a concentração de Der p 1 no ar?
Que os ácaros são responsáveis por 50% de todos os ataques de asma? E que 90% das alergias respiratórias no Brasil são causadas pela poeira doméstica?

Referências

BERNABÉ, A. L. B. C.; TEIXEIRA, L. R. (Coords.). **Vencendo a asma**: uma abordagem multidisciplinar. São Paulo: Bevilacqua, 1994. p. 96.

CONSENSO BRASILEIRO DE EDUCAÇÃO EM ASMA. Plano de educação e controle da asma. **Jornal de Pneumologia**, v. 22, n. 1, 1996.

DENADAI, B. S. Consumo máximo de oxigênio: fatores determinantes e limitantes. **Revista Brasileira de Atividade Física e Saúde**, v. 1, n. 1, p. 85-94, 1995.

FREITAS, S. L.; TEIXEIRA, L.; MAGALHÃES, R. X. Atividade física e distúrbios respiratórios: asma. In: GORGATTI, M. G.; COSTA, R. F. **Atividade física adaptada**. Barueri: Manole, 2004.

GLOBAL INITIATIVE FOR ASTHMA MANAGEMENT AND PREVENTION. NHLBI/WHO workshop report, US Department of Health and Human Services. National Institute of Health, Bethesda 2005; n. 2, 2005. Disponível em: <http://www.ginasthma.org>.

KYLE, J. M. et al. Exercise-induced Bronchospasm in the Young Athlete: Guidelines for Routine Screening and Initial Management. **Med. and Sci. In Sports and Exerc.**, v. 24, n. 8, p. 856-9, 1992.

NEDER, J. A. **Consumo máximo de oxigênio na avaliação da disfunção aeróbica de pacientes com pneumoconiose**: nova proposta de classificação da perda funcional. São Paulo, 1995. p. 211. Tese (Doutorado) – Universidade Federal de São Paulo.

SILVERS, W. S. Exercise-induced allergies: the role of histamine release. **Annals of Allergy**, v. 68, p. 58-63, 1991.

TEIXEIRA, L. Canoagem: prevenção e auxílio na asma. **Âmbito Medicina Desportiva**, v. 5, n. 52, p. 5-11, 1999.

______. **Efeitos da individualização da intensidade de um programa de treinamento contínuo em variáveis respiratórias e hemodinâmicas de adolescentes asmáticos graves**. São Paulo, 1996. Tese (Doutorado) – Escola de Educação Física da USP.

______. **Efeitos de um programa de atividades físicas para criança asmática, avaliadas por provas de função pulmonar**. São Paulo, 1990. 72 p. Dissertação (Mestrado) – Escolade Educação Física da USP.

______. Exercícios físicos e o paciente alérgico. In: CASTRO, F. F. M. (Coord.). **Rinite alérgica**: Modernas abordagem para uma clássica questão, São Paulo: Lemos, 2003. p. 241-64.

______. Importância das atividades físicas na profilaxia e terapêutica da asma. **Pediatria Moderna**, v. 29, n. 7, p. 1.006-12, 1993.

______ (Coord.). **Educação física escolar adaptada**: postura, asma, obesidade e diabetes na infância e adolescência. São Paulo: Eefusp/EFP, 1993. 179p.

______; CASTRO, F. F. M.; ANTILA, M. Sistema respiratório. In: GHORAYEB, N. (Coord.). **O exercício**: preparação fisiológica avaliação médica, aspectos especiais e preventivos. São Paulo: Atheneu, 1998.

______ et al. Asma: da teoria à prática. In: Simpósio Paulista de Educação Física Adaptada, 7, São Paulo, 10 a 13 dez. 1998. **Anais**. São Paulo: Cepeusp-Eefeusp, 1998. p. 121-9.

VARRAY, A. L. et al. Effects d'un entrainement individualisé de type aérobie dans la réadaptation à l'effort de l'enfant asthmatique. **Revie Maladie Respiratoire**, v. 7, p. 581-7, 1990.

______. Individualized aerobic and high intensity training for asthmatic children in an exercise readaptation program. **Chest**, v. 99, n. 3, p. 579-86, 1991.

VIRANT, F. S. Exercise-induced bronchospasm: epidemiology, pathophysiology and therapy. **Medicine and Science in Sports and Exercise**, v. 24, n. 8, p. 851-5, 1992.

WARNER, J. O. et al. Asthma: a follow up statement from an international pediatric asthma consensus group. **Archives of Disease in Childhood**, v. 67, p. 240-8, 1992.

Capítulo 2

Programa Educativo em Asma

Sylvia Lúcia de Freitas
Luzimar Teixeira

A asma é uma das doenças crônicas mais incidentes na infância. É causa importante de ausência escolar e de limitações para esportes e outras atividades. Entre os adultos, representa importante problema, pois freqüentemente seu controle é difícil e pode estar associada a outras condições de saúde. Muitos desses problemas poderiam ser evitados se fossem implantados programas educativos sobre controle e prevenção da asma. Além disso, é essencial a participação regular em programas de atividade física, melhorando a condição física geral e permitindo suportar melhor os agravos da saúde.

A tarefa de educação do asmático é dever de todos os profissionais da saúde e áreas afins, e a principal meta desses programas é habilitar o aluno/paciente para seu automonitoramento, fazendo-o compreender a fisiopatologia da doença, diferenciar entre medicamento de alívio e manutenção, utilizar corretamente o broncodilatador (Bd) e espaçador, utilizar táticas para prevenir novos ataques e identificar os fatores desencadeantes. A efetividade do programa de educação é indiscutível. Deve ser simples e acessível e promover uma mudança no comportamento do aluno/paciente em relação à doença.

Os tópicos educacionais devem incluir: definição de asma, seus fatores desencadeantes, como evitar ou controlá-los, os pontos-chave sobre os sintomas e sinais, as alterações características nas vias aéreas, o papel dos diferentes tipos de medicações (antiinflamatório, broncodilatador e antimediadores), o tratamento e os temores em relação aos medicamentos. Deve conter também instruções sobre uso correto de inaladores, os critérios de pré-tratamento para prevenir os sintomas, o uso do monitor do pico de fluxo expiratório (PFE) e o fornecimento de planos por escrito sobre os tratamentos recomendados para terapia diária e exacerbações agudas episódicas. Orientações individualizadas específicas para procurar aconselhamento médico ou do serviço de emergência também devem ser fornecidas. Esses planos de educação mostram redução na morbidade e melhor controle da asma.

Aponta-se também que um programa de educação adaptado ao perfil socioeconômico mostra significante ganho em termos de redução de sintomas, melhora a função pulmonar e a qualidade de vida dos asmáticos e também diminui as visitas ao setor de emergência e hospitalização, reduzindo o custo hospitalar.

Metas de um programa educativo em asma

- Esclarecer o caráter crônico da doença e o reconhecimento dos sintomas;
- Identificar fatores desencadeantes e orientar como evitá-los;
- Usar medicamentos apropriados e com técnica adequada.

Como conseqüência, pretende-se:

- Reduzir o atendimento em pronto-socorro ou hospitalizações;
- Manter a função pulmonar normal ou próxima da normal;
- Prevenir crises recorrentes;
- Controlar os sintomas;
- Reduzir a morbidade;
- Eliminar limitações nas atividades, incluindo exercícios;
- Melhorar a qualidade de vida.

Não se deve esquecer que qualquer terapia inclui a educação.

Algumas definições

- *Prevalência*: Percentagem da população com a doença ou anormalidade;
- *Incidência*: Número de indivíduos que desenvolvem uma anormalidade dentro de um período (normalmente um ano) expresso em porcentagem da população;
- *Morbidade*: Impacto da doença (por exemplo, hospitalização) e o grau com que interfere na qualidade de vida.

Sintomas da asma

- Tosse;
- Chiado;
- Falta de ar;
- Sensação de aperto no peito.

Quadro clínico

O asmático apresenta um quadro clínico visível à observação:

- Respiração difícil e falta de ar;
- Padrão respiratório anormal – respiração torácica alta, aumento na freqüência respiratória;
- Uso excessivo dos músculos acessórios;
- Má postura, caracterizada por cifose;
- Fadiga crônica.

Diagnóstico clínico

O diagnóstico clínico é feito por meio de alguns fatores:

- História familiar;
- Identificação de sintomas compatíveis, tanto à noite quanto pela manhã;
- Identificação de sintomas episódicos;
- Resposta favorável à terapia medicamentosa;
- Exclusão de diagnósticos alternativos;
- Exame físico.

Diagnóstico funcional

O diagnóstico funcional é definido por meio de alguns testes padronizados:

- Prova de função pulmonar ou espirometria;
- Hiper-responsividade brônquica:
  - Teste de broncoprovocação (carbacol, metacolina, histamina).
  - Teste de exercício: O teste de broncoespasmo induzido por exercício (BIE) é realizado em bicicleta ergométrica, durante 6 minutos. A freqüência cardíaca deve estar em torno de 80% da freqüência cardíaca máxima prevista para a idade. É realizada a prova de função pulmonar (PFP) antes e depois (5, 10 e 20 minutos) do exercício. Considera-se que o paciente apresenta BIE quando ocorre uma queda de, pelo menos, 10% do VEF_1 (ATS, 2000). Apesar de ocorrer predominantemente em asmáticos, a BIE é registrada também em 15% de crianças não asmáticas, em atletas de alto nível e em 40% dos indivíduos com rinite alérgica.

- Complementos:
  - Testes sangüíneos: Hemograma (eosinofilia para atopia);
  - IgE total sérica;
  - RAST (IgE específico);
  - Testes cutâneos de puntura (*prick test*).

Fases de manifestação

A asma pode aparecer em qualquer idade, mas geralmente inicia-se nos primeiros anos de vida:

- *Lactente*: Geralmente os sintomas aparecem entre o terceiro e o sexto mês de vida; muitas vezes, um quadro de resfriado é seguido, dias depois, de chiado ou tosse;
- *Pré-escolar*: O resfriado ainda continua como fator desencadeante, além do exercício físico, riso e fatores emocionais. História de alergia começa a ser positiva;
- *Escolar*: É freqüente, nessa fase, história de alergia, acompanhada muitas vezes de rinite alérgica;
- *Adolescente*: Nessa fase, é comum o desaparecimento dos sintomas, embora outros adolescentes continuem a apresentá-los;
- *Gestante*: A asma é uma das freqüentes complicações que pode estar associada à gravidez. Estima-se que um terço das pacientes apresente exacerbação da doença durante a gravidez;
- *Idoso*: Eventualmente, a asma no idoso pode ser confundida com bronquite, enfisema ou insuficiência cardíaca. Em pacientes que nunca fumaram, sem alterações evidentes de cardiopatia e de Raio-X de tórax, deve-se pensar na possibilidade de asma.

Classificação da asma (Gina, 2006)

A classificação é feita conforme a gravidade da doença: intermitente, persistente leve, persistente moderada e persistente grave. Levam-se em consideração sintomas, crises e valores de pico de fluxo expiratório (PFE) e volume expiratório forçado no primeiro segundo (VEF_1), medida fornecida na espirometria (veja-se Quadros 2.1 e 2.2).

Quadro 2.1 – Asma intermitente e asma persistente leve

Asma intermitente	Asma persistente leve
Sintomas menos de uma vez por semana Crises de curta duração Sintomas noturnos menos de uma vez por semana Ausência de sintomas entre crises VEF_1 > 80% previsto PFE > 80% melhor Variabilidade VEF_1 ou PFE: < 20%	Sintomas mais de uma vez por semana, menos de uma vez por dia Crises afetam sono e atividades diárias. Sintomas noturnos mais de duas vezes por mês VEF_1 > 80% previsto PFE > 80% melhor Variabilidade do VEF_1 ou PFE: 20% a 30%

Quadro 2.2 – Asma persistente moderada e asma persistente grave

Asma persistente moderada	Asma persistente grave
Sintomas diários Crises afetam sono e atividades diárias Sintomas noturnos mais de uma vez por semana Uso diário de broncodilatador VEF_1 60% a 80% previsto PFE 60% a 80% melhor Variabilidade do PFE ou VEF_1 > 30%	Sintomas contínuos Crises freqüentes Sintomas noturnos freqüentes Limitação das atividades físicas VEF_1 < 60% previsto PFE < 60% melhor Variabilidade do PFE ou VEF_1 < 30%

Fatores desencadeantes

Vários fatores podem desencadear os sintomas de asma. Veja-se parte sobre "Asma, definição, causas e conseqüências".

Ácaro

Veja-se "Curiosidades e informações sobre os ácaros".

Outros fatores

Animais domésticos podem desencadear crises devido aos pêlos, descamação da pele, saliva e urina.

- *Gatos*: Em razão da suas glândulas sebáceas a redução do alérgeno demora até 12 semanas após a remoção do animal;
- *Cães*: Provocam reações menos freqüentes que os gatos;
- *Roedores*: Em razão da sua urina;
- *Baratas*: Proliferam em locais quentes e com alimentos (cozinha e escola);
- *Bolores*: Áreas úmidas (também porões, chuveiros, condicionadores de ar, umidificadores).

Controle ambiental

Por ser a poeira doméstica (ácaros) o agente provocador mais comum, a melhor forma de prevenção é o controle. Algumas medidas que devem ser tomadas:

- Forrar colchões e travesseiros com capas protetoras antiácaro;
- Evitar carpetes, cortinas e tapetes (ou fazer limpeza adequada);
- Manter o quarto com poucos objetos e bichos de pelúcia, arejado e ensolarado;

- Trocar a roupa de cama, acolchoados e cobertores semanalmente e lavá-los com água quente;
- Usar pano úmido em vez de vassoura ou espanador;
- Usar somente aspirador de pó com filtro HEPA (*High Efficiency Particulate Air*);
- Manter animais e plantas fora de casa;
- Evitar entrar em contato com produtos de cheiro forte;
- Evitar ficar perto de pessoas que fumam.

Controle emocional

A pessoa com asma sente-se sufocada, impossibilitada de respirar. Isso gera, tanto para o aluno/paciente quanto para a família, ansiedade e medo, acarretando distúrbios na dinâmica familiar. Dentro de um programa educativo em asma, devem ser abordadas orientações psicológicas e, quando necessário, aliado o trabalho de orientação psicoterápica à terapêutica medicamentosa antiasmática.

Problemas emocionais não são causa primária de asma, ou seja, pessoas emocionalmente instáveis não desenvolverão necessariamente asma, mas depressão, ansiedade e estresse podem desencadear sintomas em pacientes asmáticos.

- *Lactentes e crianças pequenas*: A doença é de difícil avaliação, muitas vezes por causa da superproteção dos pais;
- *Adolescente*: Conforme esse período de mudanças físicas, emocionais e sociais ocorre, a asma é de controle mais dificultado em razão da rebeldia do próprio adolescente em se tratar corretamente.

Medicamentos

Dois tipos de medicamentos são normalmente usados para tratar asma:

- *Medicamentos de alívio*: São usados para alívio dos sintomas:
  - beta-adrenérgicos de curta duração – salbutamol (Aerolin, Aerojet), fenoterol (Berotec), terbutalina (Bricanyl);
  - anticolinérgicos – brometo de ipratrópio (Atrovent, Duovent).

- *Medicamentos de prevenção*: Tratam a causa da asma, combatendo o processo inflamatório:
  - **corticóides**: inalatórios – beclometasona (Beclosol, Aldecina, Clenil, Clenil forte), flunisolida (Flunitec), triancinolona (Azmacort), budesonida (Busonida, Pulmicort), fluticasona (Flixotide); e sistêmicos – prednisona (Meticorten), prednisolona (Prednisolona), deflazacort (Calcort).
  - **cromonas**: cromoglicato de sódio (Intal); nedocromil (Tilade); cetotifeno (Zaditen, Asmen, Asdron); antileucotrienos – zileuton (Zyflo), zafirlucast (Accolate), montelukast (Singulair); metilxantinas de liberação lenta (Talofilina, Teolong, Eufilin, Bamifilina, Bamifix); beta2-adrenérgicos de longa duração – salmeterol (Serevent), formoterol (Foradil).

Há uma grande variedade de medicamentos no mercado, assim como sua utilização e dosagens específicas; o importante é saber a que categoria o medicamento pertence, ou seja, se ele é de alívio ou de prevenção. Sempre consulte o médico.

Inaloterapia

Inaloterapia é qualquer tratamento que utiliza medicações inaladas. A melhor maneira de administrar um medicamento para doenças respiratórias diretamente nos pulmões é por meio de inalação ou aerossol, que designa qualquer medicação inalatória.

Aparelhos utilizados

Nebulização

Quadro 2.3 – Nebulização

Vantagens	Desvantagens
Técnica inalatória simples Possibilidade de associação entre medicamentos Respiração normal Fluidificação da secreção Sem propelentes	Volumoso, transporte difícil Tempo prolongado de uso Desconfortável Contaminação Higiene Montagem Preparo da nebulização

Nebulímetro pressurizado (spray)

Quadro 2.4 – Nebulímetro pressurizado (spray)

Vantagens	Desvantagens
Compacto e portátil Múltiplas doses Doses precisas Barato Disponível para várias drogas	Técnica de inalação difícil Requer propelentes Efeito *freon* Alta deposição em orofaringe Dificuldade em reconhecer se está vazio ou não Tremores freqüentes

Spray + espaçador

Quadro 2.5 – Spray + espaçador

Vantagens	Desvantagens
Iguais ao *spray* Mais fácil de usar Reduz deposição em orofaringe. Pode aumentar deposição pulmonar.	Volumoso, transporte difícil Suscetível aos efeitos de carga estática Manutenção e limpeza periódicas

Pó seco

Quadro 2.6 – Pó seco

Vantagens	Desvantagens
O mais fácil de usar Compacto e portátil Múltiplas doses Sem propelentes Ativado pela inspiração	Custo mais elevado Alguns podem ser afetados pela umidade. Requer um esforço inspiratório mínimo. Não-percepção de que foi inalado

Monitor de Pico de Fluxo Expiratório (PFE)

Em um programa educativo, é importante abordar o uso correto e a importância de seu uso para avaliação da gravidade da crise. (Ver parte específica sobre o Monitor de Pico de Fluxo Expiratório – PFE).

Asma no pronto-socorro

Problemas

- Avaliação
  - Falta de medidas funcionais.
  - História e exames inadequados.
  - Não-identificação da asma de risco.
- Manejo
  - Avaliação da resposta sem medidas funcionais.
  - Uso de aminofilina como tratamento principal.
  - Subdoses ou grandes intervalos entre inalações.
  - Uso insuficiente de corticóides.
- Na alta
  - Uso de *spray* não orientado.
  - Concepções equivocadas sobre bombinhas.
  - Não-prescrição do uso de corticóide.
  - Manejo de longo prazo não considerado.

Falhas na adesão ao tratamento

A falta de adesão é comum nas doenças crônicas, levando a mau controle da doença, visitas freqüentes à emergência e mortes. Menos de 50% das medicações prescritas para asma é usada. A adesão, mais do que o uso de medicação ou avaliação da função pulmonar, envolve também evitar alérgenos e substâncias irritantes, abandonar o fumo, controlar as exacerbações, manter esquemas de consulta e contatar o médico, quando necessário.

Falhas na adesão do paciente/aluno

- Incapacidade de obter medicação;
- Falta de medicação quando necessária;

- Uso de doses incorretas (insuficiente/excessivo/errático);
- Recusa de tomar o remédio como indicado;
- Estigma social percebido ao usar medicamentos;
- Apatia;
- Falta de suporte social;
- Falta de contingências de reforço;
- Falhas de memória;
- Experiência passada;
- Crenças e expectativas;
- Adolescência;
- Percepção errônea da gravidade da asma ou da crise.

Falhas na interação médico-paciente

- Má comunicação;
- Não-explicação de efeitos colaterais;
- Ausência de análise do comportamento do paciente em relação a medicamentos;
- Falta de seguimento ou monitoração dos pacientes;
- Aplicação de remédio ou dose incorreta
- Percepção equivocada da gravidade da asma pelo pessoal médico.

Falhas nas características da medicação

- Sabor;
- Custo;
- Esquema;
- Efeitos;
- Medicações de manutenção.

Natureza da asma

- Não se esquecer que a asma apresenta uma condição intermitente, variável, reversível.

Além de todos os aspectos mencionados, sabe-se que, para melhorar a adesão ao tratamento, é essencial um programa educativo sobre asma.

Conclusão

As diretrizes internacionais relativas à asma recomendam seu monitoramento e indicam, como objetivos de um monitoramento bem sucedido manter o controle dos sintomas, impedir as exacerbações, preservar as funções pulmonares mais próximas do normal, promover níveis normais de atividades, inclusive exercícios físicos, evitar os efeitos adversos dos medicamentos, prevenir o desenvolvimento de limitações irreversíveis da via aérea e diminuir a mortalidade por asma.

Mesmo seguindo todas as normas, cuidados e diretrizes e diante de todos os avanços da ciência, para se obter sucesso no tratamento do asmático e manejo adequado da asma faz-se necessário, em sua forma mais simples, um bom programa educativo que inclua todos os envolvidos.

Referências

AMERICAN THORACIC SOCIETY (ATS). Guidelines for Methacoline and Exercise Challenge Testing – 1999. **Am. J. Respir. Crit. Care Med.**, v. 161, p. 309-29, 2000.

CABRAL, A. L.; FERNANDES, A. L. G. **Asma tem prevenção!** (Folheto informativo). São Paulo.

CABRAL, A. L.; TEIXEIRA, L. **Vencendo a asma: uma abordagem multidisciplinar**. São Paulo: Bevilaqua, 1994. p. 13-29.

CASTRO, F. M.; GALVÃO, C. E. **Vantagens do spray com espaçador em relação aos nebulizadores**. (Folheto informativo). São Paulo: Vivali.

DISABELLA, V.; SHERMAN, C. Exercise for asthma patients. **The Physician and Sports Medicine**, v. 26, n. 6, p. 75-85, 1998.

EMERSON, F.; MELLO, Y. **Asma infantil sem segredos**. Rio de Janeiro: Vitrô Comunicação, 2001.

EMTNER, M.; HERALA, M.; STALENHEIM, G. High-intensity physical training in adults with asthma. **Chest**, v. 109, n. 2, p. 323-30, 1996.

FIREMAN, P.; SLAVIN, R. G. **Asma e a imunologia das doenças alérgicas** (adaptado de "Atlas of Allergies"). Londres: Mosby-Wolfe Medical Communications, 1998. p. 49-50.

FREITAS, S. L.; Magalhães, R. X. **Brincando de respirar e Manual de atividades para crianças asmáticas**. São Paulo: CEPEUSP, 1997.

______.TEIXEIRA, L. Atividade física e distúrbios respiratórios: asma. In: GORGATTI, M. G.; COSTA, R. F. ***Atividade física adaptada***. Barueri: Manole, 2004.

GLOBAL INITIATIVE FOR ASTHMA MANAGEMENT AND PREVENTION. **NHLBI/WHO workshop report**, US Department of Health and Human Services. National Institutes of Health, Bethesda 2006; Pub n. 02-3659. Disponível em <http://www.ginasthma.org>.

GREINEDER, D. K.; LOANE, K. C.; PARKS, P. A randomized controlled trial of a pediatric asthma outreach program. **J. Allergy Clin. Immunol.**, v. 103, n. 3, p. 436-40, 1999.

LINDBERG, M. et al. Asthma nurse practice–a resource-effective approach in asthma management. **Respir. Med.**, v. 93, n. 8, p. 584-8, 1999.

LOPEZ-VINA, A., DEL CASTILLO-AREVALO, E. Influence of peak expiratory flow monitoring on an asthma self-management education programmed. **Respir. Med.**, v. 94, n. 8, p. 760-6, 2000.

MILGROM, H., BENDER, B. Nonadherence with asthma regimen. **Pedr. Asthma All & Immunol.**, v. 11, n. 1, p. 3-8, 1997.

MILGROM, H.; TAUSSIG, L. M. Keeping children with exercise-induced asthma active. **Pediatrics**, v. 104, p. 38, 1999.

NATIONAL INSTITUTE OF ALLERGY AND INFECTIOUS DISEASES (NIAID). **Managing allergies and asthma at school** – tips for schoolteachers and staff. USA, 1995.

NEDER, J. A. et al. Short term effects of aerobic training in the clinical management of moderate to severe asthma in children. **Thorax**, v. 54, p. 202-6, 1999.

OLIVEIRA, M. A. et al. Evaluation of an educational programmed for socially deprived asthma patients. **Eur. Respir. J.**, v. 14, n. 4, p. 908-14, 1999.

PARTRIDGE, M. R. Delivering optimal care to the person with asthma: what are the key components and what do we mean by patient education? **Eur. Respir. J.**, v. 8, p. 298-305, 1995.

SOCIEDADE BRASILEIRA DE PNEUMOLOGIA E TISIOLOGIA. **III Consenso brasileiro no manejo da asma**. 28, S4, 2002.

SURRIDGE, C. Science tracks down the training dangers. **Nature**, v. 382, p. 14-5, 1996.

TEIXEIRA, L. Exercícios físicos e o paciente alérgico. In: CASTRO, F. F. M. **Rinite alérgica**: modernas abordagens para uma clássica questão. São Paulo: Lemos, 1997. p. 215-24.

______. et al. Asma: da teoria à prática. **Anais do VII Simpósio Paulista de Educação Física Adaptada**. São Paulo. p. 121-9, 1998.

______. (Coord.); MAGALHÃES, R. X.; FREITAS, S. L., ANTILA, M. **Manual de orientação e utilização do monitor de pico de fluxo expiratório (PFE)**. São Paulo: CEPEUSP, 1997.

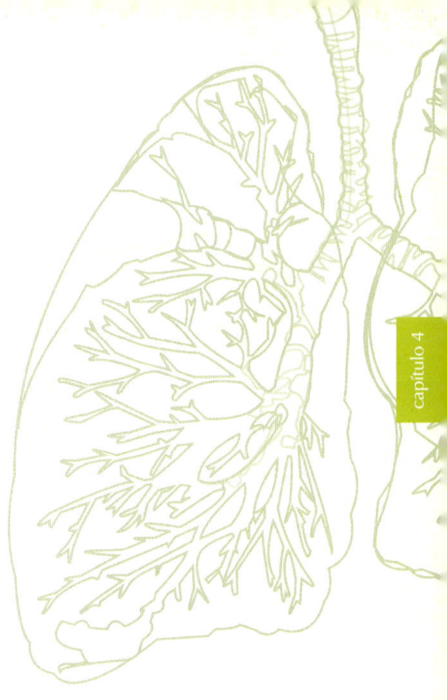

Capítulo 4

Espirometria

Fabiane Villa
Celso R. F. Carvalho

O termo *espirometria* vem do latim *espirare*, que significa respirar, e *metrum*, que significa medida; ou seja, é a medida do ar que entra e sai dos pulmões (Sociedade Brasileira de Pneumologia e Tisiologia, 1996). A espirometria é a medida da função pulmonar mais amplamente utilizada porque é sensível e detecta e quantifica variações da função ventilatória, permitindo quantificar o volume de ar que um indivíduo consegue eliminar dos pulmões.

A espirometria quantifica os fluxos respiratórios, fornecendo um grande número de informações fundamentais para a compreensão da função pulmonar (Godfrey et al., 1997). Esse teste de função pulmonar é realizado antes e depois da inalação de um broncodilatador; além de ser a mais prática das provas de função pulmonar, é a que mais fornece dados informativos (Sociedade Brasileira de Pneumologia e Tisiologia, 1996; Godfrey et al., 1997). O espirograma, imagem gráfica da espirometria, é derivado de manobra expiratória forçada.

Avaliação espirométrica

Para a realização do teste, são feitas diversas manobras respiratórias, durante as quais o nariz do indivíduo é ocluído por um clipe nasal e ele respira através de um bocal cuidadosamente acomodado, para que não ocorra vazamento de ar. Após alguns ciclos de respiratórios tranqüilos, o indivíduo fará uma inspiração máxima seguida por uma expiração máxima (West, 2002). Dessa manobra serão geradas duas curvas (Figuras 4.1 A e B) (Sociedade Brasileira de Pneumologia e Tisiologia, 1996, 2002a; Godfrey et al., 1997; West, 2002).

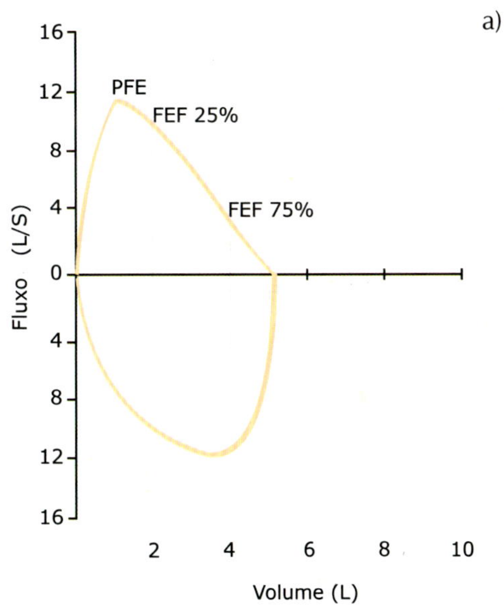

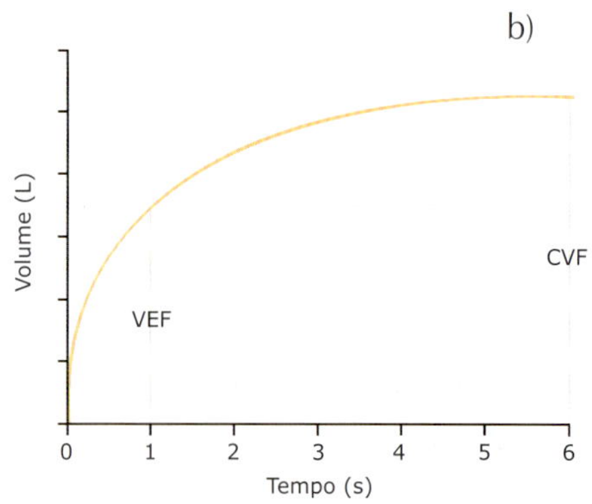

Figura 4.1 a-b – Curvas fluxo-volume e volume-tempo V.

Para que a informação obtida possa ser confiável, devem ser seguidos alguns critérios para aceitabilidade das curvas, como:

- A manobra deve ter um início abrupto e sem hesitação. Isso pode ser verificado na curva pelo pico de fluxo expiratório (PFE) (Figura 4.1a);
- A manobra deve ter a duração mínima de 6 segundos (Figura 4.1b) e o valor máximo do volume (platô) deve durar, pelo menos, 2 segundos;
- A manobra expiratória deve ser realizada sem a presença de tosse. Isso pode ser verificado na Figura 4.1a, já que a linha é contínua e sem oscilações;
- Devem ser obtidas as três melhores curvas do teste, não devendo haver diferença superior a 5% entre elas. Graficamente falando, as e melhores curvas devem ser sobrepostas, ou seja, devem coincidir.

Apesar de os valores numéricos da espirometria serem a informação mais importante para a medida da função pulmonar, é extremamente importante verificar, antes dos valores, o registro gráfico. Essa informação é importante não só para a compreensão da espirometria como também para a verificação da colaboração do indivíduo e qualidade dos dados obtidos, sendo fundamental que acompanhem os valores numéricos obtidos (Sociedade Brasileira de Pneumologia e Tisiologia, 2002a).

Curva fluxo-volume

A curva fluxo-volume mostra o fluxo máximo no início da expiração. Essa informação é extremamente importante porque a espirometria é um teste esforço-dependente, ou seja, depende da vontade do indivíduo. Assim, quanto maior for a vontade, maior será o pico de fluxo expiratório; em contrapartida, um esforço submáximo será facilmente observado na curva porque o pico de fluxo expiratório será pouco pronunciado (Sociedade Brasileira de Pneumologia e Tisiologia, 1996).

Após termos certeza da qualidade das manobras realizadas após a análise das curvas obtidas, podemos analisar os parâmetros espirométricos. Os principais são:

- ***Capacidade Vital Forçada*** (CVF): é o volume total de ar expelido durante uma expiração máxima e é tão maior quanto mais profunda é a inspiração realizada antes da manobra. Essa medida é um importante parâmetro para avaliar a restrição (perda de volume pulmonar) e pode ser expressa em litros ou em valores percentuais.

- ***Volume Expiratório Forçado no 1º segundo*** (VEF_1): é o volume de ar exalado no 1º segundo da manobra expiratória e representa um valor sempre menor do que a CFV. O VEF_1 é um importante parâmetro para avaliar a obstrução das vias aéreas e também pode ser expresso em litros ou em valores percentuais.
- ***A relação entre o VEF_1 e a CVF***: esse parâmetro não é um volume pulmonar, mas uma relação entre dois parâmetros (FEV_1 e CVF). Portanto, trata-se de uma variável adimensional. É interessante notar que esse é o primeiro valor analisado na espirometria porque a partir dele pode-se estabelecer a avaliação da função pulmonar (ver a seguir).
- ***Pico de Fluxo Expiratório*** (PFE): apesar de esse parâmetro ser o menos fidedigno de todos, é importante analisá-lo porque é um monitor da obstrução de fluxo aéreo. Essa medida também pode ser obtida pelo indivíduo utilizando o *peakflowmeter* (medidor do pico de fluxo), cujo preço é bastante acessível e serve para monitorar o grau de obstrução das vias aéreas. Esse parâmetro é expresso em litros/segundo.

Deve-se ter em mente que a espirometria é um importante parâmetro para avaliar alterações da função pulmonar; entretanto, o fato de um indivíduo não apresentar alterações da função pulmonar não significa que ele está saudável (ou sem doença). Alguns indivíduos podem ter alterações temporárias das vias aéreas em momentos distintos daqueles em que realizar a espirometria. Isso ocorre principalmente nos indivíduos asmáticos. Para compreender melhor essa informação, tomemos como exemplo a seguinte situação: um indivíduo tem uma crise alérgica de asma, ou seja, entrou em contato com alguma substância (alérgeno) que fez com que tivesse um broncoespasmo (fechamento das vias aéreas). Procurou um pronto-socorro e foi devidamente medicado. Após a crise, foi a um médico para ver como está clinicamente, e é feita uma espirometria. Como a crise alérgica de asma pode durar poucos dias, o período entre ir ao pronto-socorro e fazer a espirometria pode ser maior que a crise. Dessa forma, a espirometria pode não ter sido realizada dentro de um período possível de detectar as alterações da função pulmonar características da crise asmática.

A espirometria é um teste muito importante para verificar alterações da função pulmonar, diagnóstico e avaliação dos distúrbios ventilatórios. Ela geralmente é realizada quando o indivíduo apresenta dispnéia (falta de ar), sibilância (chiados no peito), tosse intermitente, expectoração crônica (secreção), anormalidades da parede torácica e alterações em radiografia de tórax e nas medidas de gases arteriais (Sociedade Brasileira de Pneumologia e Tisiologia, 2002a). Além disso, sua realização também pode ser feita quando indivíduos são submetidos a cirurgias de grande porte (cirurgias cardíaca ou abdominais altas), profissionais durante os seus exames médicos periódicos (principalmente em indivíduos que têm atividade profissional que possa ocasionar alteração respiratória) e atletas. O fato de ser atleta não descarta as alterações respiratórias em um indivíduo. Além disso, esportistas que realizam atividades aeróbica de alta intensidade (por exemplo, nadadores, esquiadores de inverno e corredores de maratona) podem ter alteração da função pulmonar ocasionada pelo esporte.

Entre as aplicações clínicas mais relevantes para a espirometria, estão:

- ***Identificação de doença***: a espirometria avalia se os indivíduos têm ou não alguma alteração da função pulmonar;
- ***Exames profissionais periódicos***: a espirometria é realizada para verificar se o indivíduo é exposto cronicamente a substâncias que podem causar danos pulmonares ou que apresentem sintomas pulmonares;
- ***Quantificação da doença***: possibilita a classificação dos distúrbios ventilatórios;
- ***Detecção precoce da Doença Pulmonar Obstrutiva Crônica*** (DPOC): doença ocasionada, principalmente, pelo tabagismo (ver capítulo sobre reabilitação pulmonar) e que leva à perda irreparável da reserva ventilatória. É recomendado que os indivíduos fumantes realizem espirometria a partir dos 45 anos de idade e repetição a cada período de 3-5 anos em indivíduos com espirometria normal;
- ***Acompanhamento e resposta ao tratamento***: acompanha a evolução do distúrbio, verificando resposta do indivíduo ao tratamento ou detectando perda acelerada de função pulmonar;
- ***Avaliação de incapacidade***: detecta a perda de função e determina seu caráter (temporário ou permanente);
- ***Avaliação pré-operatória***: ajuda na avaliação de risco associado ao procedimento cirúrgico, indicado nas cirurgias de ressecção pulmonar e em indivíduos com diagnóstico prévio de doença pulmonar nos casos de cirurgias cardíacas, abdominais altas e de cabeça e pescoço.

Para melhor compreensão da espirometria e dos distúrbios ventilatórios, é importante observar não somente os valores obtidos, mas também as curvas geradas durante o teste, pois por meio de seu formato podemos identificar quando ocorrem alterações restritivas e/ou obstrutivas (Figura 4.2).

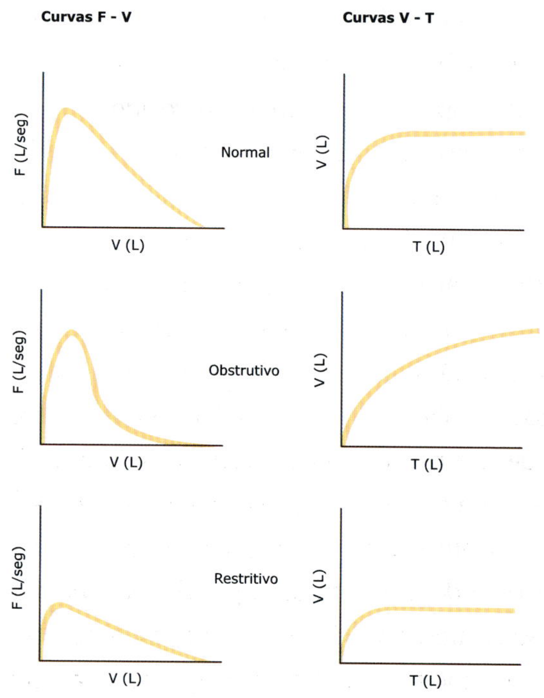

Figura 4.2 – Curvas em padrão normal, obstrutivo e restritivo.

Em um distúrbio ventilatório obstrutivo, a curva volume-tempo apresenta achatamento em sua porção inicial e prolongamento no tempo expiratório, sem que haja diminuição do volume total de ar expirado. Fazendo uma analogia com uma caixa d'água, o distúrbio obstrutivo seria como uma redução do cano que sai da caixa d'água. Isso fará com que a água saia de forma mais lenta e, portanto, demandará mais tempo para esvaziar a caixa. Desse modo, o valor do FEV_1 é reduzido, mas a CVF permanece inalterada ou levemente reduzida. O valor da relação VEF_1/CVF também está reduzido. Na curva fluxo-volume, observa-se o achatamento com progressiva concavidade da curva e o deslocamento no pico para longe do eixo. Obstruções ventilatórias podem ser causadas por asma, enfisema, bronquite crônica, bronquiolite e broquiectasias em geral.

Já no distúrbio ventilatório restritivo, tanto a curva fluxo-volume quanto a curva volume-tempo apresentam formato parecido com as curvas normais, somente com tamanhos diferentes, como se a restritiva fosse uma miniatura da normal. Nesse caso, os valores de CVF e VEF_1 estarão abaixo daqueles previstos para o indivíduo, porém o parâmetro VEF_1/CVF permanecerá dentro dos valores de normalidade. Isso é facilmente compreendido se lembrarmos que essa relação é dependente das duas variáveis que mudaram proporcionalmente (respectivamente, o VEF_1 e a CVF). Os distúrbios restritivos podem ser causados por doenças neuromusculares, obesidade mórbida, cifoescolioses importantes ou mesmo doenças que causem fibrose do parênquima pulmonar (Sociedade Brasileira de Pneumologia e Tisiologia, 2002a). Além disso, existem outras situações clínicas, como ressecção de tumores, derrames pleurais e infiltrações nos tecidos pulmonares.

Há ainda alguns casos de distúrbio ventilatórios mistos, ou seja, o indivíduo apresenta simultaneamente um distúrbio obstrutivo e um restritivo.

A reversibilidade após o uso do broncodilatador (BD) também é uma importante informação para análise dos testes espirométricos. Nesse caso, os testes são realizados para verificar a variação (significativa ou não) nos parâmetros da função pulmonar decorrentes do uso de medicação broncodilatadora (Sociedade Brasileira de Pneumologia e Tisiologia, 1996). O teste é iniciado com a realização de uma prova espirométrica e, em seguida, o indivíduo faz uso de broncodilatadores (400 mcg a 800 mcg de fenoterol ou salbutamol). Dez a quinze minutos após a inalação do broncodilatador, o indivíduo realiza uma nova espirometria e, caso apresente uma melhora de 12% da função pulmonar, é considerado responsivo a BD, ou seja, apresenta uma pré-contração dos músculos lisos das vias aéreas (Sociedade Brasileira de Pneumologia e Tisiologia, 1996). Essa resposta é, particularmente, presente nos indivíduos asmáticos. Os critérios de reversibilidade ao BD se baseiam em mudanças de FEV_1, com aumento de 10% (European Respiratory Society) ou 12% e mínimo 200 ml (American Thoracic Society – ATS) na presença de obstrução (Sociedade Brasileira de Pneumologia e Tisiologia, 2002a). Na ausência de obstrução, a resposta significativa pode ser caracterizada pela elevação de 10% ou mais em relação ao previsto. A resposta significativa ao BD estabelece a presença de obstrução ao fluxo aéreo.

Outro teste para avaliar a resposta da função pulmonar é a broncoprovocação induzida por exercício (BIE). Nesse caso, o objetivo do teste é saber se o indivíduo apresenta uma resposta inadequada da função pulmonar em relação ao exercício. Para realizar esse teste, o indivíduo é submetido a um teste de esforço aeróbico intenso e a espirometria é realizada antes e depois do exercício. Em geral, o esforço é realizado com duração de 6 a 8 minutos, com intensidade superior a 80% da freqüência cardíaca máxima, em uma sala com temperatura e umidade controladas (respectivamente, entre 20°C e 25°C e umidade inferior a 50%) (Sociedade Brasileira de Pneumologia e Tisiologia, 2002b). Após o término do exercício, solicita-se ao indivíduo que realize quatro espirometrias (5, 10, 20 e 30 minutos) (Sociedade Brasileira de Pneumologia e Tisiologia, 2002a-b). Considera-se que o indivíduo tenha uma resposta positiva, ou seja, broncoespasmo induzido pelo exercício, caso apresente uma queda do VEF_1 superior a 10% do valor obtido anteriormente ao esforço físico (testes pré-exercício) (Sociedade Brasileira de Pneumologia e Tisiologia, 2002a).

Conclusão

Os testes de função pulmonar são um importante complemento para a avaliação diagnóstica das doenças respiratórias. São utilizados também para auxiliar o seguimento e a terapêutica, além de reproduzir, em laboratório, fenômenos fisiológicos que facilitam o estudo de várias doenças. Embora as espirometrias não forneçam diagnóstico, estabelecem determinados padrões funcionais indispensáveis para a prática pneumológica segura e eficaz, tanto na área clínica quanto na investigação científica.

A espirometria não é somente realizada em indivíduos com doenças, e diversos atletas podem apresentar alterações da função pulmonar. A espirometria permite quantificar o grau de obstrução ao fluxo aéreo, fornecendo dados basais, além de ser utilizada para testes de reversibilidade ao uso de broncodilatador, broncoprovocação com agentes broncoconstritores (metacolina, histamina, carbacol) e broncoprovocação por exercício.

Referências

GODFREY, S. et al. Asma e sibilância em crianças. Reino Unido: Martin Duniz Ltda., 1997.

SOCIEDADE BRASILEIRA DE PNEUMOLOGIA E TISIOLOGIA. I Consenso Brasileiro sobre Espirometria. J. Pneumol., v. 22, p. 105-64, 1996.

______. III Consenso Brasileiro no Manejo da Asma. J. Pneumol., v. 28, n. 1, p. S1-28, 2002.

______. Diretrizes para Testes de Função Pulmonar. J. Pneumol., v. 28, p. S1 -236, 2002.

WEST, J. B. Fisiologia respiratória. Trad. Constantinos D. Lambrinidis. 6. ed. Barueri: Manole, 2002.

Capítulo 5

Atividade Física Adaptada e Alergias

Luzimar Teixeira

Segundo dados da Organização Mundial da Saúde, a alergia atinge cerca de 30% da população mundial. No Brasil, 35% das pessoas sofrem com as doenças alérgicas, em especial a asma, que atinge cerca de 16 milhões de pessoas e é a quinta maior causa de internações no SUS, segundo dados do Ministério da Saúde.

Uma das maiores preocupações no inverno é a manifestação aguda de alergias respiratórias, como a asma e a rinite, responsáveis pelo aumento da demanda nas emergências de ambulatórios e hospitais. Sintomas como coceira no nariz, olhos irritados, coriza e dores de cabeça são comuns nessa época e facilmente confundidos com os sintomas de um resfriado.

Na região metropolitana de São Paulo, esse quadro é agravado pela inversão térmica, ausência de ventos e a conseqüente dificuldade na dispersão dos poluentes, além das variações bruscas de temperatura.

As alergias apresentam importante caráter genético, ou seja, uma incidência maior entre as pessoas cujos pais são alérgicos. Os estudos apontam que a chance de um casal ter filhos alérgicos é de 15%; porém, quando um dos pais é alérgico, essa chance sobe para até 50% e chega a 80% quando ambos os pais são alérgicos. As alergias podem iniciar suas manifestações em qualquer idade, mas são mais freqüentes na infância e adolescência, não havendo preferência por sexo ou etnia.

É comum as pessoas alérgicas associarem uma piora de seus sintomas a exercícios físicos e ao estresse emocional ou, diante do aparecimento de sintomas, ao aumento da ansiedade. É um círculo vicioso no qual o estado de tensão física aumenta o estado de tensão psíquica e vice-versa.

O fenômeno alérgico tem complexas interações químicas e imunológicas; portanto, são necessárias inúmeras abordagens na busca de um melhor controle da sintomatologia.

Em relação às atividades físicas, é inquestionável que a melhora da aptidão física, com os conseqüentes benefícios físicos e fisiológicos, permite que as pessoas portadoras de reações alérgicas suportem, com mais tranqüilidade, os agravos em sua saúde.

São inúmeros os benefícios advindos da melhora da condição física do alérgico. Melhora do apetite, qualidade do sono e disposição para tarefas rotineiras, além de sensação de bem-estar geral, são as primeiras mudanças que se notam logo que se inicia um programa de exercícios físicos.

Conforme aumentam a resistência e a tolerância ao exercício físico, bem como a capacidade de trabalho, verifica-se a eficácia do tratamento em seu resultado mais desejado: a diminuição, sensível e progressiva, do desconforto e das manifestações alérgicas.

Tanto a terapêutica medicamentosa como as medidas preventivas por meio da atividade física são prescritas em razão dos danos físico-orgânicos e sociais que as manifestações alérgicas costumam provocar.

A atividade física adaptada constitui-se de um tratamento coadjuvante e, portanto, não dispensa medicação, cuidados ambientais e orientação psicoterápica.

Atividade física e alergia

A alergia é a resposta imunológica à exposição de estímulos do ambiente que varia conforme as características e suscetibilidades individuais.

A realização de qualquer atividade física, particularmente aquelas realizadas em ambientes externos, em que há maior probabilidade de exposição e contato com inúmeros fatores desencadeantes, pode ser suficiente para provocar e agravar a condição alérgica de uma pessoa.

Grande parte das reações é mediada por numerosas substâncias vasoativas que, em razão do envolvimento com a patogênese, resultam em sintomas como a urticária e o angioedema, sendo possível a incidência de ambos em uma mesma pessoa.

Nos últimos anos, os programas de exercícios e atividades físico-esportivas têm sido largamente difundidos e recomendados, já que essa é uma maneira eficaz para trazer benefícios para a saúde individual.

É notável o crescente interesse e envolvimento das pessoas nesses programas, o que poderia levar a um aumento na ocorrência de uma variedade de problemas alérgicos associados ao estímulo físico. Qualquer pessoa está suscetível a apresentar algum tipo de manifestação clínica, inclusive aquelas que já costumam praticar atividade física ou esportiva de forma regular ou recreativa, até mesmo atletas de elite que subsistem do esporte profissional e amador.

Uma pessoa pode apresentar uma ou mais manifestações ou tipos de alergias. A condição pode, então, agravar-se em decorrência da realização de alguma atividade física ou esportiva. Pode, ainda, estar associada à ingestão de certos alimentos ou medicamentos. A vasodilatação, que é conseqüente à prática de exercícios físicos, tem sido apontada como um fator facilitador da distribuição dos mediadores/alérgenos para várias partes do corpo, o que traz à tona alergias latentes.

Em razão da possibilidade de haver a combinação de manifestações, a alergia induzida pelo exercício físico tem sido abordada como um *continuum*, em virtude da separação, nem sempre muito clara, das entidades. Torna-se evidente, desse modo, a necessidade de orientação adequada para conseguir não apenas o efetivo tratamento e controle, mas também a garantia dos benefícios proporcionados pela prática regular de programas de atividades adaptadas.

As reações alérgicas tratadas neste livro estão relacionadas ao estímulo provocado pelo exercício físico, incluindo anafilaxia, urticária, rinite, dermografismo e broncoespasmo, sendo este último a condição alérgica mais comum.

Anafilaxia

A anafilaxia é uma das mais sérias respostas alérgicas, exigindo atenção especial dos especialistas. Diferentemente de outras alergias físicas, a anafilaxia que ocorre em razão do estímulo provocado pela atividade física é preocupante. Os sintomas típicos são rubor, sensação de calor e urticária generalizada (associada ao exercício físico, mas não ao aquecimento passivo provocado pelos banhos de sauna, por exemplo).

As manifestações cutâneas marcam o início do angioedema, podendo indicar um colapso vascular. Ocorrem, também, sintomas respiratórios, como o sufocamento e o chiado, em razão da obstrução de vias aéreas superiores.

Outros sintomas incluem hipotensão, cólicas gastrointestinais e angioedema, sobretudo nas mãos e no rosto. Eles podem ocorrer de forma acentuada quando a mulher está próxima de seu período menstrual; com o uso de aspirina e antiinflamatório não esteróide; quando há um aumento da temperatura ambiente ou, ainda, quando estão presentes alérgenos conhecidos. A associação de exercícios e a ingestão de peixes e frutos do mar, principalmente, provocam efeitos alérgicos em certas pessoas.

A degranulação de mastócitos e o aumento de histamina no plasma na fase sintomática, que ocorrem em todo tipo de alergia, demonstraram que cerca de 50% dos acometidos tinham história pessoal de atopia e um terço, de história familiar.

O diagnóstico pode ser feito com um teste de provocação por meio de exercício, desde que haja o monitoramento e o equipamento de ressuscitação disponível.

O tratamento é sintomático e, em geral, problemático. As medidas preventivas são fundamentais em virtude do potencial de risco que os sintomas representam.

Além das recomendações para interromper os exercícios ao início de qualquer sintoma e, em seguida, aplicar epinefrina, deve-se destacar a necessidade de que alguém esteja acompanhando o alérgico e que logicamente, saiba administrar epinefrina subcutânea.

Outras orientações devem ser dadas, entre elas: esperar de 4 a 6 horas depois da refeição para, então, realizar exercícios; evitar antiinflamatórios não esteróides com a prática de exercícios físicos e, para as mulheres, não fazer atividades físicas quando estão próximas do período menstrual.

Urticária

As causas da urticária induzida pelo exercício são inúmeras, bem como seus mecanismos de ação. Sua manifestação é freqüente e se caracteriza por lesões na pele e mucosas, variando de tamanho e morfologia.

A urticária como manifestação alérgica, em razão de sua diversidade, será abordada, a seguir, de acordo com as possíveis relações entre a atividade física e as condições do ambiente.

Urticária pelo frio

Eritema, prurido e edema são os sintomas ocasionados pela exposição do corpo ao frio e aparecem, principalmente, nas áreas diretamente expostas a esse estímulo, como o rosto e as mãos.

Pessoas com essa sensibilidade têm o aparecimento de sintomas com a aplicação de um cubo de gelo sobre a pele – essa é uma forma simples de diagnóstico.

Para uma atuação preventiva, deve-se considerar, basicamente, que os sintomas alérgicos da urticária induzida pelo exercício podem ser potencializados quando as atividades físicas são realizadas em ambiente externo. Isso ocorre porque nesse ambiente, além da intensa exposição ao frio, estão presentes outros alérgenos também irritantes.

A exposição total do corpo ao frio, como é o caso de quem pratica natação, requer cuidados especiais. Na natação, há uma acentuada liberação de mediadores, o que pode levar a uma grave hipotensão. Portanto, nadadores ou praticantes de natação que tenham essa sensibilidade devem ser orientados a adotar medidas e/ou medicamentos preventivos.

Urticária pelo sol

Vários tipos dessa manifestação aparecem decorrentes da exposição ao sol – um hábito usual –, podendo ser descritos e classificados de acordo com a intensidade dos raios solares.

As partes do corpo expostas ao sol apresentam um certo inchaço, coceira e eritema. A realização de algum tipo atividade física em tal condição ambiental pode potencializar ainda mais esses sintomas.

A corrida, o ciclismo, a caminhada vigorosa, o voleibol e o futebol de praia são atividades em geral praticadas a céu aberto, havendo, portanto, a exposição do corpo ao sol de modo direto e prolongado. Essa situação é potencialmente provocadora de estímulos capazes de desencadear manifestações alérgicas que agravam a sintomatologia da urticária. Deve-se, contudo, relembrar que a combinação de alimentos inadequados, como chocolates e frutos do mar, pode provocar manifestações alérgicas ainda mais acentuadas.

As medidas preventivas durante a prática de atividades físicas incluem a aplicação de loções protetoras com filtro solar e o uso de óculos com lentes próprias contra raios UVA e UVB.

Urticária colinérgica

As manifestações de pele da urticária colinérgica são diferenciadas. As erupções são pequenas e ocorrem entre 2 e 30 minutos depois do exercício físico ou aquecimento passivo (banho quente e sauna). Podem ocorrer, também, em virtude da transpiração e do suor, tanto em situações de ansiedade como durante as atividades físicas, visto que, nesses casos, há um aumento da temperatura corporal.

Os sintomas aparecem, em geral, na parte superior do tórax e no pescoço, espalhando-se, em seguida, por todo o corpo. Caso o estímulo seja mantido, a urticária pode crescer e se tornar parecida com o angioedema.

Os exercícios ou o aquecimento passivo, quando considerados como teste de provocação, ajudam a diagnosticar e confirmar esse tipo de alergia. A maioria dos portadores dessa sensibilidade tem a erupção e a coceira como principais manifestações, não estando associados o angioedema, o colapso vascular e a hipotensão.

No caso específico de urticária em que o exercício é evidentemente o fator provocador dos sintomas alérgicos, pode haver, ainda, alterações na função pulmonar e, como conseqüência, o aparecimento do "chiado no peito".

Outro aspecto da urticária colinérgica assemelha-se ao broncoespasmo, no sentido de que aparece um período refratário depois de uma crise, ou seja, o período que sucede a manifestação alérgica. Mesmo havendo estímulos do ambiente, raramente há qualquer tipo de manifestação e, quando aparece, são mais brandas do que o usual.

Dessa forma, esse período refratário pode ser utilizado, estrategicamente, colocando-se em prática um programa de atividades físicas. Esse programa deve estabelecer a quantidade, a duração e a intensidade de exercícios físicos adequados a cada alérgico. Além disso, o controle e a variação dos exercícios são os aspectos que podem garantir a melhora do nível de tolerância ao exercício.

Dermografismo

Os sintomas do dermografismo são o aparecimento de vergões na pele e a coceira depois de um golpe, pancada ou arranhão. Na maioria dos casos, esses sintomas duram por 6 ou 7 minutos, mas podem persistir por até 3 horas.

A prevenção do dermografismo na prática de atividades físico-esportivas é feita evitando-se os jogos e esportes de grande contato físico. O rúgbi, o judô, a luta greco-romana e o futebol americano proporcionam um "corpo a corpo" muito intenso. Em menor grau, porém propícios à sensibilidade individual, estão o basquetebol, o futebol e o caratê.

O tratamento para o dermografismo é sintomático e medicamentoso.

Rinite

A mucosa nasal, que apresenta, naturalmente, uma variação espontânea, pode se mostrar alterada em decorrência da prática de exercícios e de condições alérgicas.

A atividade física em si pode não ser a principal causa desencadeadora dos sintomas alérgicos. A maior exposição e contato com os alérgenos, presentes tanto no ambiente interno (pó e mofo) como externo (poluição, temperatura e umidade do ar), fazem com que seja comum a associação de sintomas alérgicos à prática de atividades físico-esportivas, em virtude do maior volume de ar que passa pela mucosa nasal durante o esforço físico.

A rinite induzida pelo exercício apresenta vários graus de congestão nasal, rinorréia e espirros, sendo cada vez mais comum acometer aqueles que praticam corrida e ciclismo. Essas atividades, coincidentemente, são também as que mais provocam broncoespasmo induzido pelo exercício (BIE).

Em torno de 40% das crianças com rinite alérgica têm broncoespasmo induzido pelo Exercício, ao passo que apenas 3% a 10% das crianças não asmáticas têm BIE. A corrida e os jogos com bola têm sido apontados como as atividades que mais freqüentemente ocasionam o aparecimento dos sintomas alérgicos, sendo considerados fatores precipitantes a umidade e a temperatura do ar.

Estudos sugerem que a hiperosmolaridade pode ser o estímulo provocador do BIE e da rinite. A utilização de soluções hiperosmolares ativa células nasais, o que explica, em parte, a rinite induzida pelo exercício.

A resposta da mucosa nasal diante da execução de um exercício isométrico foi também verificada em alguns trabalhos que demonstraram haver uma significante obstrução. Deve-se considerar que as pessoas alérgicas têm maior congestão e sensibilidade da mucosa nasal do que as não alérgicas.

Quanto à prática da natação, os principais fatores agravantes são os produtos utilizados no tratamento da água, em geral irritantes das vias aéreas, bem como a qualidade do processo de filtragem. A temperatura da água das piscinas deve permanecer entre 24 e 30 °C; no ambiente não deve haver paredes e tetos mofados. É comum a adaptação de imóveis residenciais em "escolinhas" de natação. Isso pode explicar o descuido ou dificuldade em adequar esses equipamentos e instalações e a manutenção das piscinas aquecidas nas condições ideais para uso comum.

Depois de praticar a natação, a pessoa alérgica deve lavar as vias aéreas com soro fisiológico, um hábito fundamental que ajuda a remover substâncias irritantes, promovendo, desse modo, o equilíbrio da mucosa nasal.

Todas as medidas preventivas indicadas anteriormente devem ser adotadas pelo alérgico. É pertinente lembrar que um tratamento profilático pode aumentar a tolerância de pessoas com esses distúrbios à atividade físico-esportiva.

Broncoespasmo

A associação da asma com a alergia e a atopia permitiu que fosse formulado um modelo, capaz de demonstrar os vários mecanismos fisiopatológicos.

Os processos fisiopatológicos, subjacentes às ditas reações, têm favorecido a maior compreensão da complexidade das interações celulares dessa doença. Nesse sentido, a relação entre atividade física e asma também tem sido o objeto de investigação de várias pesquisas.

A asma é uma doença de evolução crônica, podendo melhorar na adolescência, o que, no entanto, nem sempre ocorre. Os sintomas podem persistir até a idade adulta ou durar por toda a vida. A asma, quando adequadamente tratada, não oferece empecilhos para que alguém pratique um esporte ou atividade física. O asmático deve, necessariamente, estar sob tratamento médico, já que a atividade física não pode ser entendida como tratamento.

A participação em aulas de Educação Física, treinos ou jogos está vinculada ao controle ideal da doença. Apesar de não haver qualquer sintoma de asma, a realização de uma atividade física intensa pode desencadear uma crise de broncoespasmo (broncoespasmo induzido pelo exercício – BIE) que aparece de 5 a 15 minutos ao término do exercício.

O aparecimento dos sintomas, como tosse, chiados, falta de ar e sensação de aperto no peito, é suficiente para desmotivar o asmático a praticar atividades físico-esportivas. O receio de que a qualquer momento possa surgir uma crise de asma e, em geral, a necessidade de interromper os exercícios ou o lazer são situações que não estimulam o alérgico. Infelizmente, acaba-se criando o círculo vicioso de hipoatividade física que desfavorece o condicionamento físico geral, que, por sua vez, leva à hipoatividade.

No caso das crianças asmáticas, a atividade física é essencial, pois proporciona oportunidades e experiências fundamentais para o desenvolvimento motor. Além disso, é notória a promoção da sociabilização por meio da atividade física, já que as crianças relacionam-se para, simplesmente, brincar ou fazer parte de uma equipe. Essa é uma maneira simples para prevenir a criança ou o adulto do isolamento psicossocial, melhorando assim sua auto-imagem e confiança.

Na adolescência, a atividade física e esportiva é, em geral, mais intensa e competitiva. O adolescente asmático pode se sentir muitas vezes preterido e inferiorizado. Em geral, essa sensação acaba levando o jovem a evitar qualquer oportunidade semelhante, inclusive os treinamentos. Esse é um comportamento que desfavorece o desenvolvimento de suas aptidões individuais e o entrosamento com o grupo ou outros jovens.

A atividade física e o esporte devem, portanto, ser cada vez mais incentivados, pois se trata de um fator contributivo para a saúde e o bem-estar geral da criança e do adolescente asmático. O papel dos profissionais da área da Educação Física e da saúde é imprescindível, especialmente por serem aptos a orientar e a incentivar alunos e pacientes.

Se, por um lado, as atividades físicas trazem benefícios e são cada vez mais recomendadas, por outro podem provocar o BIE. Há indicativos de que em 80% a 90% dos asmáticos e em 40% dos atópicos (não asmáticos), os exercícios físicos são provocadores de BIE. Outros, ainda, indicam a incidência de BIE em 15% a 25% de atletas.

Tosse, dispnéia, aperto torácico e chiado que aparecem logo depois dos exercícios são os sintomas característicos do broncoespasmo. Em geral, podem ser confundidos por professores de Educação Física e técnicos esportivos com um baixo condicionamento físico. Nesse sentido, aquele que se presta a oferecer orientações deve inicialmente levantar o histórico dos sintomas e os possíveis problemas clínicos a eles associados, especialmente quando houver suspeita de rinite alérgica. Existem questionários já validados e de fácil aplicação, que podem servir eficientemente como um instrumento para avaliar e detectar precocemente o BIE.

O asmático responde ao exercício físico diferentemente da pessoa não asmática. Deve-se compreender que nem todas as atividades físicas provocam esse tipo de reação. Cada tipo de exercício em intensidade diferenciada provoca uma determinada magnitude de crise. Os exercícios físicos podem ser classificados entre aqueles que são mais asmagênicos, ou seja, mais provocadores de crises de asma, como é o caso da corrida, e aqueles menos asmagênicos; nesse caso, a natação.

Estabelecer com precisão qual é o mecanismo responsável pelo BIE ainda é incerto. Sabe-se, entretanto, que os fatores contributivos para provocar crises de asma são o resfriamento e o ressecamento das vias aéreas durante a atividade física. Deve-se atentar para a importância da respiração nasal durante a realização de exercícios físicos. O BIE caracteriza-se pela queda de 10% a 15% no fluxo expiratório máximo, que ocorre diante de exercícios prolongados, com duração entre 6 a 8 minutos, e com a intensidade de trabalho de aproximadamente dois terços do consumo máximo de oxigênio (para crianças, freqüência cardíaca entre 170 a 180 bpm).

Cinco minutos após cessado o esforço físico, surgem as respostas sintomáticas do organismo. Depois de 60 minutos, aproximadamente, a situação se reverte para a maioria das pessoas, pois o BIE provoca uma única crise de rápido início e recuperação. No entanto, certas pessoas podem apresentar uma reação tardia, depois de 4 a 10 horas do término do exercício.

Há medicamentos muito eficientes na prevenção do BIE, como é o caso dos beta 2 agonistas; as cromonas (cromoglicato dissódico ou nedocromil), usadas em aerossóis (sprays); e montelucaste sódico, em comprimido de ingestão única diária. Esses últimos são medicamentos com efeitos colaterais praticamente ausentes e devem ser utilizados antes das atividades físicas.

São muitos os fatores que podem agravar o BIE: o grau de gravidade da asma, a presença de obstrução nasal, o tipo e intensidade do exercício físico, a poluição atmosférica, a temperatura e a umidade do ambiente, bem como a utilização de certos produtos químicos, entre eles alguns medicamentos, conservantes e corantes.

A obstrução nasal tende a agravar e intensificar o BIE à medida que ocorre a diminuição da capacidade de filtragem, do pré-aquecimento e da pré-umidificação do ar inalado. Embora existam inúmeras causas de obstrução de vias aéreas superiores, a mais comum e possível de ser tratada é a rinite alérgica.

O tratamento do BIE precede de medidas farmacológicas e não farmacológicas, recomendadas pelo especialista que avalia as particularidades de cada caso. Na alternativa farmacológica, o tratamento fundamenta-se na administração de beta 2 agonistas e das cromonas (cromoglicato dissódico e nedocromil). Muito embora não sejam broncodilatadores, são inibidores da liberação de mediadores químicos dos mastócitos, evitando, inclusive, a reação tardia ao exercício. Portanto, a combinação de ambos é considerada eficaz.

Outra boa forma de prevenção é o uso do montelucaste sódico, antagonista do receptor de leucotrienos (mediadores inflamatórios). Os leucotrienos são os mediadores inflamatórios mais potentes provocadores de espasmo da musculatura lisa dos brônquios. O uso da medicação antileucotrienos proporciona algumas vantagens importantes:

- Pode bloquear de 50% a 80% o broncoespasmo induzido pelo exercício físico;
- Apresenta proteção à reação tardia ao exercício físico;
- Apresenta proteção aos estímulos repetidos pelo exercício físico;
- Utilizado em dose única diária evita "esquecimentos";
- Pode ser utilizado por crianças a partir de 2 anos de idade.

As estratégias não farmacológicas ou preventivas incluem: realizar durante 10 a 15 minutos atividades físicas de aquecimento (a 50% do VO_2 máx previsto para a idade); não realizar atividades em ambientes hostis, em que haja poluição, presença de alérgenos, umidade e temperatura desfavoráveis; evitar atividades caracteristicamente mais asmagênicas; e restringir a ingestão de certos tipos de alimentos, observando o tempo que antecede os exercícios.

As pessoas que alcançam boa condição física possuem melhor resistência cardiorrespiratória, maior eficácia da mecânica respiratória, que se traduz em melhores fluxos expiratórios, melhor ventilação pulmonar e, conseqüentemente, diminuição do volume residual. Esses benefícios auxiliam a minimizar os impactos do BIE, pois há maior tolerância ao exercício físico e maior capacidade de trabalho, diminuindo o desconforto causado pelo broncoespasmo.

Mitos e verdades sobre a alergia

Mito: A alergia é contagiosa.
Verdade: Não. As pessoas alérgicas, principalmente as que têm asma, rinite e dermatite atópica, possuem uma condição genética que determina que reajam de forma exagerada a determinados estímulos, causando os sintomas.

Mito: Nenhuma doença alérgica tem cura.
Verdade: Embora a alergia seja uma condição herdada geneticamente e, na maioria das vezes, definitiva, existem doenças alérgicas em que pode ocorrer a resolução completa do quadro, como acontece com a alergia ao leite de vaca, que se inicia na lactância (bebê) e tende a desaparecer por volta dos 2 a 4 anos de idade.

Mito: Não adianta tratar a alergia; afinal, ela não tem cura.
Verdade: Embora não se possa alterar a herança genética que os alérgicos apresentam, os tratamentos disponíveis atualmente englobam medicamentos bastante específicos, com efeitos colaterais mínimos e que melhoram muito a qualidade de vida.

Mito: Alergia é doença de rico.
Verdade: As doenças alérgicas são condições herdadas geneticamente, podendo, portanto, ocorrer em indivíduos de todos os níveis socioeconômicos.

Mito: Ar-condicionado faz mal para os alérgicos.
Verdade: Os alérgicos podem permanecer em ambientes com ar-condicionado. O importante é que a alergia esteja bem controlada e que os aparelhos tenham boa manutenção e limpeza.

Mito: Praia é prejudicial à criança alérgica.
Verdade: Ir à praia é uma atividade ao ar livre das mais saudáveis e deve ser estimulada no paciente alérgico.

Mito: Natação cura alergia.
Verdade: A natação é um excelente exercício físico e sua prática traz benefícios para as pessoas alérgicas, em especial para os asmáticos. Entretanto, não cura a asma e, em algumas condições, pode agravar o quadro, como nas sinusites.

Mito: O alérgico, sobretudo o asmático, não pode praticar esportes.
Verdade: Os esportes, de maneira geral, em especial os aeróbicos, estão liberados para os alérgicos.

Mito: Travesseiros e colchões antialérgicos (hipoalergênicos) não necessitam de capas impermeáveis.
Verdade: Todos os tipos de travesseiros e colchões devem ser cobertos com capas apropriadas (revestidas internamente com película impermeável), para evitar a proliferação de ácaros e fungos.

Mito: As vacinas contra as alergias engordam.
Verdade: As vacinas para tratamento de alergia respiratória não contêm nenhum elemento que cause ganho de peso.

Mito: A asma começa na infância e se cura na adolescência.
Verdade: Embora uma parcela das crianças que apresenta "chiado" nos primeiros anos de vida evolua com o desaparecimento dos sintomas, isso não é verdade para todos.

Mito: As "bombinhas" para tratar a asma fazem mal ao coração, podem viciar e até mesmo matar.
Verdade: Não. A asma é uma doença das vias respiratórias e, portanto, o tratamento inalatório é o ideal. Além disso, seu efeito é mais rápido, as doses necessárias para o controle dos sintomas são menores e os efeitos colaterais são mais discretos, quando comparados aos dos medicamentos usados por via oral. O fundamental é que sejam sempre utilizadas sob orientação médica, de forma correta, evitando os abusos.

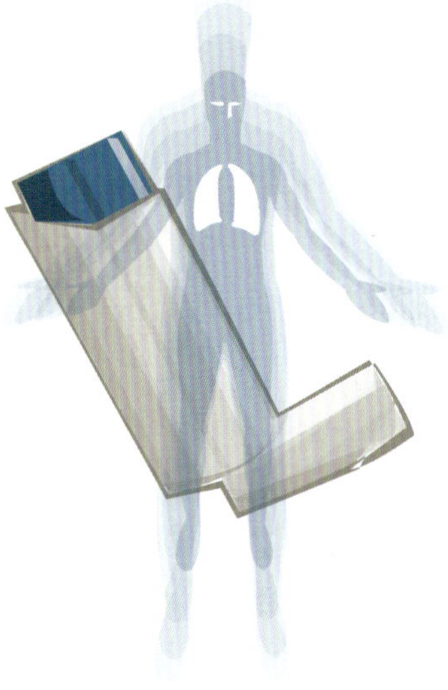

Mito: A asma é mais grave que a bronquite asmática e diferente da bronquite alérgica.
Verdade: Embora a asma não deixe de ser uma inflamação brônquica e, portanto, uma bronquite, a denominação correta para os episódios recorrentes de chiado que melhoram após a utilização de broncodilatador é asma.

Mito: Uma mulher asmática deve evitar engravidar.
Verdade: O fato de uma mulher ser asmática não é um empecilho para que fique grávida. Sabe-se que algumas mulheres, ao engravidarem, não têm o curso da doença alterado pela gestação, mantendo o padrão que sempre tiveram antes do período de gestação. Outras pioram na gravidez, passando a ter mais crises do que antes de engravidarem. Não se pode prever com exatidão quem irá piorar, melhorar ou manter inalterado, mas isso não pode ser motivo para evitar uma gravidez. Os estudos indicam que um terço das gestantes melhora durante a gravidez, um terço permanece inalterado e um terço piora durante a gestação.

Mito: Uma mulher grávida não pode usar remédios para tratar sua asma e/ou rinite.
Verdade: O receio do uso de medicamentos pela gestante asmática e/ou portadora de rinite não deve existir, pois, em alguns casos, eles serão essenciais para permitir que a mãe respire melhor e forneça oxigênio para o feto. A falta de ar materno pode ser mais prejudicial ao bebê do que o efeito dos medicamentos usados.

Mito: Sorvetes desencadeiam crises de alergia respiratória.
Verdade: O que desencadeia alergia respiratória são principalmente as substâncias inaláveis, como ácaros da poeira, pêlos de animais etc.

Mito: A asma não é uma doença séria.
Verdade: Se assim fosse, a asma não seria uma doença às vezes mortal e não precisaríamos de oxigênio para respirar.

Mito: Todos os quadros de urticária ocorrem em razão dos alimentos (principalmente chocolate e frutos do mar).
Verdade: Ao contrário da crença popular de que a urticária é sempre provocada por alimentos, na verdade as causas mais comuns são medicamentos, largamente utilizados sem prescrição médica.

Mito: "Eu tenho alergia a antiinflamatório, mas não faz mal. Eu posso tomá-lo e, em seguida, tomo um antialérgico para cortar o efeito".
Verdade: As alergias a medicamentos podem ocasionar reações graves. A pessoa que em uma primeira exposição a determinado medicamento apresentou uma reação leve poderá, em exposições subseqüentes, desenvolver quadros bem mais graves (inclusive choque anafilático).

Mito: As drogas nasais descongestionantes são excelentes para desentupir as narinas.
Verdade: Os descongestionantes nasais só devem ser usados por curto período, pois provocam inúmeros efeitos colaterais e dependência física, além de alterar a mucosa nasal.

Mito: Não se devem usar remédios no nariz.
Verdade: Os medicamentos que não devem ser usados no nariz, por tempo prolongado (superior a 5 dias), são os que contêm vasoconstrictores, em razão dos efeitos colaterais que podem ocasionar, inclusive com piora da obstrução nasal. Os anti-histamínicos e os corticóides, para uso tópico nasal, fazem parte, porém, do tratamento da rinite alérgica.

Mito: Criar um tipo de ave chamada "canção" ou "tartaruga" cura a asma.
Verdade: Não existe nenhum embasamento científico em relação a essa afirmação.

Fonte: ASBAI

Conclusão

Recomenda-se compreender, inicialmente, como funciona o organismo, em especial quando há esforço físico, pois, dessa maneira, o indivíduo poderá trabalhar a favor de, e não contra, sua própria saúde e bem-estar.

As atividades físicas podem provocar, de modo mais ou menos intenso, algum tipo de manifestação alérgica. As variáveis que concorrem para o aparecimento de sintomas alérgicos referem-se ao tipo, intensidade e duração do esforço físico, o que determina, por sua vez, o agravo das reações.

Algumas atividades, como a corrida e o ciclismo, podem provocar crises mais fortes. Não é preciso, contudo, evitá-las totalmente, pois são muito eficientes para melhorar a aptidão cardiovascular e promover a adaptação do organismo ao esforço físico.

O começo mais adequado é realizar caminhadas. Inicialmente, deve-se andar durante 5 a 10 minutos e, gradativamente, chegar a um período de 30 a 35 minutos. Em uma segunda fase, deve-se acelerar o passo, observando a movimentação dos braços, que deve se tornar mais vigorosa.

Depois de já estar adaptado à caminhada, podem-se então intercalar pequenas corridas ou trotes com duração de 1 ou 2 minutos e, em seguida, voltar a caminhar por mais 5 ou 6 minutos.

Gradualmente, deve-se aumentar o tempo da corrida, sempre controlando a freqüência cardíaca.

Recomenda-se que a freqüência cardíaca permaneça entre 60% a 70% da freqüência máxima indicada para sua idade.

Para conhecer a freqüência cardíaca máxima, deve-se, primeiramente, subtrair de 220 a idade da pessoa. Exemplo: alguém com 40 anos de idade tem como máximo 180 batimentos cardíacos (220 – 40 = 180).

Já para estabelecer o intervalo entre o mínimo e o máximo da freqüência cardíaca durante uma caminhada rápida ou corrida intercalada, deve-se multiplicar o número máximo de batimentos cardíacos por 60% e 70%. Exemplo: para uma pessoa com 40 anos e que tenha 180 como o máximo de batimentos cardíacos por minuto, o intervalo corresponde de 108 (180 × 60% = 108) a 126 (180 × 70% = 126) batimentos cardíacos por minuto, respectivamente. Portanto, alguém com 40 anos deve manter sua freqüência cardíaca no intervalo de 108 a 126 batimentos cardíacos por minuto durante o exercício mais intenso.

Referências

AHMAIDI, S. B. et al. Cardio respiratory fitness evaluation by shuttle test in asthmatis subjects during aerobic training. **Chest**, v. 103, n. 4, p. 1.135-41, 1993.

BERNABÉ, A. L. B. C.; TEIXEIRA, L. R. (Coords.) **Vencendo a asma**: uma abordagem multidisciplinar. São Paulo: Bevilacqua, 1994. p. 96.

BRINER JÚNIOR, W. W.; SHEFFER, A. L. Exercise-Induced Anaphylaxis. **Med. and Sci. in Sports and Exerc.**, v. 24, n. 8, p. 849-50, 1992.

BRINER JÚNIOR, W. W. Introduction: Exercise and Allergy. **Med. and Sci. in Sports and Exerc.**, v. 24, n. 8, p. 843-4, 1992.

______. Physical Allergies and Exercise: Clinical Implications for Those Engaged in Sports Activites. **Sports Medicine**, v. 15, n. 6, p. 365-73, 1993.

BUSSE, W. W. The role of leukotrienes in asthama and allergic rhinitis. **Clin. Exp. Allergy**, v. 26, n. 8, p. 868-79, 1996.

FITCH, K. D. Exercise-induced asthma and competitive athletics. **Pediatrics**, v. 56, n. 5, p. 942-3, 1974.

______. Swimming medicine and asthma. In: ERIKSSON, B.; FUERBERG, B. (Eds.). **Swimming medicine IV**. Baltimore: University Park, 1978. (International Series of Sports Sciences, v. 6, p. 16-31).

______. Sport, physical activity and asthmatic. In: OSEID, S.; EDWARDS, A. M. (Eds.). **The asthmatic child in play and sport**. London: Pitman, 1983. p. 254-70.

______. The effect of running training on exercise-induced asthma. **Annals of Allergy**, v. 57, p. 90-4, 1986.

HILBERG, O.; GRYMER, L. F.; PEDERSEIU, O. F. Spontaneous variations in congestion of the nasal mucosa. **Ann. Allergy Asthma Immunol**. v. 75, n. 6, p. 516-21, 1995.

HORAN, R. F. et al. Physical Allergies. **Med. and Sci. in Sports and Exerc.**, v. 24, n. 8, p. 845-8, 1992.

HOUGH, D. O.; DEC, K. L. Exercise-induced asthma and anaphylaxis. **Sports Med.**, v. 18, n. 3, p. 162-72, 1994.

KYLE, J. M. et al. Exercise-induced Bronchospasm in the Young Athlete: Guidelines for Routine Screening and Initial Management. **Med. and Sci. in Sports and Exerc.**, v. 24, n. 8, p. 856-9, 1992.

MONTGOMERY, L. C.; DEUSTER, P. A. Effects of antihistamine medications on exercise performance: implications for sports people. **Sports Med.**, v. 15, n. 3, p. 179-95, 1993.

PICADO, C. Response of nose and bronchi to exercise in asthma and rhinitis: similarities and differences. **Clin. Exp. Allergy**, n. 26, p. 36-8, 1996.

ROMANO, A. et al. Food-Dependent Exercise-Induced Anaphylaxis: Report of Two Cases. **Int. J. Sports Med.**, v. 13, n. 8, p. 585-7, 1992.

SILVERS, W. S. Exercise – induzed allergies: the role of histamine release. **Ann. Allergy.**, v. 68, n. 1, p. 58-63, 1992.

SOUQUES, F. et al. Estimulation of dispensed nasal polypcells by hyperosmolar solutions. **J. Allergy Clin. Immunol**, v. 96, n. 6, p. 980-5, 1995.

TEIXEIRA, L. **Efeitos da individualização da intensidade de um programa de treinamento contínuo em variáveis respiratórias e hemodinâmicas de adolescentes asmáticos graves**.

São Paulo, 1996. Tese (Doutorado) – Escola de Educação Física da USP.

______. **Efeitos de um programa de atividades físicas para criança asmática, avaliadas por provas de função pulmonar**. São Paulo, 1990. 72 p. Dissertação (Mestrado) – Escola de Educação Física da USP.

______. Exercícios Físicos e o paciente alérgico. In: CASTRO, F. F. M. (Coords.) **Rinite Alérgica**: modernas abordagens para uma clássica questão. São Paulo: Lemos, 2003. p. 241-64.

______. Importância das atividades físicas na profilaxia e terapêutica da asma. **Pediatria Moderna**, v. 29, n. 7, p. 1.006-12, 1993.

______; CASTRO, F. F. M.; ANTILA, M. Sistema respiratório. In: GHORAYEB, N. (Coord.). **O exercício**: preparação fisiológica avaliação médica, aspectos especiais e preventivos. São Paulo: Atheneu, 1998.

VIRANT, F. S. Exercise-Induced Bronchospasm: Epidemiology, Pathophysiology, and Therapy. **Med. and Sci. in Sports and Exerc.**, v. 24, n. 8, p. 851-5, 1992.

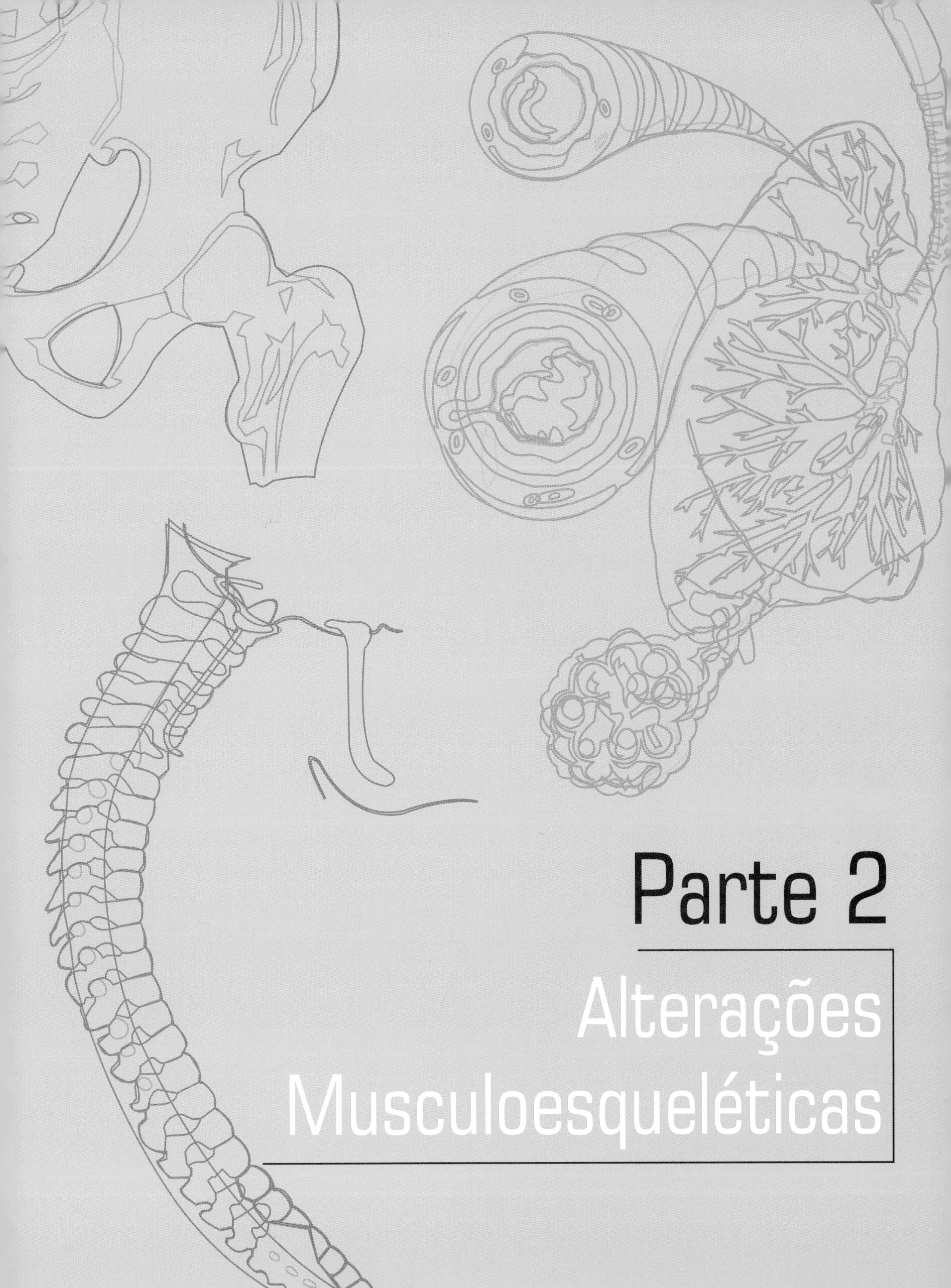

Parte 2

Alterações Musculoesqueléticas

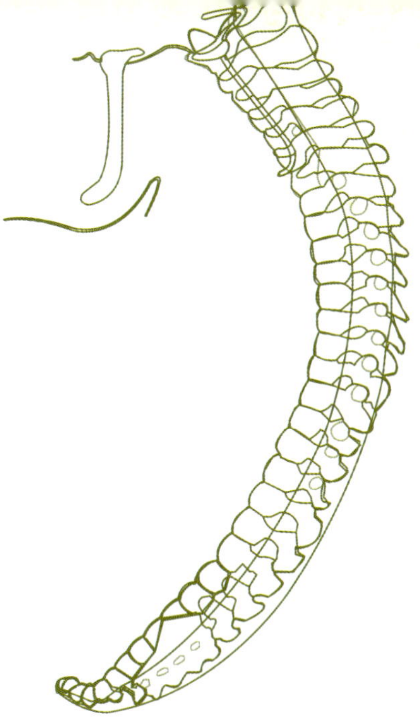

Capítulo 6

Atividade Física Adaptada e Desvios Posturais

Maria Cláudia Vanícola
Luzimar Teixeira

De acordo com o Ministério da Saúde (2007), a Classificação Estatística Internacional de Doenças e Problemas Relacionados à Saúde (CID 10) apresenta a cifose, a lordose e a escoliose como doenças do sistema osteomolecular e do tecido conjuntivo. A CID 10 faz menção tanto a esses desvios em sua forma postural como em suas possíveis alterações estruturais. Os desvios posturais são determinados por alterações nos graus das curvaturas fisiológicas (cifoses e lordoses) e não fisiológicas (curvaturas laterais ou escolioses) da coluna e são desenvolvidos geralmente por maus hábitos de postura adotados durante as atividades cotidianas. Durante o processo de crescimento da coluna vertebral, podem surgir alterações estruturais, em especial nas vértebras, que determinarão a manutenção dessas alterações por toda a vida. Esses são os chamados desvios posturais estruturados. Há uma tendência na literatura de creditar aos exercícios físicos a possibilidade de melhora nos desvios posturais, de etiologia não estrutural (Tribastone, 2001; Pivetta e Pivetta, 1998).

Para o entendimento dos desvios posturais e estruturais da coluna e sua relação com o exercício físico, faz-se necessário o conhecimento de aspectos gerais da coluna vertebral, como anatomia, características regionais, aspectos de crescimento das vértebras e desenvolvimento das curvaturas. O conhecimento do crescimento da coluna é essencial para entender os limites e as possibilidades da utilização de exercícios no tratamento das alterações posturais. De acordo com Dickson e Deacon (1987), o tratamento conservador e a fusão da coluna são utilizados para conter os efeitos do crescimento e, quando eles cessam, a progressão da deformidade já não é tão importante. Dessa forma, é com o crescimento da coluna que iniciaremos este capítulo.

A coluna vertebral

A coluna vertebral está situada na linha média do corpo e compõe a parte posterior do tronco. Seu comprimento médio é de 71 cm nos homens e 61 cm nas mulheres adultas. Essa importante estrutura corporal apresenta características de rigidez e plasticidade, pois ao mesmo tempo em que possibilita o suporte para a manutenção da postura ereta por meio de uma eficiente estática antigravitacional, permite uma grande amplitude de movimentos. A coluna é composta por 33 ou 34 vértebras, divididas em quatro regiões: cervical, torácica, lombar e sacrococcígea. Há diferenças significativas das vértebras que compõem cada uma dessas regiões.

As vértebras cervicais são as menores entre as vértebras consideradas verdadeiras. O disco intervertebral presente entre essas vértebras apresenta maior espessura na região anterior, o que determina a presença de uma curvatura de concavidade posterior chamada de lordose cervical. As vértebras torácicas têm um tamanho intermediário entre as vértebras cervicais e as lombares e aumentam em dimensão em uma direção craniossacral. Elas se distinguem pela presença de facetas que se articulam com as costelas. Segundo White e Panjabi (1990), na coluna torácica, as vértebras são mais altas na região posterior, o que determina que nessa região exista uma curvatura de concavidade anterior chamada cifose torácica. As vértebras lombares são os maiores segmentos da parte móvel da coluna e não possuem forâmens nos processos transversos nem facetas articulares nas laterais dos corpos vertebrais. Como na coluna cervical, os discos intervertebrais lombares são mais altos anteriormente, o que determina a presença de uma curvatura de concavidade posterior chamada de lordose lombar. A região sacrococcígea é formada por dois ossos: o sacro e o cóccix, que são formados por vértebras que foram consolidadas. O sacro é um osso triangular que se articula em sua porção superior com a coluna lombar, na inferior com o cóccix e lateralmente com os quadris. A estrutura do sacro apresenta uma forma de concavidade anterior e conjuntamente com o cóccix, que é formado por quatro vértebras rudimentares que compõem a última curva da coluna, que é a cifose sacrococcígea. Como essa última curvatura não é móvel, pois não apresenta articulações significativas entre seus segmentos, será menos discutida neste capítulo.

Crescimento da coluna

As vértebras, quando ainda formadas de tecido cartilaginoso no feto, começam a se ossificar por três centros primários, sendo dois para o arco vertebral e um para o corpo vertebral. A ossificação do arco inicia-se nas vértebras cervicais mais superiores, aproximadamente na sétima ou oitava semana de desenvolvimento do feto, e gradualmente se estende para toda a coluna inferiormente. No nascimento, cada vértebra é constituída de três ossos unidos por cartilagem, e a união desses ossos é alcançada durante o crescimento. A Figura 6.1 mostra uma vértebra torácica típica em diferentes etapas de crescimento: no final do período embrionário (a), no nascimento (b) e na idade adulta (c).

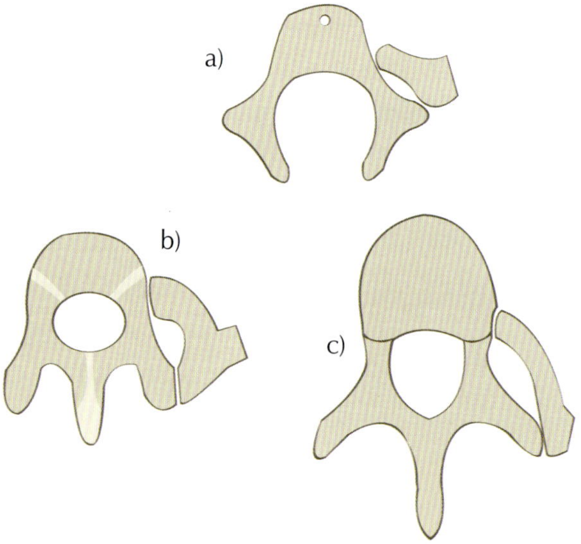

Figura 6.1 – Vértebra torácica típica em diferentes fases do crescimento (adaptado de O'Rahilly, Muller e Meyer, 1980).

Durante o primeiro ano de vida, as metades do arco unem-se na parte posterior, inicialmente na coluna lombar e depois na coluna torácica e cervical. Aos três anos de idade, os corpos das vértebras cervicais superiores unem-se aos arcos de ambos os lados. Na coluna lombar, essa união não ocorre completamente até os 6 anos. Antes da puberdade, não surgem outras mudanças, exceto um gradual aumento dos centros primários de ossificação, sendo eles as porções superior e inferior dos corpos vertebrais, bem como o final dos processos transversos e espinhosos formados de cartilagem. Aos 16 anos, em média, centros de ossificação secundários surgem, sendo um para o topo de cada processo transverso, um para a extremidade do processo espinhoso e um para a superfície superior e inferior do corpo vertebral. Esses centros fundem-se com o restante do osso aproximadamente aos 25 anos de idade. A Figura 6.2 ilustra os centros de ossificação secundários.

O crescimento da coluna foi estudado isoladamente por DiMeglio apud Bradford, Lonstein, Moe, Ogilvie e Winter (1994), que mediu o crescimento da coluna relacionado a três períodos etários: do nascimento aos 5 anos, dos 5 aos 10 e dos 10 aos 16 anos. Como a maioria das deformidades da coluna envolve a coluna torácica e lombar, ele se concentrou nessas áreas, que calculou como responsáveis por 48% da estatura sentada. Durante o crescimento, a coluna torácica foi responsável por 63% do crescimento e a coluna lombar, por 37% do crescimento de T1 a S1. Isso está demonstrado na Tabela 6.1. Embora a coluna torácica cresça mais que a lombar, o crescimento por segmento desde o nascimento até a maturidade na coluna torácica é de 1,1 cm, ao passo que na coluna lombar é de 1,6 cm.

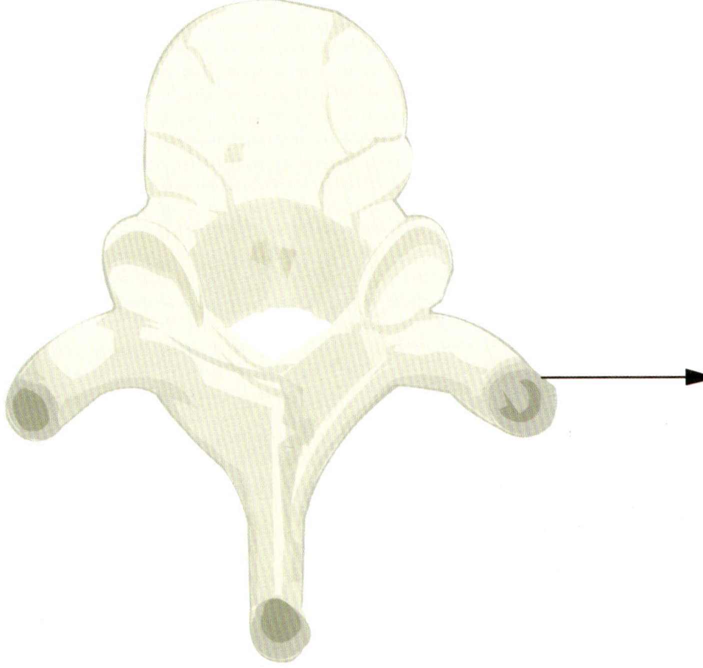

Figura 6.2 – Centros de ossificação secundários nas vértebras.

Tabela 6.1 – Velocidade de crescimento (cm/ano) (adaptado de Dimeglio, apud Bradford et al., 1994)

Segmento da coluna	Idades		
	0-5	5-10	10-16
T1-S1	2,2	0,9	1,8
T1-T12	1,4	0,6	1,2
L1-S1	0,8	0,3	0,6

Gráfico 6.1 – Estudo longitudinal do desenvolvimento de escoliose comparada com a velocidade de crescimento.Representação da velocidade de crescimento (linha amarela) e da angulação da curva em 560 pacientes acompanhados por Duveal-Beaupère. Observe que a aceleração do aumento da curva ocorre simultaneamente com a aceleração do crescimento

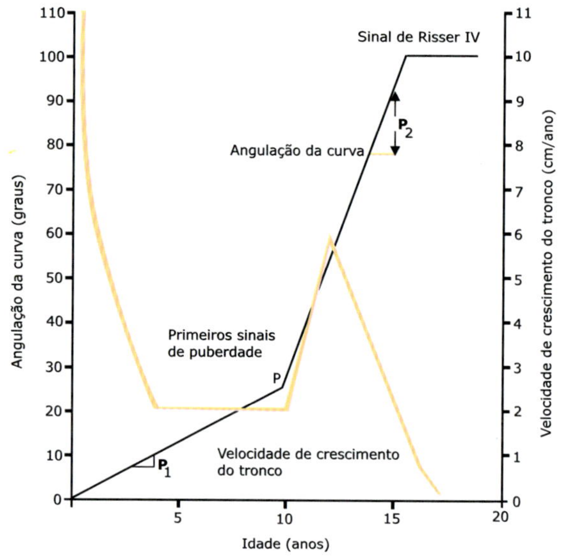

Como observado também por Tanner apud Hebert, Xavier, Pardini Júnior e Barros Filho (2003), o crescimento vertebral não segue uma relação linear com a idade, tendo dois períodos de crescimento rápido: um do nascimento aos 3 anos e outro no pico de crescimento na adolescência. O estirão de crescimento na puberdade é de interesse especial, já que a relação entre escoliose e crescimento foi bem demonstrada por Duval-Beaupére apud Bradford et al. (1994). A autora acompanhou a evolução da escoliose de 560 meninas em relação ao aumento da curvatura e ao crescimento em relação às crianças normais. As curvas aumentaram em velocidade regular até o início da explosão de crescimento. Após esse período, ocorreu aceleração no aumento da curvatura até a cessação do crescimento da coluna, como pode ser observado no Gráfico 6.1.

Em um estudo mais recente, Loenstein (2005) mostra que a progressão é maior quanto mais cedo se detecta a escoliose (medida por sua idade cronológica ou pelo sinal de Risser) e quanto maior for sua magnitude. É interessante ressaltar que o sinal de Risser, muito utilizado na identificação da cessação do crescimento da coluna, corresponde a diferentes etapas da ossificação da crista ilíaca, observável por meio de raio-X. Considera-se que ao sinal de Risser 4 dá-se a cessação do crescimento da coluna vertebral, e esse momento coincide com o desenvolvimento dos caracteres sexuais secundários, ou seja, ao atingir o nível 4 de Risser o adolescente já deve apresentar mamas bem desenvolvidas, pêlos pubianos em forma triangular, pêlos axilares e faciais abundantes e menarca ocorrendo há dois anos. Abaixo mostra-se esquematicamente o sinal de Risser.

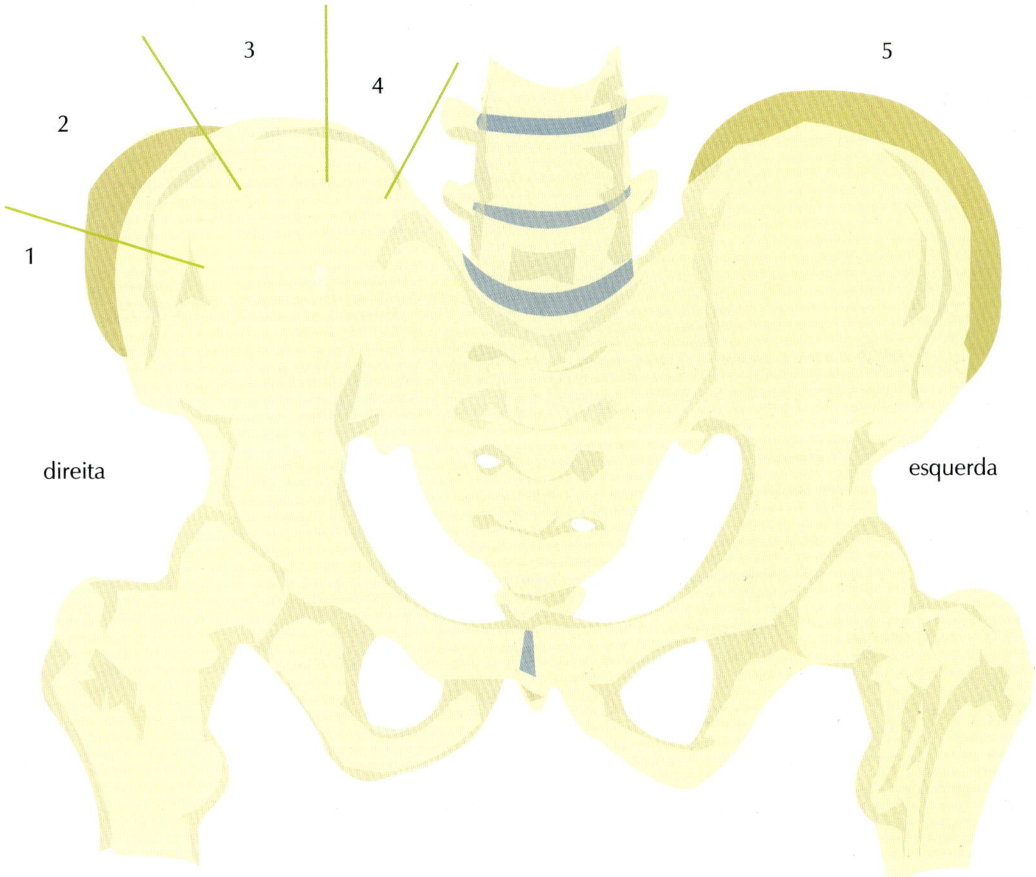

Figura 6.3 – Sinal de Risser. Os números de 1 a 5 representam as diferentes etapas de crescimento da crista ilíaca.

O crescimento em altura das vértebras se dá por uma sobrecarga mecânica que é mantida normalmente na coluna ereta. De acordo com Stokes e Windisch (2006), o mecanismo de progressão de deformidades esqueléticas após o nascimento, como a escoliose, é freqüentemente atribuído à lei de Hueter-Volkmann, em que o crescimento endocondral é mecanicamente modulado em um ciclo vicioso. Esse princípio, estabelecido em 1862, propôs que a curvatura lateral da coluna que surge na escoliose idiopática, sem conhecer sua causa precisa, gera uma sobrecarga assimétrica na coluna esqueleticamente imatura, o que, em troca, causa crescimento assimétrico e deformidade progressiva das vértebras, que ficam em formato de cunha (Stokes, Burwell e Dangerfield, 2006).

Hawes e O'Brien (2006) ilustram a partir da Figura 6.4 como a aplicação assimétrica de forças em uma coluna pode se dar ao longo do tempo.

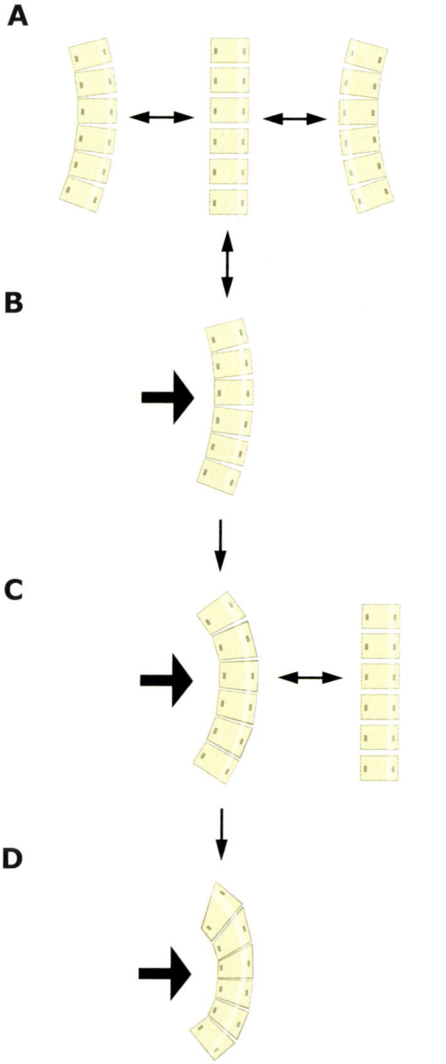

A. A coluna assume inúmeras posições durante um dia normal de atividades, inclusive curvas para a direita e para a esquerda. Essas curvaturas são transientes e reversíveis.

B. Curvatura funcional.
Um Raio-X de um indivíduo com uma postura assimétrica pode mostrar que a curvatura desaparece quando a pessoa ajusta sua postura. Qualquer curvatura que reverte para uma coluna ereta quando realiza determinados movimentos de correção é considerada uma curvatura funcional e não uma deformidade.

C. Curvatura estruturada: antes da maturidade esquelética.
Sob o constante estresse de uma sobrecarga assimétrica, há uma mudança previsível na arquitetura esquelética (triângulo), e a curvatura evolui para uma deformidade que não é mais reversível nem flexível. Essa curva estruturada pode ser inicialmente leve e não deformante, entretanto, o ciclo-vicioso prevê que a sobrecarga assimétrica contínua, mesmo que pequena, provocará uma progressão da curva, a menos que atitudes sejam tomadas para agir contra isso. Quanto mais assimétrica a sobrecarga, mais a curva irá progredir. Mesmo assim, com estruturas severamente danificadas, a curvatura pode ser revertida se o estado de sobrecarga contínua for eliminado e se uma pressão simétrica nas cartilagens de crescimento for restaurada (imagem da direita).

D. Curvatura estruturada: após maturidade esquelética.
Uma vez que o crescimento vertebral tenha se completado, deformidades vertebrais persistem por toda a vida. De qualquer maneira, mesmo com a deformidade vertebral que ocorre no ápice da curvatura, outras partes da coluna mantêm-se flexíveis e ainda possíveis de se corrigir. Então, uma curvatura medindo 50 graus na posição em pé, pode chegar até 30 graus na posição deitada. Os 20 graus "funcionais" deste componente da curvatura podem ainda ser corrigidos por uma mudança na postura, mas a flexibilidade total da coluna diminui com a idade.

Figura 6.4 – Evolução estrutural de uma deformidade da coluna (adaptado de Hawes e O'Brien, 2006).

Assim, o momento em que se detecta uma alteração postural pode ser determinante para um bom prognóstico de cura. De acordo com Roaf (1960), uma deformidade durante a infância, qualquer que seja sua causa, é uma deformação plástica, ou seja, pode melhorar ou piorar, dependendo das forças deformantes que continuarão ou não a agir. Os desvios posturais, quando observados em indivíduos adultos ou idosos, não têm probabilidade de grande alteração se for constatada a presença de alterações estruturais.

Desenvolvimento das curvaturas fisiológicas

Ao mesmo tempo em que as vértebras crescem, as curvaturas fisiológicas da coluna vertebral desenvolvem-se. Na idade adulta, o homem apresenta quatro curvaturas sagitais na coluna que surgem em diferentes etapas do desenvolvimento.

De acordo com O'Rahilly et al. (1980), a coluna vertebral de um embrião com oito semanas de desenvolvimento já apresenta uma curvatura contínua com concavidade anterior (Figura 6.5). Durante o desenvolvimento, essa curvatura é mantida somente na região torácica e sacrococcígea. Por estarem presentes desde o início do desenvolvimento do embrião, a essas curvaturas deu-se a denominação primárias, e por apresentarem uma concavidade anterior foram chamadas de cifoses. Já as curvaturas com concavidade posterior foram chamadas de lordoses e consideradas secundárias, pois aparecem mais tardiamente na coluna vertebral humana. No corpo humano, há duas lordoses: a lordose cervical e a lordose lombar. De acordo com Lapierre (1982), haveria duas teorias para explicar o surgimento das curvaturas secundárias na coluna: a teoria mecânica de Henle e a teoria de Delmas.

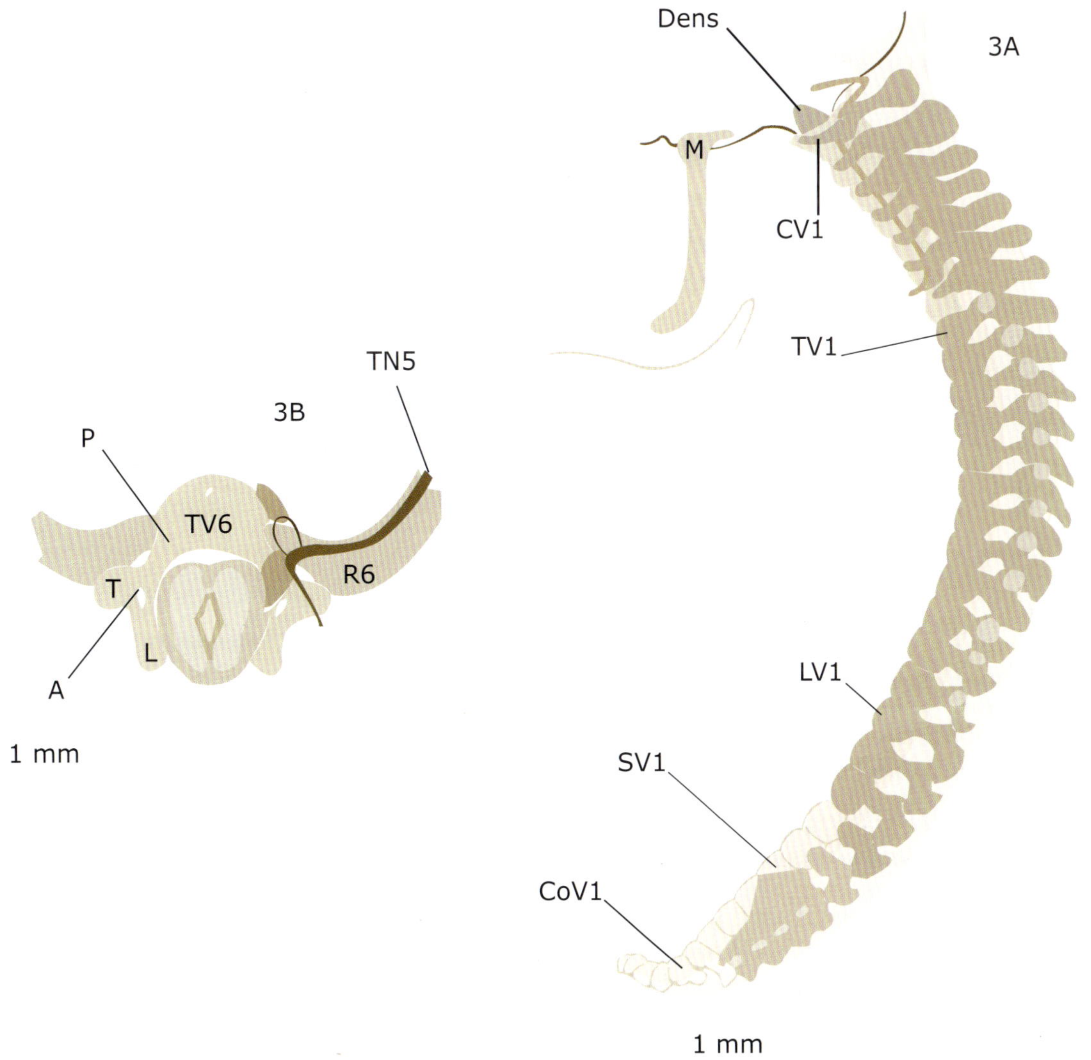

Figura 6.5 – Curvatura vertebral de um embrião com oito semanas de desenvolvimento (adaptado de O'Rahilly, Muller e Meyer, 1980).

A teoria mecânica de Henle afirma que as curvas surgiriam como adaptação à posição ereta e à marcha. Dessa forma, a lordose cervical surgiria após o nascimento e a lordose lombar somente na aquisição da marcha. Já a teoria de Delmas admite que todas as curvas vertebrais existem desde o nascimento. Atualmente, considera-se que as curvaturas vertebrais são determinadas hereditariamente pela conformação óssea e não por uma adaptação à postura ereta, e sua formação ocorreria independentemente do desenvolvimento do bebê. Alguns estudos demonstram isso.

O estudo de Bagnall, Harris e Jones (1977), por exemplo, indica que a lordose cervical já está presente no embrião logo após a formação do pescoço, a partir de análises feitas por Raio-X. Em outro estudo, realizado por Reichmann e Lewin (1971) durante os três primeiros anos de vida, mesmo antes de a criança engatinhar ou sentar surge a lordose lombar. Isso pôde ser observado pela análise da coluna lombar de cadáveres de 0 a 25 anos observados por esses autores. Foi observado que mesmo crianças que não haviam aprendido a sentar e andar haviam desenvolvido a curvatura lombar. Parece então que as curvaturas secundárias não dependem da ação antigravitacional da musculatura para se formarem no ser humano, como se imaginava anteriormente.

Durante o crescimento normal de uma criança, as curvaturas da coluna seguem algumas regras comuns. Essas características comuns puderam ser evidenciadas por estudos com grandes amostras. Entre eles, um importante estudo de corte realizado ao longo de 11 anos avaliou um número significativo de pessoas (1.060) com freqüentes radiografias para identificar a evolução das curvaturas sagitais da coluna. Os indivíduos foram avaliados dos 11 aos 22 anos de idade, com radiografias realizadas aos 11, 12, 13, 14 e 22 anos pelo mesmo avaliador. Observou-se que a curvatura torácica é mais proeminente nos homens do que nas mulheres em todos os exames realizados e que o grau da lordose lombar é constante durante a puberdade e início da idade adulta, mas as mulheres apresentam maior curvatura lombar em todas as idades. A hipercifose torácica maior que 45° é mais prevalente nos meninos do que nas meninas com 14 anos de idade, mas significativamente ($P < 0{,}0001$) mais prevalente nos homens (9,6%) do que nas mulheres (0,9%) aos 22 anos. O grau da cifose torácica média e a prevalência da hipercifose aumentam nos homens durante a fase descendente do pico de crescimento da coluna, mas diminui nas mulheres (Poussa, Heliövaara, Seitsamo, Könönen, Hurmerinta e Nissinen, 2005).

Outra característica do desenvolvimento normal das curvaturas da coluna é que não se espera o aparecimento de curvaturas laterais na coluna vertebral. Entretanto, como observam White e Panjabi (1999), a maioria das pessoas apresenta uma pequena curvatura lateral na região torácica com convexidade esquerda. Sugere-se que isso ocorra em razão do posicionamento da aorta, mas alguns autores associam esse fato ao aumento do uso da mão direita, já que em canhotos foi observada uma curvatura de convexidade esquerda.

Ao chegar à idade adulta ou ao final do crescimento, as curvaturas da coluna devem apresentar um grau de curvatura dentro dos limites considerados normais. A Tabela 6.2 mostra os dados obtidos por diversos autores para cada um dos limites de normalidade das curvas da coluna. É importante lembrar que são considerados limites de normalidade os ângulos das curvas que permitem uma vida saudável, com ausência de dor (Vanicola, 2004).

Tabela 6.2 – Ângulos normais das curvaturas da coluna vertebral, medidos em graus Cobb, segundo alguns autores (Vanicola, 2004)

Autores	Cifose torácica	Lordose lombar	Escoliose
Bradford (1977); Keim (1977); Gelb et al. (1995); Nissinem et al. (1995); Vedantam et al. (1998)	20 a 40° Cobb	*	*
Boachie-Adjei e Lonner (1996); Bonetti (1995)	20 a 45°	*	*
White e Panjabi (1990)	20 a 50°	*	*
Nissinem et al. (1995)	*	20 a 50° Cobb	*
White e Panjabi (1990);	*	20 a 70°	*
Boachie-Adjei e Lonner (1996)	*	25 a 60°	*
Korovessis e Stamatakis (1996); Yawn et al. (1999)			Até 10° Cobb
Scoliosis Society Research (2006)			Até 10° Cobb

Na Tabela 6.2, os valores das curvaturas são dados em ângulos de Cobb. Essa técnica de medida é a mais tradicionalmente utilizada por médicos ortopedistas. Em princípio, foi criada para verificar os graus da escoliose, mas também é utilizada nas medidas de cifose e lordose. Para medir o ângulo de Cobb, as vértebras-limite das curvaturas são detectadas nas radiografias. Então, uma reta é traçada acompanhando a inclinação da região superior do corpo vertebral da vértebra limite superior e outra reta é traçada acompanhando a inclinação da superfície inferior do corpo vertebral da vértebra limite inferior da curvatura que será analisada. Essas retas estendem-se até sua intersecção. O ângulo de Cobb é formado pela intersecção dessas duas retas. A medida do ângulo de Cobb também pode ser realizada indiretamente, o que é demonstrado na Figura 6.6. Os valores são idênticos às medidas realizadas diretamente. Os graus das curvaturas apresentados neste capítulo para cifose, lordose e escoliose foram medidos por meio dessa técnica.

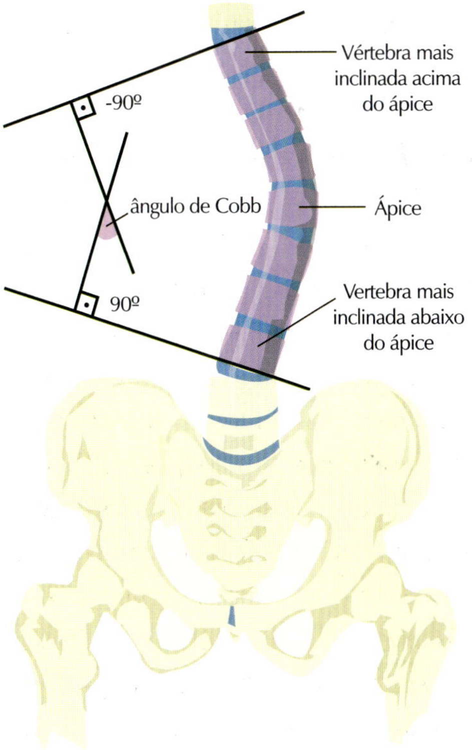

Figura 6.6 – Medida indireta do ângulo de Cobb na escoliose.

Hipercifose torácica

A hipercifose torácica ocorre quando há um aumento da curvatura fisiológica da coluna torácica. Como pôde ser identificado na Tabela 6.2, estudos mostram que uma variação de 20 a 40° Cobb é considerada normal para a angulação da curva torácica. De acordo com o Centro de Informação em Doenças Neurológicas da Austrália, a incidência de hipercifose na população é da ordem de 4% a 8%. É importante lembrar que há uma série de causas que levam ao desenvolvimento da hipercifose. Entre elas, destacam-se:

- *Congênitas*: deformidade dos corpos vertebrais; defeitos nos discos intervertebrais.
- *Doenças sistêmicas*: sistema esquelético (osteogênese imperfeita, por exemplo); sistema muscular (distrofia progressiva, por exemplo).
- *Juvenil*: doença de Scheuermann (osteocondrose do núcleo epifisário da cartilagem de crescimento); doença de Schmorl (lesão dos discos intervertebrais).
- *Adquirida*: raquitismo; doenças inflamatórias (espondilite tubercular); traumas; tumores.
- *Senil*: osteoporose; evolutiva (pela degeneração dos discos intervertebrais).
- *Distúrbios músculo-ligamentares*: solicitações anormais; distúrbios do equilíbrio.
- *Hipercifose postural*: dorso curvo infantil; dorso curvo juvenil não rígido; dorso curvo profissional do adulto.

Um dado interessante sobre a cifose torácica é que há um aumento dessa curvatura com a idade, sendo esse aumento maior nas mulheres do que nos homens (Fon, Pitt e Thies, 1980; Milne e Williamson apud Bradford et al., 1994; White e Panjabi, 1990). Dependendo da degeneração discal e da osteoporose que se desenvolveu, a curvatura pode ter variações em sua magnitude. Há muitos trabalhos sendo produzidos recentemente com interesse na hipercifose senil, já que a população está alcançando mais anos de vida e há uma correlação entre aumento da hipercifose e possível diminuição de qualidade de vida. Em um estudo recente, Sinaki, Brey, Hughes, Larson e Kaufman (2005) demonstraram que o aumento da curvatura torácica pode levar a um maior número de quedas em idosos, pois identificaram que idosos com hipercifose (50 a 60° Cobb) apresentam maior oscilação corporal e marcha instável do que idosos controles.

Fundamentos técnicos do exercício corretivo para a hipercifose torácica

Pivetta e Pivetta (1999) admitem que há uma possibilidade e também um limite de atuação da ginástica médica na hipercifose. Desse modo, consideram que um vício postural pode ser corrigido voluntariamente com reeducação psicomotora, um desvio postural pode ser corrigido com exercícios de mobilização e força e um desvio estrutural somente pode ser contido ou no máximo reduzido, mas em geral é dificilmente corrigido pelo exercício. Ortiz apud Hebert (2003) também afirma que em hipercifoses indicadas a uma observação (curvas mais leves, ao redor de 50° e que sejam flexíveis) são importantes a orientação postural adequada e a realização de exercícios de hiperextensão.

É interessante notar que outros autores também consideram que o exercício deve fazer parte do tratamento no caso de uma hipercifose estruturada, como é o caso da Doença de Scheuermann. De acordo com a Spine Care Foundation (2006), o desenvolvimento de músculos fortes nas costas é muito importante nessa condição, pois, além de ajudar na manutenção da correção obtida com o uso do colete, auxilia na nutrição dos tecidos da coluna.

Exercícios corretivos para a hipercifose postural – ginástica médica

Para Pivetta (1970), o exercício corretivo para a hipercifose postural deve ser realizado em duas etapas ou ciclos de trabalhos. O ciclo inicial compreende exercícios de mobilização e desbloqueio, ao passo que o segundo ciclo consiste em exercícios de fixação da postura correta ou exercícios de fortalecimento. De acordo com esse autor, no caso da hipercifose é necessário inicialmente que se diminua a rigidez músculo-ligamentar do tórax característica desse desvio, para que depois se efetue a fixação de uma postura mais ereta, por meio de exercícios de fortalecimento da musculatura extensora da coluna torácica. Em suma, o trabalho inicia-se com exercícios que envolvem a mobilidade da coluna torácica para, em seguida, trabalhar com força isométrica dos extensores da coluna torácica.

A fase de mobilização compreende a realização de exercícios suaves, que se repetem de 40 a 45 vezes em um minuto. Há variações dos exercícios, sendo eles executados nas posições sentada, em decúbito, em quatro apoios e com a utilização de espaldares. Já a fase de fortalecimento envolve a execução de exercícios isométricos em que a postura é mantida por 6 segundos, seguida de um repouso, completando-se de 4 a 6 contrações por minuto. Quando o exercício é realizado no banco, é executado por dois minutos e meio, o que caracteriza 10 a 15 repetições do mesmo exercício. Os exercícios realizados em decúbito, em quatro apoios e com auxílio de aparelhos, são executados durante 5 minutos, o que caracteriza 20 a 30 repetições do mesmo exercício. Tanto a fase de mobilização quanto a fase de fortalecimento iniciam-se com exercícios simples, que progridem para exercícios mais complexos em termos mecânicos.

É interessante notar que um grande número de repetições é parte marcante dos exercícios corretivos. Entretanto, mais importante do que a própria aquisição da força muscular é o realinhamento da postura que se obtém na execução de cada um deles. Postura significa controle central do movimento, e tal controle pode melhorar se há estímulo suficiente para reeducação postural, bem como se há músculos capazes de realizar essa tarefa com eficiência. Dessa forma, os alunos devem executar os exercícios em um grande número de repetições para melhorar o controle central e também a força muscular, com um contínuo autocontrole de seu próprio alinhamento, o que é incentivado nas estações em que há espelhos ortopédicos para a realização dos exercícios, como se pode ver na Figura 6.7.

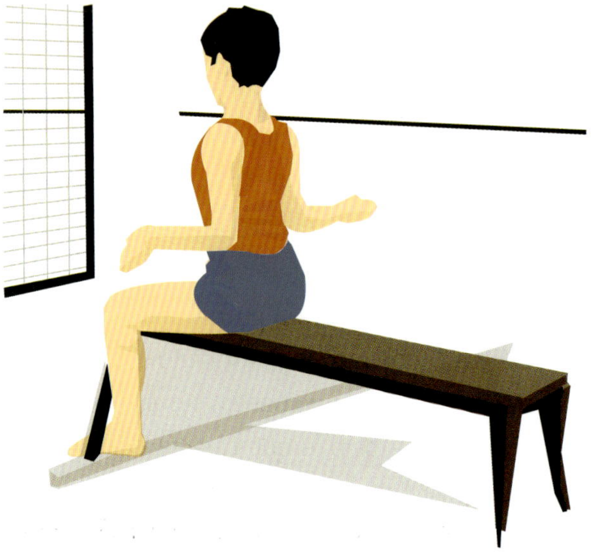

Figura 6.7 – Utilização de espelho ortopédico durante a realização do exercício.

Outro princípio da ginástica médica é que se evite, durante a execução de todos os exercícios corretivos, uma acentuação das curvas lordóticas adjacentes, o que inevitavelmente acontece. Desse modo, devem-se variar as posições corporais e estimular a correção na execução dos exercícios para que se obtenha uma correção apenas do segmento torácico da coluna.

Exercícios de mobilização

A seguir, são exemplificados alguns exercícios corretivos de mobilização para hipercifose nas diferentes estações de trabalho: no banco, em decúbito, em quatro apoios e nos espaldares.

Figura 6.8 – Exercício de mobilização para hipercifose no banco ortopédico. (a) Sentar em frente ao espelho, pés fixados no chão, membro superiores ao lado do corpo; (b) retrair lentamente a cabeça, evitando flexioná-la em direção ao peito ou ao dorso.

Figura 6.9 – Exercício de mobilização para hipercifose em decúbito dorsal. (a) Deitar no chão, em decúbito dorsal, joelhos flexionados e unidos, braços na posição de candelabro; (b) iniciar um movimento criando um arco na coluna torácica, mantendo leve retroversão de quadril e aproximando o queixo do peito.

Figura 6.10 – Exercício de mobilização para hipercifose em quadrupedia. (a) Na posição de seis apoios, com um objeto que desliza fixo à mão (posicionada próxima aos joelhos); (b) deslizar bem lentamente as mãos à frente e para fora, abaixando lentamente o tronco até a coxa manter-se na vertical em relação ao solo.

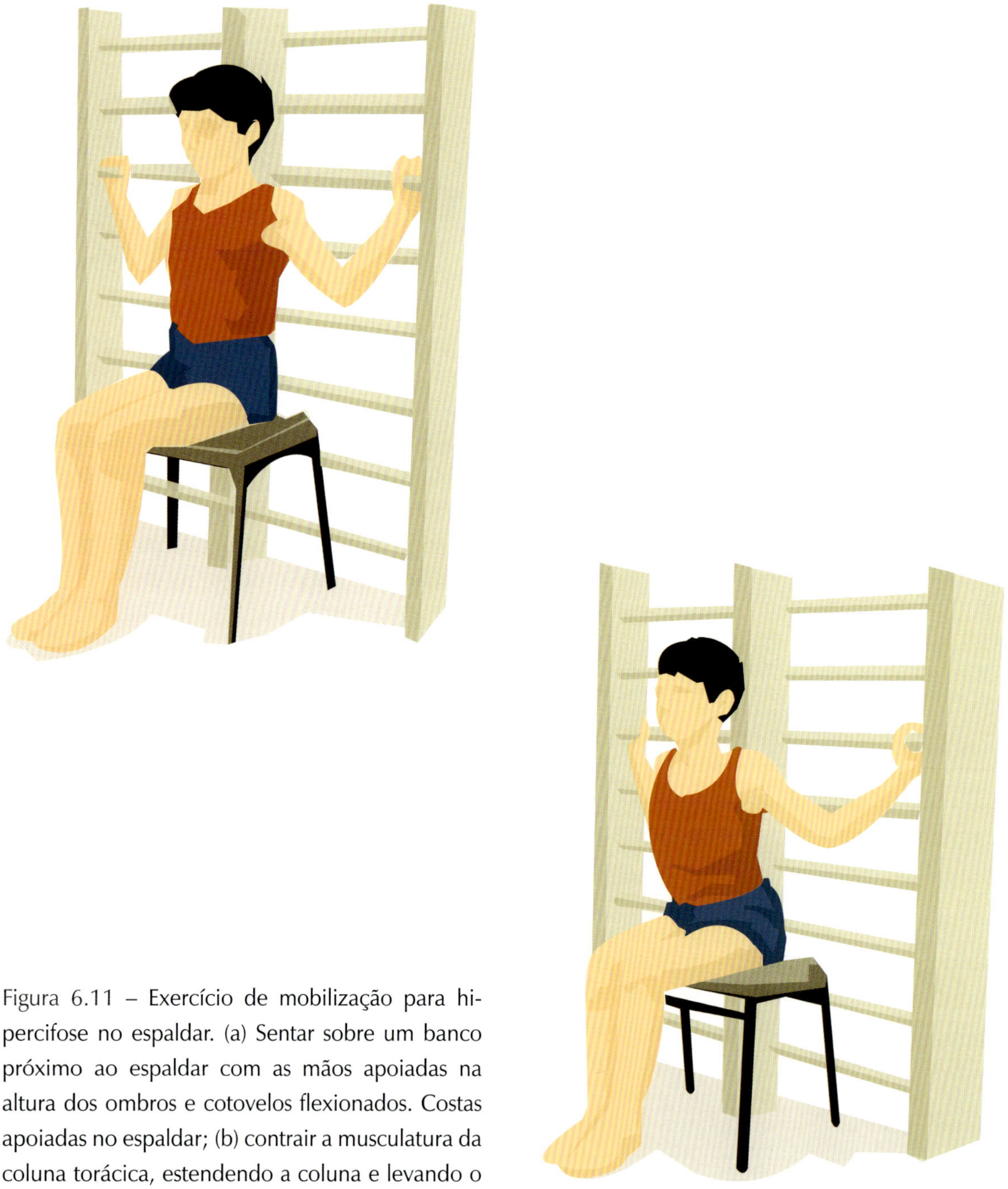

Figura 6.11 – Exercício de mobilização para hipercifose no espaldar. (a) Sentar sobre um banco próximo ao espaldar com as mãos apoiadas na altura dos ombros e cotovelos flexionados. Costas apoiadas no espaldar; (b) contrair a musculatura da coluna torácica, estendendo a coluna e levando o tronco à frente.

Exercícios de fortalecimento

Figura 6.12 – Exercício de fortalecimento para hipercifose no banco ortopédico. (a) Sentar sobre um banco, cotovelos flexionados a 90° e palmas das mãos voltadas internamente; (b) contrair a musculatura da coluna torácica, estendendo a coluna e levando o antebraço para o lado do corpo, com os cotovelos ainda flexionados a 90°.

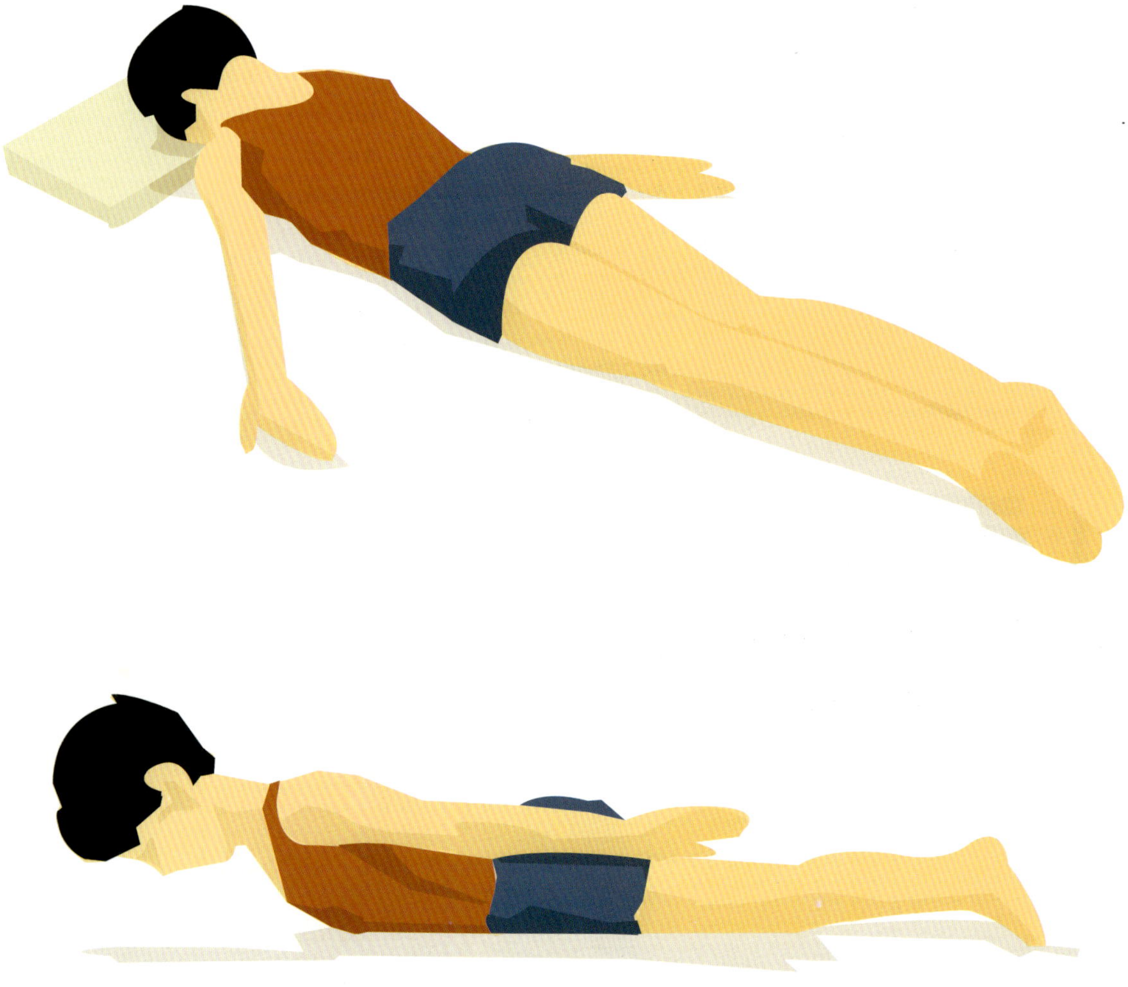

Figura 6.13 – Exercício de fortalecimento para hipercifose em decúbito ventral. (a) Deitar em decúbito ventral com palmas das mãos voltadas para baixo; (b) contrair a musculatura da coluna torácica, estendendo a coluna e retirando a cabeça e os ombros do chão.

Figura 6.14 – Exercício de fortalecimento para hipercifose na posição sentada. (a) Sentar sobre um banco, mãos apoiadas nos puxadores acima da cabeça; (b) contrair a musculatura da coluna, estendendo a coluna e flexionando os cotovelos a 90°.

Hiperlordose lombar

A hiperlordose lombar ocorre quando há um aumento fisiológico da curvatura lombar. Para a lordose lombar fisiológica, os valores de normalidade ficam entre 20 a 60° (Boachie-Adjei e Lonner, 1996; Nissinem et al., 1995; White e Panjabi, 1990), como pode ser identificado na Tabela 6.2. Há diversos fatores que podem determinar o aumento dessa curvatura:

Causas

1. Postural;
2. Congênitas:
   - Hemivértebra ventral;
   - Sacro arqueado;
   - Sacro agudo.

3. Adquiridas:
   - Luxação bilateral do quadril;
   - Lesão traumática da coluna lombar;
   - Distrofia muscular progressiva;
   - Pós-laminectomia;
   - Secundária a contraturas de flexão de quadril;
   - Neuromuscular.

Fundamentos técnicos do exercício corretivo para a hiperlordose lombar

Pivetta e Pivetta (1999) assumem que o exercício corretivo pode atuar de maneira mais efetiva nos casos de desvios posturais não estruturados. Dessa forma, relata que hiperlordoses posturais provocadas por força abdominal escassa ou por um grau modesto de contratura paravertebral podem ser modificadas com o exercício corretivo. Entretanto, lembra que para lordoses estruturadas que surgem em razão das formas do osso sacro, por exemplo, o exercício apresenta restrições, visto que não pode modificar estruturas ósseas. Lembra também que outras alterações estruturadas, como aquelas que surgem pela modificação na forma do corpo vertebral, poderão sofrer influência do exercício, já que, nesse caso, o exercício poderá contribuir ao menos para uma estabilização dessa alteração estrutural.

Exercícios corretivos para a hiperlordose postural – ginástica médica

Para Pivetta (1970), o exercício corretivo para a hiperlordose postural deve ser realizado em duas etapas ou ciclos de trabalhos. O ciclo inicial compreende exercícios de força leves, ao passo que o segundo ciclo consiste em exercícios de fixação da postura correta ou exercícios de fortalecimento mais intensos. De acordo com esse autor, no caso da hiperlordose lombar não é tão necessário que se inclua uma fase de mobilização, já que esse segmento apresenta muito menos rigidez, mesmo quando na presença de um desvio; além disso, a rigidez pode ser facilmente reduzida quando se iniciam os exercícios corretivos para abdômen proeminente. Entretanto, as Figuras 6.15 e 6.16 são exemplos de exercícios de mobilização que podem fazer parte do primeiro ciclo de trabalho da hiperlordose.

Outra característica interessante da ginástica médica para a hiperlordose lombar é que o trabalho se inicia com exercícios para desenvolver força no grupo abdominal. Os próprios autores classificam os quatro tipos de exercícios que podem ser realizados para desenvolver a musculatura abdominal: exercícios isométricos de retroversão do quadril, movimentos de flexão do tronco sobre o quadril, movimentos de flexão do quadril sobre o tronco e movimentos de flexão recíproca de flexão do tronco e do quadril. O segundo caso geralmente não é utilizado na ginástica médica para a hiperlordose quando o hiperlordótico apresenta também uma hipercifose postural, pois assim evita-se que, ao praticar exercícios abdominais, o hiperlordótico/hipercifótico produza forças de flexão na coluna torácica.

No primeiro ciclo de trabalho, os exercícios são mais leves e somente se inicia o segundo ciclo quando se observa uma evolução qualitativa na execução dos movimentos iniciais. Os exercícios devem ser realizados com bastante conscientização do movimento de retroversão de quadril, exigida em todos os movimentos em que os abdominais são solicitados. Da mesma forma que na hipercifose, os exercícios são executados em diferentes posições corporais, durante 5 minutos, completando-se de 6 a 8 repetições por minuto.

Exercícios de mobilização para a coluna lombar

Figura 6.15 – Exercício de mobilização para a coluna lombar em decúbito dorsal.

Figura 6.16 – Exercício de mobilização para a coluna lombar com apoio.

Exercícios de força leves para hiperlordose lombar

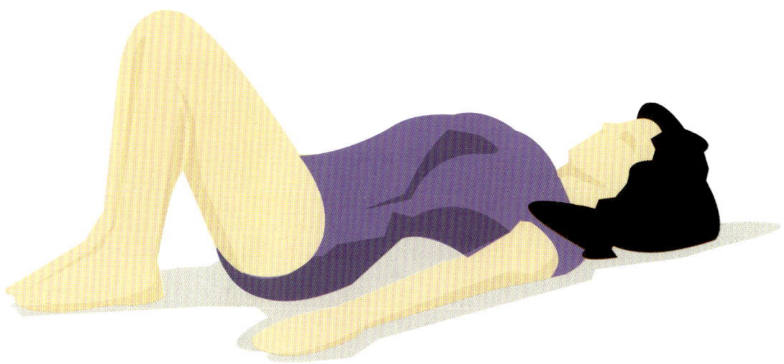

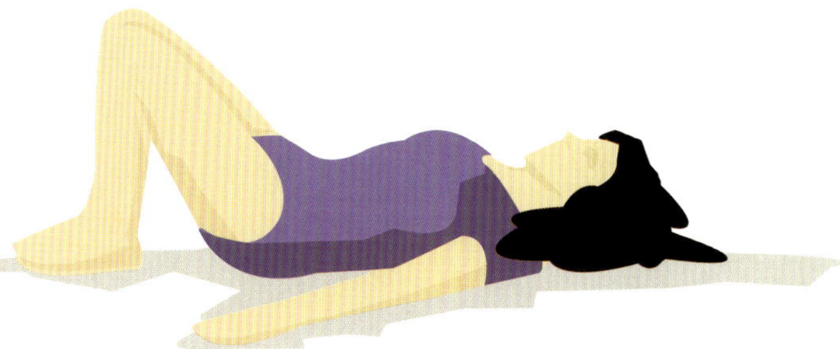

Figura 6.17 – Exercício de força leve para a hiperlordose lombar em decúbito. (a) Deitar em decúbito dorsal com joelhos flexionados; (b) contrair a musculatura do abdômen e fazer a retroversão do quadril, aproximando a coluna lombar do chão.

Figura 6.18 – Exercício de força leve para a hiperlordose lombar em quadrupedia. (a) Posição de quatro apoios com mãos e dedos dos pés apoiados no chão; (b) por meio da contração abdominal, fazer retroversão de quadril e deslizar os pés até eles se posicionarem entre as mãos.

Figura 6.19 – Exercício de força leve para a hiperlordose lombar na posição ereta. Deslocar-se com retroversão do quadril.

Exercícios de força moderada para a hiperlordose lombar

Figura 6.20 – Exercício de força moderada para a hiperlordose lombar na posição decúbito dorsal. (a) Posição de decúbito dorsal, membros inferiores semiflexionados; (b) por meio da contração abdominal, aproximar as pernas do abdômen e retornar à posição de partida.

Figura 6.21 – Exercício de força moderada para a hiperlordose lombar na posição de quadrupedia. (a) Posição de quadrupedia; (b) por meio da contração abdominal, aproximar e fazer um arqueamento do tronco, com o quadril em retroversão.

Figura 6.22 – Exercício de força moderada para a hiperlordose lombar no espaldar. (a) Posição ereta com apoio das mãos acima da cabeça no espaldar; (b) por meio da contração abdominal, fazer uma rotação do quadril, flexionando para um dos lados os membros inferiores, com joelhos flexionados. Membros superiores com suspensão ativa.

Referências

BAGNALL, K.; HARRIS, P. F; JONES, P. R. M. A radiographic study of the human fetal spine.1. The development of the secondary cervical curvature. **Journal of Anatomy**, v. 123, p. 777-82, 1977.

BOACHIE-ADJEI, O.; LONNER, B. Spinal deformity. **Pediatric Clinics of North America**, Filadélfia, v. 43, n. 4, p. 883-97, 1996.

BONETTI, C. L. Cifose do adolescente. In: BARROS FILHO, T. E. P.; JÚNIOR BASILE, R. (Eds.). **Coluna vertebral**: diagnóstico e tratamento das principais patologias. São Paulo: Sarvier, 1995. p. 91-4.

BRADFORD, D. S. Editorial comment. **Clinical orthopedics and related research**. Filadélfia, n. 128, p. 2-4, 1977.

BRADFORD, D. S.; LONSTEIN, J. E.; MOE, J. H.; OGILVIE, J. W.; WINTER, R. B. **Escoliose e outras deformidades da coluna**. São Paulo: Santos, 1994.

DICKSON, R. A.; DEACON, P. **The Journal of Bone and Joint Surgery**. v. 69, n. 50, p. 690-2, 1987.

FON, G. T.; PITT, M. J.; THIES, A. C. Thoracic kyphosis: range in normal subjects. **American Journal of Roentgenology**, Birmingham, v. 134, n. 5, p. 979-83, 1980.

GELB, D. E. et al. An analysis of sagittal spinal alignment in 100 asymptomatic middle and older aged volunteers. **Spine**, Filadélfia, v. 20, n. 12, p. 1.351-8, 1995.

HAWES, M. C.; O'BRIEN, J. P. The transformation of spinal curvature into spinal deformity: pathological processes and implications for treatment. **Scoliosis**, p. 1-3, 2006.

HEBERT, S. et al. (Ed.). *Ortopedia e traumatologia: princípios e prática*. Porto Alegre: Artmed, 2003.

KEIM, H. A. Back deformities. **Pediatric Clinics of North America**, Filadélfia, v. 24, n. 4, p. 871-80, 1977.

KOROVESSIS, P. G.; STAMATAKIS, M. V. Predictions of scoliotic cobb angle with the use of the scoliometer. **Spine**, Filadélfia, v. 21, n. 4, p. 1.661-6, 1996.

LAPIERRE, A. **Reeducação física**. São Paulo: Manole, 1982.

LONSTEIN, J. E. Scoliosis – surgical versus non surgical treatment. **Clinical Orthopaedics and Related Research**. n. 443, p. 248-59, 2006.

MINISTÉRIO DA SAÚDE. **Classificação Estatística Internacional de Doenças e Problemas Relacionados à Saúde**. Disponível em: <http://www.datasus.gov.br/cid10/webhelp/cid10.htm>.

NISSINEN, M. et al. Left handedness and risk of thoracic hyperkyphosis in prebubertal schoolchildren. **International Journal of Epidemiology**, Oxford, v. 24, n.6, p. 1.178-81, 1995.

O'RAHILLY, R; MULLER, F.; MEYER, D. B. The human vertebral column at the end of the embryonic period proper. **Journal of Anatomy**, v. 131, n. 3, p. 565-75, 1980.

PIVETTA, S. **Paramorfismi giovanille**. Milão: Ediermes, 1970.

PIVETTA, S.; PIVETTA, M. **Tecnica della ginnastica medica** – cifosi - lordosi – arti inferiori. Milão: Ediermes, 1999.

______. **Tecnica della ginnastica medica**. Cinesiterapia dei vizi posturali e dei dismorfismi. Milão: Edi-ermes, 1998.

POUSSA, M. S. et al. Development of spinal posture in a cohort of children from the age of 11 to 22 years. **European Spine Journal**, v. 14, n. 8, p. 738-42, 2005.

REICHMANN, S.; LEWIN, T. The development of the lumbar lordosis. **Archives of Orthopaedic and Trauma Surgery**, v. 69, n. 3, p. 275-85, 1971.

ROAF, R. Vertebral growth and its mechanical control. **The Journal of Bone and Joint Surgery**, v. 42, n. 1, 1960.

SCOLIOSIS SOCIETY RESEARCH. Disponível em: <http://www.srs.org/>. Acesso em: 13 mar. 2007.

SINAKI, M. et al. Balance disorder and increased risk of falls in osteoporosis and kyphosis: significance of kyphotic posture and muscle strength. **Osteoporosis International**, v. 16, p. 1.004-10, 2005.

SPINE CARE FOUNDATION. Disponível em: <http://www.spinecarefoundation.org/>. Acesso em: 13 mar. 2007.

STOKES, I. A. F.; BURWELL, G.; DANGERFIELD, P. H. Biomechanical spinal growth modulation and progressive adolescent scoliosis – a test of the 'vicious cycle' pathogenetic hypothesis: Summary of an electronic focus group debate of the IBSE. **Scoliosis**, p. 1-16, 2006.

STOKES, I. A. F.; WINDISCH, L. Vertebral height growth predominates over intervertebral disc height growth in adolescents with scoliosis. **Spine**, v. 31, n. 14, p. 1.600-4, 2006.

TRIBASTONE, F. **Tratado de exercícios corretivos aplicados à reeducação motora postural**. Barueri: Manole, 2001.

VANICOLA, M. C. **Validação de dois métodos de análise postural**. São Paulo, 2004. Dissertação (Mestrado em Biodinâmica do Movimento Humano) – Escola de Educação Física e Esporte da Universidade São Paulo.

VEDANTAM, R. et al. Comparison of standing sagittal spinal alignment in asymptomatic adolescents and adults. **Spine**. Filadélfia, v. 23, n. 2, p. 211-15, 1998.

WHITE, A. A.; PANJABI, M. M. Clinical biomechanics of the spine. **J. B. Lippincott Company**, Filadélfia, 1990.

YAWN, B. P. et al. A population-based study of school scoliosis screening. **Journal of American Medical Association**, Chicago, v. 282, n. 15, p. 1.427-32, 1999.

Capítulo 7

Atividade Física Adaptada à Osteoartrite, Fibromialgia e Dor Miofascial

Linda Denise Fernandes Moreira Pfrimer

Osteoartrite

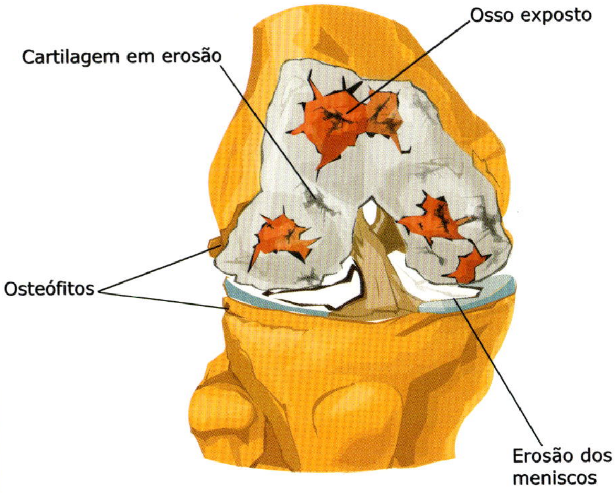

Figura 7.1 – Características típicas da osteoartrite.

Primeiramente, é preciso diferenciar os termos *artrite* e *osteoartrite*. *Artrite* significa literalmente inflamação na articulação, cujos sinais podem ser vermelhidão local, inchaço e dor. Atualmente, existem mais de 100 formas de artrite e outras doenças reumáticas. Essas patologias em geral causam rigidez, dor e inchaço articular, podendo afetar outras estruturas de sustentação do corpo como músculos, tendões, ligamentos e ossos. Osteoartrite é a forma mais comum de artrite e pode ser chamada também de artrose, osteoartrose ou artrite degenerativa.

A *osteoartrite* (OA) é uma doença degenerativa crônica que acomete principalmente as articulações dos joelhos (Figura 7.1), quadris, mãos e coluna vertebral. Ocorre uma degeneração da articulação com desgaste da cartilagem articular (estrutura que cobre ossos), além de alterações no remodelamento ósseo (ficam mais rígidos e formam osteófitos) e conseqüente diminuição do líquido que lubrifica a articulação (líquido sinovial). Comumente, ocorrem inflamação e fraqueza dos músculos e ligamentos que estabilizam a articulação, o que gera um desalinhamento dessa estrutura, levando a uma hipermobilidade e instabilidade articular.

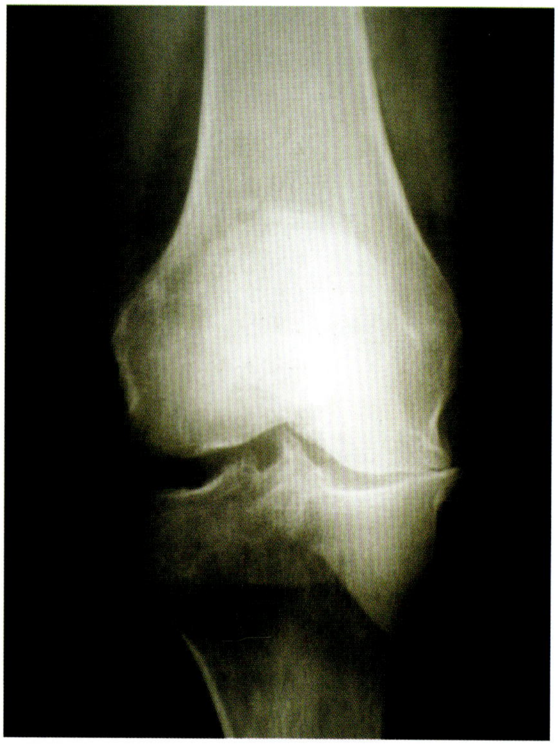

Figura 7.2 – Articulação do joelho de um paciente com osteoartrite, apresentando perda significativa da cartilagem e diminuição do espaço intra-articular.

A OA pode ter várias causas, como a sobrecarga aplicada à articulação por um longo período (idade avançada), as sobrecargas repetitivas na mesma articulação (no trabalho, lazer ou esportes) e a deficiência na produção e distribuição de líquido sinovial (a cartilagem degenera-se rapidamente sem o suporte nutricional levado pelo líquido sinovial) ou mesmo um trauma físico (acidente automobilístico ou queda grave em que haja grande compressão na articulação, destruindo a cartilagem parcial ou totalmente). Fatores como obesidade (grande sobrecarga articular), fraqueza muscular (principalmente do quadríceps), hipermobilidade e instabilidade articular também são elementos de risco para a doença. Além disso, já se sabe que existe um forte componente genético relacionado à OA, especialmente quando se trata das articulações das mãos, quadril e joelhos, proporcionalmente nessa ordem (Felson et al., 2000).

Além disso, a OA está associada à dor e rigidez articular, deformidade e progressiva perda da função, afetando o indivíduo em múltiplas dimensões: do nível orgânico até o social (Roimisher, 1980; Threkeld e Currier, 1988). Outros sinais e sintomas da OA são pontos dolorosos e sensibilidade exagerada nas margens da articulação acometida, inchaço articular, crepitações (atrito entre superfícies ósseas que produzem um "estalo" na articulação), derrame intra-articular, diminuição do espaço intra-articular, movimentos restritos e dolorosos, atrofia muscular periarticular, enrijecimento da articulação e instabilidade articular, podendo ainda ocorrer o decréscimo do senso da posição articular (propriocepção diminuída) (Wegener, Kisner e Nichols, 1997).

O tratamento da OA deve ser interdisciplinar e basicamente concentrar-se em combater a sintomatologia da doença (Bennell e Hinman, 2005). Dessa forma, a prevenção e o controle da evolução dos sintomas podem ser feitos por meio de um programa regular de atividades físicas, sessões de fisioterapia ou, ainda, com medicações. Em último caso, é indicada a cirurgia de reposição articular (artroplastia) (Tak, Staats e Hespen, 2005). Felizmente, grande parte dos pacientes não terá de se submeter à cirurgia, uma vez que esse recurso representa um alto custo pessoal e social (Sims, 1997). Desse modo, a alternativa para a maioria dos pacientes com OA é o tratamento conservador, que ajuda a reduzir e aliviar os sintomas, melhora a função e retarda a progressão, além de ser economicamente mais vantajoso (Buckwalter, Saltzman e Brown, 2004).

Benefícios da atividade física

Um programa regular e individualizado de atividades físicas pode contribuir de maneira incisiva na melhora da qualidade de vida do portador de OA. Alguns dos benefícios dos exercícios são a redução da dor e rigidez articular, melhora da flexibilidade e aumento da amplitude de movimento (ADM), fortalecimento muscular, maior estabilidade articular, auxílio na redução do peso corporal, aumento da sensação de bem-estar e melhora da capacidade cardiorrespiratória, refletindo em uma vida mais ativa (Hochberg et al., 1995; Van Baar et al., 1998; Ettinger et al., 1997).

Cadeia aberta × cadeia fechada

Mesmo com os avanços da pesquisas científicas relacionadas às atividades físicas para pacientes com OA, ainda hoje existem profissionais que contra-indicam os exercícios em cadeia aberta para esse grupo, preferindo trabalhar exclusivamente com os exercícios em cadeia fechada ou vice-versa. É preciso fazer uma análise mais aprofundada sobre as características dos movimentos em cadeias aberta e fechada, para só então concluirmos sobre seu uso ou contra-indicação.

Os exercícios em cadeia aberta são comumente realizados em posições sem apoio do peso corporal, movimentam o segmento distal no espaço, propiciam o movimento articular independente, ocorrem sem movimentos das articulações vizinhas, solicitam uma ativação muscular principalmente dos músculos primários ao movimento, são executados com resistência aplicada ao segmento distal e requerem estabilização externa.

Já os exercícios em cadeia fechada são comumente realizados em posições com o apoio do peso corporal, fazem com que o segmento distal fique fixo no mesmo lugar, propiciam movimentos articulares interdependentes, havendo movimentação também das articulações vizinhas, fazem com que a ativação muscular ocorra em vários grupos musculares distais e proximais e são executados com a aplicação da resistência em todos os segmentos que se movem. A estabilização dos movimentos é feita por meio da ação muscular, da compressão articular e do controle postural.

Dessa forma, o trabalho em cadeia fechada e o trabalho em cadeia aberta se mostram bem diferentes, contudo ambos apresentam vantagens e desvantagens durante um programa de treinamento para pacientes com OA.

Vantagens dos exercícios em cadeia aberta

- São a melhor opção quando não se pode apoiar o peso ou o apoio do peso deve ser restringido;
- Possibilitam o treinamento de grupos musculares específicos evitando a solicitação de outros músculos;
- Possibilitam maior controle do movimento, uma vez que é mais fácil controlar o movimento de uma só articulação do que de várias ao mesmo tempo.

Vantagens dos exercícios em cadeia fechada

- Possibilitam a ação de mais grupos musculares ao mesmo tempo, ativando um número maior de receptores sensoriais nos músculos, tendões, ligamentos;

- Proporcionam maior desenvolvimento do equilíbrio e propriocepção;
- Fundamentais para o controle postural na posição ereta.

Kisner e Colby (2005) afirmam que tanto os exercícios em cadeia aberta quanto em cadeia fechada são efetivos na redução de déficits no desempenho muscular dos membros superiores e inferiores. Assim, em caso de inchaço, dores e restrição dos movimentos de membros inferiores, em que o apoio de peso é contra-indicado ou precisa ser restringido, os exercícios em cadeia aberta são uma boa opção. Também quando é preciso neutralizar o trabalho das musculaturas vizinhas, visando fazer um trabalho bem específico para determinado grupo muscular, a cadeia aberta é indicada. Nos outros casos, os exercícios em cadeia fechada parecem mesmo ser a melhor indicação.

Figura 7.3 – Exercício de extensão de joelho para fortalecimento do quadríceps.

Prescrição de exercícios

Fortalecer músculos fracos é crucial para obter um equilíbrio muscular em volta da articulação (Godbey e Wolfe, 1997; Hall e Brody, 1999). Exercícios apropriados e regulares para fortalecer o quadríceps (Figura 7.3) podem ajudar a diminuir a degeneração da articulação artrosada, controlando o impacto do pé sobre o solo durante a marcha, reduzindo o estresse sobre a articulação do joelho, diminuindo a dor e a necessidade de cirurgia nos casos mais severos (Tufts University Health e Nutrition Letter, 1997).

Exercícios isométricos e isotônicos, com cargas progressivas e orientados à musculatura vizinha à articulação com OA, são um meio bastante eficiente para o fortalecimento muscular e melhora da funcionalidade do doente. A diminuição da capacidade aeróbica em idosos portadores de OA é secundária à diminuição da função muscular e, portanto, ao promover a melhora da função do músculo ocorrerá uma intensificação da capacidade aeróbica (Bunning e Materson, 1991).

É preciso deixar claro que um trote leve ou corrida de baixa a moderada intensidade não irá aumentar o risco de uma pessoa sadia vir a desenvolver OA. Contudo, corridas de alta intensidade e treinamento para competição, especialmente se praticados por muitos anos, aumentam o risco de desenvolvimento dessa doença (Lequesne et al., 1997).

Em um estudo publicado em 2007 (Felson et al., 2007), foram avaliados 1.279 indivíduos, com idade média de 53,2 anos, ao longo de nove anos. Foram pesquisadas as histórias de atividade física e investigados os Raios-X das articulações tíbio-femorais e patelo-femorais desses indivíduos. Os autores concluíram que atividades recreacionais, de caráter não regular, como caminhada ou corrida leve, não são capazes de diminuir o risco de desenvolver OA. Seria necessário, portanto, um programa de atividades físicas elaborado por um profissional qualificado, de maneira sistemática e individualizada àquele indivíduo.

Wang et al. (2007) investigaram os efeitos de um programa de 12 semanas de exercícios aquáticos em portadores de OA e concluíram que esse protocolo aumentou a flexibilidade, a força muscular e a capacidade cardiorrespiratória dessas pessoas, e todos os resultados foram significantes estatisticamente.

Os componentes essenciais em um programa de atividades físicas para portadores de osteoartrite, seja para exercícios dentro ou fora da água, são os seguintes:

- Exercícios de flexibilidade visando aumentar a ADM;
- Exercícios de fortalecimento muscular;
- Exercícios de condicionamento cardiorrespiratório e propriocepção.

Existem vários protocolos de exercícios capazes de beneficiar pessoas com OA. A seguir, descrevemos alguns deles:

Fase aguda (severa)

Exercícios isométricos, limitando a contração muscular a um só ângulo de movimento da articulação (evitar sobrecarga). Executar três contrações máximas de 20 segundos cada, com pausas de 30 segundos entre cada contração. Caso o participante não consiga permanecer na posição por 20 segundos, faça três contrações isométricas mantendo o músculo contraído apenas pelo tempo que for possível para ele. Repita essa seqüência nas sessões de treino até que o paciente consiga manter a contração por 20 segundos. (Hall e Brody, 1999). Treinar três vezes por semana com exercícios isométricos é uma proposta mais segura e tolerável do que exercícios dinâmicos na fase aguda (Shankar, 1999).

Fase crônica

Exercícios dinâmicos são mais indicados na fase crônica. Treinar três vezes por semana, misturando exercícios de cadeia cinética aberta e fechada, dependendo do objetivo e da fase em que está o treinamento, com pouca carga e poucas repetições (8-12 repetições), de uma a três séries, com menor arco de movimento, com pausa de descanso de um minuto, aumentando gradativamente as repetições, a sobrecarga e a amplitude do movimento (Hall e Brody, 1999; Shankar, 1999; Kauffman, 1999).

Portadores de OA beneficiam-se especialmente das atividades físicas praticadas em água pré-aquecida (entre 30 e 32°C), pois nesse ambiente promove-se um maior relaxamento muscular (Bates e Hanson, 1998), ocorrendo a diminuição do atrito e do impacto nas articulações (pela ação do empuxo e diminuição do efeito da gravidade) e diminuição da sensação de dor. O fortalecimento muscular pode ser feito dentro da água, utilizando-se movimentos contra a resistência da própria água, ou ainda com a utilização de outros materiais (pesos, elásticos, *theraband*). O trabalho de flexibilidade é facilitado na água, pois nesse meio a sensação de dor ao movimento é diminuída; logo, o participante consegue atingir uma maior ADM (Bates e Hanson, 1998).

Deve-se se tomar cuidado durante as aulas de hidroginástica com as pegadas nos materiais. Muitas vezes, o professor propõe aulas em que os alunos seguram halteres ou aquatubos durante muito tempo, o que faz com que as articulações das mãos e ombros fiquem sobrecarregadas e doloridas. Deve-se, então, propor um descanso para que seja possível relaxar mãos, dedos e ombros entre as séries de exercícios.

Nos casos de OA em que a articulação esteja muito comprometida, qualquer aumento de sobrecarga pode trazer prejuízos a essa articulação. Dessa forma, trabalhar em piscina profunda (*deep water*), acima de 1,50 m de profundidade, com o aluno executando os movimentos sem qualquer contato dos pés com o solo (Figura 8.3), pode ser uma alternativa muito eficaz para proporcionar o condicionamento cardiorrespiratório e o fortalecimento muscular tão necessários a esse indivíduo, sem expor sua articulação debilitado a uma maior sobrecarga.

Figura 7.4 – Exercícios realizados em piscina profunda (acima de 1,50 m de profundidade), sem o contato dos pés no chão. Não sobrecarregam as articulações e favorecem a prática de atividade física pelos portadores de osteoartrite.

ATENÇÃO! As aulas de hidroginástica atraem os portadores de OA pela possibilidade de se exercitarem, reduzindo em até 90% seu peso corporal na água (se estiverem com a água no nível do pescoço), e, desse modo, aliviando a sobrecarga nas suas articulações doentes. Contudo, é muito comum vermos professores de hidroginástica deixando seus alunos por até 2 minutos executando um mesmo exercício de força. Em casos de exercícios de alavanca curta, esses 2 minutos podem significar até 200 repetições daquele movimento. Isso nunca pode ocorrer; dessa forma, o portador de OA corre o risco de lesar ainda mais sua já danificada cartilagem com esse excesso de repetições. Logo, também na hidroginástica, o professor deverá cuidar para que seus alunos executem no máximo 3 séries de 15 repetições máximas de cada exercício. Isso lhes garantirá a força muscular de que precisam, sem expor esses indivíduos a um estresse articular exagerado.

Dessa forma, sendo o programa de exercícios em solo ou na água, devem-se seguir as seguintes diretrizes:

- Trabalhar com exercícios isométricos quando o aluno não conseguir executar qualquer movimento naquela articulação;
- Aos poucos, na medida em que o movimento articular for liberado, passar a realizar exercícios dinâmicos;
- Sempre trabalhar com maior ADM possível;
- Sempre realizar um trabalho de fortalecimento muscular (uma a três séries de

8 a 12-15 repetições, com carga leve a moderada e 1 minuto de descanso entre as séries);

- Evitar grande número de repetições de um mesmo exercício, já que o estresse articular será prejudicial nesses casos;
- Enfatizar os exercícios de propriocepção (por exemplo, equilibrar-se em um pé só, uso de prancha de propriocepção, caminhar sem sapatos em diferentes superfícies, como grama, areia, cimento e colchões, caminhar de lado, para trás, exercícios com os olhos fechados); aumentar o período de aquecimento, pois esse grupo produz pouco ou nenhum líquido sinovial nas articulações, e fazer um aquecimento prolongado ajudará a liberar alguma lubrificação dentro da articulação.

Fibromialgia

A síndrome da fibromialgia (SFM) é uma doença reumática, não inflamatória, pertencente a um grupo de patologias musculoesqueléticas dolorosas. É tida como uma síndrome porque seu diagnóstico depende mais dos sinais observados pelo médico e dos sintomas relatados pelo doente do que de uma má função específica. A identificação dessa síndrome é sintomática, visto que não existem evidências laboratoriais que a confirmem (Chaitow et al., 2002).

A fibromialgia atinge cerca de 5% da população americana – aproximadamente 10 milhões de pessoas. No Brasil, a prevalência é de 2,5% segundo recente estudo populacional, ocupando o posto de segundo lugar entre as doenças reumáticas mais comuns, perdendo apenas para a osteoartrite (Wolfe et al., 1990). Se levarmos em conta os critérios estabelecidos pelo Colégio Americano de Reumatologia, veremos que essa doença manifesta-se prioritariamente nas mulheres, e a relação mulher: homem é de 8:1. Foi descrita a tendência de a síndrome ocorrer em mulheres de uma mesma família (Alambert, 2003).

Caracteriza-se por dor difusa, intensa e crônica, com envolvimento de músculos, tendões e ligamentos, além de fadiga, distúrbios do sono, depressão, alterações do humor e dificuldade de concentração (Mengshoel, Komnaes e Forre, 1992). Portadores da SFM têm um limiar de dor diminuído e 90% deles se queixam de fadiga, e 25% estão deprimidos. A localização mais comum da dor é na coluna vertebral, nas cinturas escapular e pélvica e na parede anterior do tórax. Em 80% dos casos, a dor é acompanhada de distúrbios do sono e fadiga. Em 58% a 80% dos casos, podem ocorrer rigidez matinal, sensação subjetiva de edema (o paciente tem a sensação de que está inchado, mas isso não é confirmado no exame médico), tonturas e palpitações. Outras afecções como enxaqueca, síndrome do cólon irritável, síndrome uretral feminina e tensão pré-menstrual ocorrem em 30% a 60% dos pacientes.

Os portadores dessa síndrome sentem dor no corpo inteiro, porém apresentam pontos dolorosos (*tender points*) espalhados em locais específicos. De acordo com o Colégio Americano de Reumatologia (ACR, 1990), os critérios de classificação para a síndrome da fibromialgia são a presença de dor difusa pelo corpo (acima e abaixo da cintura, do lado direito e esquerdo do corpo) por mais de três meses, além de no mínimo 11 pontos dolorosos à palpação (de um conjunto de 18 preestabelecidos). Os nove pares de *tender points* utilizados nos critérios de classificação para fibromialgia são apresentados na Figura 7.5.

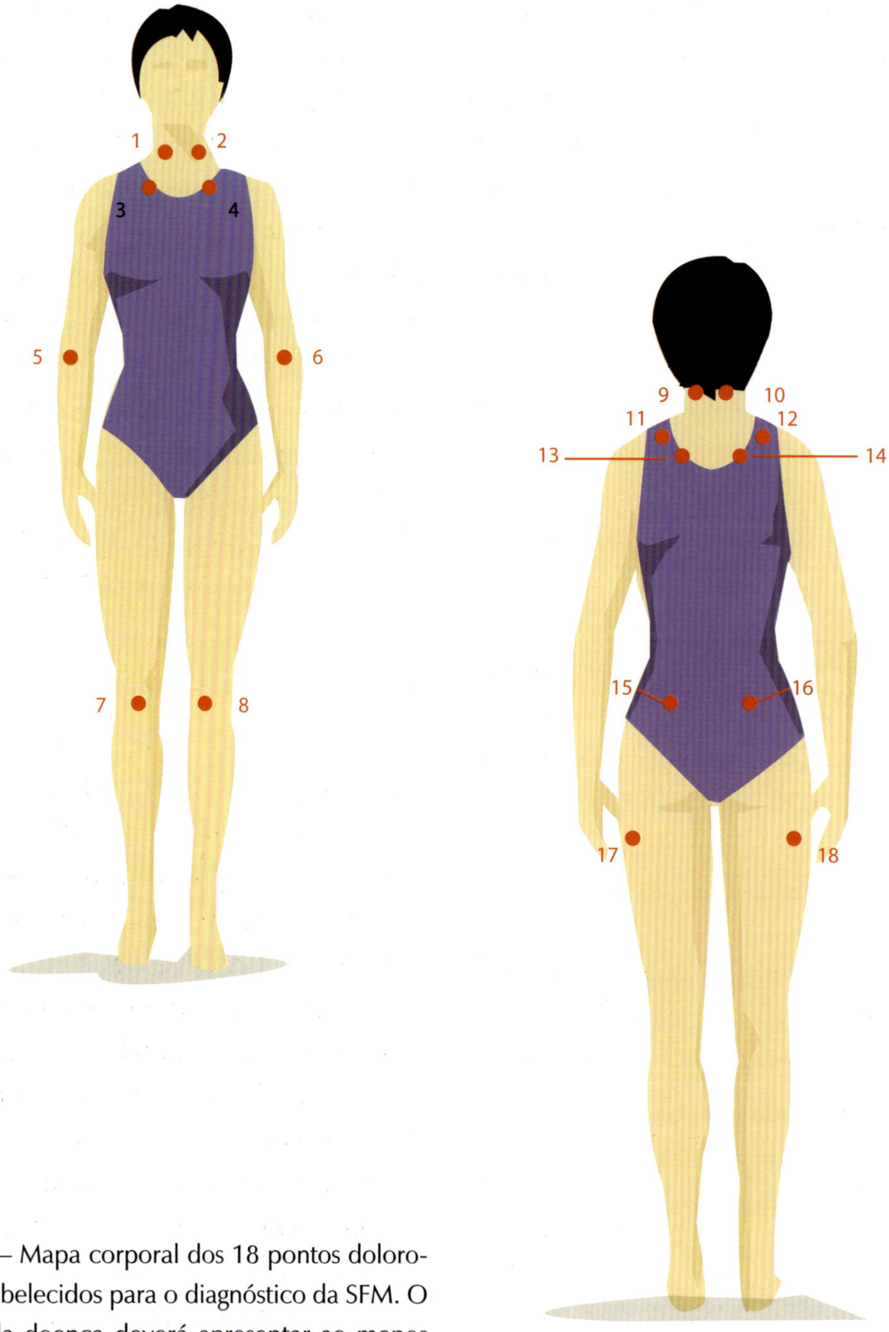

Figura 7.5 – Mapa corporal dos 18 pontos dolorosos preestabelecidos para o diagnóstico da SFM. O portador da doença deverá apresentar ao menos 11 desses 18 *tender points*.

Diferentes fatores, isolados ou combinados, podem desencadear a SFM. Algumas situações estressantes, como doenças, traumas emocionais ou físicos, mudanças hormonais, podem gerar dores ou fadiga generalizadas que não melhoram com o descanso e que caracterizam a fibromialgia. Uma infecção, um episódio de gripe ou um acidente de carro podem estimular o aparecimento dessa síndrome. Pessoas com fibromialgia podem ficar inativas ou ansiosas sobre sua saúde, agravando essa condição.

O tratamento para a SFM é multifatorial, incluindo:

- Medicações para diminuir a dor, melhorar o sono e, se necessário, antidepressivos;
- Programas educativos e mudança de hábitos de vida pouco saudáveis;
- Programas de exercícios para fortalecer a musculatura e melhorar a aptidão cardiovascular do doente, associados a técnicas de relaxamento e outras medidas para diminuir a tensão muscular.

Benefícios da atividade física

Já se sabe dos benefícios provenientes de um programa de exercícios específicos para os portadores de SFM: diminuição na sensação de tensão muscular (Wigers, Stiles e Vogel, 1996), redução no número de *tender points* (Burckhardt et al., 1994), redução na dor localizada nos *tender points* (Burckhardt et al., 1994; McCain, Bell, Mai e Halliday, 1988), tendência à diminuição da dor corporal geral (Burckhardt et al., 1994; Nichols e Glenn, 1994; Bennett, Smythe e Wolfe, 1989). Alguns dos benefícios psicológicos são o aumento da sensação de bem-estar, a diminuição do sentimento de vulnerabilidade e o aumento da auto-eficácia (McCain, Bell, Mai e Halliday, 1988), além da diminuição da ansiedade e da depressão (Buckelew et al., 1998).

A literatura científica é clara quando diz que, na grande maioria dos casos, ocorre um aumento dos sintomas da doença (principalmente dor e fadiga) após o início de um programa de atividades físicas regulares. Contudo, esse desconforto diminui conforme o portador de SFM dá continuidade a seu treinamento. O profissional encarregado da prescrição e treinamento deve estar alerta para esse fato, no sentido de iniciar o treinamento com cargas leves e também motivar seu aluno na convicção de que ao longo do tempo (até dois meses) esse desconforto irá desaparecer.

Prescrição de exercícios

Ao se pensar em um programa de treinamento para portadores de SFM, é preciso ter em mente que esses indivíduos necessitam fazer um grande esforço pessoal para realizar atividades físicas, além de precisarem de um tempo maior para que ocorra adaptação a uma determinada carga proposta. Dessa forma, ao lidar com um aluno com SFM, o fisioterapeuta ou o profissional de Educação Física deve iniciar com uma carga leve, tanto para exercícios aeróbicos quanto para atividades neuromusculares, devendo, ainda, progredir com a carga de maneira bem mais lenta do que o faria com um indivíduo saudável.

Alguns estudos de curta duração não conseguiram evidenciar melhoras na capacidade funcional e psicológica dos portadores de SFM (Nichols e Glenn, 1994; Martin et al., 1996; Mannerkorpi, Burckhardt e Bjelle, 2002), ao passo que pesquisas com quatro meses de duração ou mais foram capazes de verificar a melhora de vários parâmetros fisiológicos e de qualidade de vida (Van Santen et al., 2002; Jones e Clarck, 2002), demonstrando que as mudanças e adaptações ao treinamento parecem mesmo necessitarem de um tempo maior para acontecerem nesse grupo.

A maior corrente de pesquisadores sobre exercícios e SFM aponta os exercícios aeróbicos de baixa intensidade como os mais adequados para o tratamento da SFM (Valim et al., 2003). Talvez a explicação para essa ênfase no treino aeróbico seja porque esse tipo de trabalho é capaz de provocar mudanças neuroendócrinas que agem diretamente na melhora do humor (serotonina, endorfina e norepinefrina).

Boa parte dos estudos confirma a idéia de que os exercícios aeróbicos de baixa intensidade são mais benéficos do que os de alta intensidade, já que o limiar de dor no caso da SFM é bem diminuído e a tolerância ao esforço também. Contudo, alguns pesquisadores propuseram protocolos de exercícios com intensidades moderada e alta, chegando a elevar a freqüência cardíaca dos indivíduos ao limiar anaeróbico, e observaram resultados mais significativos do que os conseguidos com baixas intensidades (McCain et al., 1998; Assis et al., 2003; Häkkinen et al., 2001).

São escassas as pesquisas que investigaram os efeitos do treinamento neuromuscular no tratamento da SFM. Contudo, sabemos da importância do treinamento contra-resistência para a melhora da capacidade funcional de qualquer indivíduo.

Häkkinen et al. (2001) propuseram um treinamento de força para mulheres em período pré-menopausa com SFM e para mulheres saudáveis, sendo duas sessões de treino por semana com a seguinte intensidade: nas três primeiras semanas – de 15 a 20 repetições com 40% a 60% de uma repetição máxima (1 RM); nas quatro semanas seguintes – de 10 a 12 repetições com 60% a 70% de 1RM; e nas sete últimas semanas – de 8 a 12 repetições com 60% a 80% de 1 RM. Os resultados mostraram igual capacidade de treinamento do sistema neuromuscular nas mulheres saudáveis e nas portadoras da SFM, o que levou os autores a concluir que o treinamento de força progressivamente aplicado seguramente pode ser incluído no tratamento da SFM, atuando na diminuição dos sintomas e aumentando a capacidade funcional dos doentes.

Em um outro estudo (Jentoft, Kvalvik e Mengshoel, 2001), portadores da SFM fizeram exercícios resistidos por oito semanas, duas vezes por semana, executando três séries de 10 repetições com cargas que variaram entre 60% e 70% de 1 RM. Os resultados mostraram que esse programa de exercícios atenuou de maneira significativa os sintomas da doença, com especial ênfase na diminuição da fadiga e melhora na qualidade do sono e do humor.

Como não poderia deixar de ser, quando se trata de doenças reumáticas, os exercícios aquáticos são uma ótima alternativa. Vários estudos relataram os efeitos benéficos dos exercícios em água pré-aquecida no tratamento da SFM: maior relaxamento muscular, diminuição da sensação de dor durante e após a sessão de treino, melhora na qualidade do sono e na qualidade de vida (Mannerkorpi, Burckhardt e Bjelle, 2002; Günther et al., 1994; Evcik, Kizilay e Gokcen, 2002; Assis et al., 2003; Norm e Hanson, 1998).

Exercícios em piscina pré-aquecida (entre 31 e 32°C) são talvez as atividades que trazem maiores benefícios aos portadores de SFM. Na água, o efeito da flutuação alivia a carga nas articulações, a sensação de dor é diminuída e os movimentos são facilitados. Além disso, o trabalho de força dentro da água é prioritariamente feito sem a utilização de força excêntrica, reduzindo a ocorrência de microtraumas teciduais, o que contribui para o não-aparecimento de dor muscular tardia (Wolens, 1998).

Em virtude do que vimos até agora, seja o treinamento dentro ou fora da água, é preciso seguir algumas diretrizes ao planejar um treinamento para o portador da SFM:

- Iniciar o planejamento apenas após expressa autorização do médico responsável e realização de avaliação física e anamnese completas;
- Individualizar e especificar o plano de treino para cada aluno;
- Incluir atividades físicas que o aluno goste de praticar, para facilitar a adesão às sessões de treino;
- Começar com cargas leves, tanto para o condicionamento cardiorrespiratório como para o neuromuscular, e respeitar um tempo maior de adaptação antes de propor aumento da carga;
- Diminuir o trabalho de contrações musculares excêntricas para diminuir a dor tardia ao exercício;
- Se for proposta uma nova carga de treino que provoque aumento da dor ou piora de quaisquer outros sintomas da doença, diminuir a carga assim que observar esse efeito;
- Na medida em que o portador da SFM for se condicionando, a carga deverá ser aumentada gradativamente, podendo chegar a 85% da FCmáx para trabalhos aeróbicos e a 79% a 80% de 1RM para exercícios neuromusculares, se o paciente estiver treinado e respondendo bem à carga proposta;
- Incluir exercícios de flexibilidade, respiração e relaxamento em todas as aulas;
- Hidroginástica e natação são excelentes propostas.

Dor miofascial

A síndrome dolorosa miofascial (SDM) é uma disfunção neuromuscular regional caracterizada pela presença de regiões sensíveis em bandas musculares contraturadas e tensas que produzem dor referida em áreas distantes ou adjacentes. Essa dor miofascial pode ter origem em um único músculo ou ainda envolver vários músculos, gerando padrões complexos e variáveis de dor (Fischer, 1995).

O termo miofascial origina-se de "mio", que significa músculo, e "fáscia", que é uma membrana esbranquiçada, fina, porém muito resistente, composta por tecido conjuntivo que envolve todas as estruturas do organismo humano, como ossos, músculos, nervos e vasos sangüíneos, além de todos os órgãos.

A SDM é uma condição clínica muito freqüente na prática médica, porém poucas vezes diagnosticada. Ela se caracteriza pela presença de dor regional, ou seja, acomete apenas um membro ou uma parte do corpo, e é associada à presença de pontos-gatilho. O ponto-gatilho é um lugar irritável, localizado em uma estrutura de tecido mole, mais freqüentemente no músculo, caracterizado por baixa resistência e pela alta sensibilidade em relação a outras áreas (Greve et al., 1993). Esse ponto, quando estimulado pela palpação ou pelo movimento, causa dor no local com irradiação para outros locais a distância. Dessa forma, quando se toca um ponto-gatilho de um portador da SDM, pode-se notar a presença de caroços ou é possível perceber que uma banda do músculo está mais tensa que o restante (como se fosse uma faixa de tecido bem esticada).

Greve et al. (1993) citam em seu trabalho uma das teorias mais aceitas na comunidade científica até hoje para a explicação do surgimento dos pontos-gatilho. De acordo com essa linha de pensamento, o ponto-gatilho origina-se por meio de um trauma físico (pancada, queda, contratura exagerada daquele músculo por uso repetitivo) que localmente abre o retículo sarcoplasmático, liberando Ca^{+2}. O Ca^{+2} combina-se com o ATP para continuamente ativar os mecanismos locais de contração, gerando deslizamento e interação de actina e miosina com encurtamento do feixe muscular afetado. Isso causa uma contratura local (banda tensa), ou seja, a ativação de miofilamentos sem atividade elétrica e sem controle neurogênico. Essa atividade gera alto gasto energético e colapso da microcirculação local. O consumo energético sob condições de isquemia leva à depleção de ATP, o que impede a recaptação do Ca^{+2} pelo retículo – ciclo vicioso auto-sustentado.

Na prática clínica, é comum observarmos pacientes com SDM e pontos-gatilho, principalmente nos músculos posturais do pescoço, da cintura escapular e da cintura pélvica. Músculos como o trapézio superior, o esternocleidomastóideo, os escalenos e o elevador da escápula estão entre as regiões mais comumente afetadas pela doença, segundo estudo de Travell et al. (1983).

Podem ser vários os fatores que desencadeiam e mantêm o quadro de SDM:

- *Fatores mecânicos*: assimetria esquelética (encurtamentos), desproporção (membros assimétricos, um mais curto que o outro), alterações posturais, sedentarismo, maus hábitos de vida diária ou no trabalho;
- *Fatores nutricionais*: carências vitamínicas B1, B6, B12, ácido fólico, vitamina C, cálcio, ferro, potássio e anemia; disfunções metabólicas e endócrinas – hipotireoidismo, hiperuricemia e hipoglicemia;
- *Fatores psicológicos*: depressão e ansiedade, ou ainda infecções crônicas e distúrbios do sono.

Tanto a síndrome da fibromialgia (SFM) quanto a SDM são doenças reumáticas que causam grande desconforto a seus portadores. Nas clínicas de reabilitação, clubes e academias, é muito comum encontrarmos portadores dessas patologias, mas nem sempre é fácil diferenciá-las. No Quadro 7.1, apresentamos as principais características de cada uma.

Quadro 7.1 – Principais características da síndrome da fibromialgia e da síndrome dolorosa miofascial

	Síndrome da fibromialgia	**Síndrome dolorosa miofascial**
Distribuição da dor	Simétrica e difusa	Assimétrica e regional
Sexo	Predomina nas mulheres (>80%)	Em ambos os sexos
Localização	18 *tender points* definidos (com ao menos 11 deles doloridos)	Pontos-gatilhos/*trigger points*
Local da dor	Espalhada/crônica	Em pontos específicos
Fraqueza muscular	Não é comum	Freqüente
Atividade muscular	Dor difusa	Pontos específicos doloridos
Reação local à palpação	Dor aguda incomum	Dor aguda comum
Outros sintomas	Fadiga, distúrbio do sono, dor, rigidez matinal	Hábitos de vida estressantes, desvios posturais importantes

O tratamento da SDM envolve a administração de medicamentos como analgésicos, antiinflamatórios, relaxantes musculares e antidepressivos, conforme a gravidade do caso. Além disso, são utilizados recursos terapêuticos locais (acupuntura, técnicas de massagem), correção de desvios posturais ou hábitos de vida que estejam propiciando a manifestação da SDM, como o sedentarismo.

Benefícios da atividade física

A atividade física, sem dúvida, contribui para a melhora da qualidade de vida do portador da SDM, uma vez que é capaz de proporcionar relaxamento e fortalecimento muscular, ajudando a eliminar as tensões e melhorar o condicionamento físico geral do indivíduo.

Prescrição de exercícios

São raros os estudos científicos envolvendo programas de treinamento físico regular e seus efeitos sobre a SDM. Contudo, Sola e Williams (1956) verificaram, em seus estudos, que trabalhadores braçais que realizavam tarefas de força diariamente eram menos suscetíveis ao desenvolvimento da SDM e pontos-gatilhos do que os sedentários.

As recomendações são as mesmas indicadas para um indivíduo saudável, com apenas algumas particularidades:

- Exercícios aeróbicos e anaeróbicos, fortalecimento muscular, flexibilidade, relaxamento;
- A intensidade de trabalho pode variar progressivamente de leve a intensa (50% a 85% de 1 RM, de 60% a 85% da FCmáx);
- Não faça exercícios contra-resistência em áreas com muita dor ou vários pontos-gatilho. Espere passar a crise e enfatize os alongamentos e exercícios aeróbicos nessa fase;
- O trabalho em água pré-aquecida é recomendado (efeito miorrelaxante).

Referências

ALAMBERT, P. A. **Revista Médica Ana Costa**, v. 8, n. 2, p. 40-4, 2003.

ASSIS, M. R. et al. Deep water running – an aquatic exercise to treat fibromyalgia: a randomized, controlled study. **Arthritis Rheum.**, v. 48, p. S303, 2003.

BATES, A.; HANSON, N. Exercícios aquáticos terapêuticos. In: **Os princípios e propriedades da água**. São Paulo: Manole, 1998. p. 21-8.

BENNELL, K.; HINMAN, R. Exercise as a treatment for osteoarthritis. **Curr. Opin. Rheumatol.**, v. 17, p. 634-40, 2005.

BENNETT, R. M.; SMYTHE, H. A.; WOLFE, F. Recognizing fibromyalgia. **Patient Care**, v. 15, p. 60-83, 1989.

BUCKELEW, S. P. et al. Biofeedback/relaxation training and exercise interventions for fibromyalgia. **Arthritis Care Res.**, v. 11, p. 196-209, 1998.

BUCKWALTER, J. A.; SALTZMAN, C.; BROWN, T. The impact of osteoarthritis. **Clin. Orthop. Relat. Res.**, p. S6-15, 2004.

BUNNING, R. D.; MATERSON, R. S. A rational program of exercise for patients with osteoarthritis. **Semin. Arthritis Rheum.**, v. 21, p. 33-43, 1991.

BURCKHARDT, C. S. et al. A randomized, controlled clinical trial of education and physical training for women with fibromyalgia. **J. Rheumatol.**, v. 21, p. 714-20, 1994.

CHAITOW, L. ET AL. **Síndrome da Fibromialgia**: um guia para o tratamento. Barueri: Manole, 2002.

ETTINGER, W. H. et al. A randomized trial comparing aerobic exercise and resistance exercise with a health education program in older adults with knee osteoarthritis. **JAMA**, v. 277, p. 25-31, 1997.

EVCIK, D.; KIZILAY, B.; GOKCEN, E. The effects of balneotherapy on fibromyalgia patients. **Rheumatol. Int.**, v. 22, p. 56-9, 2002.

FELSON, D. T. et al. Osteoarthritis: new insights. Part 1: the disease and its risk factors. **Ann. Internal. Med.**, v. 133, n. 8, p. 635, 2000.

______. Effect of recreational physical activities on the development of knee osteoarthritis in older adults of different weights: The Framingham Study. **Arthritis Rheum.**, v. 57, n. 1, p. 6-12, 2007.

FISCHER, A. A. Local injections in pain management: trigger point needling with infiltration and somatic blocks. **Phys. Med. Rehabil. Clin. North Am.**, v. 6, p. 851-70, 1995.

GEEL, S.; ROBERGS, R. A. The effect of graded resistance exercise on fibromyalgia symptoms and muscle bioenergetics: a pilot study. **Arthritis Care Res.**, v. 47, p. 82-6, 2002.

GODBEY, S. F.; WOLFE, Y. L. On your knees: try this instead of surgery. **Prevention**, v. 49, p. 5-23, 1997.

GOWANS, S. E. et al. A randomised controlled trial of exercise and education for individuals with fibromyalgia. **Arthritis Care Res.**, v. 12, p. 120-8, 1999.

GREVE, J. M. D. et al. Síndromes dolorosas miofasciais da região cervical: diagnóstico e tratamento. **Rev. Bras. Ortop.**, v. 28, n. 3, 1993.

GUCCIONE, A. A. Arthritis and the process of disablement. **Phys. Ther.**, 1994. v. 74, p. 39-45.

GÜNTHER, V. et al. Fibromyalgia: effect of relaxation and hydrogalvanic bath therapy on the subjective pain experience. **Clin. Rheumatol.**, v. 13, p. 573-8, 1994.

Häkkinen, A. et al. Strength training induced adaptations in neuromuscular function of premenopausal women with fibromyalgia: comparison with healthy women. **Ann. Rheum. Dis.**, v. 60, p. 21-6, 2001.

HALL, C. M.; BRODY, L. T. **Therapeutic Exercise Moving Toward Function**. Filadélfia, 1999.

HOCKBERG, M. C. Osteoarthritis: clinical features and treatment. In: KLIPPEL, J. H. (Ed.). **Primer on the Rheu-**

matic Diseases. 11. ed. Atlanta: Arthritis Foudation, 1997. p. 218.

_____ et al. Guidelines for the medical management of osteoarthritis. Part II. Osteoarthritis of the knee. **Arthritis Rheum.**, v. 38, p. 1541-6, 1995.

JENTOFT, E. S.; KVALVIK, A. G.; MENGSHOEL, A. M. Effects of pool-based and land-based aerobic exercise on women with fibromyalgia/chronic widespread muscle pain. **Arthritis Rheum.**, v. 45, p. 42-7, 2001.

JONES, K. D.; CLARCK, S. R. Individualizing the exercise prescription for persons with fibromyalgia. **Rheum. Dis. Clin. North Am.**, v. 28, p. 419-36, 2002.

KAUFFMAN, T. L. **Manual de Reabilitação Geriátrica**. Rio de Janeiro: Guanabara Koogan, 1999.

Kisner, C. Colby, L. A. **Exercícios terapêuticos**: fundamentos e técnicas. Barueri: Manole, 2005.

LEQUESNE, M. G. et al. Sport practice and osteoarthritis of the limbs. **Osteoarthritis Cartilage**, v. 5, p. 75-86, 1997.

MANNERKORPI, K.; BURCKHARDT, C. S.; BJELLE, A. Pool exercise combined with an education program for patients with fibromyalgia syndrome. A prospective randomised study. **Scand. J. Rheumatol.**, v. 31, p. 306-10, 2002.

MARTIN, L. et al. An exercise program in the treatment of fibromyalgia. **J. Rheumatol.**, v. 23, p. 1.050-3, 1996.

McCAIN, G. A. et al. A controlled study of the effects of a supervised cardiovascular fitness training program on the manifestations of primary fibromyalgia. **Arthritis Rheum.**, v. 31, p. 1.135-41, 1998.

MENGSHOEL, A. M.; KOMNAES, H. B.; FORRE, O. The effects of 20 weeks of physical fitness training in female patients with fibromyalgia. **Clin. Exp. Rheumatol.**, v. 10, p. 345-9, 1992.

NICHOLS, D. S.; GLENN, T. M. Effects of aerobic exercise on pain perception, affect, and level of disability in individuals with fibromyalgia. **Phys. Ther.**, v. 74, p. 327-32, 1994.

NORM, A.; HANSON, B. **Exercícios aquáticos terapêuticos**. São Paulo: Manole, 1998.

ROIMISHER, S. Conceito, etiopatogenia e patologia da artrose. In: CRUZ, F. A. (Ed.). **Clínica Reumatológica**. Rio de Janeiro: Guanabara Koogan, 1980. p. 486-90.

SHANKAR, K. **Exercise Prescription for the Arthritic Patient**. Filadélfia: Harley e Belfus, 1999.

SIMS, K. The development of hip osteoarthritis: implications for conservative management. **Man. Ther.**, v. 4, p. 127-35, 1997.

SOLA, A. E.; WILLIAMS, R. L. Myofascial pain syndromes. **Neurology**, v. **6, n.** 2, p. 91-5, fev. 1956.

TAK, E. et al. The effects of an exercise program for older adults with osteoarthritis of the hip. **J. Rheumatol.**, v. 32, p. 1.106-13, 2005.

THREKELD, A. J.; CURRIER, D. P. Osteoarthritis: effects on synovial joints tissues. **Phys. Ther.**, v. 68, p. 364-70, 1988.

TRAVELL, J. G.; SIMONS, D. G. **Myofascial pain and dysfunction**: the trigger point manual. Baltimore: Williams e Wilkins, 1983.

TUFTS UNIVERSITY HEALTH E NUTRITION LETTER. **Preventing a common form of arthritis with exercise: a simple way to keep the knees from "going"**, v. 15, n. 8, p. 8-9, out. 1997.

VALIM, V. et al. Aerobic fitness effects in fibromyalgia. **J. Rheumatol.**, v. 30, p. 1.060-9, 2003.

VAN BAAR, M. E. et al. The effectiveness of exercise therapy in patients with osteoarthritis of the hip or knee: a randomized clinical trial. **J. Rheumatol.**, v. 25, p. 2.432-9, 1998.

VAN SANTEN, M. et al. A randomized clinical trial comparing fitness and biofeedback training versus basic treatment in patients with fibromyalgia. **J. Rheumatol.**, v. 29, p. 575-81, 2002.

WANG, T. J. et al. Effects of aquatic exercise on flexibility, strength and aerobic fitness in adults with osteoarthritis of the hip or knee. **J. Adv. Nurs.**, v. 57, n. 2, p. 141-52, 2007.

WEGENER, L.; KISNER, C.; NICHOLS, D. Static and dynamic balance responses in persons with bilateral knw

Capítulo 8

Atividades Físicas Adaptadas para Osteoporose

Márcia Alessandra Carneiro Pedrosa de Castro
Mônica Longo de Oliveira
Linda Denise Fernandes Moreira Pfrimer
Marise Lazaretti Castro

A osteoporose é um distúrbio esquelético caracterizado por massa óssea reduzida, comprometendo a resistência óssea e predispondo o indivíduo a um aumento do risco de fratura. Essa resistência óssea pode ser entendida pela integração entre quantidade (densidade) e qualidade óssea (NIH Consensus Conference, 2001). São várias as estratégias para a prevenção da osteoporose e para a manutenção da massa óssea mineral (DMO); entre elas, o exercício físico destaca-se como uma das mais importantes. O conhecimento prévio da organização e fisiologia do osso, das forças mecânicas que atuam sobre ele e da fisiopatologia e sintomatologia da osteoporose são fundamentais para o tratamento dessa patologia.

Organização e fisiologia do osso

O osso é um dos tecidos vivos mais dinâmicos do corpo humano, desempenhando funções estruturais e metabólicas. É constantemente destruído e reconstruído em um processo chamado de remodelação óssea, que é controlado por hormônios endógenos e forças mecânicas externas resultantes da atividade física.

A estrutura fornecida pelo esqueleto sustenta o corpo e serve de inserção aos músculos, sendo essencial para locomoção e para os movimentos respiratórios; além disso, protege a medula óssea e órgãos internos nobres, como coração e cérebro. Na medula óssea, localiza-se o tecido hematopoiético, cujas células primordiais se diferenciam das células sangüíneas. O tecido ósseo é ainda o maior reservatório de íons cálcio, fósforo e magnésio, cujos níveis circulantes são rigorosamente controlados para manutenção da homeostasia mineral.

O esqueleto adulto apresenta dois tipos de osso – trabecular e cortical –, que diferem quanto à estrutura e função (Bono e Einhorn, 2003).

O osso cortical é compacto e denso, mais presente nos ossos longos e na parte externa de todos os ossos, sendo o principal componente do esqueleto apendicular (periférico). Sua estrutura compacta confere-lhe elevada resistência a forças de encurvamento e torção, entretanto é pouco vascularizado e, portanto, possui reduzidas funções metabólicas.

O osso trabecular ou esponjoso é constituído por uma rede de barras ósseas horizontais e verticais chamadas de trabéculas, que se dispõem como uma colméia. É encontrado nos ossos do esqueleto axial (crânio e vértebras), nas epífises dos ossos longos e na porção interna de todos os ossos. A estrutura trabecular confere resistência a forças compressivas e permite maior vascularização, tornando esse tipo de osso mais ativo metabolicamente. O osso trabecular fornece suprimento inicial nos estados de deficiência mineral, sendo perdido mais rapidamente na osteoporose.

Forças mecânicas que atuam sobre o osso

O sistema esquelético é sujeito a uma variedade de cargas que se alternam dentro do osso, que podem ser produzidas pela força da gravidade, forças musculares e forças externas. As cargas são aplicadas em direções diferentes, produzindo forças que podem ser compressivas, tensivas e de cisalhamento (Bono e Einhorn, 2003). Os dois primeiros tipos de força mencionados influenciam de forma mais importante a remodelação óssea e serão discutidos a seguir.

As *forças compressivas* agem no mesmo plano uma em direção à outra, pressionando as extremidades ósseas uma contra a outra. A sustentação do peso corporal ocasionada pela ação da força gravitacional é a principal força compressiva que estimula a formação óssea. As forças compressivas são necessárias para o desenvolvimento e crescimento do osso; no entanto, quando uma grande força compressiva ultrapassa os limites de estresse fisiológico da estrutura, ocorre fratura. As forças compressivas são as responsáveis por fraturas nos corpos vertebrais de indivíduos com osteoporose.

As *forças tensivas* agem no mesmo plano, porém em sentidos opostos. No osso, essas forças tracionam ou alongam as extremidades ósseas, mais especificamente no local de inserção dos músculos, uma vez que a mais importante fonte de força tensiva é a contração muscular. Da mesma forma que nas forças compressivas, quando é ultrapassado o limite fisiológico do osso, as forças tensivas podem levar a fraturas por avulsão (arrancamento de fragmento ósseo, no ponto de inserção do músculo).

Composição do tecido ósseo

O osso é composto de células e uma matriz extracelular (MEC) que contém componentes orgânicos (não mineralizados) e inorgânicos (mineralizados). As células correspondem apenas a uma pequena parte da massa óssea, mas são responsáveis pela produção e remoção de osso, além de estarem envolvidas no controle local do processo de remodelação. A composição e a organização geométrica e arquitetural dos componentes da MEC são responsáveis pelas propriedades mecânicas do osso.

O componente orgânico da MEC, conhecido como osteóide, é produzido e secretado pelos osteoblastos. O colágeno do tipo I é a principal proteína da matriz osteóide, representando quase 90% de sua composição. A rede de fibras de colágeno tipo I provê a estrutura na qual a matriz inorgânica é depositada, assim como confere ao osso grande força tênsil. Outras proteínas não colágenas, como glicoproteínas, enzimas e fatores de crescimento correspondem aos 10% restantes (Bono e Einhorn, 2003; Mackie, 2003).

A matriz extracelular inorgânica é composta fundamentalmente por cálcio e fosfato que se distribuem como cristais de hidroxiapatita, ligados às fibras colágenas e são responsáveis pela grande força compressiva da estrutura da matriz. Outros íons, como magnésio (Mg^{++}), potássio (K^{+}) e carbonato (CO_3), também podem ser encontrados em diferentes proporções.

A matriz celular é composta por três tipos de células morfofuncionalmente distintas: osteoblastos, osteócitos e osteoclastos.

Os osteoblastos desempenham um papel central na produção e manutenção da arquitetura esquelética, uma vez que essas células secretam o componente orgânico da MEC e também regulam a diferenciação e a atividade das células responsáveis pela reabsorção, os osteoclastos. Os osteoblastos possuem receptores para o hormônio da paratireóide humana (PTH) e para a 1-25 dihidroxivitamina (1,25OH_2D), os principais reguladores do metabolismo do cálcio (Bono e Einhorn, 2003).

Após a mineralização, alguns osteoblastos sofrem apoptose, ao passo que outros ficam aprisionados em lacunas ósseas, formando os osteócitos. Essas células comunicam-se entre si e com os osteoblastos de superfície por meio de uma rede lacuno-canalicular. Os osteófitos são considerados as células mecanossensoras do osso, pois detectam os estímulos mecânicos (por exemplo, forças compressivas durante o salto) e transmitem a informação aos osteoblastos pela rede lacuno-canalicular (Burger e Klein-Nulend, 1999).

Os osteoclastos são células multinucleadas derivadas da fusão de células precursoras hematopoiéticas mononucleadas. Têm como característica mais marcante a borda em escova que surge apenas quando as células estão em atividade. Para que ocorra a reabsorção, os osteoclastos aderem à matriz e acidificam o compartimento por meio da secreção de prótons pela borda em escova. O meio ácido dissolve os cristais de hidroxiapatita, liberando cálcio e fósforo e expondo a matriz óssea que será degradada por proteases ácidas específicas (Bono e Einhorn, 2003).

Remodelação óssea

A remodelação óssea é um processo contínuo que se inicia pela atividade reabsortiva dos osteoclastos, continuando com a atividade formadora dos osteoblastos (Figura 8.1). Embora ocorra por toda a vida, no esqueleto em desenvolvimento, a remodelação tem como função o crescimento e modelação para que o osso atinja sua forma e tamanho. No esqueleto adulto, a remodelação atua na reparação de fraturas e microfraturas causadas por estresse mecânico e pelas forças biomecânicas que atuam sobre o esqueleto, além de estar relacionada à manutenção da homeostasia mineral.

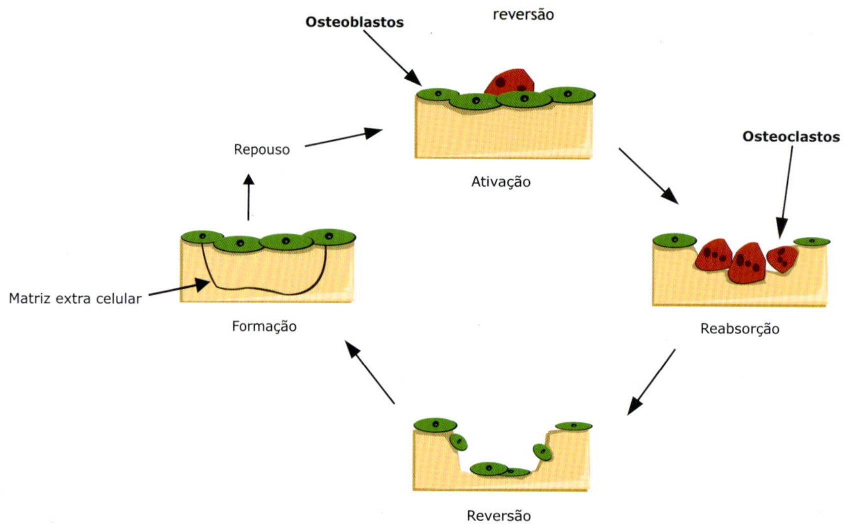

Figura 8.1 – Ciclo de remodelação óssea.

Embora reabsorção e formação estejam acopladas (uma sempre se segue à outra), um aumento da taxa de remodelação resulta em perda óssea. Como a reabsorção é mais rápida que a formação (são necessários aproximadamente três meses para repor um osso perdido em duas a três semanas), o segundo processo não consegue repor na mesma quantidade o osso perdido. Exemplo dessa condição ocorre no envelhecimento, em que os osteoblastos têm seu número e eficiência diminuídos (Mundy, Chen e Oyajobi, 2003).

A regulação do metabolismo ósseo depende de três fatores principais (Harada e Rodan, 2003):

- Manutenção de níveis estáveis do cálcio extracelular (homeostasia mineral) que é controlada em nível sistêmico pelos hormônios PTH, 1,25 $(OH)_2D$ e calcitonina;
- Ação dos esteróides sexuais, especialmente do estrógeno;
- Forças mecânicas de compressão (sustentação de peso) e tensão (contração muscular).

O PTH, hormônio sintetizado pelas paratireóides, é um dos responsáveis pelo controle das concentrações sangüíneas de cálcio. As células da paratireóide possuem sensores que identificam a quantidade de cálcio circulante e enviam a mensagem para o intracelular, controlando a secreção de PTH. Quando os níveis de cálcio se reduzem na circulação, o PTH é liberado e atua retendo a excreção de cálcio urinário e retirando cálcio da matriz mineralizada do esqueleto, no sentido de aumentar o cálcio plasmático. Porém, a normalização ou elevação das concentrações de cálcio suprimem a secreção de PTH por mecanismo de retrorregulação. Esse processo de retirada fisiológica de cálcio do esqueleto induzida pelo PTH é seguido da imediata reposição do osso reabsorvido. Existem, entretanto, situações patológicas em que os níveis de PTH estão constantemente elevados (hiperparatiroidismo), o que resulta em uma acentuada perda óssea com aumento do risco de fraturas (Mundy, Chen e Oyajobi, 2003).

A 1,25$(OH)_2$D ou calcitriol é um hormônio fundamental para a qualidade óssea. Sua síntese ocorre a partir do colecalciferol ou vitamina D, sintetizada na pele em conseqüência à exposição aos raios solares ultravioleta. Por meio de sua ação no intestino, o calcitriol aumenta as concentrações de cálcio e fósforo, matérias-primas fundamentais para a mineralização. Quando há uma ingestão inadequada de cálcio na dieta, a vitamina D, por meio de sua ação direta no osso, induz à reabsorção óssea e aumenta os níveis circulantes de cálcio plasmático, mantendo a calcemia (Mundy, Chen e Oyajobi, 2003; Holick, 2004).

O estrógeno é o principal hormônio sexual que controla a remodelação óssea. Quando presente, o estrógeno inibe a reabsorção óssea por meio da diminuição da diferenciação de células precursoras hematopoiéticas em osteoclastos (Harada e Rodan, 2003).

O aumento das cargas mecânicas (gravidade e contração muscular) resulta em incremento da formação óssea e supressão da reabsorção, ocorrendo o inverso com a diminuição significativa dessas forças. De modo simplificado, pode-se dizer que as forças biomecânicas seriam detectadas pelos osteócitos e traduzidas em sinais celulares. Em última instância, esses sinais promoveriam o recrutamento de precursores de osteoblastos, com subseqüente aumento da formação óssea (Ehrlich e Lanyon, 2002).

Quando se perde o equilíbrio de algum desses fatores acima, ocorre perda óssea, cujos dois principais mecanismos são a perda óssea pós-menopausa, nas mulheres, e a perda óssea relacionada ao envelhecimento, em homens e mulheres.

Classificação da osteoporose

A osteoporose pode ser classificada em primária e secundária, quando existe mecanismo etiológico claramente identificável.

Osteoporose primária é dividida em juvenil idiopática, idiopática do adulto jovem e involucional.

Os tipos idiopático juvenil e do adulto jovem são bastante raros e têm etiologia desconhecida. A osteoporose idiopática juvenil afeta ambos os sexos igualmente e ocorre tipicamente na fase pré-puberal, podendo acometer crianças mais jovens, especialmente quando elas crescem rapidamente (Norman, 2003).

A osteoporose involucional compreende duas síndromes: osteoporose tipo I e osteoporose tipo II, que diferem quanto à densidade mineral óssea regional, padrões de fratura, mudanças hormonais e mecanismos causais (Riggs e Melton, 1983).

Tipo I (pós-menopausa)

A deficiência de estrógeno e o conseqüente aumento da reabsorção é o principal fator responsável pela perda óssea em mulheres. Após a menopausa, mulheres com deficiência de estrógeno sofrem uma acelerada perda de osso predominantemente trabecular (5% a 6% por ano) que se prolonga por aproximadamente 5-10 anos pós-menopausa. Terminada essa fase, a perda óssea continua, porém em um ritmo mais lento (Riggs et al., 2003).

Tipo II

A perda óssea decorre do envelhecimento e acomete igualmente homens e mulheres. Os fatores causais mais importantes são:

- Aumento progressivo do PTH;
- Deficiência de vitamina D;
- Baixa ingestão de cálcio;
- Sedentarismo;
- Menor resposta adaptativa do osso às cargas mecânicas.

A síntese do PTH é regulada diretamente pela calcemia. Qualquer fator que reduza os níveis séricos de cálcio promove um aumento da secreção desse hormônio e a subseqüente elevação da reabsorção especialmente de osso cortical.

A deficiência de vitamina D, causada entre outros fatores pela baixa exposição solar, induz a uma menor absorção intestinal de cálcio e diminui a inibição fisiológica que a 1,25 $(OH)_2D$ exerce sobre a secreção das paratireóides, contribuindo para o aumento progressivo do PTH.

A vida sedentária e a redução da atividade física diminuem os estímulos produzidos pela contração muscular sobre os mecanossensores (osteócitos), predispondo a uma diminuição da formação óssea. Além disso, estudo realizado *in vitro*, em células da crista ilíaca de doadoras jovens e idosas, sugere que no envelhecimento ocorra uma menor resposta adaptativa dos osteoblastos ao efeito da sobrecarga mecânica sobre os sensores (Nulend-Klein et al., 2002). Especula-se que essa redução das respostas adaptativas do osso estaria relacionada à deficiência de estrógeno (Ehrlich e Lanyon, 2002; Joldersma et al., 2001).

A osteoporose secundária tem como causas principais doenças sistêmicas (doenças endócrinas e reumáticas, por exemplo) e alterações relacionadas à imobilização e ao uso prolongado de alguns medicamentos, como corticóides e anticonvulsivantes. A terapia prolongada com corticóides é a causa mais importante de osteoporose secundária (Lanna, Montenegro Júnior e Paula, 2001) e talvez a responsável por uma grande parte da osteoporose masculina.

Osteoporose em homens

Embora menos freqüente do que na mulher, com o aumento da expectativa de vida, a osteoporose em homens vem sendo considerada como um importante problema da terceira idade. Segundo a literatura, 40% dos casos de osteoporose masculina podem ser considerados, entretanto, em nosso meio, quase todos os homens investigados por osteoporose apresentavam uma causa secundária. As condições associadas a perda óssea encontradas com maior freqüência foram o uso de corticoesteróides por longos períodos, hiperparatireoidismo primário, osteomalácia, hipogonadismo e alcoolismo (Lazaretti-Castro e Uyeno, 2000). Estudos sugerem que a deficiência de estrógeno também esteja envolvida na perda de massa óssea que ocorre mais tardiamente no homem (Riggs, Khosla e Melton, 2002).

Epidemiologia da osteoporose

O fenômeno mundial de envelhecimento da população também ocorre no Brasil. Segundo dados do IBGE (2000), em 2030 haverá cerca de 32 milhões de idosos. Esse fato certamente acarretará em um grande aumento do número de casos de osteoporose e de todos os custos econômicos e sociais que as fraturas osteoporóticas representam.

Os estudos epidemiológicos sobre a prevalência da osteoporose no Brasil retratam apenas determinadas populações de algumas cidades brasileiras, por isso ainda nos referimos a dados norte-americanos. Estima-se que existam aproximadamente 10 milhões de pessoas com osteoporose nos Estados Unidos, e, dessas, 80% são mulheres e 20% são homens. Uma em cada duas mulheres e um em cada quatro homens com mais de 50 anos terão uma fratura relacionada à osteoporose ao longo da vida. Indivíduos adultos que já tiveram uma fratura têm 50% a 100% de chance de apresentarem uma outra de um diferente tipo (National Institutes of Health, 2004; Cummings e Melton, 2002). No que se refere à fratura do fêmur, responsável por maior mortalidade entre as fraturas osteoporóticas, a taxa de óbito é 10% a 20% maior do que a esperada para uma mesma idade dentro do primeiro ano pós-fratura. Em relação à morbidade, aproximadamente 30% dos indivíduos que tiveram fratura de fêmur tornar-se-ão dependentes de outras pessoas ou de meios auxiliares para realizarem suas atividades de vida diária, o que aumenta o risco de institucionalização (Cummings e Melton, 2002).

Camargo et al. (2005) realizaram o primeiro estudo brasileiro de coorte que avaliou a DMO em idosos acima de 70 anos. Participaram deste estudo 301 indivíduos, sendo 207 mulheres e 94 homens, residentes em um distrito de classe média da cidade de São Paulo. Osteopenia e osteoporose, em pelo menos um dos sítios analisados (coluna, fêmur total, colo do fêmur e trocânter femoral), foram encontradas em 78,7 % dos homens e 92,8% das mulheres. Exceto no colo do fêmur, a prevalência de osteoporose e osteopenia foi maior entre as mulheres em todos os locais estudados. Apesar dessa taxa elevada de portadores de osteoporose e osteopenia, apenas 12,6% das mulheres e 1% dos homens referiram o uso específico de alguma medicação para tratamento dessas alterações.

Manifestações clínicas

A osteoporose é inteiramente assintomática até a ocorrência de fraturas. As fraturas osteoporóticas podem afetar qualquer parte do esqueleto, com exceção do crânio; no entanto, fraturas de vértebras torácicas, da porção distal do rádio e do fêmur proximal são encontradas com maior freqüência.

As fraturas de fêmur manifestam-se claramente por dor e imobilidade e, na maioria dos casos, necessitam de reparo cirúrgico. As fraturas vertebrais podem ser assintomáticas ou acompanhadas de dor aguda e limitação do movimento. Outras manifestações serão listadas abaixo, cabendo lembrar que quase sempre elas estão inter-relacionadas.

- Redução da estatura com encurtamento progressivo da musculatura paraespinhal, que é uma das principais causas de lombalgia crônica associada à osteoporose;
- Deformidades posturais causadas pela retificação da lordose lombar e, principalmente, pela acentuação da cifose torácica, que induz à redução da expansibilidade torácica e à limitação dos movimentos da coluna vertebral. Quando graves, as alterações posturais interferem no equilíbrio e na marcha do indivíduo, tornando-o mais predisposto a quedas e fraturas vertebrais e não vertebrais.

Avaliação do indivíduo com osteoporose

Antes de iniciar um programa de exercícios, o indivíduo com osteoporose deve ser submetido a uma avaliação, que inclui anamnese e exame físico. Quando o paciente está sendo assistido por um médico, os exames solicitados por esse profissional, como Raios-X, densitometria óssea e outros, também devem ser consultados, pois ajudarão a identificar a extensão e a gravidade da perda óssea, permitindo uma abordagem física mais segura.

Anamnese

Devem ser questionados antecedentes pessoais de fraturas e quedas, história familiar de osteoporose ou fraturas, etnia, doenças sistêmicas, idade da menarca e da menopausa, uso de medicamentos que induzem perda óssea (corticóides, imunossupressores, anticonvulsivantes, heparina) e ingestão de cálcio, entre outros. Todos os fatores de risco mais importantes para osteoporose (Quadro 8.1) devem ser pesquisados.

Quadro 8.1 – Principais fatores de risco para osteoporose

Sexo: mulheres > homens Baixo peso corporal Estatura pequena Idade avançada Raça: brancos > negros Fratura prévia História familiar Menopausa precoce Dieta pobre em cálcio Baixa exposição solar	Sedentarismo Imobilização prolongada Nuliparidade Amenorréia induzida pelo exercício Doenças crônicas: hiperparatireoidismo, artrite reumatóide, anorexia nervosa Medicamentos: corticóides, anticonvulsivantes, imunossupressores Etilismo Tabagismo

Exame físico

O exame físico do indivíduo com osteoporose deve avaliar não apenas fatores relacionados às manifestações clínicas dessa doença, mas também alterações físicas relacionadas ao aumento do risco de quedas e fraturas. Entre os principais componentes a serem avaliados, podemos listar:

- Medida da estatura do paciente em posição supina e comparação com medidas anteriores ou recordatórias do paciente (na juventude);
- Avaliação da postura, especialmente das curvaturas torácica e lombar da coluna vertebral;
- Procura por deformidades e regiões dolorosas relacionadas a fraturas;
- Avaliação da força muscular, equilíbrio, coordenação motora e marcha.

Medidas da massa óssea

A mensuração da densidade mineral óssea (DMO) é útil para o diagnóstico da osteoporose e também para avaliação da melhora ou progressão da doença em vigência de tratamento. Atualmente, o método mais utilizado é a densitometria óssea por Raios-X de dupla energia (Figura 8.2). Esse método ... atenuação que Raios-X s... as diferentes estruturas d... ma, esse método possibil... dos compartimentos do co... identificar separadamente m... gorda e tecidos mineralizado... neralizado, é capaz ainda de ... tidade de mineral em uma det... Quanto maior o conteúdo min... avaliados, maior é a atenuação ... Raios-X. O resultado é fornecido ... de tecido mineral por área (cm²).

Estudos epidemiológicos reali... grandes grupos de mulheres pós-m... sadas definiram que, quanto meno... sidade óssea, maior o risco de fratu... resultados sempre são comparados aos obtidos em uma população de adultos jovens (entre 20 e 30 anos de idade), pois é nessa faixa etária que o risco de fraturas é menor. Os resultados obtidos para uma paciente são, então, comparados com essa média obtida para mulheres jovens e calculados em termos de número de desvios-padrão distantes dessa média, também chamado de escore T. Segundo as normas da Organização Mundial de Saúde, define-se como *normal* a densidade óssea de até 1 desvio-padrão (T escore >1) abaixo da média de adultas jovens. Classifica-se como *osteopenia* a densidade óssea encontrada entre 1 e 2,5 desvios-padrão abaixo da média para uma população de mulheres adultas jovens, e como *osteoporose* valores maiores que 2,5 desvios-padrão abaixo da média para adultas jovens. Vale salientar que, para cada desvio-padrão abaixo da média, o risco de fratura aumenta ...n 1,5 a 3 vezes (Cummings et al., 1993). ...uando a DMO obtida para uma determi...da pessoa é comparada a uma população ...sua mesma faixa etária, chamamos o nú...o de desvios-padrão de escore Z. O es... Z é utilizado para avaliação de crianças ...vens (até 45 anos de idade).

... radiografia convencional não mede ...ativamente a massa óssea, mas é fun...al para o diagnóstico de fraturas osteo...s e de deformidades ósseas e altera...turais. Outros métodos menos aces...a o diagnóstico da osteoporose são ...n de marcadores bioquímicos, que ...a de remodelação óssea, e a histo...a óssea, que, por meio da análise ...e um fragmento ósseo (biópsia, retirado da crista ilíaca), fornece medidas, tanto do volume ósseo como da qualidade óssea.

Prevenção

A prevenção da osteoporose deve começar na infância e adolescência, objetivando a otimização do pico de massa óssea. O pico de massa óssea é a maior massa óssea obtida pelo indivíduo ao longo de sua vida, que ocorre em geral ao final do crescimento longitudinal (20 anos de idade). São fatores importantes para aumentar o pico de massa óssea: alimentação rica em cálcio, adequada exposição solar, para fornecer os níveis ideais de vitamina D, e prática regular de atividade física. Especialmente em relação ao exercício físico, estudos relatam que, durante o crescimento, o osso responde muito mais eficientemente às forças biomecânicas de gravidade e tensão muscular, formando um esqueleto mais robusto, tanto em relação à DMO como à qualidade óssea (Nelson e Bouxsein, 2001).

Outro aspecto da prevenção é tentar minimizar a perda óssea que acontece inevitavelmente na vida adulta. Os mesmos fatores importantes para aumentar o pico de massa óssea também são importantes para minimizar a perda óssea que ocorre geralmente após os 30 anos de idade, de maneira lenta, e que se acentua na mulher no período do climatério. Além disso, deve-se adotar um estilo de vida saudável com redução do consumo de álcool e proibição do fumo. Mulheres com mais de 65 anos e mulheres mais jovens pós-menopausa, bem como homens com mais de 70 anos de idade ou que apresentem um ou mais fatores de risco para osteoporose (Quadro 8.1), devem ter a DMO avaliada por meio de densitometria óssea. Quando apropriado, o uso de medicamentos deve ser indicado para prevenção e/ou tratamento da osteoporose.

Um total de 87,7% das fraturas de fêmur encontradas em pacientes de dois hospitais da cidade de São Paulo foi causado por quedas (Ramalho et al., 2001). A prevenção de fraturas osteoporóticas envolve obrigatoriamente a redução da incidência de quedas. As quedas são causadas por fatores intrínsecos (inerentes ao indivíduo) e extrínsecos (Quadro 8.2). A prevenção de quedas baseia-se na modificação desses fatores (National Institutes of Health, 2004; Pereira et al.; 2001) por meio de medidas como:

- Orientar o idoso sobre os riscos de quedas e suas conseqüências;
- Controlar as doenças de base e de alterações fisiológicas do envelhecimento;
- Racionalizar a prescrição e correção de doses e combinações inadequadas de medicamentos;
- Fazer exercícios físicos para melhorar a força muscular, postura, equilíbrio e marcha;
- Utilizar sempre bolsas ou sacolas que deixem as mãos livres. Na ocorrência de uma queda, proteger-se com as mãos evita o impacto direto do quadril com o solo, assim como uma possível fratura dessa articulação. Mesmo que o indivíduo frature o punho, não existe um aumento da mortalidade relacionado a esse tipo de fratura;
- Considerar o uso de almofadas protetoras no quadril, em pessoas com pouco tecido gorduroso nessa região e que caem com freqüência;
- Corrigir fatores de risco ambientais, como o uso de calçados com salto baixo e antiderrapante, eliminação de tapetes e objetos supérfluos.

Quadro 8.2 – Principais fatores de risco de quedas em idosos

Fatores intrínsecos	Fatores extrínsecos
Sexo: feminino> masculino	Iluminação inadequada
Idade ≥ 75 anos	Superfícies escorregadias
Alterações fisiológicas do processo de envelhecimento	Calçados inadequados
Diminuição da força muscular e da agilidade	Obstáculos no caminho (móveis baixos,
Distúrbios do equilíbrio e da marcha	pequenos objetos, fios)
Diminuição da visão e da audição	Ausência de corrimãos em escadas e banheiros
Doenças	Prateleiras excessivamente elevadas ou baixas
Seqüela de acidente vascular encefálico	Via pública malconservada com buracos ou
Confusão mental e demência	irregularidades
Hipotensão postural, crise hipertensiva, arritmias	Transporte público inadequado
cardíacas	
Mal de Parkinson	
Alcoolismo	
Medicamentos	
Ansiolíticos e antidepressivos	
Anti-hipertensivos	
Hipoglicemiantes	
Polifarmácia (uso de cinco ou mais drogas associadas)	

Tratamento da osteoporose

O tratamento da osteoporose compreende medidas gerais e utilização de medicações com efeito anti-reabsortivo ou anabólico.

Medidas gerais

As principais medidas gerais para o tratamento da osteoporose são: atividade física (será discutida na seção seguinte deste capítulo), suplementação de cálcio e vitamina D quando as fontes naturais não suprem as necessidades diárias, que são 800 a 1.200 mg/dia de cálcio e 400 a 800 UI de vitamina D, e orientação quanto à prevenção de quedas.

Medidas específicas

Os bisfosfonatos, o estrógeno e os moduladores seletivos do receptor de estrógeno (SERMS) são agentes anti-reabsortivos que promovem aumento da DMO e redução do risco de fraturas osteoporóticas por meio da diminuição da taxa de remodelação óssea (Gourlay, Richy e Reginster, 2003). O PTH é um agente anabólico que estimula a formação óssea e, por meio desse mecanismo, promove aumento da DMO e redução do risco de fratura (Neer et al., 2001).

Exercícios adaptados para osteoporose

É de consenso geral que a prática da atividade física traz inúmeros benefícios à saúde. Estudos têm destacado a importância da atividade física para a melhora da massa óssea em todas as idades.

Estudando a relação entre massa óssea e atividade física em meninos e meninas, Bailey et al. (1999) demonstraram que a massa óssea aumentava entre 9% e 17%, respectivamente, em comparação a crianças que não praticavam atividades físicas. O treinamento realizado em ginastas ativas na fase de pré-puberdade verificou que o aumento da densidade mineral óssea por área em corpo total, coluna e membros inferiores foi de 30% a 85% maior que no grupo controle, e as ginastas aposentadas também apresentaram uma DMO maior que o grupo controle, não sendo detectada nenhuma perda óssea ao longo dos anos, demonstrando a importância da atividade física desde a infância até a fase adulta como um fator de prevenção às possíveis fraturas na terceira idade (Bass et al., 1998). Pesquisando a DMO e os marcadores de formação e reabsorção da massa óssea de jovens atletas, Creighton et al. (2001) dividiram-nos em quatro grupos: controle; exercícios de alto impacto (voleibol e basquetebol), de médio impacto (futebol e corrida de curta distância) e sem impacto (nadadores). Verificou-se que o grupo de alto impacto apresentava valores mais elevados de DMO de coluna e colo do fêmur quando comparados aos outros grupos, e o grupo de nadadores, ou seja, atividade física sem impacto, além de apresentar uma DMO mais baixa, também apresentou marcadores de formação e reabsorção da com valores inferiores quando comparado aos grupos de alto e médio impacto. Esses aspectos descritos reforçam a teoria dos efeitos positivos da atividade física com carga sobre o conteúdo mineral e densidade óssea de crianças e adolescentes, envolvidos em atividades recreativas como atividades de alto impacto (ginástica, voleibol) e atividades rápidas com freqüente mudança de direção (tênis).

Estudos realizados em tenistas do sexo masculino, com idade média de 30 anos, mostraram, por meio da tomografia computadorizada, um aumento no conteúdo mineral ósseo (BMC) no braço dominante, quando comparado ao controle, demonstrando que o estímulo osteogênico atua no local em que a carga é empregada (Kannus et al., 1995).

Mulheres na faixa dos 30 aos 55 anos confirmam que os exercícios físicos podem melhorar o quadro de osteopenia originada pela queda na produção de estrógeno. Estudo realizado com mulheres pós-menopausa, com e sem terapia de reposição hormonal, sugere que um programa de exercício baseado em alongamento, equilíbrio, exercícios resistidos e de impacto, associado à terapia de reposição hormonal, proporciona um melhor resultado sobre a DMO do colo do fêmur do que o obtido em mulheres que só faziam a terapia de reposição hormonal (Going et al., 2003).

O sistema esquelético é sujeito a uma variedade de forças que se alternam dentro do osso. Sabe-se que em situações de desuso, chamadas osteoporose por desuso, o osso é parcialmente reabsorvido, mas uma vez que é submetido a cargas mecânicas forma-se novo tecido ósseo mais resistente. A forma como isso ocorre ainda não está bem descrito na literatura, mas há evidências teóricas e experimentais de que os potenciais elétricos podem participar e regular esses fenômenos.

Fukada e Yasuda (1957) demonstraram o fenômeno da piezeletricidade, preconizando que um determinado material exposto a cargas mecânicas é capaz de transformar energia mecânica em energia elétrica e que o osso, por suas características estruturais, também possui essas propriedades. Dessa forma, as deformações decorrentes das pressões mecânicas sobre o tecido ósseo são capazes de controlar a remodelação óssea pela modificação das cargas elétricas, provocando a produção de cargas negativas do lado da compressão e positivas do lado da tração, e as cargas positivas favoreceriam a ação dos osteoclastos e as negativas, as dos osteoblastos.

Estudos medindo a força aplicada no osso de diferentes animais que executavam naturalmente suas atividades diárias demonstram que forças de pequena magnitude eram quantificadas quando os animais estavam parados em postura estática ou sentados, e forças de grande magnitude eram empregadas em atividades como saltar e caminhar. Observando-se esses animais, verificou-se que eventos de pequena magnitude ocorrem muitas vezes ao dia, ao passo que os de grande magnitude e picos de força ocorrem relativamente poucas vezes, sugerindo que a história de força e o estímulo para a manutenção do osso não provêm necessariamente de estímulos vigorosos, mas dos de pequena magnitude de força, como da manutenção da postura (Fritton, McLeod e Rubin, 2000). Períodos de cargas curtos são capazes de induzir respostas adaptativas. O exercício, para ser osteogênico, deve produzir um ambiente de forças diferente do habitual encontrado, ao qual a arquitetura óssea estaria adaptada. Uma carga que seria no início osteogênica deixa de ser quando o osso se adapta a ela. A formação óssea depende do alcance de um limiar que é influenciado pela intensidade, freqüência, direção, ampitude e duração do estímulo intercalado por período de repouso (Bono e Einhorn, 2003; Ehrlich e Lanyon, 2002). Ultrapassado esse limiar, o exercício pode se tornar deletério (Bakker, 2003).

De acordo com as recomendações do Colégio Americano de Medicina Desportiva (Kohrt et al., 2004), um programa de atividades físicas para portadores de osteoporose deve incluir, além de exercícios de força muscular, também exercícios com sustentação do próprio peso corporal, atividades com impacto e que exercitem a flexibilidade, a coordenação, o equilíbrio e o condicionamento cardiovascular, já que esses fatores contribuem diretamente para a melhora da qualidade de vida do osteoporótico, diminuindo o risco de quedas e habilitando-o a ter um estilo de vida mais ativo, evitando, dessa forma, maior perda óssea pela inatividade. Essas recomendações indicam que não somente atividades de alto perfil osteogênico (como musculação ou corrida) são indicadas na prevenção e tratamento da osteoporose. O desenvolvimento do equilíbrio e da coordenação leva o indivíduo a ter maior consciência corporal, com menor risco de quedas. Atividades físicas de caráter aeróbico também beneficiam o portador de osteoporose, por darem a ele maior disposição para as tarefas diárias, permitindo que desenvolva o hábito de uma vida mais ativa.

Desse modo, apesar dos cuidados a serem tomados ao se prescrever o programa de exercícios, os indivíduos com osteoporose se beneficiam muito da realização de atividades físicas. Exercícios realizados com movimentos rápidos e lentos alternados, de impacto, como caminhadas e *jogging*, bem como exercícios aeróbicos (que excedam 70% da freqüência cardíaca) e programas que envolvam grandes grupos musculares e deslocamentos em várias direções podem ser empregados no intuito de diminuir a perda óssea (Bloomfield, 2001).

O objetivo principal de qualquer abordagem terapêutica na osteoporose é prevenir fraturas. Além de promover a manutenção da massa óssea, o exercício proporciona outros benefícios, como:

- Preservar e melhorar a força muscular;
- Aliviar as dores e manter a flexibilidade;
- Evitar maiores deformidades e alterações posturais;
- Melhorar o condicionamento físico;
- Melhorar o equilíbrio e a marcha;
- Manter as atividades de vida diária.

Preservar e melhorar a força muscular

Sabe-se que a força muscular apresenta seu pico na segunda e na terceira décadas, mantém-se estável ou diminui ligeiramente nos 20 anos seguintes e cai vertiginosamente na terceira idade. Além da perda de força muscular, a habilidade do músculo para exercer força rapidamente (potência muscular) diminui com a idade, e isso tem como conseqüência menor capacidade de realização das atividades diárias, como subir escadas ou levantar peso, já que essas atividades necessitam de certo grau de potência para serem realizadas. Exercícios de treinamento de força têm muitos benefícios não somente para a melhora da força muscular como também no equilíbrio e manutenção da DMO (Fleck e Kraemer, 1999). Estudos demonstram a importância da atividade física com carga para a melhora da massa óssea nos indivíduos osteoporóticos. Sinaki et al. (2002), analisando os efeitos dos exercícios de fortalecimento com carga na musculatura extensora da coluna lombar em mulheres pós-menopausa, verificaram a redução da incidência de fraturas vertebrais, demonstrando que os exercícios com carga ajudam a prevenir a perda e/ou manter a massa óssea, melhorando o equilíbrio e reduzindo as quedas, um dos principais fatores de risco nessas mulheres (Sinaki et al., 2002). Em um outro estudo feito por seis meses em mulheres osteoporóticas pós-menopausa, que já tinham pelo menos uma fratura no corpo vertebral, verificou-se a melhora de sua qualidade de vida. Esse resultado foi obtido por meio de exercícios de alongamento, treinamento de força e caminhada em um total de 60 minutos, três vezes por semana (Papaioannou et al., 2003).

As atividades aquáticas, como a hidroginástica e a natação, permitem que o indivíduo imerso na água realize exercícios sem ser o responsável direto pela sustentação do peso de seu próprio corpo, já que na água existe a flutuação. Além disso, é possível se exercitar no meio líquido com os efeitos da gravidade muito reduzidos. Essas características justificam uma corrente de cientistas que afirmam que as atividades aquáticas não trazem benefícios aos portadores de osteoporose, já que minimizam dois elementos fundamentais para o estímulo da osteogênese: o impacto e a sustentação do próprio peso corporal durante a atividade.

Um estudo não apontou diferenças na DMO de atletas de natação e de indivíduos sedentários (Taaffe, 1999), ao passo que outros compararam atletas de diversas modalidades, e a DMO de praticantes de esportes aquáticos se mostrava mais baixa que a de praticantes de outros esportes fora da água (Creighton et al., 2001; Andreoli et al., 2001). Vale salientar, entretanto, que esses atletas permaneciam treinando na água por cerca de 3 a 5 horas por dia, de 5 a 6 dias por semana, realidade que não se assemelha de forma nenhuma a um programa de atividades aquáticas proposto para indivíduos idosos como fonte de manutenção da saúde e qualidade de vida.

Há ainda um estudo de Bravo et al. (1997) em que 77 mulheres pós-menopausa praticaram hidroginástica por 12 meses. A DMO foi aferida antes e depois pela densitometria óssea feita na coluna lombar (L2-L4) e colo do fêmur, e os resultados indicaram um declínio de 1% da DMO vertebral e manutenção no colo do fêmur, indicando que os exercícios aquáticos propostos não surtiram efeitos positivos no sistema esquelético dos indivíduos estudados.

Pesquisas recentes, contudo, têm acenado com uma perspectiva diferente relacionada aos exercícios aquáticos e à saúde óssea de seus praticantes. Um estudo da Universidade de São Paulo (Pinto et al., 2003) comparou 30 meninas caucasianas (14,3 ± 1,8 anos) atletas de natação (± 2 horas diárias) com um grupo controle. Os resultados mostraram que a média de DMO foi maior para as nadadoras do que nos controles para corpo total ($p = 0{,}006$) e coluna lombar (L1-4) ($p = 0{,}042$), mas similar para colo do fêmur ($p = 0{,}302$). Os autores concluíram que a natação, apesar de ser uma atividade sem a sustentação do peso do corpo contra a gravidade, mostrou ter um efeito positivo na DMO dessas adolescentes nadadoras. Tsukahara et al. (1994), em um estudo de 36 meses com 65 mulheres pós-menopausa, em sessões de treino incluindo 30 minutos de hidroginástica e 10 minutos de natação, reportaram um aumento na DMO da coluna (L1-L4) dessas mulheres. As que já praticavam a atividade antes do início do estudo tiveram um aumento de 1,55% e as novatas aumentaram mais ainda (2,16%), e o grupo controle teve um decréscimo de 0,92% em média. Todos os resultados foram significativos estatisticamente.

Orwoll el al. (1989) documentaram uma massa óssea significativamente maior no rádio distal e na coluna lombar de nadadores idosos do sexo masculino que haviam treinado por 13±11 anos, quando comparados a controles sedentários. Esses dados, contudo, não se repetiram para as mulheres desse estudo. Ay e Yurtkuran (2003) encontraram um efeito anabólico dos exercícios aquáticos sobre o osso de mulheres pós-menopausa evidenciado pelos marcadores hormonais (*insuline-like, growth factor*-1 e hormônio do crescimento) e medidas de ultra-sonografia de calcâneo. Os autores consideram que os exercícios aquáticos são uma estratégia a ser incluída em um programa de treino para mulheres pós-menopausa sedentárias.

Vários outros autores (Ruoti, Toup e Berger, 1994; Sanders e Rippee, 2001) indicam incrementos significativos de força e resistência muscular dos participantes em programas aquáticos. Desse modo, mesmo se exercitando em um meio em que o impacto nas articulações é muito reduzido, as pesquisas demonstram que é possível desenvolver algum potencial osteogênico pelo aumento da força muscular, desde que, para tanto, seja feito um trabalho específico de força muscular dentro da água. Músculos maiores e mais potentes gerariam uma força maior nos ossos nos quais estão inseridos. Segundo Hughes et al. (48), havendo relação entre força muscular e DMO, possivelmente a magnitude da contração muscular terá impacto em locais ósseos relacionados anatomicamente com os músculos que realizam essa contração.

Independentemente do meio no qual a atividade física será feita, terra ou água, é de suma importância que em todo programa de reabilitação ou treinamento físico para portadores de osteoporose seja enfatizado o fortalecimento muscular dos extensores da coluna vertebral, flexores do quadril e extensores do joelho, uma vez que esses grupos musculares estão diretamente ligados à prevenção e reabilitação de fraturas osteoporóticas.

Melhora da postura e alívio da dor

A osteoporose é uma doença assintomática, e o quadro álgico somente aparece na presença de fraturas e principalmente de alterações posturais. Os exercícios de alongamento e flexibilidade ajudam a diminuir os encurtamentos musculares, diminuindo o excesso de cargas tensivas musculares sobre as articulações, ajudando a preservar a amplitude normal de movimento e diminuindo o quadro doloroso (Figura 8.2).

Figura 8.2 – Alongamento dos músculos peitorais (trabalho desenvolvido no Programa de Reabilitação e Atividade Física Direcionado ao Osteoporótico – PRADO –, que atende pacientes do ambulatório de doenças osteometabólicas da Unifesp).

Os indivíduos com osteoporose grave, como já mencionado, apresentam uma alteração postural que se caracteriza por um aumento da cifose dorsal. Isso altera a biomecânica normal da musculatura respiratória, podendo ocorrer atrofia dos músculos intercostais e redução da complacência pulmonar, resultando em um maior gasto energético em repouso (Lombardi Júnior et al., 2004).

Os exercícios de fortalecimento da musculatura extensora, bem como os de respiração, são indicados, mas se deve tomar cuidado com o fortalecimento dos abdominais. Apesar de esses músculos participarem na manutenção da postura e na mecânica ventilatória, os exercícios abdominais com flexão completa da coluna (supino para sentado), bem como outras atividades que envolvam flexão do tronco, são contra-indicados para indivíduos que possuam um risco aumentado para fraturas. Uma alta incidência de fraturas vertebrais por compressão ocorre em pacientes com osteoporose que realizam exercícios de flexão de coluna. Dessa forma, ao prescrever um programa de exercícios para o portador de osteoporose, podem-se utilizar algumas estratégias práticas para exercitar a musculatura abdominal sem aumentar o risco de fraturas vertebrais. Nesse caso, realiza-se a flexão do quadril em vez da flexão de coluna (os conhecidos abdominais "infra", com o tronco estendido), o que leva a um trabalho do abdômen de maneira isométrica.

O alongamento da musculatura dos peitorais, isquiotibiais e pelvitrocanterianos ajuda a preservar a amplitude de movimento das articulações e manter sua flexibilidade. Exercícios de alongamento com contração excêntrica contribuem para diminuir o excesso de sobrecargas nas articulações, melhorando dores, condicionamento físico e propriocepção muscular e articular, auxiliando na manutenção de uma boa postura ou na correção das posturas viciosas e/ou antálgicas, o que também corrobora com o equilíbrio (Pascal, 2000). Indivíduos com alterações posturais apresentam um equilíbrio deficiente, em razão do aumento da oscilação do corpo, quando estão na postura de pé. Dentro de um programa de exercícios, o equilíbrio também deve ser treinado.

Equilíbrio

Exercícios para melhora do equilíbrio e conseqüente prevenção de quedas devem enfocar o treinamento de reações de proteção, propriocepção, coordenação motora, marcha e melhora da postura. Como atividades para treinamento do equilíbrio, podem-se mencionar:

- Caminhar de lado, para trás, no calcanhar, na ponta dos pés, com um pé na frente do outro;
- Realizar movimentos de membros inferiores e superiores, com o indivíduo em apoio unipodal;
- Elevar, durante a caminhada, membros inferiores e superiores contralaterais alternadamente, trabalhando também a coordenação motora;
- Realizar exercícios em cadeia cinética fechada, visando ao fortalecimento muscular, como a contração excêntrica do quadríceps em apoio bipodal;
- Estimular as atividades de transferência de peso, utilizando superfícies instáveis, como prancha de equilíbrio, cama elástica, realizadas com apoio uni ou bipodal, com ou

sem auxílio, dependendo das condições gerais de cada indivíduo (Figura 8.3);

- Executar atividades de saltos também é benéfico para as pessoas sem risco aumentado de fraturas após seis meses do início do programa de exercícios;
- Utilizar bolas e outros objetos para treinar reações de proteção, dissociação de cinturas escapular e pélvica, coordenação motora e propriocepção;
- Fazer, em piscina com a água na altura do apêndice xifóide, exercícios como saltitos, caminhada simples, caminhada para frente, para trás e para o lado, no calcanhar ou na ponta dos pés, além de exercícios de sustentação do peso do corpo em uma só perna – essas são excelentes estratégias para a melhora do equilíbrio e propriocepção, já que a água desequilibra os indivíduos nela imersos durante toda a sessão de treino.

Figura 8.3 – Exercício para treinamento de equilíbrio: atividade com prancha de equilíbrio (trabalho desenvolvido no Programa de Reabilitação e Atividade Física Direcionado ao Osteoporótico – Prado –, que atende pacientes do ambulatório de doenças osteometabólicas da Unifesp).

Essas atividades podem ser feitas individualmente ou em grupo, de maneira lúdica, agradável e prazerosa, como por meio da dança, da hidroginástica e de técnicas como o tai chi chuan, que têm mostrado reduzir o risco de quedas. Wolf et al. (1996) compararam a prática de 15 minutos de tai chi chuan, duas vezes por semana por quatro meses, em 200 mulheres com média de idade de 80 anos, com um grupo controle que participava de atividade física uma vez por semana. No final do estudo, o grupo que realizou o tai chi chuan apresentou uma redução de 47% no risco para quedas em relação ao grupo controle (Wolf et al., 1996). Em trabalho desenvolvido com as pacientes do Ambulatório de Doenças Osteometabólicas da Disciplina de Endocrinologia da UNIFESP, por meio do Programa de Reabilitação e Atividades Físicas Direcionado ao Osteoporótico – PRADO/UNIFESP, observou-se que as atividades específicas para portadores de Osteopenia e Osteoporose realizadas em grupo promoveram, além da socialização, a melhora da auto-estima, o aumento de força muscular, do equilíbrio e da qualidade de vida. Os resultados desse estudo estão em fase de publicação.

Quando se melhora o equilíbrio, a coordenação motora, a força muscular e também a postura, contribui-se, de maneira direta ou indireta, para a manutenção do indivíduo com osteoporose o mais ativo e independente possível, proporcionando condições para que possa exercer suas atividades de vida diária com maior conforto e segurança.

Considerando todas essas variáveis, podemos concluir que o melhor programa de treinamento para o portador de osteoporose é aquele que, levando em conta as especificidades e limitações do paciente, envolve mais de um tipo de exercício. Por exemplo: caminhada + musculação + treino de equilíbrio ou hidroginástica + ginástica localizada + treino de equilíbrio. Diversos são os exercícios indicados: caminhada, *jogging*, musculação, ginástica localizada, tai chi chuan, dança de salão, hidroginástica, natação. Os exercícios contra-indicados são: esportes de contato (voleibol, futebol, basquetebol, handebol), esportes que oferecem alto risco de quedas (alpinismo, esqui, rapel) e qualquer exercício físico que aumente o risco de lesões ou fraturas.

Dessa forma, vários programas podem ser empregados, dependendo dos objetivos a serem alcançados. O que se deve ter sempre em mente é o bom senso, respeitando os limites individuais, a idade e a prática ou não de atividade física anteriormente. A escolha dos exercícios, sua ordem, a freqüência, a intensidade, o número de repetições das séries e o intervalo entre elas dependem desses fatores.

Em linhas gerais, na escolha dos exercícios devem-se considerar as condições gerais do indivíduo, bem como sua avaliação física. Os exercícios básicos devem se concentrar nos grandes grupos musculares (4-6 grandes grupos) e exercícios suplementares para pequenos grupos musculares (3-5 grupos musculares). Podem ser usados materiais como faixa elástica, pequenos halteres e cordas, entre outros. Quanto à ordem do exercício, o importante é sempre haver um aquecimento prévio seguido por alongamento para depois exercitar os grandes e pequenos músculos, e finalmente o desaquecimento, para diminuir o estresse produzido sobre a musculatura.

Ao utilizar carga, deve-se lembrar dos princípios de força, segundo os quais a resistência deve ser aumentada progressivamente para que o estímulo continue sendo osteogênico. Quando se utiliza sempre a mesma carga, ocorre uma adaptação do osso, que deixa de responder a esse estímulo. Um estudo realizado por dois anos, com treinamento de força em mulheres pós-menopausa, verificou que o aumento de carga progressivamente até três séries de 8 RM (Repetições Máximas) teve um efeito melhor sobre a DMO da coluna lombar, colo do fêmur e rádio, quando comparado ao grupo que realizava os mesmos exercícios com menor carga e sem progressão (Kerr et al., 2001).

Em geral, os exercícios são realizados em três séries, mas pode-se iniciar com uma série e progredir conforme a tolerância do indivíduo, sempre promovendo um intervalo de descanso que varia conforme a carga empregada. Períodos de descanso mais curtos são empregados quando a carga é muito leve, em que a recuperação é mais rápida. A freqüência dos exercícios geralmente deve ser de duas a três vezes por semana (Bloomfield, 2001).

O importante é que, ao escolher uma atividade física, avalie-se a relação custo-benefício da atividade. Um programa de treinamento com peso, por exemplo, deve causar bem-estar para o praticante, sem, no entanto, aumentar suas dores ou rigidez. Deve-se seguir um programa de exercícios progressivamente, e caso seja necessário, retornar a cargas menores, sempre respeitando os limites fisiológicos de cada pessoa. A boa postura não só deve ser incentivada nas atividades de vida diária dos indivíduos como também na hora da realização dos exercícios, fazendo com que as articulações trabalhem com menor gasto energético.

Referências

ANDREOLI et al. Effects of different sports on bone density and muscle mass in highly trained athletes. **Med. Sci. Sports Exerc.**, v. 33, n. 4, p. 507-11, abr. 2001.

AY, A.; YURTKURAN, M. Evaluation of hormonal response and ultrasonic changes in the heel bone by aquatic exercise in sedentary postmenopausal women. **Am. J. Phys. Med. Rehabil.**, v. 82, p. 942-9, 2003.

BAILEY, D. A. et al. A six-year longitudinal study of the relationship of physical activity to bone mineral accrual in growing children: the university of Saskatchewan bone mineral accrual study. **J. Bone Miner Res.**, v. 14, p. 1.672-9, 1999.

BAKKER, I. et al. Ten-year longitudinal relationship between physical activity and lumbar bone mass in young adults. **J. Bone Miner Res.**, v. 18, p. 325-32, 2003.

BASS, S. et al. Exercise before puberty may confer residual benefits in bone density in adulthood: studies in active prepurberal and retire female gymnasts. **J. Bone Miner Res.**, v. 13, p. 500-7, 1998.

BLOOMFIELD, S. A. **Optimizing bone health**: impact of nutrition, exercise, and hormones. Sports Science Exchange, 2001; v. 14, n. 3, p. 1-6. Disponível em: <http://www.gssiweb.com/reflib/refs/288/supplement82.pdf?CFID=216383eCFTOKEN=44136392>. Acesso em: 10 mar. 2004.

BONO, C. M.; EINHORN, T. A. Overview of osteoporosis: pathophysiology and determinants of bone strength. **Eur. Spine J.**, v. 12, n. 2, p. S90-6, 2003.

BRAVO, G. et al. A weight-bearing, water-based exercise program for osteopenic women: Its impact on bone, functional fitness, and well-bearing. **Arch. Phys. Med. Rehabil.**, v. 78, p. 1.375-80, 1997.

BURGER, E. H.; KLEIN-NULEND, J. Mechanotransduction in bone – role of the lacuno-canalicular network. **FASEB J.**, v. 13, n. 8, p. S101-12, 1999.

CAMARGO, M. B. R. et al. Bone mineral density and osteoporosis in an elderly population from Brazil. **Osteoporos. Int.**, v. 16, n. 11, p. 1.451-60, nov. 2005.

CREIGHTON, D. L. et al. Weight-bearing exercises and markers of bone turnover in female athletes. **J. Appl. Physiol.**, v. 90, p. 565-70, 2001.

CUMMINGS, S. R. et al. Bone density at various sites for prediction of hip fractures. The Study of Osteoporotic Fractures Research Group. **Lancet**, v. 341, p. 72-5, 1993.

______; MELTON, L. J. III. Epidemiology and outcomes of osteoporotic fractures. **Lancet**, v. 359, p. 1.761-7, 2002.

EHRLICH, P. J.; LANYON, L. E. Mechanical strain and bone cell function: A review. **Osteoporos. Int.**, v. 13, p. 688-700, 2002.

FLECK, S. J.; KRAEMER, W. J. Treinamento de força para idosos. In: ______ (Eds.) **Fundamentos do treinamento de força muscular**. 2. ed. Porto Alegre: Artmed, 1999. p. 200-11.

FRITTON, S. P.; MCLEOD, K. J.; RUBIN, C. T. Quantifying the strain history of bone spatial uniformity and self-similarity of low-magnitude strains. **J. Biomech.**, v. 33, p. 317-25, 2000.

FUKADA, E.; YASUDA, I. On the Piezoelectric effect of bone. **Journal of the Physical Society of Japan**, v. 12, p. 1.158-62, 1957.

GOING, S. et al. Effects of exercise on bone mineral density in calcium-replete postmenopausal women with and without hormone replacement therapy. **Osteoporos. Int.**, v. 14, p. 637-43, 2003.

GOURLAY, M.; RICHY, F.; REGINSTER, J. I. Strategies for the prevention of hip fractures. **Am. J. Med.**, v. 115, p. 309-17, 2003.

HARADA, S.; RODAN, G. A. Control of osteoblast function and regulation of bone mass. **Nature**, v. 423, p. 349-55, 2003.

HOLICK, M. F. Sunlight and vitamin D for bone health and prevention of autoimmune diseases, cancers, and cardiovascular disease. **Am. J. Clin. Nutr.**, n. 80, p. 1.678S-84S, 2004.

HUGHES, V. A. et al. Muscle strength and body composition: associations with bone density in older subjects. **Med. Sci. Sports Exerc.**, v. 27, p. 967-74, 1995.

JOLDERSMA, M. et al. Estrogen enhances mechanical stress-induced prostaglandin production by bone cells from elderly women. **Am. J. Physiol. Endocrinol. Metab.**, v. 280, p. E436-42, 2001.

KANNUS, P. et al. Effect of starting age of physical activity on bone mass in the dominant arm of tennis and squash players. **Ann. Intern. Med.**, v. 123, p. 27-31, 1995.

KERR, D. et al. Resistance training over 2 years increase bone mass in calcium-replete postmenopausal women. **J. Bone Miner Res.**, v. 16, p. 175-81, 2001.

KOHRT, W. M. et al. **Physical Activity and Bone Health. Med. Sci. Sports Exerc.**, v. 36, n. 11, 2004.

LANNA, C. M. M.; MONTENEGRO JÚNIOR, R. M.; PAULA, F. J. A. Fisiopatologia da osteoporose induzida por glicocorticóide. **Arq. Bras. Endocrinol. Metab.**, v. 47, p. 9-18, 2003.

LAZARETTI-CASTRO, M.; UYENO, M. N. O. Osteoporose no homem. In: BANDEIRA, F. et al. **Osteoporose**. Rio de Janeiro: Medsi, 2000. p. 145-63.

LOMBARDI JÚNIOR, I. et al. Evaluation of physical capacity and quality of life in osteoporotic women. **Osteoporos. Int.**, v. 15, p. 80-5, 2004.

MACKIE, E. J. Osteoblasts: novel roles in orchestration of skeletal architecture. **Int. J. Biochem. Cell. Biol.**, v. 35, p. 1.301-5, 2003.

MUNDY, G. R.; CHEN, D.; OYAJOBI, B. Bone remodeling. In: FAVUS, M. J. (Ed.) **Primer on metabolic bone diseases and disorders of mineral metabolism**. 5. ed. Nova Iorque, 2003. p. 46-58.

NATIONAL INSTITUTES OF HEALTH. **Osteoporosis and Related Bone Diseases-National Resource Center**. Once is enough: A guide to prevent future fractures, 2004. p. 1-6. Disponível em: <http://www.osteo.org/inetdocs/r616ip.pdf>. Acesso em: 04 mar. 2004.

NEER, R. M. et al. Effect of parathyroid hormone (1-34) on fractures and bone mineral density in postmenopausal women with osteoporosis. **N. Engl. J. Med.**, v. 3.444, p. 1.434-41, 2001.

NELSON, D. A.; BOUXSEIN, M. L. Exercise maintains bone mass, but do people maintain exercise? **J. Bone Miner Res.**, v. 16, p. 202-5, 2001.

NORMAN, M. E. Juvenile osteoporosis. In: FAVUS, M. J. (Ed.) **Primer on metabolic disease and disorders mineral metabolism**. 5. ed. Nova Iorque, 2003. p. 382-8.

NULEND-KLEIN, J. et al. Donor age and mechanosensitivity of human bone cells. **Osteoporos. Int.**, v. 13, p. 137-46, 2002.

ORGANIZAÇÃO MUNDIAL DE SAÚDE (OMS). **Assessment of fracture risk and its role in screening for postmenopausal osteoporosis**. Geneva: World Health Organization; 1994. WHO Technical Report Series, n. 843.

ORWOL, E. et al: the relationship of swimming exercise to bone mass in men and women. **Arch. Intern. Med.**, v. 149, p. 2.197-200, 1989.

PAPAIOANNOU, A. et al. Efficacy of home-based exercise for improving quality of life among elderly women with symptomatic osteoporosis-related vertebral fractures. **Osteoporos. Int.**, v. 14, n. 8, p. 677-82, 2003.

PASCAL, A. M. **Cadeias musculares**: um programa para ensinar avaliação fisioterapêutica global. São Paulo: Manole, 2000.

PEREIRA, S. R. M. et al. **Quedas em idosos**. Projeto Diretrizes Associação Médica Brasileira, Conselho Federal de Medicina, 2001. p. 1-9. Disponível em: <http://www.amb.org.br/projeto_diretrizes/100_diretrizes/QUEDASEM.PDF>. Acesso em: 03 mar. 2004.

PINTO, L. S. et al. The beneficial effect of swimming on bone mass. **Medicine e Science in Sports e Exercise**, v. 35, n. 5, 2003.

RAMALHO, A. C. et al. Osteoporotic fractures of proximal femur: clinical and epidemiological features in a population of São Paulo. **São Paulo Med. J.**, v. 119, p. 48-53, 2001.

RIGGS, B. L.; KHOSLA, S.; MELTON, L. J. III. Sex steroid and the construction and conservation of the adult skeleton. **Endocrine Review**, v. 23, p. 279-302, 2002.

______. et al. Evidence that type I osteoporosis results from enhanced responsiveness of bone to estrogen deficiency. **Osteoporos. Int.**, v. 14, p. 728-33, 2003.

______.; MELTON, L. J. III. Evidence for two distinct syndromes of involutional osteoporosis. **Am. J. Med.**, v. 75, p. 899-901, 1983.

RUOTI, R. G.; TOUP, J. T.; BERGER, R. A. The effects of non swimming water exercise on olders adults. **J. Orthop. Sports Phys. Ther.**, v. 19, p. 140-5, 1994.

SANDERS, M. E.; RIPPEE, N. E. Fitness acuático. **Manual de Instructor**. v. 1. Agua poco profunda. Madrid: Gymnos, 2001.

SINAKI, M. et al. Stronger back muscles reduce the incidence of vertebral fractures: A prospective 10 year follow-up of postmenopausal women. **Bone**, v. 6, p. 836-41, 2002.

TAAFFE, D. R.; MARCUS, R. Regional and total body bone mineral density in elite collegiate male swimmers. **J. Sports Med. Phys. Fitness**, v. 39, n. 2, p. 154-9, jun. 1999.

TSUKAHARA, N. et al: Cross-sectional and longitudinal studies on the effect of water exercise in controlling bone loss in Japanese postmenopausal women. **J. Nutr. Sci. Vitaminol.**, v. 40, p. 37-47, 1994.

WOLF, S. L. et al. The Atlanta Ficsit Group. Reducing frailty and falls in older persons: an investigation of tai chi and computerized balance training. **J. Am. Geriatr. Soc.**, v. 44, p. 489-97, 1996.

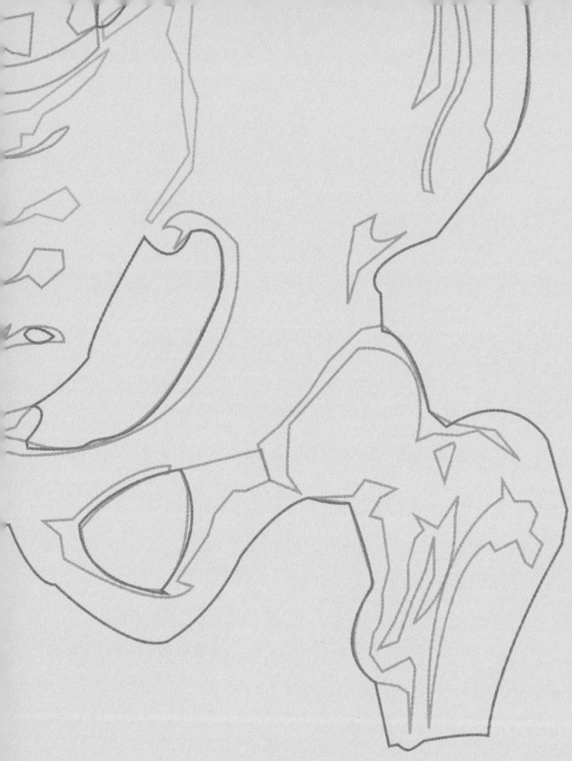

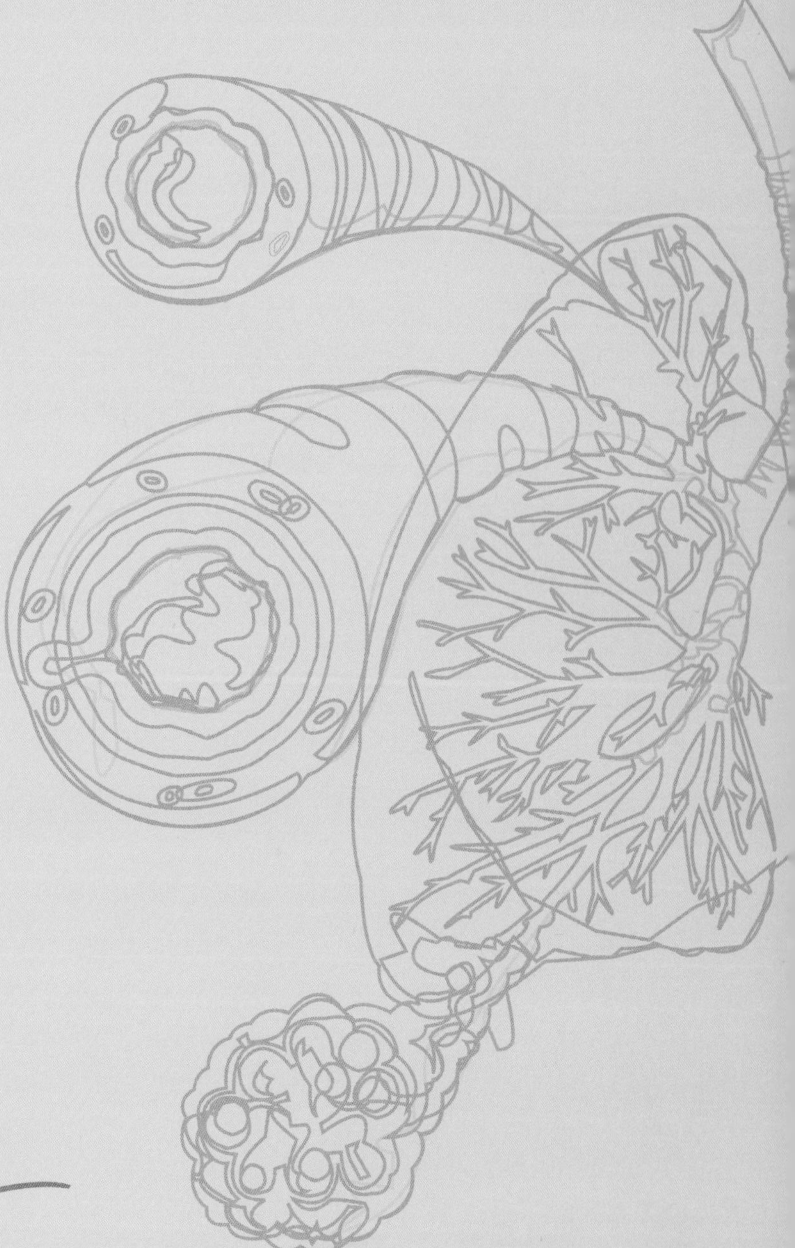

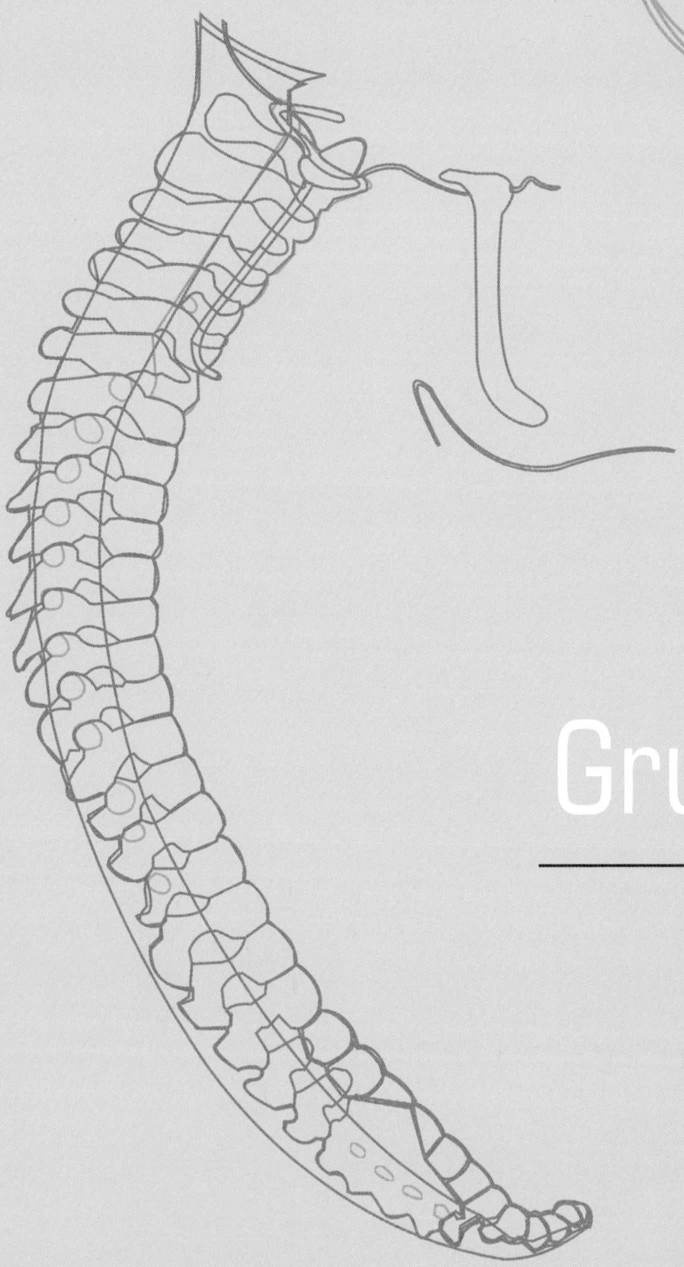

Parte 3

Grupos Especiais

Capítulo 9

Reabilitação Cardiovascular e Condicionamento Físico

Newton Nunes
Luzimar Teixeira

No século XVIII, surge o primeiro indício do efeito benéfico do exercício na doença cardiovascular: o médico inglês William Heberden relatou o caso de um paciente que sofria de angina e diariamente se obrigava a serrar madeira, o que resultou em melhora do sintoma (Kavanagh, 2000). Quase um século mais tarde, em 1854, William Stokes descreveu que os sintomas de falência cardíaca eram freqüentemente revertidos com caminhadas regulares em intensidade moderada e progressiva (Kavanagh, 2000). Com o decorrer dos anos, entretanto, o relato de Stokes foi esquecido, dando lugar à noção de que exercícios físicos para cardíacos eram perigosos, principalmente por estarem associados ao aumento do risco de complicações como ruptura e insuficiência cardíaca e morte súbita (Bethell, 1999; Pashkow, 1993). John Hilton, um cirurgião inglês, advogava, por exemplo, a restrição prolongada ao leito de até dois meses após um infarto do miocárdio. Apenas por volta da segunda metade do século XX, Levine e Lown introduziram o inovador tratamento de mobilização precoce pós-infarto, mostrando que essa conduta reduzia o número de complicações provenientes do repouso prolongado, marcando uma nova era no tratamento de pacientes cardíacos (Kavanagh, 2000).

Da mobilização precoce ao treinamento físico foi um curto passo. E quando Chapman e Fraser, da Universidade de Minessota, mostraram, por meio de cateterismo cardíaco, que pacientes em recuperação de infarto do miocárdio tinham resposta cardiovascular normal durante o teste de esforço, foi aberto um novo caminho para a indicação do treinamento físico nesta população.

Durante os anos 1960, alguns grupos de Reabilitação Cardíaca começaram a se formar, como Kellerman et al. (1993), que criaram, em Washington, o Cardiac Garden, em que pacientes pós-infarto e cirurgia vascular eram condicionados fisicamente por 16 semanas. A percepção de que os pacientes que sofriam infarto eram cronicamente inválidos começou a ser gradativamente desmentida. Esse novo conceito concretizou-se quando um grupo de Toronto supervisionou o treinamento e a participação de sete coronariopatas na Maratona de Boston (Kavanagh, 2000).

Fases de um programa de reabilitação cardiovascular

A prevenção secundária tem como objetivo reabilitar o paciente após o evento cardiovascular, intervindo favoravelmente nos fatores de risco para a doença aterosclerótica, recuperando seu nível funcional e sua auto-estima no intuito de evitar um evento subseqüente. Ela é dividida em fases e já se inicia no período intra-hospitalar. A seguir, serão apresentadas as quatro fases que compõem esse programa.

Fase I de Reabilitação Cardíaca

Inicia-se ainda na Unidade Coronariana, após a compensação clínica do paciente, e consiste de atividades de baixo nível, limitadas a dois METS (equivalente metabólico), incluindo atividades como banho e sentar-se em cadeiras. Geralmente é feita pela própria equipe de enfermagem e fisioterapia, com o objetivo de preparar também psicologicamente o paciente para as atividades habituais pós-alta hospitalar, que, em sua maioria, requerem menos de 4 METS. É nessa fase que se inicia a educação e o aconselhamento do paciente e dos familiares quanto aos fatores de risco e necessidades de mudanças de hábitos (Pashkow, 1993; Lear e Ignaszewski, 2001; Hillegas e Sadowski, 1994).

Já nessa fase, devem ser observadas as respostas fisiológicas do paciente frente às atividades. Respostas inadequadas incluem: angina, dispnéia, arritmia ou resposta desproporcional da freqüência cardíaca. A queda maior ou igual a 15 mmHg da pressão arterial sistólica é preocupante e a incapacidade de manter ou aumentar a pressão arterial sistólica com baixas cargas de exercício sugere comprometimento miocárdico importante. Pacientes que respondem favoravelmente e mantêm-se assintomáticos durante essas primeiras atividades podem aumentar o nível de intensidade do exercício, e essa progressão é individualizada, levando-se em conta as limitações e os fatores clínicos e funcionais, como extensão do infarto do miocárdio, função ventricular etc.

Fase II de Reabilitação Cardíaca

A partir dos anos 1960, começaram a aparecer vários modelos para dar continuidade à Fase I, como o de Zohman (Pashkow, 1993), que estabeleceu que o exercício deveria ser feito sob supervisão e monitoração médica, o que depois veio a se transformar na Fase II, que preferencialmente é realizada em ambiente hospitalar. Essa fase pode ser iniciada 24 horas após a alta hospitalar e, além de o paciente fazer a atividade física monitorada, é dada a ênfase ao ensino da automonitoração do paciente (freqüência cardíaca, percepção do nível de esforço, sintomas). Apenas quando o paciente demonstra capacidade de se automonitorar, demonstrando independência, estará apto a passar para a Fase III (Leon, 2000).

Fase III de Reabilitação Cardíaca

Atende a indivíduos cardiopatas após dois meses, em média, do acometimento cardiovascular, tendo eles participado ou não da Fase II. Nessa fase, já não há a necessidade de monitoração intensiva, podendo ser realizada em ambiente extra-hospitalar, objetivando-se, principalmente, evitar a evolução da patologia, bem como o aparecimento de um novo acometimento cardiovascular.

Fase IV de Reabilitação Cardíaca

Alguns autores ainda mencionam essa última fase como sendo de manutenção, em que o paciente já está apto a praticar os exercícios com automonitoração em ambiente externo, inclusive domiciliar. Uma boa alternativa para cardiopatas que estão nessa fase é a prescrição externa. Ou seja, uma programação de treinamento e orientações de treinamento físico, feitos pela equipe multidisciplinar, com avaliações semestrais para atualização da prescrição de treino.

Segundo a definição da American Heart Association, é fundamental que esses programas, independentemente da fase, sejam multidisciplinares (médicos, fisioterapeutas, nutricionistas e psicólogos), já que se está abordando uma doença ou enfermidade multifatorial como a doença coronária (Balady, Fletcher e Froelicher, 1994). Para ter uma idéia da complexidade desse grupo, depressão e seus sintomas, por exemplo, estão presentes em aproximadamente 20% dos pacientes pós-infarto do miocárdio (Milani e Lavie, 1998) e a prevalência de obesidade é de aproximadamente 40% (Lavie e Milani, 1995). Apesar de ser o "carro-chefe" dos programas de reabilitação, a prática de exercício físico, por si só, não pode ser considerada reabilitação cardíaca. O vínculo da terapia medicamentosa e do controle e redução dos outros fatores de risco que geralmente estão presentes são fundamentais (Balady, Fletcher e Froelicher, 1994).

Avaliação física pelo teste de esforço

Apesar dos efeitos já confirmados do condicionamento físico, não é qualquer tipo de exercício que traz benefícios ao paciente cardiopata. É necessário que a prescrição seja adequada e individualizada, para que produzam os efeitos benéficos sobre o sistema cardiovascular. Após a investigação clínica, por meio de dados laboratoriais e demais exames necessários a fim de avaliar o estado geral de saúde do paciente, a prescrição de exercício deverá abordar quatro itens principais: o tipo de exercício, a freqüência, a duração da sessão e a intensidade do exercício.

A ergometria e a ergoespirometria, como método de avaliação da capacidade física, contribuem para definir a intensidade do exercício mais adequada à capacidade física do indivíduo e embasar a progressão do exercício ao longo do treinamento. A diferença básica da aplicação desses métodos diagnósticos na prescrição de exercício físico está no fornecimento de uma avaliação mais precisa. A ergoespirometria, além de possibilitar a medida direta do consumo de oxigênio de pico, permite a determinação do limiar anaeróbio e o ponto de descompensação respiratória, extremamente importantes na prescrição do treinamento físico para o paciente cardiopata. No caso da ergometria, o consumo de oxigênio de pico é calculado, e não medido, ao passo que o limiar anaeróbico e o ponto de descompensação respiratória não podem ser determinados. Portanto, a falta de uma avaliação ergoespirométrica não é impeditiva, mas, sem dúvida, restritiva na programação de treinamento físico para o paciente cardiopata. Em geral, o exercício físico que comprovadamente promove prevenção e melhora de doenças cardiovasculares são os exercícios aeróbios que envolvem grandes massas musculares, movimentadas de forma cíclica, de baixa a moderada intensidade, realizada com freqüência de 3 a 5 vezes por semana, por um período mais longo, entre 30 e 60 minutos.

No Gráfico 9.1, pode-se observar a determinação do limiar anaeróbico e do ponto de descompensação respiratória, ou seja, o limite inferior e superior de treinamento físico aeróbico para o paciente em questão.

Em relação a esses dois tipos de métodos de avaliação para a prescrição de exercício, foi realizado um estudo em nosso laboratório com indivíduos saudáveis, comparando o percentual da freqüência cardíaca máxima atingida e do consumo de oxigênio estimado (prescrição indireta) adquiridos no teste ergométrico convencional, com a freqüência cardíaca e o consumo máximo de oxigênio ocorridos no limiar anaeróbico e ponto de descompensação respiratória (prescrição direta). Nesse estudo, ficou evidente que a faixa ideal de intensidade de exercício físico era superestimada quando se utilizava o teste ergométrico convencional e que essa distorção era maior quanto menor a capacidade funcional dos pacientes (Rondon, 1998). Portanto, a realização do teste ergoespirométrico deve ser indicada sempre que possível, evitando-se assim que o exercício seja realizado em alta intensidade, desencadeando uma maior acidose metabólica.

Portanto, a avaliação funcional pela ergoespirometria deve ser o método de escolha. No entanto, isso não impede que a prescrição de treinamento para o paciente cardiopata seja realizada com o teste de esforço convencional, utilizando-se a medida direta de freqüência cardíaca, registrada pelo eletrocardiograma no repouso e pico do exercício, a partir de cálculos indiretos ou fórmulas, apresentadas ainda neste capítulo.

Gráfico 9.1 – Avaliação ergoespirométrica

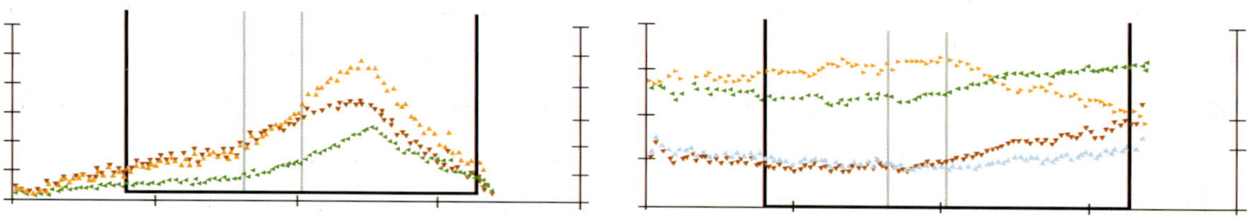

Prescrição de exercício para prevenção da doença cardiovascular

Embora a realização de atividades físicas rotineiras, como andar, lavar o carro e varrer a casa, colabore para um estilo de vida menos sedentário, a prescrição individualizada de exercícios físicos traz benefícios mais eficazes e seguros para cada praticante.

Intensidade de exercício

Para indivíduos jovens e idosos, portadores ou não de fatores de risco para doença cardiovascular e cardiopatas estáveis, a intensidade do exercício deve ser prescrita pelos limiares ventilatórios fornecidos pela ergoespirometria. Para os pacientes com insuficiência cardíaca, a prescrição do limite superior deve ser 10% menor do que o valor registrado no ponto de descompensação respiratória, evitando-se assim que o exercício seja realizado em acidose metabólica descompensada (Roveda et al. 2003). No programa de prevenção e reabilitação cardiovascular oferecido pela Unidade de Reabilitação Cardiovascular e Fisiologia do Exercício do Instituto do Coração, a prescrição de exercício é realizada em uma intensidade entre o limiar anaeróbico e 10% abaixo do ponto de descompensação respiratória. Na falta de uma avaliação ergoespirométrica, entre 50% e 80% da freqüência cardíaca de reserva (FCres). Pela maior facilidade de mensuração durante as sessões de treinamento físico, a intensidade do exercício pode ser controlada pela freqüência cardíaca correspondente ao limiar anaeróbico e 10% abaixo do ponto de descompensação respiratória, por meio da palpação da artéria radial no punho ou freqüencímetro. A freqüência cardíaca de reserva é empregada na fórmula de Karvonen, descrita abaixo.

$$\text{FC treinamento} = (\text{FCmáx} - \text{FCrep}) \times \%\text{ de treinamento físico} + \text{FCrep}$$

Cuidados adicionais com a intensidade da prescrição

É de extrema importância que as recomendações sejam seguidas pelo paciente, principalmente quando ele faz uso de betabloqueadores ou anti-hipertensivos, medicamentos que alteram a freqüência cardíaca e a pressão arterial durante o teste. Outro ponto importante também se verifica quando o paciente treina em bicicleta. Quando isso ocorre, deve-se reduzir em 10% o valor da freqüência cardíaca máxima, se o teste ergométrico for realizado em esteira rolante, antes de aplicar a fórmula de Karvonen. Dessa forma, quando o aluno realizar o treino em bicicleta, a freqüência cardíaca estará diminuída em 10% em relação à esteira, pois na bicicleta estarão envolvidos menores grupos musculares.

Ainda com relação à freqüência cardíaca, quando a resposta ao teste for isquêmica (teste positivo), deve-se considerar como freqüência cardíaca máxima o valor registrado no estágio de positivação, para evitar que o indivíduo treine acima do limite de isquemia.

É viável e sensato que exista flexibilidade durante a aplicabilidade dessas porcentagens na prescrição de exercício, em relação a condições gerais de saúde do indivíduo (cardiovascular, muscular, osteoarticular, psicossomáticas e outras). Vale lembrar que o custo/benefício da prevenção e reabilitação cardiovascular deve obedecer muito mais à adesão desse paciente ao programa, conseguida por meio do prazer em realizar o exercício físico (ACSM, 2000).

Tipo de exercício

As atividades que utilizam grandes grupos musculares e podem ser mantidas por prolongado período, de forma rítmica, como caminhada, corrida e ciclismo, são recomendadas como o tipo de exercício mais efetivo para a melhora cardiovascular. Esse tipo de atividade pode ser realizada por indivíduos que idealizam a prevenção (saudáveis e portadores de fatores de risco), bem como a reabilitação cardíaca (cardiopatias em geral).

O exercício resistido dinâmico de baixa a moderada intensidade (até 50% da contração voluntária máxima), realizado em séries de 10 a 15 repetições, com intervalos de descanso entre as séries, é recomendado como parte complementar de um programa de prevenção e reabilitação cardiovascular (ACSM, 2000). Nessas condições, esse tipo de exercício promove melhora na resistência muscular, facilitando a realização das tarefas diárias, trazendo maior independência, principalmente para indivíduos com idade mais elevada.

Também é de grande importância que os exercícios de alongamento sejam realizados no início e no término das sessões, sempre com a orientação para que o paciente mantenha uma respiração adequada, na tentativa de evitar a Manobra de Valsalva.

Características do programa de reabilitação cardiovascular e condicionamento físico do InCor

O Programa de Condicionamento Físico Aplicado à Prevenção Primária e Secundária tem como objetivo fornecer às pessoas saudáveis e cardiopatas um programa de exercício físico regular que vise à melhora da função cardiovascular e, conseqüentemente, previna o aparecimento e a evolução de doenças cardiovasculares. Além desses, o Programa possui ainda objetivos secundários que visam à melhora da qualidade de vida de seus praticantes, como o aumento da força e a resistência muscular periférica, o aumento da flexibilidade articular, o desenvolvimento de capacidades e as habilidades motoras, além dos aspectos afetivos e sociais.

O praticante ou paciente ingressante deve inicialmente ser submetido a um teste ergoespirométrico e a uma consulta com o cardiologista, além de exames de laboratório (hemograma, dosagem sangüínea de triglicérides, colesterol total e frações, ácido úrico, uréia, creatinina, transaminases, glicose e eletrólitos).

Na prevenção primária e secundária fase III, após o indivíduo realizar o teste ergoespirométrico, é feita a prescrição da intensidade do exercício aeróbico. As sessões de condicionamento físico são realizadas de forma coletiva, mas com prescrições individualizadas. Elas são divididas em turmas, com freqüência semanal, de duas ou três sessões. As sessões possuem a duração de 60 minutos e são divididas em quatro partes distintas:

- *Aquecimento*: (duração de 5 a 10 minutos) consta de exercícios envolvendo grandes grupos musculares realizados com intensidade progressiva;
- *Parte principal ou parte aeróbica*: (duração de 30 minutos) consta de exercício em cicloergômetro e caminhada/corrida.
- *Ginástica localizada*: (duração de 15 minutos) visa ao desenvolvimento dos objetivos específicos mencionados anteriormente;
- *Parte final*: (duração de 5 minutos) consta de exercícios de alongamento e relaxamento.

Durante o programa, os participantes são reavaliados nos primeiros 3 e 6 meses e, a partir disso, semestralmente. Essa reavaliação visa avaliar a progressão da doença e o efeito do condicionamento físico, possibilitando a atualização da prescrição de exercício físico conforme o estado atual do participante.

Referências

ACSM. **Guidelines for exercise testing and prescription**. 6. ed. Filadélfia: Lippincott Williams & Wilkins, 2000.

BALADY, G. J.; FLETCHER, B. J.; FROELICHER, E. F. Cardiac rehabilitation programs: a statement for healthcare professionals from the American Heart Association. **Circulation**, v. 90, p. 1.602-10, 1994.

BETHELL, H. J. N. Exercise in cardiac rehabilitation. **Br. J. Sports. Med.**, v. 33, p. 79-86, 1999.

HILLEGASS, E.; SADOWSKY, H. S. **Essentials of cardiopulmonary physical therapy**. Filadélfia: Saunders Company, 1994. p. 633-53.

KAVANAGH, T. Exercise in cardiac rehabilitation. **Br. J. Sports Med.**, v. 34, p. 3-6, 2000.

KELLERMAN, J. J. Long term comprehensive cardiac care – The perspectives and tasks in cardiac rehabilitation. **Eur. Heart. J.**, v. 13, p. 1.441-4, 1993.

LAVIE, C. J.; MILANI, R. V. Effects of cardiac rehabilitation programs on exercise capacity, coronary risk factors, behavioral characteristics and quality of life in a large elderly cohort. **Am. J. Cardiol.**, v. 76, p. 177-9, 1995.

LEAR, A. S.; IGNASZEWSKI, A. Cardiac rehabilitation: a comprehensive review. **Curr. Control Trials Cardiovasc. Med.**, v. 2, p. 221-32, 2001.

LEON, A. S. Exercise following myocardial infarction. Currents recommendations. **Sports Med.**, v. 29, p. 301-11, 2000.

MILANI, R. V.; LAVIE, C. J. Prevalence and effects of cardiac rehabilitation on depression in the elderly with coronary heart disease. **Am. J. Cardiol.**, v. 81, p. 1.233-6, 1998.

PASHKOW, F. J. Issues in contemporary cardiac rehabilitation: A historical perspective. **J. Am. Coll. Cardiol.**, v. 21, n. 1, p. 822-34, 1993.

RONDON, M. U. P. B. et al. Comparação entre a prescrição de intensidade de treinamento baseada na avaliação ergométrica convencional e na ergoespirometria. **Arq. Bras. Cardiol.**, v. 70, p. 159-66, 1998.

ROVEDA, F. et al. The effects of exercise training on sympathetic neural activation in advanced heart failure: a randomized controlled trial. **JACC**, v. 42, n. 5, p. 854-60, 2003.

Capítulo 10

Diabetes Mellitus e Exercício Físico

Denise Maria Martins Vancea

O diabetes mellitus é um grupo de doenças metabólicas caracterizado por hiperglicemia resultante de defeitos na secreção e/ou na ação da insulina (The Expert Committee on the Diagnosis and Classification of Diabetes Melito, 2000).

No organismo, a insulina é produzida por uma célula denominada beta. Ela faz parte de um conglomerado de células localizadas no pâncreas, denominadas ilhotas de Langerhans. O sistema imunológico cria anticorpos que atacam as células beta, impedindo a produção de insulina. Ainda não se sabe exatamente por que isso ocorre.

Fatores de risco

- História familiar de DM;
- Excesso de peso IMC > 25;
- Macrossomia (bebês acima de 4 kg ao nascer);
- Sedentarismo.

Síndrome metabólica

Resistência
à insulina
↙ ↙ ↙ ↙
↘ ↘ ↘
Hipertensão ↑Triglic.
Diabetes ↑LDL ↓ HDL
Obesidade Hiperinsulina

A síndrome metabólica é caracterizada pela resistência à insulina. Essa resistência provoca uma hiperinsulinemia. Como a insulina é lipogênica, forma células adiposas, automaticamente levando à obesidade. A obesidade leva a diabetes, que leva a hipertensão, colesterol elevado etc.

Diagnóstico

Glicemia de jejum > 126 mg/dl;

Ocasional ≥ 200 mg/dl acompanhado de sintomas.[1]

[1] American Diabetes Association (1997).

Definindo metas

Tabela 10.1 – Diabéticos

	Bom	Aceitável	Ruim
Jejum	70-110 mg/dl	111-140 mg/dl	>140 mg/dl
Pós-prandial	70-140 mg/dl	141-160 mg/dl	>160 mg/dl

Sociedade Brasileira de Diabetes (2001).

Tabela 10.2 – Não diabéticos

	Normal	Alterada	Diabetes
Jejum	70-99 mg/dl	100-125 mg/dl	≥126 mg/dl

Melo, CBD (2005).

Classificação

Diabetes gestacional

Ocorre só durante a gestação. Quando o bebê nasce, a glicemia da mãe volta ao normal, porém apresenta um fator de risco a mais para desenvolver diabetes futuramente.

MODY (Maturity Onset Diabetes Youth)

Diabetes do adulto que se inicia na juventude.

LADA (Latent Autoimmune Diabetes in Adults)

A idade média dos pacientes com LADA é em torno dos 50 anos; por isso, esses pacientes são inicialmente classificados de forma errônea como tipo 2. O LADA compartilha com o diabetes tipo 1 a evidência de auto-imunidade e a falência de secreção de insulina pelas células beta; com o diabetes tipo 2, a idade de instalação e a presença de resistência insulínica. Por essas razões, existe a sugestão de que poderia ser considerado um tipo distinto de diabetes.

Diabetes mellitus

Existem dois tipos de diabetes mellitus: tipo 1 (baixa produção de insulina desde o princípio do distúrbio, necessitando de insulina exógena) e tipo 2 (resistência à insulina: o indivíduo necessita de mais insulina para baixar os níveis de glicose, mantendo níveis de insulina no sangue muito mais altos – isso é chamado de hiperinsulinemia).

Diabetes tipo 1:
- diabético juvenil
- dependente de insulina
- geralmente é magro

Diabetes tipo 2:
- diabético senil
- uso eventual de insulina
- geralmente é obeso

Figura 10.1 – Características principais de diabetes mellitus tipo 1 e 2.

Quadro 10.1 – Características Gerais da DM 1 e DM 2

Características	DM 1	DM 2
Início	Rápido	Lento
Secreção de insulina no pâncreas	Baixa ou ausente	Normal, alta ou reduzida
Presença de corpos cetônicos	Presente	Ausente na maioria
Idade de início	Infância, adolescência e mais raramente em adultos	Mais freqüente em adultos obesos
Tratamento	Insulinas, dieta, atividade física	Medicação oral ou insulina, dieta e atividade física
Familiar acometido	10%	30%
Presença de anticorpos contra ilhotas e/ou insulina	Positivo em > 85% - mais freqüente no início da doença, decai com o tempo	Ausentes
Obesidade	Ausente na maioria	Presente na maioria
Complicações microvasculares (retina, renal e neurológica)	Depende do controle glicêmico	Depende do controle glicêmico

Causas

Quadro 10.2 – Causas da DM

DM 1	DM 2
Hereditariedade	Hereditariedade
Estresse	Obesidade
Vírus	Efeitos da dieta
Disfunção auto-imune	Sedentarismo
Doença pancreática e hepática	Estresse
Alterações endócrinas, outros tipos e DG	Idade avançada
	Fármacos

Obesidade × DM 2

Na obesidade, as células beta do pâncreas tornam-se comumente menos responsivas à estimulação do nível elevado de glicose no sangue. Além disso, as células-alvo do organismo, incluindo os músculos, sofrem freqüentemente uma redução da quantidade dos receptores de insulina ou uma redução de sua ativação, de modo que a insulina presente no sangue é menos eficaz no transporte de glicose para o interior das células (Wilmore e Costill, 2001).

Sintomas

- Poliúria (urinar muito);
- Polidipsia (beber muita água);
- Polifagia (comer muito);
- Hiperglicemia;
- Glicosúria;
- Infecções cutâneas e genitais recidivantes;
- Impotência sexual;
- Alterações visuais, renais ou neurológicas.

Complicações crônicas do diabetes

Retinopatia

O diabetes é a principal causa de cegueira no mundo. Os microvasos que atravessam a retina, no fundo dos olhos, ficam enfraquecidos e, se a pressão sangüínea se eleva, acabam se rompendo. Forma-se um pontinho de sangue no local de derrame, que depois é coberto por um tecido de cicatriz. Naquele ponto, não se enxerga.

Com o passar do tempo, de pontinho em pontinho, aproximando-se entre si, a visão torna-se turva, até a pessoa ficar completamente cega.

Além disso, o diabetes apresenta-se como responsável por 20% dos novos casos de cegueira entre os 45 e 74 anos de idade nos Estados Unidos. Existe retinopatia em cerca de 70% das pessoas cujo diabetes foi diagnosticado há 10 anos.

Nefropatia

As membranas dos glomérulos, que funcionam como minúsculos filtros de sangue, também se espessam. Pouco a pouco, os rins perdem sua capacidade de trabalho. O líquido e as substâncias, que seriam eliminados na forma de urina, começam a se acumular na corrente sangüínea, causando hipertensão arterial (Brasil, Ministério da Saúde, 1990).

A manifestação mais precoce, laboratorialmente evidente, da doença renal diabética é a proteinúria. Sua ocorrência, em média aproximadamente 17 anos após o diagnóstico, prenuncia o início de insuficiência renal dentro de cinco anos.

Neuropatia autonômica

Os portadores de comprometimento de um nervo do sistema autônomo correm alto risco de desenvolver complicações durante o exercício, incluindo o infarto silencioso do miocárdio e a morte súbita, quando o coração pára de responder aos impulsos do nervo autonômico.

A hipotensão (pressão arterial baixa) pode ocorrer mais facilmente com as mudanças rápidas na posição do corpo.

Os portadores de neuropatia autônoma também têm dificuldade em manter a temperatura corporal e o nível de hidratação normais, além de ter de evitar os exercícios em ambientes quentes ou frios.

No caso da hipotensão ortostática, a tontura ou o desmaio são muito mais prováveis de ocorrer durante as mudanças na posição do corpo; portanto, os movimentos rápidos devem ser evitados.

Na gastroparesia, qualquer alimento ingerido para tratar ou evitar a hipoglicemia durante o exercício pode ter uma absorção retardada ou irregular, resultando primeiro em um nível de açúcar baixo, que depois se torna elevado durante o exercício e a recuperação.

Doença vascular

O coração do diabético que não se cuida padece, porque a pessoa apresenta uma tendência muito maior para formar os temidos ateromas, placas endurecidas nas paredes dos grandes vasos sangüíneos, aumentando a chance de infartos. Os nervos acabam se danificando.

Parte da glicose retida no sangue transforma-se em sorbitol, uma espécie de álcool tremendamente irritante para as terminações nervosas. A pessoa pode ter reações que vão desde a impotência sexual a paralisias faciais e dificuldades motoras.

A doença vascular aterosclerótica constitui uma das principais causas de morbidade e mortalidade nos pacientes com diabetes mellitus.

O adulto com diabetes mellitus, tanto do tipo 1 quanto do tipo 2, tem uma probabilidade pelo menos cinco vezes maior de sofrer infarto do miocárdio do que uma pessoa sem diabetes.

Fatores de riscos cardiovasculares no diabético não dependente de insulina

- Obesidade;
- Hipertensão;
- Dislipidemia;
- Hiperinsulinemia;
- Problema renal;
- Tabagismo.

Tratamento

- Controle metabólico;
- Controle do peso;
- Exercício físico;
- Controle da nefropatia;
- Dieta hipocalórica;
- Terapia medicamentosa;
- Controle do colesterol.

Pé diabético

As paredes dos pequenos vasos vão ficando cada vez mais espessas, diminuindo o espaço interno para o sangue fluir. Isso, somado aos danos dos nervos, torna os pés um ponto frágil.

Eles costumam formigar e perder a sensibilidade, deixando de perceber dor ou calor. Por isso, machucam-se ou sofrem queimaduras com facilidade. Quando isso acontece, a pouca irrigação sangüínea não transporta matéria-prima suficiente para cicatrizar os tecidos.

As feridas de diabéticos ficam muito tempo abertas, resultando em amputação, em 90% dos casos, em razão de gangrenas.

A apresentação clínica do pé diabético pode ocorrer sob três formas principais:

Figura 10.2 – Isquemia aguda (trombose arterial) – gangrena seca

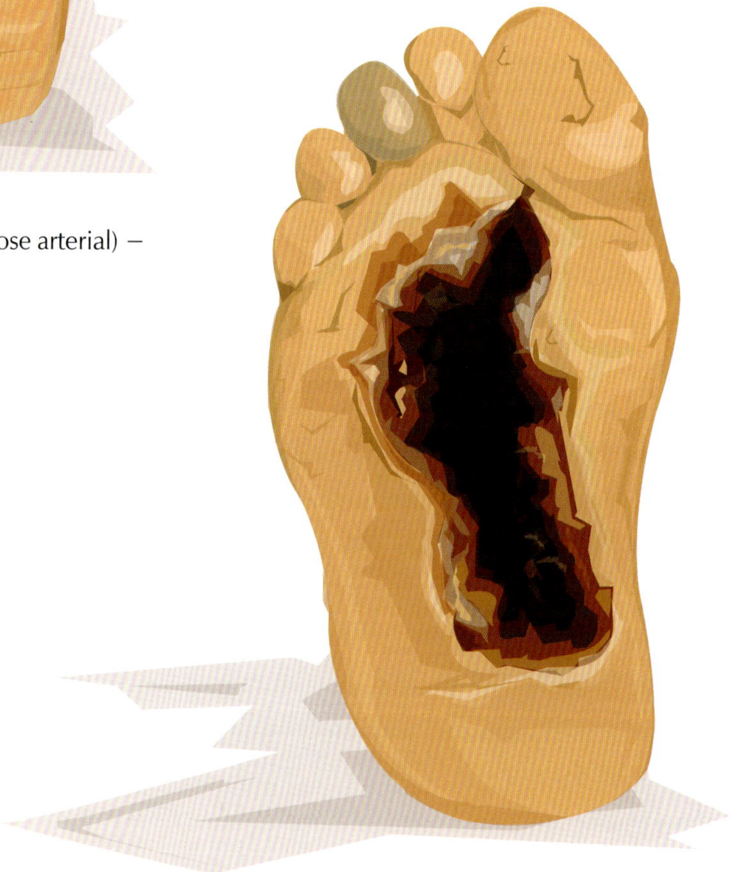

Figura 10.3 – Infecção aguda – gangrena úmida

O tratamento é iminentemente preventivo, para evitar amputações desnecessárias, consistindo em:

- Controle metabólico;
- Educação do paciente e familiares quanto à higiene e ao exame diário dos pés, ao uso de calçados apropriados e cremes hidratantes para a pele, aos cuidados com os calos, ao corte apropriado das unhas, à profilaxia e ao tratamento das dermatofitoses, ao não andar com pés descalços, ao uso de proteção contra traumatismos;
- Exame dos pés a cada consulta, procurando detectar alterações isquêmicas, fissuras cutâneas, ulcerações incipientes, presença de micoses ungueais ou interdigitais, unhas encravadas, uso de calçados inadequados etc.

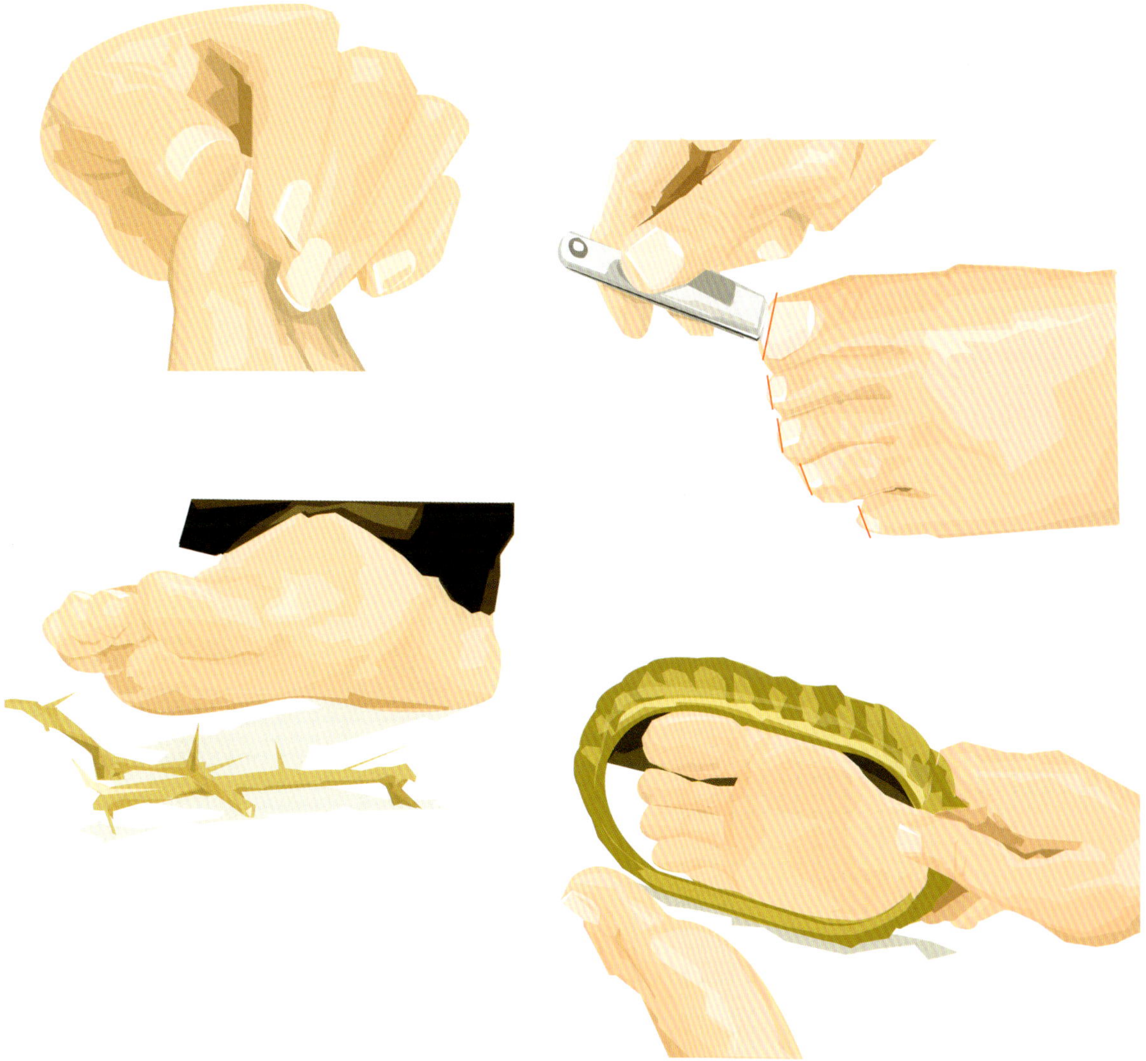

Figura 10.4 – Sequência do tratamento do pé diabético.

As complicações do diabetes mellitus serão tão menores e, portanto, menos graves, e mais infreqüentes, quanto melhor for o controle do nível de açúcar no sangue.

Complicações agudas do diabetes

Cetose e cetoacidose diabética

Cetose é o subproduto do metabolismo dos ácidos graxos livres que se acumulam no sangue.

A cetoacidose diabética é uma das formas extremas de descompensação diabética, acometendo geralmente pacientes dependentes de insulina (DM 1). É uma urgência clínica bastante comum, e sua mortalidade é da ordem de 6% a 10%, em grande parte em razão de falhas no tratamento.

O quadro clínico consiste em náuseas, vômitos, dor abdominal, rubor facial, poliúria (urinar muito) e polidipsia (beber muita água) intensas, de evolução relativamente rápida. O paciente apresenta-se bastante desidratado, taquicardíaco, freqüentemente hipotenso, com hálito cetônico.

Coma hiperosmolar não cetônico

É também uma das formas extremas de descompensação diabética, acometendo, porém, indivíduos geralmente não dependentes de insulina (DM 2), que possuem certa reserva pancreática de secreção insulínica. É uma situação clínica grave, com mortalidade bem maior que a associada à cetoacidose, maior que 50%.

O paciente apresenta-se, tipicamente, com alteração do sensório, mucosas secas, taquicardia, hipotensão, respiração superficial e ausência de hálito cetônico.

Os fatores precipitantes são basicamente os mesmos que os da cetoacidose, com alguma importância para o desencadeamento associado ao uso de drogas hiperglicemiantes, como corticosteróides etc.

O quadro clínico consiste em poliúria e polidipsia intensas, de desenvolvimento mais insidioso.

Não raro, o paciente, desconhecendo a condição de diabético, toma grandes quantidades de líquidos adoçantes para saciar sua sede.

As quatro características clínicas principais são:

- Hiperglicemia extrema maior que 600 mg/dl, freqüentemente entre 1.000 e 2.000 mg/dl;
- Ausência de cetose significativa;
- Hiperperosmolaridade plasmática;
- Desidratação profunda.

O paciente apresenta-se tipicamente com alteração do sensório, mucosas secas, taquicardia, hipotensão, respiração superficial e ausência de hálito cetônico.

Hipoglicemia

A hipoglicemia acomete tanto pacientes diabéticos do tipo 1 quanto do tipo 2. O quadro clínico da hipoglicemia consiste nos sintomas relativos à alterações do comportamento, do sensório, coma, convulsões locais ou generalizadas e à reação neurovegetativa decorrente, como sudorese, tremores, taquicardia, sensação de fome intensa.

Tipicamente, a instalação do quadro é súbita, podendo inclusive ocorrer durante o sono.

Os níveis glicêmicos estão, como regra, abaixo de 50 mg/dl.

Quando esse estado for muito prolongado ou se repetir por várias vezes, pode causar danos irreparáveis ao cérebro e ao sistema nervoso. De 2% a 4% de óbitos por hipoglicemia severa ocorre no DM 1 (Vívolo, CBD, 2005).

No estudo de Chokkalingam (2007), com pacientes DM 1 foi administrada glicose (8 mmol) e insulina (15 e 50 unidades) na bomba de infusão. O exercício sob condições hiperinsulinêmicas aumenta a utilização da glicose sem afetar a utilização do glicogênio muscular, ou seja, continua acontecendo a utilização do glicogênio (40%) mesmo na presença da glicose exógena.

No estudo de Tsalikian (2006), 49 crianças (8-17 anos) com diabetes tipo 1 usando bomba de insulina, foram estudadas durante sessões estruturadas do exercício em dois dias. No primeiro dia, a insulina basal foi interrompida, ao passo que, no segundo dia, foi disparada. Cada sessão do exercício foi constituída de quatro ciclos na esteira de 15 minutos, com a FC em torno de 140 bpm, com 5 minutos de descanso, seguidos por um período de 45 minutos de observação. A glicemia foi medida antes, durante e após o exercício. A freqüência da hipoglicemia (≤ 70 mg/dl) foi menor durante o exercício quando a insulina basal foi interrompida do que quando foi disparada. A hiperglicemia (≥ 200 mg/dl) 45 minutos após a conclusão do exercício foi mais freqüente sem insulina basal. Não havia nenhum nível anormal de cetona no sangue. A insulina basal interrompida durante o exercício é uma estratégia eficaz para reduzir a hipoglicemia nas crianças com diabetes tipo 1, mas ocorre o risco.

IMPORTANTE: No dia em que o diabético apresentar uma hipoglicemia severa (< 50 mg/dl), não poderá realizar nenhum tipo de atividade física ou exercício físico. Se isso ocorrer, pode haver uma implicação grave, inclusive levando à morte, pois ele ainda não recuperou o glicogênio, o que pode ocasionar uma hipoglicemia bem mais grave.

Como prevenir uma hipoglicemia

- Não "pular" refeições, principalmente antes das aulas de Educação Física;
- Evitar exercícios intensos, principalmente se for grande o intervalo da última refeição;
- Diminuir a dose de insulina (orientação médica).

Como reconhecer uma hipoglicemia

- Presença de sudorese, tremores, taquicardia e sensação de fome intensa;
- A instalação do quadro geralmente é súbita, podendo inclusive ocorrer durante o sono. Os níveis glicêmicos estão, como regra, abaixo de 50 mg/dl;
- Quando esse estado for muito prolongado, ou se repetir várias vezes, pode causar danos irreparáveis ao cérebro e ao sistema nervoso;

Como tratar uma hipoglicemia

- Se o diabético estiver consciente, dar açúcar ou líquidos açucarados, como água com açúcar, leite com açúcar ou refrigerante não *diet*; balas ou chocolate;
- Se o diabético não estiver consciente, tente colocar uma colher de açúcar entre as bochechas e a gengiva, massageando por fora;
- Se com esses procedimentos o diabético não retomar a consciência em 5 minutos, deve-se levá-lo ao hospital mais próximo;
- Alguns diabéticos ficam agressivos durante a hipoglicemia; por isso, é preciso deixá-los deitados em um lugar seguro, evitando que se machuquem;
- O professor ou adulto responsável só deve se afastar da criança e/ou adolescente diabético quando ele estiver completamente recuperado da hipoglicemia.

Tratamento[1]

- Alimentação adequada;
- Exercícios físicos;
- Insulina ou antidiabéticos orais;
- Apoio psicológico;
- Educação.

Tratamentos atuais[2]

Transplante de células beta

- Célula do paciente com morte cerebral;
- Até 8 horas;
- Ainda em desenvolvimento;
- Menor risco do que o transplante de pâncreas.

Transplante das Células Tronco DM 1

- Zera a utilização de insulina;
- Zera o diabetes.

Objetivos gerais do tratamento

- Procurar situar o paciente na faixa de normalidade do IMC (Índice de Massa Corporal);
- Conseguir o controle metabólico sustentável;
- Prevenir complicações;
- Melhorar a qualidade de vida.

Planejamento alimentar

Esse planejamento alimentar deve seguir cinco objetivos básicos:

- Atingir as metas da glicemia, como o balanceamento da ingestão alimentar com insulina ou hipoglicemiantes orais e o nível de exercício físico. Respeitar a quantidade, o tipo de alimento e os horários das refeições é fundamental para o controle glicêmico;
- Atingir o perfil lipídico desejado: geralmente o planejamento alimentar inclui baixa quantidade de gordura, especialmente saturadas, mais carboidratos e fibras, visando atingir ou manter níveis lipídicos apropriados;

[1] Rizvi (2007).

[2] CBD (2005).

- Fornecer calorias adequadas para manter a massa corporal satisfatória. Essa massa poderá não ser a ideal, mas consideramos que reduções ponderais em indivíduos obesos podem produzir melhora significativa na glicemia. Deve-se ainda permitir o crescimento e o desenvolvimento normais em diabéticos jovens e haver uma adequada gravidez e lactação nas mulheres;
- Prevenir, retardar ou tratar complicações relacionadas à nutrição: o planejamento alimentar pode evitar hipo/hiperglicemias; a nefropatia requer dieta hipoprotéica (não inferior a 0,8 g proteína/kg/dia); a macroangiopatia apresenta risco que pode ser atenuado por dieta pobre em gorduras;
- Melhora da saúde e bem-estar.

Recomendações para um adequado planejamento alimentar

1. Diabetes mellitus tipo 1:

- Determinar o padrão alimentar e estilo de vida antes de se instituir o esquema terapêutico;
- Integrar a insulina dentro dos hábitos do indivíduo.

2. Diabetes mellitus tipo 2:

- O foco nesses pacientes deve ser o controle metabólico mais amplo.
- A perda da massa corporal é desejável em indivíduos obesos (melhora a resistência insulínica, hipertensão arterial, dislipidemia).

Alguns dos principais problemas no diabetes são a dieta balanceada, a regulação do primeiro combustível do corpo e a glicose sangüínea. Baseados nesse conceito de equilíbrio, os três princípios da terapia nutricional são o equilíbrio total de energia, o equilíbrio de nutrientes e distribuição equilibrada dos alimentos.

Uma dieta individual pode ser expressa nos seguintes termos: calorias totais requeridas para energia; proporção dessas calorias relativa à quantidade de três nutrientes – carboidratos, gorduras e proteínas –; e uma distribuição alimentar padrão por dia. O princípio individual básico fundamental é o planejamento. A dieta para uma pessoa diabética é sempre baseada na necessidade nutricional de pessoas saudáveis.

A alimentação normal deve obedecer às chamadas "leis da alimentação":

- Quantidade, para atender às exigências calóricas;
- Qualidade, para que contenha todos os tipos de nutrientes;
- Harmonia, para que os nutrientes estejam presentes em proporções harmônicas entre si;
- Adequação, para que seja adequada às necessidades dos indivíduos.

Cada diabético precisa ter a alimentação ajustada às suas necessidades, tipo de vida, massa corporal, exercício físico e a resposta de seu organismo aos medicamentos de que faz uso.

O ato de comer em nossa sociedade tem um significado muito além do preenchimento das necessidades calóricas, nutricionais e vitamínicas de nosso organismo. Comemos para comemorar, para nos consolar, para suprir carências afetivas, para agredir aos outros ou a nós mesmos e como atividade social.

A televisão nos bombardeia todos os dias com mensagens sugerindo juventude e saúde relacionadas com tais lanchonetes ou alimentos. Toda essa propaganda dificulta uma dieta equilibrada.

Para Viggiano (1999), contudo, a pessoa diabética bem informada e conscientizada da importância do tratamento adequado não terá grandes dificuldades em seguir sua prescrição dietética no cotidiano.

Em algumas situações sociais, porém, ela pode sentir dificuldades em manter seu padrão dietético. É importante que seja orientada quanto a seu comportamento alimentar nessas situações especiais.

Adoçantes

Existem duas categorias básicas de adoçantes: nutritivos e não nutritivos. Os adoçantes nutritivos são aqueles que contêm calorias: frutose, polióis (sorbitol, manitol ou xilitol), aspartame e sucralose. Os dois primeiros aumentam a glicemia em diabéticos que não apresentam controle adequado da doença, ao passo que o aspartame não altera a glicemia. Os não nutritivos, por sua vez, são considerados não calóricos: sacarina, ciclamato, esteviosideo, acessulfane K. Eles não afetam o nível glicêmico, e os dois primeiros têm efeito carcinogênico. O uso excessivo do ciclamato deve ser evitado por pessoas hipertensas em razão da presença de sódio em sua composição.

Ação da insulina

A insulina é liberada dentro da corrente sangüínea, quando a glicose aumenta, e se une às células, formando uma placa chamada de receptores.

Uma vez unida aos receptores, a insulina permite que a glicose dos alimentos se mova da corrente sangüínea para dentro das células.

A insulina é obtida pelo pâncreas do boi ou do porco, ou é feita quimicamente idêntica à insulina humana, por meio de recombinação do DNA ou modificação de substâncias químicas da insulina do porco.

As insulinas análogas foram desenvolvidas, modificando-se a sucessão de aminoácidos da molécula de insulina.

Tipos de insulina

Tabela 10.3 – Insulina Basal

Marca comercial	Início	Pico	Duração	Fornecedor	Apresentação	Aspecto
N-Humulin	1-2 h	4-10 h	+ 10 h	Lilly	Caneta, seringa	Turvo
N-Novolin	1-2 h	4-10 h	+ 10 h	Novo Nordisk	Caneta, seringa	Turvo
Lantus	2-4 h	Sem pico	20-24 h	Aventis	Caneta	Límpido
Levemir	2-4 h	Sem pico	10-20 h	Novo Nordisk	Caneta	Límpido

Tabela 10.4 – Insulina antes das refeições

Marca comercial	Início	Pico	Duração	Fornecedor	Apresentação	Aspectos
Humalog	5-15 min	30-90 min	3 h	Lilly	Caneta, seringa	Límpido
Novorapid	5-15 min	30-90 min	3 h	Novo Nordisk	Caneta, seringa	Límpido
R-Humulin	30-60 min	2-3 h	5-8 h	Lilly	Caneta, seringa	Límpido
R-Novolin	30-60 min	2-3 h	5-8 h	Novo Nordisk	Caneta, seringa	Límpido

Os tempos individuais de ação podem variar, dependendo de diversos fatores, como condições ambientais, nível de atividade e local de injeção. Por isso, a monitoração é de extrema importância.

Exemplo:

Lantus (Basal)

Noite – 12 unidades (22-23 h)

Objetivo – glicemia antes do café da manhã entre 80 e 100.

Novorapid

Antes do café da manhã – 3 unidades

Antes do almoço – 6 unidades

Antes do jantar – 8 unidades

Tabela 10.5 – Ajustes na dose de insulina

Glicemias	Ação
> 301	+ 3 unidades
201-300	+ 2 unidades
121-200	+ 1 unidade
80-120	Dose normal
Menor que 79	– 2 unidades

Principais funções da insulina

- Impedir que a glicemia ultrapasse 160 a 180 mg/dl após a alimentação;
- Armazenar glicose no fígado e músculo na forma de glicogênio (reserva de glicose), que será utilizado em períodos interalimentares muito longos ou durante alguma atividade física;
- Intervir na fabricação de tecido adiposo (reserva de energia);
- Participar no processo de crescimento ósseo, muscular e de vários órgãos, como o pâncreas do diabético, que deixou de produzir sua própria insulina; assim, é necessária sua aplicação diária. Infelizmente, essa medicação não funciona via oral, pois, se ingerida, seria destruída pelas substâncias ácidas do estômago antes que fosse absorvida pelo sangue. Pesquisadores têm investigado a possibilidade de usar a insulina por via nasal (aspiração).

Bomba de infusão de insulina

Esse medicamento é acoplado ao corpo do paciente por um cateter. Para usar a bomba, o diabético precisa saber o índice glicêmico dos alimentos e a contagem de carboidratos.

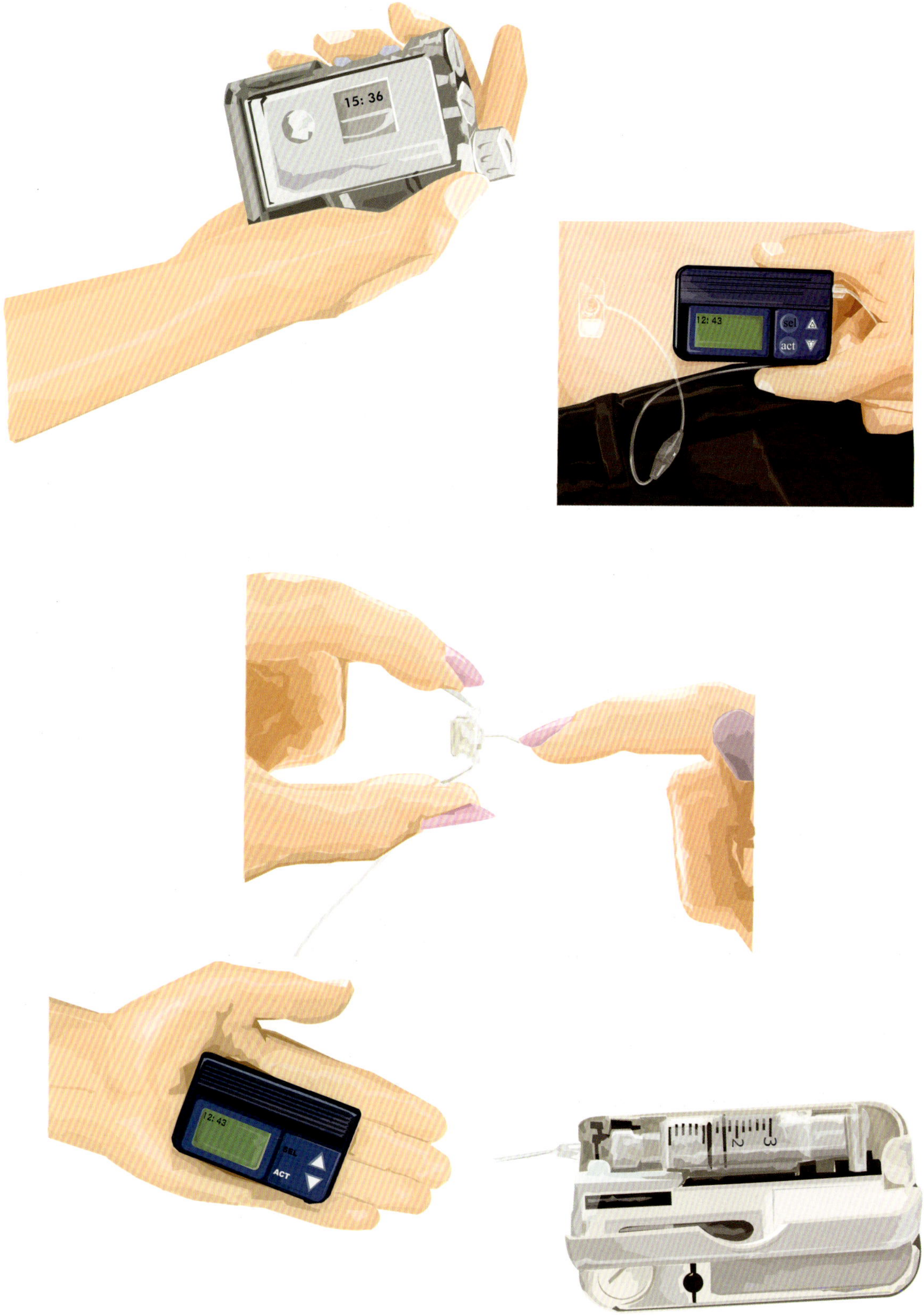

Figura 10.5 – Bomba de infusão de insulina.

Efeitos do exercício físico

O glicogênio do músculo serve como fonte de energia durante os primeiros minutos de exercícios, já que está diretamente disponível ao tecido contrátil e não precisa depender de uma resposta circulatória para sua mobilização. Contudo, o glicogênio muscular proporciona uma fonte apenas limitada de energia e, em conseqüência, substratos energéticos precisam ser liberados de vários órgãos e transportados ao músculo para suprir o gasto energético contínuo.

A contribuição relativa dessas fontes energéticas para as respostas metabólicas aos exercícios depende de vários fatores, como a duração e a intensidade dos exercícios, o grau de aptidão cardiorrespiratória e o estado nutricional e hormonal.

Durante o trabalho muscular, o consumo de glicose aumenta muito. Os dois hormônios pancreáticos (insulina e glucagon) intervêm na regulação do fornecimento de energia dos músculos que estão trabalhando.

A insulina acelera a entrada de glicose no interior das células e, dessa forma, produz uma diminuição no nível de glicose na corrente sangüínea.

O glucagon, no entanto, acelera o desdobramento do glicogênio do fígado em glicose, com a qual aumenta a glicose sangüínea. Durante o trabalho muscular, o nível de insulina diminui, mas aumenta o de glucagon.

Absorção da glicose sem insulina

A permeabilidade da membrana à glicose aumenta com a contração muscular, possivelmente em razão de um aumento da quantidade de transportadores de glicose associados à membrana plasmática (Wilmore e Costill, 2001).

No indivíduo não diabético, durante o exercício, a produção de insulina é interrompida (diminui). Porém, no paciente diabético, não é possível "desativar" a insulina no local de injeção; na realidade, o exercício aumenta o fluxo sangüíneo para o músculo e para a pele, o que geralmente eleva o índice de absorção de insulina nesses locais.

Em vez de ter menos insulina circulante durante o exercício, o diabético insulino-dependente pode ter mais que o normal, resultando em hipoglicemia (Colberg, 2003).

Na pessoa não diabética, a energia utilizada para os movimentos é retirada da glicose, que fica estocada no fígado e no músculo.

Quando o exercício se prolonga, as reservas de glicose diminuem e a energia passa a ser retirada da gordura. Durante o exercício físico, a quantidade de insulina diminui ao mesmo tempo em que aumenta a produção de outros hormônios que auxiliam no controle da glicose.

A produção de glucagon e adrenalina deve aumentar, pois esses dois hormônios permitem a liberação dos estoques de glicogênio. Desse modo, a elevação do consumo muscular de glicose é compensada por um aumento equivalente da produção pelo fígado desde o início do exercício, fazendo com que a glicemia permaneça estável.

DM 2

A insulina tem dificuldade para agir no fígado e no músculo por causa de um fenômeno conhecido como resistência. O exercício regular, com intensidade adequada, melhora a resistência e, portanto, o controle do diabetes.

DM 1 ou DM 2 em uso de insulina

A quantidade da insulina não diminui durante o exercício físico, e essa é uma situação com risco de hipoglicemia.

Aumento da captação de glicose pelo músculo

Existem três mecanismos responsáveis pelo aumento da utilização e captação da glicose pelas células musculares, que consomem grande quantidade de glicose durante o exercício:

- O aumento da ação da insulina, causada pelo aumento do metabolismo;
- A atuação específica do exercício nos glicotransportadores GLUT4;
- O conseqüente aumento da sensibilidade à insulina.

Exercício e DM 1

Pouca insulina

- Produção de glicose acelerada;
- Aumento da glicose sangüínea;
- Utilização da glicose pelo músculo prejudicada;
- Lipólise excessiva;
- Ácidos graxos livres e corpos cetônicos em excesso;

Muita insulina

- Produção de glicose prejudicial;
- Diminuição da glicose sangüínea;
- Utilização da glicose acelerada;
- Lipólise reduzida;
- Ácidos graxos livres e corpos cetônicos reduzidos.

INSULINA	GLICEMIA	MÚSCULO
normal	↓	↑
↑	↓↓	↑↑
↓	↑↑	↓↓

IMPORTANTE:

- Se o diabético não estiver com seu nível de insulina adequado, não terá os benefícios do exercício físico. Ele poderá sair hiper ou hipoglicêmico do exercício;
- Três motivos que podem aumentar a glicemia (hiperglicemia) após o exercício físico:
  - adaptação do organismo ao exercício (só nas primeiras três sessões);
  - qualquer tipo de infecção, que irá aumentar a glicemia;
  - o diabético pode estar com falha na dose de insulina, precisando aumentar ou, se não aplica insulina, iniciar esse tratamento, sempre com a orientação médica.
- O diabético só deve iniciar o exercício físico quando a glicemia estiver maior que 100 mg/dl; caso contrário, a probabilidade de uma hipoglicemia após o exercício será grande.

O diabético só poderá iniciar o exercício quando a glicemia estiver < 250 mg/dl, pois no início do exercício físico ocorre um aumento dos hormônios contra-reguladores, elevando a glicemia, o que pioraria um possível quadro de cetoacidose diabética.

Observação: Quando a glicemia antes do exercício está alta, mas nos últimos dias esteve normal, não existem sintomas de desequilíbrio do diabetes (como diurese aumentada e ingestão elevada de líquidos) e não há cetose, não existe impedimento para a prática de exercício (Ramalho, 2005).

Efeito agudo x crônico

Os estudos, dos efeitos agudos e crônicos do exercício físico sobre a glicemia apontam caminhos diferentes. Portanto, é importante relatar alguns estudos, considerando a importância de pesquisas nessa área. Os efeitos do treinamento são os resultados repetidos dos efeitos do exercício agudo. Outros estudos sugerem que o músculo treinado, com adequada insulina presente, demonstra um aumento da capacidade para metabolizar glicose, antes que reflita o efeito residual (depósito) da última vez do exercício agudo.

Uma pequena quantidade de exercício realizada freqüentemente resulta em uma diminuição da glicemia. Essa diminuição pode persistir por horas ou dias, possivelmente relacionada ao aumento da sensibilidade à insulina no músculo.

A melhora do controle glicêmico por períodos prolongados em pacientes que participam de exercícios regulares pode ocorrer em razão dos efeitos cumulativos do exercício agudo.

Manson (1999) afirma que o aumento da sensibilidade dos receptores de insulina pode durar várias horas após o término da sessão de exercícios, levando até dois dias se o exercício for de longa duração e alta intensidade.

No entanto, no estudo de Vaz et al. (2005), da Universidade Federal de Alagoas, com 120 pacientes DM 2, a hemoglobina não apresentou diferença entre os que praticavam exercício físico e os sedentários. A diminuição da resistência à insulina e o aumento da sensibilidade podem ser, sobretudo, uma resposta a cada período de exercício, em vez de ser o resultado de uma alteração em longo prazo, associado ao treinamento (Wilmore e Costill, 2001).

Depois de treinar por várias semanas, a glicose sangüínea não sofre uma queda tão significativa como no início do treinamento. A resposta ao exercício desaparece dentro de uma semana nos indivíduos com DM 2, indicando que a resposta ao exercício tem uma duração pequena. Por isso, o esforço físico deve ser renovado, ou seja, praticado regularmente.

Receptor x transportador

Quando a insulina se liga aos receptores, necessita de transportadores que só se encaminharão para a membrana quando possuírem insulina.

Não se sabe ainda se o exercício físico age no receptor ou nos transportadores de glicose. O transporte de glicose para o interior das células periféricas (músculo esquelético, miocárdico e tecido adiposo) ocorre via GLUT 4 (GLUT = proteínas transportadoras de glicose através da membrana citoplasmática), sob intensa estimulação insulínica.

A resposta à estimulação insulínica se dá no sentido do maior recrutamento desses transportadores na membrana celular.

Dessa forma, após o estímulo da insulina, o número desses transportadores ligados à membrana aumenta de 1% para 40% no adipócito.

Exercício físico intenso x hormônios

Atividades intensas podem, na realidade, elevar o açúcar sangüíneo quando acompanhadas por uma liberação intensificada de certos hormônios (Colberg, 2003).

Estudos de pessoas portadoras de diabetes tipo 1 e 2 mostraram que exercícios muito intensos, como o treinamento de resistência, o levantamento de peso e o exercício aeróbico quase máximo, podem causar uma elevação imediata do nível de açúcar sangüíneo, em razão da resposta hormonal do corpo à carga de trabalho.

O exercício intenso causa a liberação de vários hormônios, que aumentam a produção de glicose pelo fígado e reduzem a captação do açúcar sangüíneo pelos músculos.

Esses hormônios incluem a epinefrina (adrenalina) e a norepinefrina, liberadas pelo sistema nervoso simpático em resposta ao exercício intenso, e também o glucagon, o hormônio do crescimento e o cortisol.

Os efeitos desses hormônios contra-reguladores (que elevam a glicose) podem facilmente exceder a necessidade imediata do corpo de glicose e sua utilização, especialmente porque um exercício em intensidade tão alta não pode ser mantido por muito tempo.

O resultado desse controle hormonal de *feedforward* na produção de glicose é uma elevação no açúcar sangüíneo durante e após o exercício.

A insulina adicional é necessária para que o nível de açúcar sangüíneo volte ao normal depois de um exercício tão intenso.

Benefícios do exercício físico para diabéticos

- Aumenta a capacitação de glicose pelo músculo: durante o exercício físico, os músculos captam glicose mais eficientemente, a fim de produzir energia para a contração muscular;
- Eleva a ação da insulina e de antidiabéticos orais;
- Capta glicose no período pós-exercício: após o término da atividade, a musculatura continua captando glicose mais eficientemente, com objetivo de recompor o glicogênio muscular e hepático e recuperar o organismo;
- Pode provocar hipoglicemias até 48 horas após o término da atividade (para alguns diabéticos);
- Permite aos bem controlados e com peso normal a ingestão de mais calorias correspondentes a esse gasto;
- Colabora na redução dos fatores de risco cardiovasculares;
- Aumenta o fluxo de sangue muscular e a circulação de membros inferiores, principalmente nos pés, prevenindo os efeitos da aterosclerose;
- Contribui para a redução do colesterol e triglicérides no sangue;

- Colabora na redução da pressão arterial leve e moderada;
- Reduz a perda de massa óssea (osteoporose), atuando como fator mecânico na reconstituição óssea;
- Melhora a disposição geral e a sensação de bem-estar;
- Aumenta a tolerância à glicose como resultado de uma maior utilização da glicose e do aumento da sensibilidade à insulina;
- Reduz a massa corporal, principalmente se o exercício físico estiver associado à dieta hipocalórica;
- Aumenta a sensibilidade dos receptores e sua capacidade de ligação com a insulina (encaixes bioquímicos) em tecido gorduroso, músculos e outros órgãos, diminuindo a resistência da ação da insulina nesses tecidos;
- Ocorre redução da quantidade diária de insulina nos bem controlados. Mas o diabético que não estiver controlado, com seus níveis glicêmicos adequados, não terá essas vantagens, e a probabilidade de riscos do exercício físico para esse diabético será muito maior do que as vantagens.

Riscos do exercício físico

- Hipoglicemia (< 100 mg/dl);
- Hiperglicemia e cetoacidose para DM 1 (250 mg/dl com cetose ou 300 mg/dl com ou sem cetose);
- Complicações cardíacas, inclusive morte súbita;
- Sangramento da retina;
- Perda de proteínas na urina;
- Oscilação excessiva, em ambos os sentidos, da pressão sistêmica;
- Desenvolvimento de úlceras nos pés e danos ortopédicos, especialmente em pessoas com neuropatias periféricas;
- Hipertensão não controlada, com pressão arterial sistólica de repouso acima de 180 mmHg ou pressão diastólica acima de 105 mmHg;
- Hipertemia e superaquecimento do corpo durante o exercício não somente prejudicam sua habilidade de se exercitar como também o predispõe a uma insolação;
- Sessões de exercícios realizadas no frio muito intenso impõem desafios acentuados para pessoas com diabetes;
- Neuropatia autonômica séria, podendo causar acentuada queda na pressão sangüínea sistólica durante o exercício;
- Para o paciente que apresenta neuropatia autônoma, uma freqüência cardíaca de repouso maior do que 100 batimentos por minuto é um risco, podendo também ser um sinal de hipoglicemia; nos dois casos, deve-se interromper o exercício;
- O aquecimento e o desaquecimento (volta à calma) são mais necessários ainda para pessoas com neuropatia autônoma, para evitar a elevação brusca da freqüência cardíaca.

Recomendações específicas

- Exame médico prévio/avaliação clínica e física;
- Início sempre com cargas moderadas;

- Não se exercitar no pico de ação da insulina para evitar hipoglicemia;
- Quando possível, exercitar-se 30 minutos após refeições importantes;
- Hipoglicemia - horas após a sessão de exercícios.

IMPORTANTE: Automonitoração da glicemia (antes e após o exercício físico).

- Exercícios regulares e contínuos;
- Hipoglicemia – exercícios no final da tarde, pode ocorrer durante o sono;
- Não aplicar insulina nas regiões de músculos que participarão ativamente do exercício, porém é recomendável usar sempre o mesmo local de aplicação, antes do exercício, para perseguir uma reprodução dos resultados;
- Exercícios físicos para complicações tardias;
- Exame médico a de três em três meses, visita ao médico de seis em seis meses;
- Atenção aos portadores de retinopatia e nefropatia. Nos casos de retinopatia, poderão ocorrer acelerações das lesões preexistentes, causando hemorragias retinianas e deslocamento de retina. Nos nefropatas, considerar o aumento de proteinúria;
- Se os exercícios forem realizados na vigência de hiperglicemia com poliúria e em dias de calor ou sol forte, poderá ocorrer desidratação;
- Usar meias de algodão que sejam lisas, sem saliências ou desenhos em relevo, e trocá-las todos os dias. Usar um bom tênis esportivo que sirva adequadamente;
- Adultos diabéticos devem fazer anualmente, e crianças, de dois em dois anos, uma avaliação rigorosa dos lipídios sangüíneos, incluindo medidas de colesterol total, HDL-colesterol e triglicérides;
- O exercício físico não substitui a insulina e deve ser encarado como uma medida de apoio e não como um objetivo terapêutico por si só;
- O diabético deve fazer um teste de esforço antes de entrar em um programa de exercício físico, principalmente de alta intensidade. Deve fazê-lo quando: idade > 35; diabetes tipo 2 > 10 anos de duração; diabetes tipo 1 > 15 anos de duração; presença de qualquer fator de risco adicional para doença coronariana; presença de doença microvascular (retinopatia ou nefropatia, inclusive microalbuminúria); doença vascular periférica; neuropatia autonômica;
- A identificação das áreas de preocupação permitirá uma prescrição do exercício individualizado, que pode minimizar o risco para o diabético;
- Diabéticos com doença coronariana conhecida deveriam sofrer uma avaliação supervisionada da resposta de isquemia para o exercício e a propensão de arritmia durante o exercício;
- O exercício deve ser agradável, o paciente deve escolher a atividade que gosta e variar o tipo de exercício;
- O paciente deve fazer exercício no local e em um horário adequado;
- O exercício regular deve ser feito perto da casa da pessoa ou do local de traba-

lho, para que tenha uma melhor chance de se manter contínuo;

- O comportamento do paciente deve ser reforçado por si mesmo, por sua família e pelos profissionais envolvidos no programa;
- O índice quantitativo do progresso vai proporcionar um *feedback* positivo, que deve ser utilizado, por exemplo, em medidas da freqüência cardíaca, medidas da glicemia e medidas da composição corporal;
- O tipo de exercício deve ser adequado às possibilidades e limitações do paciente, considerando-se as possíveis complicações crônicas do diabetes, como retinopatia, nefropatia, neuropatia etc;
- Quando ocorrer hipoglicemia, além de ingerir açúcares de absorção rápida, devem-se também reconstituir as reservas de glicogênio do músculo e do fígado com a ingestão de açúcares de ação prolongada antes de recomeçar o exercício, sob pena de ocorrer repetição do episódio de hipoglicemia;
- Beber líquidos livres de açúcar, antes, durante e após o exercício;
- Checar os pés para ver se estão feridos, com bolhas ou avermelhados, antes e depois de um período de exercícios;
- Sempre ter o cartão de identificação de diabético;
- Manter um registro de quando e como o paciente se exercitou. Isso será discutido com o médico ou com o educador;
- Embora recomendações específicas para o exercício precisem ser individualizadas, orientações gerais relativas à freqüência de automonitorização da glicemia, adequação da ingestão de nutrientes, modificações na dose de insulina e escolha do local de aplicação devem ser mencionadas;

Dieta e exercício físico

Os alimentos baseados em carboidratos com alto conteúdo de gordura têm um índice de absorção mais lento do que aqueles com um conteúdo inferior de gordura. Esses alimentos não são eficazes no tratamento rápido da hipoglicemia.

Para os diabéticos, a ingestão de uma quantidade de proteína junto com carboidratos depois da atividade pode impedir quedas rápidas no açúcar sangüíneo.

Um lanche na hora de dormir, que contenha um pouco de proteína, também pode ajudar a evitar a hipoglicemia noturna depois de um dia de atividades vigorosas ou prolongadas. No entanto, a ingestão de proteína não é recomendada imediatamente antes do exercício, porque seu metabolismo é muito mais lento do que a absorção do carboidrato. Todos os atletas que treinam freqüentemente devem ingerir quantidades corretas de carboidrato diariamente para restaurar o glicogênio muscular e hepático entre as séries de treinamento.

Os diabéticos precisam tomar cuidado com o controle do açúcar sangüíneo depois do exercício, para que uma repleção adequada ocorra. Para um armazenamento apropriado de glicogênio, também deve-se ter nível favorável de insulina, especialmente mais de uma hora depois do exercício, quando a captação de glicose pelas células depende da insulina.

Em dias de exercício, se os participantes não comerem um pouco mais antes do exercício, como estratégia para evitar a hipoglicemia, alguns certamente o farão em quantidades excessivas depois.

A atividade física pode ajudar reduzindo gordura do corpo, pois aproximadamente 80% dos diabéticos tipo 2 são obesos. O exercício sem restrição calórica, porém, parece ineficaz.

Os pacientes que se exercitam regularmente podem negar os efeitos de redução do peso, aumentando a ingestão calórica.

Em dias em que o diabético se exercita mais que o habitual, ele vai precisar de mais comida para manter o equilíbrio. Em dias em que o diabético come muito, mais que em sua dieta normal, ele precisa aumentar sua dose de insulina ou exercitar-se mais para manter o equilíbrio.

Relação entre exercício físico e ajustes na dose de insulina

Quadro 10.3 – FALTA TÍTULO

Hora dos exercícios	Insulina a ajustar
Das 6 às 11 da manhã	Regular matutina
Das 11 às 16 horas	NPH matutina
Das 17 às 20 horas	Regular noturna
Das 20 às 23 horas	NPH noturna

Adaptado do Boletim Médico do Centro B-D de Educação em Diabetes (1994).

Ajustes na dose dos antidiabéticos orais

Pode ser necessário reduzir a dose de glibenclamida (Daonil), glimepirida (Amaryl), glipizida ou gliclazida (Diamicron e Minidiab). A metformina (Glucoformin, Glifage e Dimefor), a rosiglitazona (Avandia) e a pioglitazona (Actos) podem ser mantidas sem alteração da dose (Ramalho, 2005).

Tabela 10.6 – Mudanças na alimentação de acordo com o tipo de exercício

Tipo de exercício	Nível de glicose	Alimentação
Baixa para moderada intensidade		
Caminhada (800 m)	Abaixo de 100 mg/dl	2 frutas
Ciclismo (menos de 30 min)	Mais de 100 mg/dl	
Intensidade moderada		
Tênis, natação, corrida, golfe, ciclismo lento (1 hora)	Abaixo de 100 mg/dl	meio bife e 2 pães
	100-180 mg/dl	1 fruta ou 1 pão
	180-300 mg/dl	Nenhuma comida extra
	Acima de 300 mg/dl	Não fazer exercício
Vigorosos		
Futebol, hóquei, raquetebol, basquetebol, ciclismo vigoroso ou natação ou cavando com pá	Abaixo de 100 mg/dl	1 bife de carne, 2 pães, 1 fruta e 1 copo de leite
	100-180 mg/dl	1 bife de carne e 2 pães
	180-300 mg/dl	1 bife de carne e 1 pão
	Acima de 300 mg/dl	Não fazer exercício

Adaptado de Lundstrom, Mordes e Rossini (1997).

Variáveis que influenciam a resposta metabólica ao exercício físico

Tipo de insulina

O tipo de insulina influencia em sua utilização durante o exercício. Se for aplicada insulina regular antes do exercício, pode ocorrer hipoglicemia, pois a regular tem seu início de ação em 30 minutos e seu pico em, aproximadamente, 2 horas, agindo mais rápido. Desse modo, seu pico poderá ocorrer durante o exercício. Deve-se evitar aplicar insulina regular antes do exercício.

Local de aplicação de insulina

A insulina deve ser administrada no tecido subcutâneo e de preferência na região abdominal, pois, se ocorrer injeção intramuscular, o tempo de absorção da insulina será abreviado, precipitando a hipoglicemia.

O exercício aumenta o fluxo sangüíneo para os músculos e para a pele, o que geralmente eleva o índice de absorção de insulina nesses locais (Colberg, 2003). A absorção de insulina durante exercício é mais rápida. Dessa forma, deve-se evitar injetar insulina na parte do corpo que será exercitado durante o exercício.

Se você está planejando exercícios com os músculos da perna (correr, esquiar, andar de bicicleta), injete insulina no abdômen ou braços. Para atividades que envolverão os músculos do braço (esfregar paredes, empurrar, lavar o carro), injete insulina no abdômen ou pernas. Para jogos esportivos que utilizam todos os músculos do corpo (natação, basquetebol, voleibol), o lugar mais seguro para injetar é o abdômen.

Tempo entre as injeções

O diabético não pode fazer exercícios sem insulina, pois a deficiência de insulina resulta no aumento da mobilização de ácidos graxos livres e na aceleração da formação de corpos cetônicos pelo fígado, além de piorar a hiperglicemia já existente.

Intensidade, duração e tipo de exercício

A intensidade do exercício deve ser controlada, pois o exercício com alta intensidade pode provocar hipoglicemia ou, em caso das complicações tardias como uma retinopatia ou neuropatia periférica, pode acabar acelerando essas complicações.

Deve-se controlar a duração do exercício, pois os que ultrapassam uma hora podem ocasionar hipoglicemia. Portanto, deve-se interromper o exercício e fazer um lanche.

O tipo de exercício deve ser o mais apropriado à idade e às condições físicas do diabético. Exercícios aeróbicos, como natação, caminhadas, ciclismo etc. queimam mais rápido a glicose, podendo levar à hipoglicemia, se não forem tomados os cuidados necessários.

Devem-se evitar esportes radicais, como asa delta, alpinismo e até mesmo mergulho, pois caso ocorra uma hipoglicemia durante a prática desses esportes torna-se difícil tomar as medidas necessárias para a recuperação.

Tempo entre o exercício

e a última refeição

O tempo entre o exercício e a última refeição não pode ser muito extenso, visto que isso poderia provocar hipoglicemia. O diabético também não deve pular uma refeição antes de fazer exercícios. Deve-se sempre ingerir carboidratos antes do exercício.

Diabéticos tipo 2 que participam de programas de exercício podem, em alguns casos, chegar a interromper o medicamento oral e também diminuir a dose de insulina (Ivy et al., 1999).

Para manter o equilíbrio, é preciso aderir a um plano de dieta e exercícios para manter o peso ideal, além de seguir os horários de injeção de insulina prescritos para cada dia.

A dosagem de insulina diária deve ser ajustada à dieta, ao exercício físico e ao peso.

Avaliação da aptidão física do diabético

O teste de esforço nos pacientes diabéticos é recomendado para determinar a capacidade funcional basal, identificar respostas potencialmente anormais, como hipertensão, hipotensão, isquemia miocárdica assintomática ou comprometimento da resposta da frequência cardíaca, e também em razão do risco aumentado de doenças cardiovasculares nesses pacientes.

Devem-se usar protocolos de baixa intensidade na esteira ou no cicloergômetro. A ergometria de braço pode ser necessária para um teste diagnóstico em pacientes que tenham neuropatia periférica e/ou doença vascular periférica.

A presença de neuropatia autônoma pode impedir que o paciente atinja a freqüência cardíaca máxima prevista para a idade, o que pode reduzir a sensibilidade do teste.

Recomenda-se também que seja feita cuidadosa avaliação cardiovascular, evitando atividades que envolvam bruscas mudanças posturais ou que estejam associadas a rápidas alterações da freqüência cardíaca e pressão arterial.

A adequada avaliação cardiovascular dependerá da duração da diabetes, da idade do paciente, da presença de outros fatores de risco e do tipo de treinamento físico a que o paciente será submetido.

Isquemia silenciosa e morte súbita são eventos potenciais nesses indivíduos, requerendo avaliação cardiológica prévia à prescrição de exercício.

Um teste de esforço de múltiplas etapas deve ser incluído, com o intuito de detectar manifestações de doença cardíaca significativa e também para determinar o nível de aptidão física do indivíduo.

Os exercícios prescritos devem levar em consideração a gravidade da diabetes, o grau de aptidão física, o interesse recreacional do indivíduo, bem como a disponibilidade de realização das atividades físicas.

Quadro 10.4 – Procedimentos para a avaliação antes dos exercícios físicos

Histórico e exame físico	Evolução do diabetes
Revisão de todos os sistemas	Hemoglobina glicada
Identificação de problemas médicos (asma, artrite)	Exame oftalmológico
Pressão arterial	Exame neurológico
Freqüência cardíaca	Evolução nefrológica
Lipídios sangüíneos	Evolução do peso
	Evolução cardiovascular

Quadro 10.5 – Prescrição do exercício físico

	Aquecimento	**Relaxamento**	**Exemplos**
Todos os indivíduos	5-10 minutos de exercício físico de baixa intensidade	5-10 minutos de exercício físico de baixa intensidade	Caminhadas, bicicleta, exercício físico planejado de baixo impacto
Programa de exercício físico	Início	Progressão	Sugestão de atividade
Resistência	1 sessão de 8-10 repetições 2-3 vezes por semana, por várias semanas, dependendo de cada caso individualmente	3 sessões de 8-10 repetições, dependendo de cada caso individual	Musculação, ioga, pilates (avaliado por um especialista no exercício recomendado)
Aeróbicos	Baixa intensidade, 3-5 dias não consecutivos/semana, 10-20 minutos; aumentar a duração ou freqüência antes da intensidade. Idosos: dar breves períodos de descanso inicialmente	Progredir com freqüência de 150 minutos/semana com moderada intensidade (12-14 Escala de Boerg) ou 90 minutos/semana, intensidade rigorosa (>14 Escala de Boerg). Aumentar para uma hora o exercício físico – pode ser necessário para perda de peso. Idosos: Adicionar 2-3 minutos/semana para aposentados: Objetivo: máximo de 30-40 minutos 5-6 vezes por semana, 60% a 75% da freqüência cardíaca máxima.	Aeróbicos de baixo impacto, caminhada, bicicleta, exercícios na água, dança, natação

Treinamento aeróbico x resistido

Ramalho et al. (2006) realizaram um estudo sobre o efeito do treinamento aeróbico *versus* treinamento resistido sobre o controle metabólico em pacientes DM 1 (n = 13). O grupo do treinamento aeróbico (n = 7, 12 semanas de caminhada) não apresentou mudanças positivas na HG, lipídios, glicemia de jejum e IMC, e só ocorreu mudança na circunferência da cintura e glicemia capilar. O grupo do treinamento resistido (n = 6) não apresentou mudanças nos parâmetros avaliados. Em ambos os grupos, a dose de insulina foi reduzida.

O estudo de Shaibi et al. (2006), que organizou um programa de treinamento de resistência duas vezes por semana, durante 16 semanas, com 11 adolescentes (MODY), mostrou que esse tipo de programa de exercício pode significativamente aumentar a sensibilidade à insulina em adolescentes não insulinodependentes, obesos, apresentando também mudanças na composição corporal.

No estudo de Brooks (2006), com DM 2, durante 16 semanas de treinamento de força padrão, houve redução da resistência à insulina, mostrando que o treinamento de força deve ser considerado como um fator importante no tratamento do DM 2.

Cauza (2006), após um período de oito meses de treinamento de força com 10 pacientes DM 2, notou redução da glicemia de jejum, HbA1C , colesterol e triglicérides. Os pacientes que interromperam o treinamento após quatro meses desenvolveram um perfil heterogêneo dos lipídios e um pior controle glicêmico.

Programa de exercício físico para diabéticos

Um estudo realizado nos Estados Unidos, com 2.405 pessoas diabéticas tipo 1 e 2, informou que, delas, somente 35,1% tinham assistido a uma aula ou programa sobre diabetes (Burton e Connerty, 1998).

A maioria dos especialistas acredita que os profissionais da área da saúde possuem um papel fundamental no encorajamento de pacientes diabéticos para a prática de exercícios. No entanto, em um estudo realizado, somente 25% das pessoas diabéticas relataram receber orientações específicas sobre exercícios por parte de qualquer tipo de profissional da área da saúde (Manson, 1999).

No estudo de Montenegro et al. (2005), da Universidade Federal do Ceará, com idosos (DM 2), a maioria já havia recebido recomendações verbais sobre a prática de exercícios físicos, em geral a prática da caminhada, tendo sido geralmente realizada por médicos. Menos da metade dos avaliados havia recebido orientações mais específicas sobre essa prática.

Para Gonzales (1995), a educação deve ser motivante, e a equipe de saúde deve estar convencida para saber convencer.

De acordo com Poskiparta (2006), enfermeiras e médicos gastam pouco tempo para passar informações sobre dieta e exercícios físicos para os pacientes diabéticos. Os profissionais da área da saúde passam informações gerais. Embora os pacientes tenham relatado os fatores que incentivavam ou desmotivavam a prática do exercício físico, a discussão pelos profissionais da área da saúde sobre o exercício físico não tinha continuidade. Há necessidade de métodos que facilitem a discussão de mudança de comportamento. O treinamento é importante para que se desenvolvam habilidades para uma comunicação mais eficaz na área da Medicina.

O diabético deve ter uma vida normal, mas, para que isso ocorra, é preciso que ele coopere. A família apresenta limitações, dificultando o tratamento e criando conflitos; por isso, é preciso ser honesto com o diabético e sua família, enfrentando melhor as dificuldades e complicações.

O diabetes mellitus é mais difícil de ser tratado do que outras condições crônicas, como hipertensão, hiperlipidemia, angina, artrite e problemas cardíacos. Isso acontece porque sua administração próspera está diretamente relacionada a uma maior extensão na mudança do estilo de vida, que está fora do controle do profissional.

Os profissionais travam verdadeiras "lutas" com pacientes diabéticos em relação à mudança de hábitos alimentares, exercícios e mudanças que envolvem hábitos vitalícios. Além disso, sentem dificuldades em tratar da questão da mudança de comportamento, pois não foram preparados para isso (Larme e Pugh, 1998).

> Você me fala, eu esqueço,
> Você me ensina, eu lembro,
> Você me envolve, eu aprendo[3]

Os diabéticos aparentemente apresentam uma carência de motivação para cooperação prolongada e uma incapacidade física em razão da idade relatada com a multimorbidade.

A maioria dos diabéticos tipo 2 está na terceira idade (17,5% entre 60 e 69 anos). Nessa idade, os hábitos já estão definidos, resistentes a mudanças, com uma situação financeira precária, limitações físicas, além de a maioria passar pela solidão, levando à depressão.

Outro fator importante é a personalidade do diabético, ou seja, ele pode estar fazendo a dieta corretamente, tomando a medicação certa, fazendo exercícios físicos regulares, mas ser uma pessoa agitada, nervosa ou depressiva. Sabe-se que tanto o estresse positivo como o negativo aumenta os níveis glicêmicos, alterando o controle do diabetes.

A depressão prevalece três vezes mais em pacientes diabéticos que na população em geral. No diabetes, a depressão está também ligada à obesidade, inatividade física, fumo, autocuidado insatisfatório e aumento na ocorrência de incidência cardiovascular. No DM 1 e DM 2, as mulheres apresentam escores de ansiedade, depressão e preocupação mais altos que os homens (Fischer e Skovlund, 1999).

Manter um grupo de diabéticos em um programa de exercício físico regular é um desafio. Muitos diabéticos, durante esse período, apresentam complicações agudas da doença, afastando-se do programa. Pessoas com diabetes tendem a se exercitar menos do que a população em geral. A adesão a um programa de exercício físico torna-se muito difícil e o diabético apresenta dificuldades em longo prazo, interferindo na adesão.

Um estudo realizado na UFB, com 71 crianças e adolescentes (DM 1), mostrou que 45,1% dos pacientes desconheciam a reco-

[3] Forti, 1997.

mendação de não fazer exercício físico se a glicemia estivesse maior que 300mg/dl. Os que sabiam dessa restrição mesmo assim realizavam o exercício. A maioria não levava reserva de açúcar ao se exercitar. Trinta pacientes (42,3%) não haviam informado a seu professor ou técnico de Educação Física sobre o fato de serem diabéticos. Quinze pacientes (21,1%) relataram crise de hipoglicemia durante o exercício (Alves et al., 2005).

Na pesquisa de Vaz et al. (2005), da Universidade Federal de Alagoas, com 91 pacientes diabéticos, somente 38,5% relataram a prática de exercício físico. O autor explica que essa pequena adesão pode ser decorrente da pouca valorização que os pacientes atribuem aos bons hábitos de saúde. Mas o fato de estarem em um grupo, trocando experiências e fazendo novas amizades, facilita a adesão ao programa, principalmente a adesão ao resto do tratamento, como a dieta e a medicação.

Os diabéticos acreditam mais no tratamento quando verificam, por intermédio do teste da glicemia capilar antes e depois do exercício, que esse exercício físico diminuiu os níveis glicêmicos, controlando o diabetes e melhorando, conseqüentemente, a auto-estima dessas pessoas.

- Desde 1930 ocorre a "Educação em Diabetes" nos EUA;
- Profissionais = "Facilitadores da Educação";
- Associação Americana de Educadores em Diabetes – Aade;
- Parâmetros = Resultados clínicos;
- Conhecimento;
- Adesão à terapia;
- Obesidade é o alvo;
- Uma diminuição de 7% do peso corporal reduz até 60%, em quatro anos, a evolução do diabetes e atrasa em 11 anos seu aparecimento;
- DPP = Programa de Prevenção ao Diabetes;
- Diminuição da Hemoglobina Glicada = economia de US$ 30 a 50 milhões em 10 anos;
- Requer treinamento continuado do paciente;
- Requer educação do profissional.[4]

Programa

Orientação individualizada com relação a duração, modalidade, intensidade e freqüência.[5]

Programa ideal

- Trabalho aeróbico;
- Trabalho de força;
- Trabalho de flexibilidade;
- Trabalho de relaxamento.

Aquecimento, resfriamento e alongamento

Para os diabéticos, é especialmente importante fazer o aquecimento, o resfriamento e o alongamento.

Os diabéticos produzem mais produtos finais de glicolisação do que os não diabéticos; ou seja, as moléculas de glicose aderem a várias estruturas do corpo, incluindo a cartilagem

[4] Cali, CBD, 2005
[5] Martins, 2001

e o colágeno, fazendo com que endureçam e percam sua flexibilidade normal.

Embora todas as pessoas percam a mobilidade articular e muscular com a idade, o diabetes acelera esse processo, especialmente quando o nível de açúcar sangüíneo é mais alto; portanto, ocorre uma glicolisação maior das estruturas corpóreas. O resultado é que os diabéticos geralmente são mais propensos às lesões por *overuse*, como a tendinite (inflamação dos tendões que conectam o músculo ao osso) e o ombro congelado diabético, uma condição caracterizada por movimentos dolorosos e limitados do ombro; além disso, pode demorar mais para que as lesões articulares sejam adequadamente curadas.

Os diabéticos correm mais risco de desenvolver doença cardíaca e sofrer infartos silenciosos; o aquecimento e o resfriamento adequados podem ajudar a impedir a arritmia ou os eventos cardíacos sofridos durante e depois do exercício.

O resfriamento correto também é importante para impedir que o sangue se acumule nas extremidades.

Os diabéticos são mais propensos à desidratação quando o açúcar sangüíneo sofre uma alta anormal, especialmente quando praticam exercícios em um ambiente quente.

O volume sangüíneo reduzido, resultante de uma combinação entre a sudorese e a desidratação preexistente, pode causar um desmaio se o indivíduo parar de se exercitar abruptamente sem fazer o resfriamento, permitindo que o corpo desconcentre o fluxo sangüíneo dos músculos e o devolva à circulação central.

Objetivos específicos de um programa[6]

- Qual é o objetivo do programa?
- Para que tipo de diabetes?
- Serão incentivadas modificações dos hábitos diários?
- Será realizada a adequação do peso?
- Será alterada a medicação, sempre com a orientação do médico, em razão do exercício?
- O paciente diabético será educado, no sentido de seu papel no tratamento?

Quadro 10.6 – Fatores que podem influenciar no sucesso de um programa de exercício físico para diabéticos

Positivos	**Negativos**
Auto-indicação Participação do cônjuge Sexo feminino Pacientes mais velhos Manutenção diária do exercício Teste de glicemia capilar Ficha controle Avaliação física e laboratorial	Diagnóstico recente Ansiedade grave

The Health Professional's Guide to Diabetes and Exercise, 1995; Martins, 2001.

[6] Martins, 2001.

Referências

ALVES, C. et al. Atividade física em crianças e adolescentes com diabetes melito tipo 1. **Arquivos Brasileiros de Endocrinologia e Metabologia**, v. 49, n. 5, 2005.

AMERICAN COLLEGE OF SPORTS MEDICINE E AMERICAN DIABETES ASSOCIATION. Diabetes melito and exercise. **Medicine and Science in Sports and Exercise**, v. 29, n. 12, p. 1-6, 1997.

AMERICAN DIABETES ASSOCIATION. Clinical Practices Recommendation. **Diabetes Care**, v. 16, n. 5, p. 54, 1993.

______. Report of the expert committee on the diagnosis and classification of diabetes melito. **Diabetes Care**, v. 20, n. 7, p. 1.183-97, 1997.

______. Diabetes melito and exercise. **Diabetes Care**, v. 21, n. 1, 1998b.

______. **Diabetes Care**, v. 22, n. 1, p. 167, 1998a.

ANDERSEN, K. L. Exercícios e hormônios. In: **Enciclopédia Salvat da Saúde**. Exercício físico e Saúde. Rio de Janeiro: Salvat, 1981. v. 2, p. 48-51.

BARRILE, S. R. **Tolerância à glicose exógena em mulheres obesas exercitadas com e sem restrição alimentar**. Rio Claro, 1997. Dissertação (Mestrado) – Instituto de Biociências do Campus de Rio Claro (SP) Universidade Estadual Paulista.

BERGER, M.; KEMMER, F. W. Exercise, Fitness and Diabetes. In: BOUCHARD, R. J. et al. (Org). **Exercise, fitness, and Health**: a consensus of current knowledge. Champaign: Human Kinetics, 1990. p. 491-5.

BOLETIM MÉDICO DO CENTRO B-D DE EDUCAÇÃO EM DIABETES. **Terapêutica em diabetes**, 1994.

BROOKS, N. et al. **Strength training improves muscle quality and insulin sensitivity in Hispanic older adults with type 2 diabetes. Int. J. Med. Sci.**, p. 19-27, 2006.

CAMPAIGNE, B. N.; LAMPMAN, R. M. **Exercise in the clinical management of diabetes**. Champaign: Human Kinetics, 1994. p. 115-187.

CANCELLIÉRI, C. **Diabetes e atividade física**. São Paulo: Fontoura, 1999.

CAUZA E. ET AL. **THE METABOLIC EFFECTS OF LONG TERM EXERCISE IN TYPE 2 DIABETES PATIENTS. WIEN. MED. WOCHENSCHR.**, P. 17-8, 2006.

CHOKKALINGAM, K. et al. **Exercise under hyperinsulinaemic conditions increases whole-body glucose disposal without affecting muscle glycogen utilisation in type 1 diabetes. Diabetologia**. p. 414-21, 2007.

COLÉGIO AMERICANO DE MEDICINA E ESPORTE. **Guia para teste de esforço**. Rio de Janeiro: Medsi, 1987. p. 77-9.

______. **Manual para teste de esforço físico e prescrição de exercício**. Rio de Janeiro: Revinter, 1996.

COLLBERG, S. **Atividade física e diabetes**. Barueri: Manole, 2003.

COSTA, A.; NETO, J. S. A. **Manual de diabetes, alimentação, medicamentos, exercício**. São Paulo: Savier, 1992. p. 61-8.

FISCHER, T.; SKOVLUND, S. E. Dificuldades do dia-a-dia e o desgaste psicológico no diabetes tipo 1 e tipo 2. EASD – European association for the

Study of Diabetes, 35th Annual Meeting, Bruxelas. **Diabetes Clínica**, v. 3, n. 5, p. 282-4, 1999.

FORD, E. S.; HERMAN, W. H. Leisure-time physical activity patterns in the U.S. diabetic population. Findings from the 1990 National Health Interview Survey Health Promotion and Disease Prevention Supplement. **Diabetes Care**. v. 18, n. 1, p. 27-33, 1995.

FORTI, A. C. **Educação em diabetes**. Trabalho apresentado no XI Congresso Brasileiro de Diabetes. Porto Alegre, 1997.

GONZALES, M. V. **Manejo do diabético adolescente**. Trabalho apresentado no 9º Congresso da Associação Latino-Americana de Diabetes e 10º Congresso Brasileiro de Diabetes. Foz de Iguaçu, 1995.

GORDON, N. F. **Diabetes seu manual completo de exercício**. Série de Publicações para a Aptidão Física da Clínica e do Instituto Cooper de Pesquisas Aeróbicas. Champaign: Physis, 1996. p. 12-3, 21, 40, 91-4, 104-14, 126, 889.

HANESTAD, B. R.; ALBREKTSEN, G. Quality of life, perceived difficulties in adherence to a regimen, and blood glucose control. **Diabetic Medicine**, v. 8, n. 8, p. 759-64, 1991. Disponível em: <http://www.ummed.edu/dept/diabetes/handbook/chap07.htm>.

IVY, J.; ZDERIC, T. W.; FODT, D. Prevention and treatment of non-insulin-dependent diabetes melito. **Exercise and Sport Sciences Reviews**, v. 27, 1999.

KAVANAGH, D. J.; GOOLEY, S.; WILSON, P. H. Prediction of adherence and control in diabetes. **Journal Behavioral Medicine**, v. 16, n. 5, p. 509-22, 1993.

LARME, A. C.; PUGH, J. U. M. Applications of a diabetes administered program of care. **Diabetes Care**, v. 21, n. 9, p. 1.391, 1998.

LEITE, P. F. **Aptidão física, esporte e saúde prevenção e reabilitação de doenças cardiovasculares, metabólicas e psicossomáticas**. Belo Horizonte: Santa Edwiges, 1985. p. 106-7.

LEON, A. S. Diabetes. In: SKINNER, J. **Prova de esforço e prescrição de exercício para casos específicos**. Rio de Janeiro: Revinter, 1991. p. 127-47.

LIMA, I. N.; HIGASHI, E.; ALBANO, M. R. C. Alimentação do diabético. In: SETIAN, D. (Org). **Diabetes melito na criança e no adolescente encarando o desafio**. São Paulo: Sarvier, 1995. p. 90-115.

LUCIANO, E. **Influências do treinamento físico sobre o metabolismo de carboidratos em ratos diabéticos experimentais**. São Paulo, 1991. Tese (Doutorado) – Instituto de Ciências Biomédicas, Universidade de São Paulo.

LUNDSTROM, R. E.; MORDES, J. P.; ROSSINI, A A. **Insulin**. The Healing The Prevention and Treatment of Complications of Diabetes Melito: A Guide for Primary Care Practitioners. Disponível em: <http://www.ummed.edu/dept/diabetes/handbook/chap07.htm>, 1991.

MANSON, J. E. Diabetes. In: NIEMAN, D. C. **Exercício e saúde**. São Paulo: Manole, 1999. p. 85-103.

MARTINS, D. M. Efeito do exercício físico sobre o comportamento da glicemia em indivíduos diabéticos. **Revista Brasileira de Atividade Física e Saúde**, v. 3, n. 3, p. 32-44, 1998.

______. **Exercício físico no controle do diabetes melito**. São Paulo: Phorte, 2000.

MAZZE, R. S. et al. Prevenção, detecção e tratamento do diabetes. **International Diabetes Center**, 2005.

METZ, R.; LARSON, E. B. Manual de endocrinologia. **Interamericana**, p. 237-9, 1986.

MINISTÉRIO DA SAÚDE. Diabetes melito. **Guia básico para diagnóstico e tratamento**, 29, 1996.

_____. **Manual de diabetes**. Brasília: Secretaria Nacional de Doenças Crônico-Degenerativas. Capítulo 4 – Tratamento, p. 29-32, 1990.

MONTENEGRO, R. M. et al. Estudo comparativo da aptidão, conhecimento e prática de atividade física de idosos diabéticos tipo 2 e não diabéticos. **Arquivos Brasileiros de Endocrinologia e Metabologia**, v. 49, n. 5, 2005.

NIH CONSENS STATEMENT. **Diet and Exercise in Non-insulin-Dependent Diabetes Melito**. National Institutes of Health Consensus Development Conference Statement, 1986.

OPPENHEIM, R. **Fiquei diabético e agora?** São Paulo: Saraiva, 1995. p. 50-77.

POSKIPARTA, M.; KASILA, K.; KIURU, P. **Dietary and physical activity counselling on type 2 diabetes and impaired glucose tolerance by physicians and nurses in primary healthcare in Finland. Scand. J. Prim. Health Care**, v. 24, p. 206-10, 2006.

RAMALHO, A. C. et al. The effect of resistance versus aerobic training on metabolic control in patients with type-1 diabetes melito. **Diabetes Res. Clin. Pract.**, v. 4, 2006.

RAMALHO, A C. R. **Exercício e diabetes**. Sociedade Brasileira de Diabetes, 2005

______. Exercício físico e diabetes. Terapêutica em Diabetes. **Boletim Médico do Centro BD de Educação em Diabetes**. ano 5, n. 24, 1999..

RAMIRES, P. R.; BARTHOLOMEU, T. Como escolher os exercícios físicos. Existem atividades proibidas? In: SETIAN, D.; VAÊ, D. (Orgs.). **Diabetes melito na criança e no adolescente**: encarando o desafio. São Paulo: Sarvier, 1995. p 116-24.

RAMIRES, P. R.; NUNES, M.; PAES, L. B. Atividade física e diabetes melito. **Anais IV Simpósio Paulista de Educação Física Adaptada**, p. 91-7, 1992.

RIZVI, A. A. **Management of Diabetes in Older Adults. Am. J. Med. Sci.**, v. 333, p. 35-47, 2007.

SHAIBI, G. Q. et al. MI **Effects of resistance training on insulin sensitivity in overweight Latino adolescent males. Med. Sci. Sports Exerc.**, v. 38, p. 1.208-15, 2006.

SIMINERIO, L. M.; BETSCHART, J. Basics III: Exercise. Children with diabetes. **American Diabetes Association**, 1986.

THE EXPERT COMMITTEE ON THE DIAGNOSIS AND CLASSIFICATION OF DIABETES MELITO. Report of the expert committee on the diagnosis and classification of diabetes melito. **Diabetes Care**, v. 23, n. 1, p. S4-19, 2000.

TSALIKIAN, E. **et al. Prevention of hypoglycemia during exercise in children with type 1 diabetes by suspending basal insulin. Diabetes Care**. v. 29, p. 2.200-4, 2006.

VAZ, R. M. et al. Influência da atividade física e da dieta nos pacientes diabéticos tipo 2. **Arquivos Brasileiros de Endocrinologia e Metabologia**, v. 49, n. 5, 2005.

VIGGIANO, C. E. Manejo da alimentação do diabético em situações especiais. **Diabetes Clínica**, v. 3, n. 3, p. 150-4, 1999.

VIVOLO, M. A.; FERREIRA, S. R. G.; HIDAL, J. T. Exercício físico e diabete melito. **Revista da Sociedade Cardiológica do Estado de São Paulo**, v. 6, n. 1, p. 102-10, 1996.

WILLIAMS, S. R. **Basic Nutrition and Diet Therapy**. 10. ed. Diabetes melito. St. Louis: Mosby, 1995. cap. 20, p. 382-408.

WILMORE, J. H.; COSTILL, D. L. **Fisiologia do exercício e do esporte**. Barueri: Manole, 2001.

ZAGURY, L. **Educação em diabetes**. Trabalho apresentado no 9º Congresso da Associação Latino-Americana de Diabetes e 10º Congresso Brasileiro de Diabetes. Foz de Iguaçu, 1995.

______; ZAGURY, T. **Diabetes sem medo**. Orientação para diabéticos e seus familiares. Rio de Janeiro: Rocco, 1995.

ZINMAN, B.; VRANIC, B. Diabetes and exercise. **Clínicas médicas da América do Norte**, v. 69, n. 1, p. 145-57, 1985.

Capítulo 11

Atividade Física no Controle de Obesidade

Ricardo Zanuto
Marcela Grisólia Grisoste Zwarg
Luzimar Teixeira

Algumas décadas atrás, a obesidade e os depósitos de gordura eram vistos como sinais de saúde e ausência de doenças; dessa maneira, a criança e/ou adulto que estivessem acima do peso estariam livres de contrair doenças. Com o passar dos anos, o excesso de peso foi aumentando e, hoje, é considerado como o principal problema de saúde pública no Brasil e no mundo, atingindo não apenas países em desenvolvimento, mas também os desenvolvidos (Repetto, Rizolli e Bonatto; 2003). Estudiosos acreditam inclusive que a epidemia generalizada da obesidade já se caracteriza como uma pandemia (Egger e Swinburn, 1997).

A causa para esse aumento da obesidade se dá por diversos fatores; entre eles, pode-se destacar a mudança do estilo de vida, a modernização, o sedentarismo, o êxodo rural, a urbanização, a industrialização e o estresse etc. Mundialmente, estamos nos tornando uma sociedade obesogênica, pois a atividade física é cada vez menos exigida no cotidiano e o consumo de alimentos é cada vez mais divulgado e vendido nos comércios (Repetto, Rizolli e Bonatto, 2003; Almeida, Nascimento e Quaioti, 2002).

Um estudo analisando a quantidade e a qualidade de produtos alimentícios anunciados na televisão brasileira mostrou que a maior parte das propagandas veiculadas era sobre alimentos, em especial produtos com altos teores de gordura, açúcar e sal. Pelo fato de a televisão exercer influência sobre os hábitos alimentares da sociedade, acaba promovendo o sedentarismo, que, como conseqüência, promove a obesidade (Almeida, Nascimento e Quaioti, 2002).

Segundo a Organização Mundial de Saúde (OMS), a obesidade é definida por meio do Índice de Massa Corporal (IMC = peso (kg)/altura (m^2)) acima de 30 kg/m^2 (Bouchard e Blair, 1999). Embora o IMC seja o índice de previsão de obesidade mais utilizado, é importante ressaltar que o quadro clínico da obesidade não é caracterizado somente pelo aumento da massa corpórea, mas também pelo aumento da deposição total de gordura de maneira generalizada ou localizada (Guerra et al., 2001).

O aumento do tecido adiposo na região central está fortemente relacionado com distúrbios endócrino-metabólicos encontrados na síndrome metabólica, que, embora de definição controversa, é caracterizada pelo aumento do tecido adiposo visceral associado às dislipidemias (hipercolesterolemia e hipertrigliceridemia), resistência à ação da insulina, diabetes mellitus do tipo 2 (DMT 2) e hipertensão arterial (Hardman, 1999; Hansen, 1999; Hong; et al., 1998; Wajchenberg, 2000; Lerario et al., 2002).

Estudos recentes mostram que, além da clássica função de reserva energética, o tecido adiposo também participa do controle da homeostase por meio da secreção de substâncias autócrinas, parácrinas e endócrinas conhecidas como adipocitocinas.

Nos últimos anos, inúmeras pesquisas foram realizadas com o intuito de investigar as possíveis causas da obesidade, o porquê de seu crescimento, como classificar, prevenir e mensurar. Desse modo, este capítulo objetiva caracterizar o tecido adiposo e suas alterações metabólicas decorrentes da obesidade, mostrando o papel essencial da atividade física como agente profilático dessa patologia.

Epidemiologia

Recentemente, o Instituto Brasileiro de Geografia e Estatística (IBGE) (2003) divulgou dados sobre a prevalência de déficit de peso, excesso de peso e obesidade na população com 20 anos de idade ou mais por sexo, segundo grupos de idade no período de 2002 e 2003. Observando a tabela pesquisada pelo IBGE, constata-se que 41,1% da população brasileira do sexo masculino e 40% do sexo feminino está com excesso de peso. Já a obesidade (IMC acima de 30 kg/m^2) atinge 8,9% da população brasileira do sexo masculino, ao passo que as mulheres atingem um percentual de 13,1%, valores demonstrados na Tabela 11.1.

A Organização Mundial da Saúde (OMS, 2000), ao salientar os aspectos da epidemia mundial da obesidade na população, destaca que as mulheres têm se tornado mais obesas do que os homens, mas o excesso de peso tem se tornado maior em homens do que em mulheres. A prevalência da obesidade está entre 10% a 20% nos homens e de 15% a 25% nas mulheres.

Além disso, segundo dados do IBGE (2003) em relação à prevalência de excesso de peso e obesidade, conforme a situação domiciliar (rural × urbana), verificou-se que os índices foram maiores tanto para homens quanto para as mulheres que residiam na região urbana. A região urbana tem menos acesso a frutas e vegetais frescos e mais ao consumo de refeições processadas e rápidas, com alto teor de gorduras e açúcares, em razão do perfil socioeconômico (OMS, 2000).

Esses índices podem ser justificados. Pinheiros, Freitas e Corso (2004) relataram que esse novo perfil da urbanização do Brasil propiciou mudanças nos padrões de comportamento alimentar, junto à redução da atividade física pela sociedade. O Brasil está em um estágio intermediário de transição, pois não encontra uniformidades dessas questões, havendo desigualdades entre regiões e grupos populacionais nos níveis de excesso de peso e obesidade quando se comparam regiões como o Nordeste ao Sudeste e Sul. Esses valores podem ser detalhados quando se observam os níveis de obesidade e sobrepeso dessas regiões separadamente, de acordo com os dados do IBGE presentes na Tabela 11.1 (Pinheiro, Freitas e Corso, 2004).

Tabela 11.1 – Prevalência de excesso de peso e obesidade na população com 20 ou mais anos de idade, segundo as áreas urbanas dos estados do Brasil – período 2002-2003

Prevalência do excesso de peso e obesidade				
Áreas urbanas dos estados do Brasil	**Masculino**		**Feminino**	
	Excesso de peso	**Obesidade**	**Excesso de peso**	**Obesidade**
Brasil	41,1	**8,9**	**40,0**	**13,1**
Região Norte				
Rondônia	34,4	7,0	38,0	13,4
Acre	34,2	5,8	37,7	9,0
Amazonas	40,3	7,8	29,6	8,6
Roraima	42,2	11,2	44,0	13,5
Pará	34,0	8,0	37,3	11,5
Amapá	44,3	12,6	33,9	10,1
Tocantins	32,5	5,0	29,2	7,8
Região Nordeste				
Maranhão	28,3	4,4	34,2	10,2
Piauí	29,4	4,9	35,1	9,5
Ceará	35,1	7,9	37,8	11,0
Rio Grande do Norte	36,9	8,9	43,0	13,1
Paraíba	34,6	7,4	39,3	11,7
Pernambuco	37,9	10,2	44,2	13,8
Alagoas	37,0	6,8	39,3	12,4
Sergipe	37,8	7,2	38,9	11,4
Bahia	28,6	4,5	37,2	11,5
Região Sudeste				
Minas Gerais	37,0	7,1	39,0	13,0
Espírito Santo	40,2	8,3	43,1	13,9
Rio de Janeiro	45,9	10,5	41,8	12,7
São Paulo	47,5	11,3	40,9	14,7
Região Sul				
Paraná	44,6	10,0	41,7	13,9
Santa Catarina	43,9	8,0	36,7	10,4
Rio Grande do Sul	49,0	11,3	48,3	18,5
Mato Grosso do Sul	48,8	10,4	40,1	12,9
Mato Grosso	41,4	7,9	36,6	11,0
Goiás	41,4	8,1	35,7	9,7
Distrito Federal	45,9	8,9	38,0	10,1

Fonte: Adaptado de IBGE, Pesquisas de Orçamentos Familiares 2002-2003.

A ausência de atividade física e a dieta inadequada estão fortemente associadas à obesidade, já que a energia ingerida (consumo alimentar) e não gasta normalmente implica acúmulo de energia sob a forma de gordura. Dessa forma, a Organização Mundial da Saúde (OMS, 2000) está projetando para o ano de 2025 aproximadamente 60% das mortes mundialmente causadas devidas às doenças cardiovasculares e aos cânceres causados pela obesidade.

A prevalência de excesso de peso e obesidade varia consideravelmente entre os países e suas regiões, tanto no Brasil quanto no mundo. Estima-se que mais da metade de adultos na Europa, com idade entre 35 e 65 anos, estão com excesso peso ou obesidade. Em muitos países europeus, a obesidade é usualmente associada à situação socioeconômica, principalmente entre as mulheres (Seidell e Flegal, 1997).

A prevalência de obesidade entre 1991 e 1998 aumentou em todos os 50 estados dos Estados Unidos, em homens e mulheres, e transversalmente em todos os grupos de idades (Pin-Sunyer, 2002). Nos Estados Unidos, a obesidade atinge em torno de 24% dos homens e 28% das mulheres; já na Inglaterra, esses valores atingem 17% e 21%, respectivamente, ao passo que na Alemanha esses valores são de 18% e 19% (Pimenta e Palma, 2001).

Sendo assim, os países que estão em desenvolvimento ou os países desenvolvidos estão aquém de constituir unidades homogêneas para a prevalência tanto de obesidade quanto de desnutrição, em razão de as classes sociais e os distúrbios nutricionais serem vulneráveis. Esses países estão experimentando transformações tanto no padrão de crescimento econômico quanto no padrão demográfico (Mondini e Monteiro, 1998).

Definição e etiologia

A prevalência da obesidade está aumentando demasiadamente, e diversos estudos prospectivos observam que, em 2025, o Brasil será certamente o quinto país do mundo a apresentar problemas de obesidade em sua população. A etiologia da obesidade não apresenta fácil identificação, uma vez que é caracterizada como uma doença multifatorial, ou seja, diversos fatores estão envolvidos em sua gênese, incluindo fatores genéticos, psicológicos, metabólicos e ambientais. Pode, dessa forma, ser classificada em dois contextos: por determinação genética ou fatores endócrinos e metabólicos, ou influenciados por fatores externos, sejam eles de origem dietética, comportamental ou ambiental (Romero e Zanesco, 2006). Acredita-se que os fatores externos são mais relevantes na incidência de obesidade do que os fatores genéticos (Dâmaso et al., 2003; Bouchard e Tremblay, 1997).

Quadro 11.1 – Fatores endógenos e exógenos da obesidade

Fatores endógenos	Fatores exógenos
Genéticos Endócrinos	Alimentação
Psicogênicos Medicamentosos	Estresse
Neurológicos Metabólicos	Inatividade física

Fonte: Dâmaso et al., 2003.

Nos fatores exógenos, destacam-se a alimentação, o estresse e a inatividade física como principais influenciadores. A alimentação contribui quando o indivíduo realiza uma ingestão alimentar acima do que o organismo necessita para realizar as funções fisiológicas. O estresse envolve aspectos fisiológicos específicos que se expressam por meio de choques emocionais, humor depressivo, ansiedade, sentimento de culpa, traumatismos, cirurgias e doenças agudas. Os indivíduos com excesso de peso sofrem pela inatividade física provocada pelo sedentarismo (Dâmaso et al., 2003; Bernardi, Cichelero e Vitolo, 2005).

Entre os fatores endógenos destacam-se: os fatores genéticos (a disfunção nos Lep (ob), LepR (db), POMC, MC4R, PC-1, PPARγ); os fatores endócrinos (obesidade hipotalâmica; deficiência de GH – hormônio de crescimento; hipotireoidismo; Síndrome do Ovário Policístico); Síndrome de Cushing – estrias purpúreas; doenças hipotalâmicas – traumas cânceres; insulinoma ou hiperinsulinemia; doenças genéticas – síndromes: Prader-Willi (diabetes); Laurence-Moon-Biedl; Alström; Cohen; Carpenter); os fatores psicogênicos (modificações do comportamento alimentar – síndrome noturna ou síndrome da compulsão alimentar); os fatores medicamentosos (antidepressivos tricíclicos; antidepressivos de 4ª geração – mirtazapina; sulfoniluréias; contraceptivos esteroidais; corticosteróides; flunarizina; anti-histamínicos); cetotifeno – estabilizador de membrana de mastócitos); os fatores neurológicos (tumores hipotalâmicos e patologias tumorais hipofisiárias); e os fatores metabólicos (redução da taxa de metabolismo basal) (Dâmaso et al., 2003; Halpern e Mancini, 2002).

Por que essa preocupação freqüente com o aumento da obesidade? A obesidade está associada a diversas condições e doenças, conforme Halpern e Mancini (2002) relataram em seus estudos acerca da associação da obesidade com as patologias existentes, de acordo com o que demonstra o Quadro a seguir:

Quadro 11.2 – Associação das patologias provocadas pela obesidade

Órgão	**Patologia associada**
Cardiovascular	Hipertensão arterial, doença cardiovascular (hipertrofia ventricular esquerda), varizes e trombose.
Respiratório	Dispnéia, apnéia obstrutiva do sono
Gastrointestinal	Hérnia de hiato, colelitíase, estenose hepática, cirrose, hemorróidas, câncer colorretal
Metabólico	Dislipidemia, diabetes mellitus 2, resistência à insulina
Gravidez	Complicações obstétricas, macrossomia fetal
Mamas	Câncer e ginecomastia
Uterino	Câncer de endométrio e cervical
Urológico	Câncer de próstata e incontinência urinária
Pele	Dermatites por sudorese, micoses, linfoedema e celulite
Ortopédico	Osteoartrites, gota e problemas ortopédicos e articulares
Endócrino	Hipercortisolismo, ovário policístico, hiperandrogenismo e irregularidade menstrual
Renal	Proteinúria

Fonte: Adaptado de Halpern e Mancini (2002) e Pi-Sunyer (2002).

Quanto à sua definição, a obesidade pode ser considerada:

- Uma síndrome, expressão de múltiplas causas, que se manifestam por excesso de massa corporal às expensas do tecido gorduroso. O grau de excesso de gordura, sua distribuição corpórea e as conseqüências para a saúde apresentam variações entre os obesos (OMS, 1998). A obesidade pode ser definida como uma condição anormal ou acúmulo excessivo de gordura no tecido adiposo, sendo sua extensão prejudicial à saúde (OMS, 2000);
- Um sinônimo de excesso de peso, mas de um maior depósito de gordura. O excesso de peso refere-se à pessoa que excede ao da média da população, determinada segundo o sexo, a altura e o tipo de compleição física (Pollock e Wilmore, 1993);
- Para Pinheiro, Freitas e Corso (2004), a obesidade é uma doença integrante do grupo de Doenças Crônicas Não Transmissíveis (DCNT) que acumulam gordura corporal em excesso e em extensão que acarreta prejuízos à saúde dos indivíduos, como dificuldades respiratórias, problemas dermatológicos, distúrbios do aparelho locomotor e enfermidades letais;
- Uma doença crônico-degenerativa grave, multifacetada e de genética complexa, que se associa a suas comorbidades, de elevada morbimortalidade, principalmente doença cardiovascular, além de inúmeras complicações (Repetto, Rizzolli e Bonatto, 2003);
- Por se tratar de uma doença multifatorial, sua etiologia torna-se controvertida, pois existem contribuições comportamentais, do estilo de vida e aspectos fisiológicos em seu desenvolvimento e manutenção (Dâmaso et al., 2003).

De acordo com as definições dos autores, são diversos os fatores que contribuem para o surgimento da obesidade; portanto, não é possível afirmar que um ou outro fator se expressa de forma isolada. Sendo assim, diversos aspectos, sejam endógenos ou exógenos, podem contribuir para a etiologia da obesidade.

Tipos de obesidade

Em determinadas situações, a condição de obesidade é tão óbvia que, apenas olhando-se para o indivíduo, sabemos que ele é obeso, sem a necessidade de recorrer a índices específicos. O acúmulo excessivo e generalizado de gordura em tecidos subcutâneos ou em outros tecidos define a obesidade e pode ser quantificado de várias formas. De acordo com a distribuição da massa de gordura, podemos classificar a obesidade quanto à origem do aumento de tecido adiposo e quanto ao tipo de obesidade, que tem estreita ligação com as células adiposa e com as patologias associadas.

De acordo com as regiões em que a gordura se localiza nos compartimentos corpóreos, pode-se classificar em gordura andróide (ou central/pêra) ou ginóide (periférica/maçã) (Hong et al., 1998; Wajchenberg, 2000).

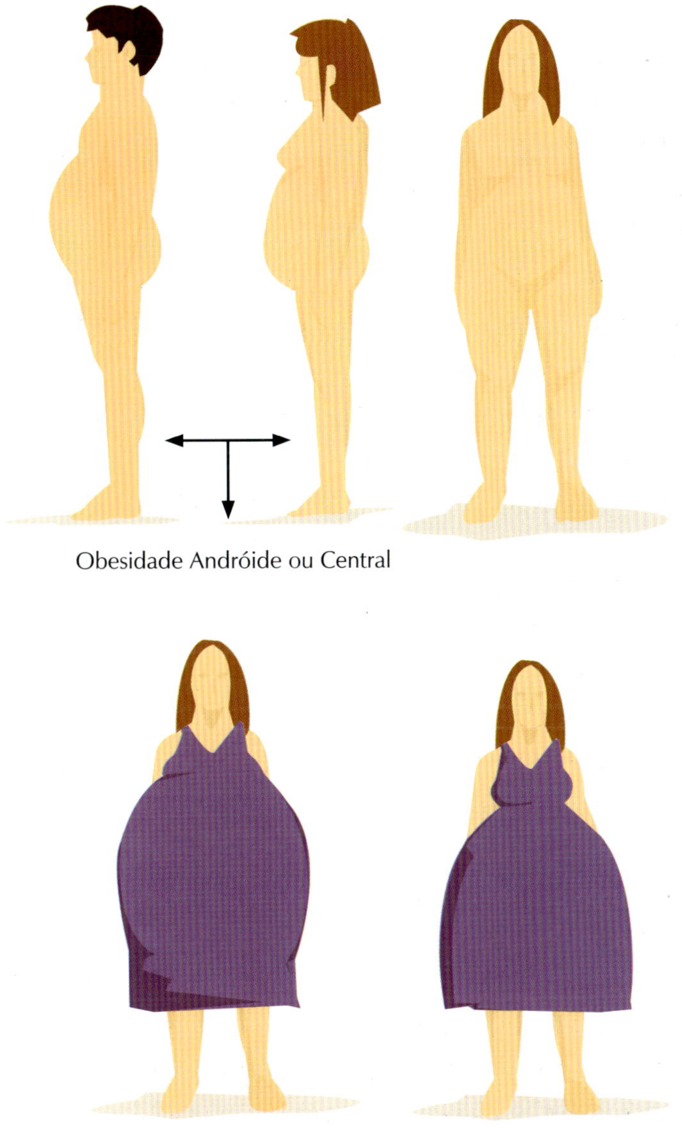

Figura 11.1 – Tipos de obesidade.

A obesidade andróide apresenta uma distribuição do tecido adiposo preferencialmente na região abdominal e no tronco, propiciando uma relação cintura/quadril elevada, mais freqüente em homens. Esse tipo de deposição de gordura eleva o risco do desenvolvimento de resistência à insulina e hiperinsulinemia, diabetes tipo 2, doenças cardiovasculares, hipertensão, dislipidemia e alguns tipos de câncer (Halpern e Mancini, 2002; Hong et al., 1998; Wajchenberg, 2000).

Já a obesidade ginóide apresenta uma distribuição de gordura preferencialmente na região glúteo-femoral e extremidades, sendo a lipólise menos intensa nessas regiões, acometendo mais mulheres (Halpern e Mancini, 2002; Hong et al., 1998; Wajchenberg, 2000).

A obesidade endógena caracteriza-se por uma predisposição genética do indivíduo a seu desenvolvimento, ao passo que a obesidade exógena está relacionada com hábitos alimentares e de prática de atividade física. Alguns estudos ainda observaram uma terceira distribuição corporal: a mista, que apresenta um aumento no difuso tecido adiposo sem uma localização particular, podendo ser chamada de obesidade generalizada (Halpern e Mancini, 2002).

A obesidade pode ser avaliada de acordo com as características das células do tecido adiposo, levando em conta o tamanho e o número de células adiposas e subclassificando-a como hipertrófica ou hiperplásica (Halpern e Mancini, 2002).

A obesidade hipertrófica está relacionada ao aumento no tamanho da célula de gordura, sendo mais típica na região central/abdominal e, portanto, mais associada às comorbidades. Já a hiperplásica relaciona-se à multiplicação celular, resultando em aumento no número de células, sendo mais típica na região periférica (Halpern e Mancini, 2002).

Estudos anteriores sugeriram que os adipócitos só poderiam se multiplicar e proliferar durante a infância e a adolescência, desenvolvendo durante esse período a chamada obesidade hiperplásica, caracterizada pelo número aumentado de adipócitos com menores aumentos em seu tamanho. No entanto, acreditava-se que a obesidade em adultos se devia exclusivamente ao aumento no tamanho dos adipócitos, resultando na obesidade hipertrófica (Hirsch e Knitle, 1970 apud Jéquier e Tappy, 1999).

Está inequivocadamente demonstrado, contudo, que novos adipócitos podem se diferenciar a partir de pré-adipócitos similares a fibroblastos e que o desenvolvimento da obesidade em adultos também está acompanhado de uma substancial diferenciação de pré-adipócitos em adipócitos, gerando hiperplasia em qualquer período da vida (Jéquier e Tappy, 1999).

Sendo assim, diversos autores contribuíram com pesquisas em diferentes fases do desenvolvimento humano em que foi acentuada ou atenuada essa característica hiperplásica e/ou hipertrófica. O peso pode aumentar em qualquer idade, sendo, no entanto, mais comum em alguns momentos, conforme demonstra o quadro a seguir, no nascimento; no sobrepeso, antes dos 10 anos de idade (fatores pré-natais, infância até 3 anos, obesidade na infância dos 3 aos 10 anos de idade); no desenvolvimento de sobrepeso, na adolescência e na vida adulta (adolescência, mulher adulta, gestação, contraceptivos orais, menopausa e homem adulto).

Quadro 11.3 – Hipertrofia x hiperplasia nas fases da vida

Nascimento	**Possibilidade de desenvolver excesso de peso ou obesidade**	
	Filhos de mães diabéticas aumentam a chance de desenvolver excesso de peso ou obesidade durante a infância	
Sobrepeso antes dos 10 anos de idade	**Fatores pré-natais**	O aumento da ingestão de calorias pela gestante pode influenciar a composição corporal (tipo e forma) da criança futuramente.
		Crianças prematuras, ou com pequeno perímetro cefálico, têm alto risco de desenvolver o acúmulo de gordura abdominal e outras comorbidades associadas à obesidade ao longo da vida.
	Lactância até 3 anos	No primeiro ano de vida, o peso triplica e o volume de gordura normalmente dobra.
		O aumento da gordura corporal no primeiro ano de vida é um importante fator de previsão de sobrepeso apenas para crianças com parentes portadores de sobrepeso.
		Crianças que se situam no percentil 85 (peso) entre 1 e 3 anos têm quatro vezes mais risco de desenvolver excesso de peso na fase adulta quando tem algum parente com excesso de peso, comparado com um grupo de crianças não obesas.
		A amamentação proporciona um fator protetor importante para evitar o desenvolvimento de obesidade.
	Obesidade na infância dos 3 aos 10 anos de idade	O aumento do peso inicia com a socialização, na idade de 5 aos 7 anos.
		Metade das crianças no período escolar manteve-se com excesso de peso durante a vida adulta.
		O risco de desenvolver excesso de peso na vida adulta é duas vezes maior para as crianças com excesso de peso do que para as crianças sem sobrepeso.
		O risco de desenvolver obesidade é de 3 a 10 vezes maior se a criança está no percentil 95 (peso × idade).

Continua

Continuação

Sobrepeso na adolescência e na vida adulta	**Adolescência**	O peso corporal durante a adolescência é um bom fator de previsão para o padrão do peso do adulto.
		Adolescentes no percentil 95 (peso × idade) tinham de 5 a 20 vezes mais probabilidade de desenvolver excesso de peso na vida adulta.
		Ao contrário das idades anteriores, a presença de parentes com excesso de peso é menos importante na adolescência.
		Os indivíduos com excesso de peso desenvolveram esse problema na vida adulta.
	Mulher adulta	A maioria das mulheres com excesso de peso engordou após a puberdade. Fases críticas: gestação; terapia com contraceptivo oral e menopausa.
	Gestação	Ganho de peso durante a gestação.
		Efeito da gestação no ganho de peso.
		A gestação permite a herança do aumento do peso.
	Contraceptivos orais	O uso pode precipitar o ganho de peso em algumas mulheres, embora esse efeito seja diminuído com baixas doses de contraceptivos orais.
		Aumento de 0,5 kg atribuído a aumento de gordura e não à retenção de água.
	Menopausa	Ganho de peso e mudanças na distribuição de gordura ocorre depois da menopausa.
		O declínio nos níveis circulantes de estrógeno e progesterona altera a biologia das células gordurosas (andróide ou ginóide), que são determinantes para risco cardiovascular.
		Terapia com reposição hormonal não previne o ganho de peso, embora possa reduzir a redistribuição de gordura.
	Homem adulto	As transições de um estilo de vida ativa durante a adolescência (13 aos 19 anos) para um estilo de vida sedentário estão associadas ao aumento de peso em muitos homens.
		A elevação do ganho do peso corporal continua pela vida adulta até aproximadamente os 60 anos de idade.
		Depois de 55 aos 64 anos de idade, o peso corporal permanece estável; após, começa a declinar.
		O peso corporal varia durante o dia com as alimentações e de acordo com o metabolismo.
		O peso corporal também pode variar de um dia para outro de semana para semana.
		Entender essas flutuações e sua relação (dieta Yo-Yo) é importante na compreensão da obesidade.

Fonte: Adaptado de Bray (1998); Whitaker et al. (1997); Must et al. (1992); Reubinoff et al. (1995); Haarbo e Christiansen (1992); National Task Force on the Prevention and Treatment of Obesity (1994).

As observações do quadro, correlacionadas aos estudos sobre a obesidade, permitem concluir que o número de células adiposas aumenta a vida inteira. Uma vez estabelecido o número de adipócitos, as perdas de peso só se fazem à custa de perda de conteúdo lipídico por célula, mas não pela diminuição do número de células.

Métodos de avaliação da composição corporal na obesidade

Diversos métodos são mencionados na literatura para avaliar o grau e a distribuição da adiposidade corpórea na obesidade. O peso, a altura e as circunferências são considerados índices antropométricos que, quando correlacionados (Índice de Massa Corporal – IMC e a Razão Cintura/Quadril – /RCQ), determinam padrões importantes dessa distribuição da massa corporal total (Hong et al., 1998; Radominski, 2001).

Além desses índices antropométricos, outras técnicas por meio de aparelhos, como a ressonância nuclear magnética e a tomografia computadorizada, são utilizadas para verificar a quantidade de tecido adiposo localizado na região visceral ou subcutânea quando não puderem ser diagnosticada por meio do IMC e do RCQ (Wajchenberg, 2000).

As técnicas que necessitam de aparelhos sofisticados requerem um custo elevado e às vezes não são todos os estabelecimentos que dispõem deles. Por isso, as medidas antropométricas estão sendo mais aceitas – e utilizadas até mesmo pelos estudiosos em pesquisas científicas – por serem relativamente simples e não exigirem alto grau de habilidade técnica e treinamento (Heyward, 2004). A seguir, trataremos brevemente dos principais métodos de análise da massa de gordura.

Índice de Massa Corporal

O índice de massa corporal é determinado pela divisão do peso em quilogramas pela altura em metros ao quadrado, expresso por meio da seguinte fórmula: IMC = Peso (kg)/Altura (m^2). A partir da utilização dessa fórmula, obtém-se o índice da massa corpórea do indivíduo, classificado em normal, excesso de peso e graus de obesidade (Grijalba, 2001). Estudiosos verificaram a necessidade da organização dos valores de IMC por meio de tabelas para facilitar o entendimento da população em geral e de pesquisadores na área.

Tabela 11.2 – Relação de Índice de Massa Corporal e classificação do risco de co-morbidades para adultos

IMC (Kg/m²)	Classificação	Riscos de co-morbidades
<18,5	Baixo peso	Outros problemas clínicos
18,5 – 24,9	Peso normal	Ausente
25,0 – 29,9	Sobrepeso	Aumentado
30,0 – 34,9	Obesidade grau I	Moderado
35,0 – 39,9	Obesidade grau II	Grave
≥ 40,0	Obesidade grau III	Muito grave

Fonte: OMS, 1998 (apud Matos, 2002); Mancini, 2004.

Esses métodos têm como vantagem o baixo custo, além de uma fácil aplicabilidade, pois

Absortometria por Dupla Emissão de Raios-X (Dexa)

O Dexa é um método altamente confiável de estimar a massa livre de gordura e a massa de gordura por meio da emissão dupla de feixes de radiação (Radominski, 2001; Heyward, 2004). O instrumento utilizado nessa técnica é chamado de densitômetro e permite avaliar indivíduos que apresentam a massa corporal até 120 kg e/ou 28 a 30 cm de diâmetro sagital abdominal. Também é utilizado para avaliação da localização do tecido adiposo nas regiões andróide e ginóide (Mancini, 2001).

Para os obesos mórbidos, esse método não é recomendado, mas Lesage et al. (1995) padronizaram para esses obesos a medição apenas em um dos lados do corpo. Nesse método, nos indivíduos que apresentam uma diminuição da densidade mineral pode haver superestimação dos valores de massa gordurosa (Halpern e Mancini, 2002).

Impedância bioelétrica

A impedância bioelétrica é um método rápido e não invasivo (Heyward, 2004) que consiste em passar uma corrente elétrica pelo organismo. Ao utilizar a água como um bom condutor de eletricidade, os eletrodos localizados nos membros inferiores e superiores lançam ondas de baixa voltagem (500 a 800 Å), que ao passar pelo organismo emitem uma diferença de potencial, medindo a água presente nos tecidos livres de gordura e indiretamente da massa de gordura (Radominski, 2001).

Para a efetivação dos resultados, alguns cuidados devem ser observados: as mulheres no período pré-menstrual, em virtude da retenção de líquidos, nas 48 horas que antecedem ao exame, não devem ingerir bebidas alcoólicas; nas 24 horas antes, não devem ingerir diuréticos e cafeína, com exceção de por prescrição médica; não devem praticar exercícios 12 horas antes e não devem comer durante um período de 4 horas (Halpern e Mancini, 2002; Heyward, 2004).

Tomografia computadorizada

É uma técnica empregada na medição do tecido adiposo e também de outros compartimentos corporais por meio de um aparelho contendo a fonte geradora de Raio-X, sensores específicos e um computador. Os sensores captam os raios emitidos nos tecidos e emitem uma imagem do feixe de cada tecido no computador. Essa técnica permite diferenciar na gordura intra-abdominal o volume visceral do retroperitoneal, estimando, tanto em homens como em mulheres, uma área adiposa visceral superior a 130 cm². É considerada importante na comparação com as medidas antropométricas, como razão cintura/quadril e circunferência da cintura (Wajchenberg, 2000; Radominski, 2001).

É um método preciso, mas que possui alto custo e risco de irradiação. Com pouca disponibilidade de aparelhos, sua utilização é limitada nas pesquisas científicas (Wajchenberg, 2000; Radominski, 2001).

Ressonância nuclear magnética

A ressonância é uma técnica invasiva, possuindo a vantagem de não expor os indivíduos à radiação, emitindo resultados semelhantes à tomografia computadorizada. (Wajchenberg, 2000).

O sistema de ressonância controla os campos magnéticos e a interação dos núcleos dos átomos abundantes nos tecidos biológicos. Um poderoso campo magnético (radiação eletromagnética) irradiado por pulsos de freqüência de rádio excita os núcleos de hidrogênio da água corporal e das moléculas lipídicas, gerando imagens das variáveis intrínsecas dos tecidos. É um indicador para o diagnóstico e o acompanhamento da gordura visceral em indivíduos com alto risco de obesidade e que estejam em tratamento para a perda de peso. Embora apresente correlação de r = 0,84 para valores de percentual de massa de gordura quando comparado à pesagem hidrostática, fatores como custo altíssimo e dificuldade técnica limitam seu uso. É um método muito utilizado em hospitais para diagnóstico médico (Halpern e Mancini, 2002).

Ultra-sonografia

O aparelho que avalia esse método possui um processador de ondas sonoras, uma fonte produtora de sons e um receptor de sons ao atravessar pele e estruturas corporais, como tecido adiposo subcutâneo, músculos e profundidade abdominal (Radominski, 2001). Por isso, é indicado para as regiões subcutâneas que não podem ser avaliadas por meio da prega cutânea (Halpern e Mancini, 2002).

É um método de custo baixo, eficaz e simples para determinar a quantidade de gordura visceral (Radominski, 2001) por meio das ondas sonoras transformadas em imagens (Mancini, 2001). Esse método é considerado vantajoso, pois é mais preciso que as dobras cutâneas, além de ser uma alternativa menos dispendiosa que a tomografia computadorizada ou a ressonância magnética (Halpern e Mancini, 2002).

Pelo exposto anteriormente, conclui-se que não há método ideal, prático e preciso para avaliar a obesidade. A escolha do método ou dos métodos a serem utilizados deve se basear na praticidade e aplicabilidade, dependendo de cada situação clínica. Dessa forma, é de extrema importância a identificação das limitações de cada método para que sua aplicabilidade seja otimizada em benefício do aluno/paciente/cliente.

Aspectos metabólicos e endocrinológicos do tecido adiposo

O controle da homeostase ocorre por meio da interação da maquinaria fisiológica; desse modo, os adipócitos desempenham um importante efeito nesse controle por meio da produção e secreção de diversas substâncias reguladoras. Embora fosse considerado um órgão passivo com a clássica função de ser um órgão responsável pelo estoque e fornecimento de energia, a partir de 1990 esse conceito vem sendo substituído pelo de que os adipócitos são metabolicamente ativos e funcionam como um órgão com ações tanto autócrinas, parácrinas e endócrinas, pois secretam diversas substâncias, como hormônios, apolipoproteínas, citocinas, proteínas com ação no sistema cardiovascular e fatores de crescimento (Wajchenberg, 2000).

O tecido adiposo apresenta uma importante função fisiológica na regulação do total de gordura corporal. Como os estoques de glicogênio no organismo são escassos, a mobilização de triglicerídeos no estado de jejum ou até mesmo na atividade física, dependendo da intensidade, acaba por fornecer o aporte calórico necessário nessas condições. Dessa forma, a quantidade de gordura armazenada é um reflexo da ingestão e do gasto calórico ao longo do tempo, sendo o conteúdo de triacilglicerol no adipócito um importante indicador de reserva e mobilização de gordura.

Vários fatores metabólicos podem afetar o metabolismo do tecido adiposo. Entre eles, a insulina, como importante hormônio lipogênico, pois estimula a captação de triacilglicerol (TAG) para o adipócito, promovendo a ativação da enzima lipase lipoprotéica (LPL), estimulando a captação de TAG dietético e seu posterior armazenamento nos adipócitos. Além disso, a insulina, por meio da ligação com seu receptor tirosina-cinase no adipócito, promove a translocação de GLUT-4 e posterior captação de glicose para os adipócitos, no qual uma pequena fração será armazenada como glicogênio e outra grande parte será convertida em glicerol, favorecendo a síntese de TAG. Não obstante, a insulina ainda diminui a atividade da enzima lipase hormônio sensível (LHS), reduzindo a mobilização dos estoques de TAG do adipócito. Outras influências hormonais podem ser específicas para determinadas regiões do organismo, como no caso das catecolaminas, que podem estimular a lipólise quando se ligam a receptores β-adrenérgicos acoplados a proteínas-Gs ou inibir a lipólise quando se ligam a receptores α-adrenérgicos. O cortisol também pode apresentar efeito semelhante, tornando-se lipogênico sobre a gordura visceral e lipolítico sobre a gordura periférica. Para que ocorra a lipólise, são necessárias a fosforilação e a ativação da enzima lipase hormônio sensível (LHS), estimulada pelas catecolaminas, cortisol, glucagon, hormônios tireoideanos e hormônio do crescimento (Frayn et al., 2003; Coleman, Lewin e Muoio, 2000).

Os adipócitos apresentam grande capacidade de aumento e diminuição; entretanto, o fenômeno de diferenciação é necessário para a deposição de gordura, em que pré-adipócitos podem se diferenciar em formas mais maduras de adipócitos. Essa capacidade de diferenciação se mantém por toda a vida do indivíduo (Hauner et al., 1989). É importante ressaltar que o principal estímulo para a diferenciação dos adipócitos é o estado nutricional. Um estímulo importante é a quantidade de ácidos graxos livres (AGL) circulantes que atuam diretamente na ativação de receptores PPAR (Amri et al., 1995). Outros fatores também podem regular a diferenciação, como algumas proteínas e a insulina; dessa maneira, o aumento dos adipócitos correlacionado a seu processo de diferenciação sugere que a capacidade de estoque de TAG seria ilimitada. Desse modo, é provável que a resistência insulínica no tecido adiposo decorrente da obesidade atue como um mecanismo de defesa contra essa mesma obesidade, dificultando a diferenciação dos adipócitos e a lipogênese, bem como a progressão da obesidade (Carey et al., 1997).

A diferenciação adipocitária também depende da angiogênese, que aparentemente é regulada pela leptina. Em modelos animais, a inibição da angiogênese, mesmo com dietas hipercalóricas, bloqueia o ganho de peso (Rupnick e Folkman, 2002).

Além desses fatores, a deposição de gorduras é regulada por estímulos nervosos autônomos simpáticos, controlando a lipólise (Arner, 1990), e parassimpáticos, controlando a lipogênese (Andersson e Arner, 1995). Embora pouco conhecido até o presente momento, podemos especular que uma possível desregulação dessas vias nervosas pode constituir um alvo terapêutico seguro no tratamento da obesidade.

O adipócito pode ser considerado como uma grande fábrica metabólica na produção de adipocitocinas responsáveis pela manutenção da homeostase. As substâncias liberadas ou expressas pelo tecido adiposo têm sido relacionadas com os distúrbios metabólicos associados à obesidade. A seguir, listaremos as mais recentes e principais adipocitocinas secretadas pelos adipócitos.

Leptina

Do grego *leptos* (magro), é uma proteína composta por 167 aminoácidos e possui uma estrutura semelhante às citocinas, sendo produzida principalmente no tecido adiposo pelo gene obesidade (*ob*), expresso nos adipócitos tanto de humanos quanto de roedores e que atua como um fator de sinalização entre o tecido adiposo e o sistema nervoso central, regulando a ingestão alimentar e o gasto energético e, dessa forma, o peso corporal (Reseland et al., 2001). A hipertrofia do adipócito está em direta associação com a secreção desse hormônio. Além disso, o aumento na ingestão calórica aumenta a secreção, ao passo que a diminuição da ingestão diminui a secreção de leptina. Dessa forma, pode-se dizer que esse hormônio funciona como um sensor do balanço energético. Promove também a síntese de peptídeos anorexigênicos e estimula o sistema nervoso simpático, por ativação de neurônios anorexigênicos, diminuindo a ingestão alimentar. Promove ainda o aumento na oxidação de ácidos graxos e nos tecidos periféricos (Wajchenberg, 2000; 2001). No entanto, indivíduos obesos apresentam elevados níveis plasmáticos de leptina, cerca de cinco vezes mais que aqueles encontrados em indivíduos magros (Considin et al., 1996), além de as mulheres apresentarem maior concentração plasmática de leptina que os homens (Friedmann e Hallas, 1998). A hiperleptinemia encontrada em pessoas obesas é atribuída a alterações no receptor de leptina ou a uma deficiência em seu sistema de transporte na barreira hematoencefálica, fenômeno conhecido como resistência à leptina, semelhante ao que ocorre no diabetes mellitus (Considini et al., 1996). Além de seu importante papel no metabolismo, a leptina controla o sistema hematopoiético, o sistema imune, o sistema reprodutor e o sistema cardiovascular (Adami et al., 2002).

Adiponectina

É uma proteína similar ao colágeno, especificamente expressa no tecido adiposo e, predominantemente, na gordura visceral, sendo encontrada no plasma. É o único fator secretado pelos adipócitos que apresenta a capacidade de melhorar a sensibilidade insulínica (Berg et al., 2001; Yamauchi, 2001). A hiperinsulinemia está associada ao aumento na concentração de leptina, mas com diminuição na concentração de adiponectina. Recentes estudos demonstraram que a adiponectina apresenta um importante efeito antiinflamatório, reduzindo o desenvolvimento da aterosclerose (Krakoff et al., 2003). Além disso, a obesidade e o diabetes tipo 2 estão relacionados com secreção diminuída desse fator protéico (Wajchenberg, 2000).

Angiotensinogênio

A maior fonte de angiotensinogênio em humanos é o tecido hepático; no entanto, os adipócitos representam um importante local de expressão e produção dessa proteína. A expressão tecidual de angiotensinogênio no adipócito está elevada na obesidade humana (Rahmouni et al., 2004). A angiotensina II é um potente vasoconstritor e está implicada no desenvolvimento da aterosclerose na vasculatura muscular pela inibição da atividade da cascada de sinalização da insulina (Velloso et al., 1996). Há poucos anos, no entanto, descobriu-se que tanto o angiotensinogênio quanto a renina e a enzima conversora são sintetizados no tecido adiposo. Nesse tecido, a angiotensina II pode estar envolvida no controle do crescimento do tecido adiposo, uma vez que tem promovido a diferenciação de pré-adipócitos em adipócitos (Hauner et al., 1999).

Resistina

É uma molécula sinalizadora, rica em serina e cisteína, secretada pelos adipócitos durante a adipogênese e encontrada no soro de camundongos. Seus níveis estão aumentados pelos modelos genéticos e adquiridos de obesidade. Estudos indicam que os tecidos-alvo da resistina são o músculo e o tecido adiposo, mas seu alvo molecular ainda é desconhecido (Steppan et al., 2001). Quando se faz uma infusão de resistina em animais, instaura-se uma intensa resistência à insulina. Em contrapartida, a insulina inibe a expressão de resistina em adipócitos (Bays, Mandarino e Defronzo, 2004).

Estrogênios

A produção de estrogênios no tecido adiposo depende da atividade da aromatase P-450, enzima presente preferencialmente nos pré-adipócitos, que promove a conversão da androstenediona, por aromatização, à estrona, que é o segundo hormônio feminino circulante em mulheres na pré-menopausa e o primeiro em mulheres na pós-menopausa. Na verdade, nas mulheres, a estrona é derivada tanto do metabolismo do estradiol secretado pelo ovário (o principal hormônio encontrado em mulheres na pré-menopausa) como da androstenediona (hormônio androgênico secretado pelo córtex adrenal) metabolizada no tecido adiposo, conforme elucidado. Nos homens, entretanto, a conversão periférica da estrona é responsável por uma das maiores partes do estrogênio circulante, e o envelhecimento e a obesidade promovem aumento na taxa de conversão da androstenediona em estrona (Wajchenberg, 2000; 2001).

Proteína Relacionada ao Complemento (Acrp30)

Tendo seu RNAm diminuído em humanos e camundongos obesos, a Acrp30 é expressa em adipócitos, mas não em pré-adipócitos. Possui uma região globular na carboxila terminal correspondente ao fator C1q do complemento, que pode ser liberado por meio da ação de uma protease, sendo ativo farmacologicamente (Wajchenberg, 2001).

Lipase Lipoprotéica (LPL) e Proteína Estimuladora da Ascilação (ASP)

Ambas apresentam importante função na lipogênese. A LPL é responsável pela hidrólise dos triglicerídeos circulantes provenientes da dieta, para que sejam captados e armazenados, desenvolvendo importante papel na regulação da concentração e composição das lipoproteínas plasmáticas (Pérusse e Bouchard, 2000). Essa enzima é sintetizada pelas células parenquimatosas e transportada para o lúmen capilar do tecido adiposo e dos músculos esquelético e cardíaco (Ladu, Kapsash e Palmer, 1991). Após liberação dos ácidos graxos dos quilomícrons pela ação da LPL, eles serão armazenados no tecido adiposo na forma de triglicerídeos, pela ação da ASP que, por sua vez, atua sobre a diacilglicerol aciltransferase, que é a última enzima envolvida na lipogênese (síntese de triglicerídeos), aumentando sua atividade (Sniderman et al., 1998). Dessa maneira, a ASP eleva a captação de glicose e a síntese dos triglicerídeos dentro do adipócito. Concomitantemente a esses efeitos, existem aumentos moderados de adipisina e intensos de ASP na obesidade e no diabetes mellitus do tipo 2 em humanos (Cianflone, Maslowska e Sniederman, 1999).

Proteína de Transferência de Ésteres de Colesterol (CETP)

A CETP é uma enzima extremamente importante na modulação do transporte reverso do colesterol. Além da produção hepática, os adipócitos também contribuem de maneira eficiente em sua produção. Seu efeito biológico resume-se ao fato de a CETP promover a transferência do éster de colesterol das lipoproteínas de alta densidade (HDL) para as lipoproteínas de muito baixa densidade (VLDL), convertida em lipoproteína de densidade intermediária (IDL) e, então, em lipoproteínas de baixa densidade (LDL), que é metabolizada pelo próprio fígado (Wajchenberg, 2000).

Inibidor-1 do Ativador do Plasminogênio (PAI-1)

O PAI-1 é um serina cinase que inibe a ativação do plasminogênio em plasmina e, portanto, ativadora da cascata fribinolítica. Desse modo, níveis elevados de PAI-1 inibem a digestão da rede de fibrina presente nos coágulos, desequilibrando o balanço fisiológico entre os sistemas de trombogênese e fibrinólise, favorecendo a formação de microtrombos e acelerando o processo de aterosclerose. Tanto na obesidade como no diabetes mellitus do tipo 2 os níveis de PAI-1 apresentam-se elevados (Hainault et al., 2002), o que pode acelerar os riscos comuns às doenças cardiovasculares e síndrome metabólica.

Fator de Necrose Tumoral-α (TNF-α)

Trata-se de uma citocina secretada primariamente por células do sistema imune, tendo diversas funções, como aumento na produção das linfocinas pelos linfócitos T, proliferação e produção de anticorpos pelos linfócitos B, neutrofilia e aumento da secreção de prostaglandinas pelos macrófagos (Stites e Terr, 1992). Os adipócitos, mas não os pré-adipócitos, também são local de síntese e alvo de atuação do TNF-α, e os indivíduos obesos expressam e liberam essa citocina 2,5 vezes mais do que os eutróficos. Esse aumento na liberação do TNF-α pelo tecido adiposo pode causar inúmeras alterações metabólicas, como a Resistência Insulínica (RI), observada na sepse e em neoplasias (Hauner, 1999). Em roedores, a infusão de TNF-α leva a uma potente RI, seguido de aumento de lipólise e ativação das vias inflamatórias (Hotamisligil, Shargill e Spiguelman, 1993). A RI causada pelo TNF-α ocorre em razão de sua capacidade em fosforilar o substrato do receptor de insulina – 1 (IRS-1) em serina, prejudicando a transdução do sinal intracelular (Hotamisligil et al., 1996).

Interleucina-6 (IL-6)

A IL-6 é uma citocina multifuncional sintetizada por vários tipos celulares, incluindo os adipócitos diferenciados, e apresentam função inflamatória. Sua produção aumenta concomitantemente ao aumento da massa adiposa. Além de efeitos sobre os sistemas imunes, hematológicos e hepáticos, possui ações endócrinas e metabólicas, entre as quais estão o estímulo do eixo hipotálamo-hipófise-adrenal, reduzida expressão de LPL e diminuição da diferenciação adiposa (Hauner, 1999). Além disso, apresenta importante função na regulação da função das células-β das ilhotas de Langerhans (Van Snick, 1990).

Fator de crescimento semelhante à Insulina-1 (IGF-1)

O hormônio do crescimento (GH), liberado pela adenoipófise após estímulo do GHRH hipotalâmico secretado por neurônios parvicelulares, promove o aumento da lipólise, a síntese protéica e a diminuição da utilização periférica da glicose. Uma vez secretado, o GH estimula os hepatócitos a produzirem as somatomedinas, cuja principal é o IGF-1 (Guyton e Hall, 1997). Foi demonstrado em pré-adipócitos do tecido adiposo subcutâneo que a diferenciação adiposa apresenta-se associada com aumento de IGF-1, que por si parece atuar como um regulador fisiológico de pré-adipócitos. A produção elevada de IGF-1 em obesos não tem os mecanismos elucidados. No entanto, a administração de GH em indivíduos obesos promove redução preferencial de gordura visceral (Hauner, 1999).

Monobutirina

Apresenta função primordial na vascularização do tecido adiposo e é secretada especificamente nesse tecido, funcionando, portanto, como um fator angiogênico. Apresenta característica lipídica, além de um potente efeito vasodilatador (Wajchenberg, 2000; Negrel, 1999).

Fator de crescimento do endotélio vascular (VEGF)

É um fator que atua na remodelação da matriz extracelular, realizando a neovascularização do tecido adiposo (Negrel, 1999).

Eicosanóides

São importantes controladores da pressão arterial gerados a partir da conversão do ácido araquidônico. As prostraglandinas E_2 e I_2 são vasodilatadores e a prostraglandina $F_{2\alpha}$ vasoconstritora no próprio tecido adiposo (Negrel, 1999).

Fator de inibição da leucemia (LIF)

Auxilia também no controle da pressão arterial, podendo ser um dos elos entre o excesso de gordura visceral e a hipertensão arterial (Negrel, 1999).

Ácido lisofosfatídico (LPA)

Apresenta característica ímpar de ser o único composto fosfolipídico capaz de induzir aumento no volume e proliferação dos pré-adipócitos. Seu efeito é mediado pelos receptores α_2-adrenérgicos, que, uma vez ativados, geram redução na mobilização de triglicerídeos no tecido adiposo e estimulam o processo de hiperplasia e hipertrofia dos pré-adipócitos (Negrel, 1999).

Visfatina

Corresponde a um fator estimulador de colônias de célula pré-B (PBEF), expressa também por linfócitos. Apresenta ação similar ao da insulina e promove hipoglicemia, além de que a visfatina apresenta a capacidade de interagir e estimular o receptor tirosina-cinase da insulina. O aumento de peso promove um aumento nos níveis circulantes de visfatina (Fukuhara, Matsuda e Nishizawa, 2005).

Receptor-γ do ativador do proliferador do peroxisoma (PPAR-γ)

O PPAR-γ é um fator de transcrição ativado por agentes ligantes da superfamília de receptores nucleares hormonais. Apresenta grande expressão pelo tecido adiposo e uma vez ativado apresenta a capacidade de promover alteração na expressão de genes PPAR-γ-responsivos, como GLUT-4 e LPL, podendo, de certo modo, apresentar importante função na regulação dos depósitos de gordura (Wajchenberg, 2000).

Quadro 11.4 – Fatores expressos e liberados pelos adipócitos

Adipócitos	**Adipócitos e pré-adipócitos**	**Pré-adipócitos**
Adipisina		
Adiponectina		
Proteína estimuladora da ascilação		Fator de crescimento semelhante à insulina-1
Fator do crescimento do endotélio vascular	Proteínas da matriz extracelular Proteínas ligantes do fator de crescimento semelhante à insulina-1	
Interleucina-6	Lipase lipoprotéica Estrogênio	
Ácido lisofosfatídico	Inibidor-1 do ativador do plasminogênio	
Angiotensinogênio e Angiotensina II	Eicosanóides	
Leptina		Fator de inibição da leucemia
Fator de necrose tumoral-α		
Monobutirina		

Fonte: Adaptado de Negrel (1999).

Balanço energético, controle de peso e atividade física no controle da obesidade

A prática da atividade física e o controle dietético adequado são mecanismos importantes para o controle do peso corporal. Embora ocorram diferenças individuais importantes relacionadas ao consumo e a demanda energética, é exatamente o equilíbrio energético o principal aspecto sobre o ganho de massa gorda e magra. O equilíbrio energético é a relação entre o que foi consumido por meio da dieta e a demanda energética pelo trabalho biológico. Dessa maneira, para que o indivíduo mantenha seu peso corpóreo, é importante que exista um balanço adequado entre ingestão alimentar e atividades físicas realizadas (peso corporal = ingestão alimentar – gasto energético). Partindo desses pressupostos, se ocorrer diminuição no gasto energético com concomitante aumento da ingestão alimentar, o balanço energético tornar-se-á positivo, gerando ganho de peso. Em contrapartida, se houver diminuição no consumo alimentar e aumento no gasto energético, o balanço energético será negativo, gerando diminuição do peso corpóreo (Egger e Swinburn, 1997; Bouchard e Blair, 1999).

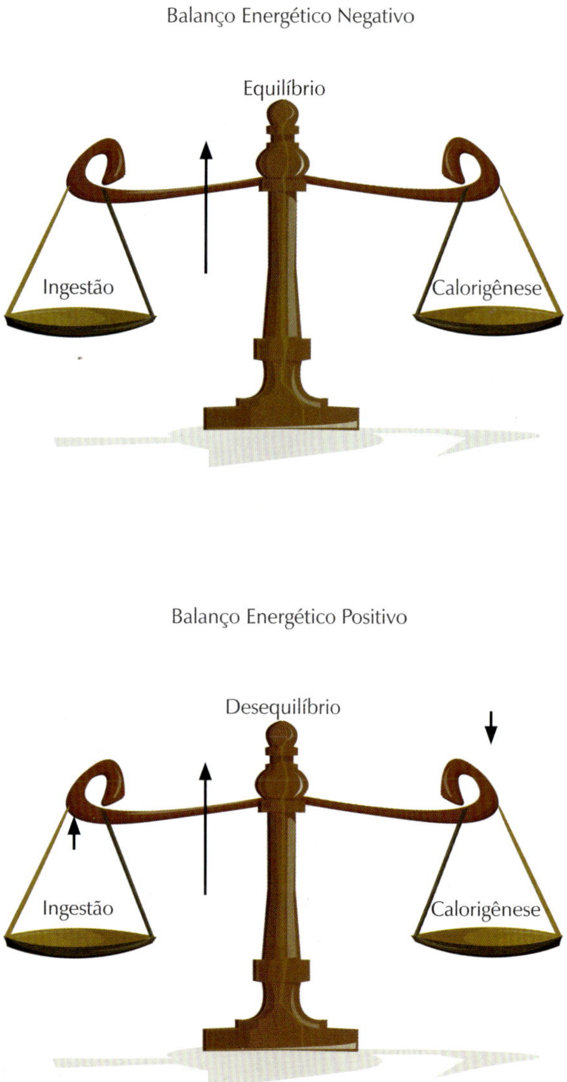

Figura 11.2 – Equilíbrio e desequilíbrio do tecido adiposo.

Vários fatores podem influenciar o balanço energético e o controle de peso corpóreo, como idade, sexo, fumo, medicamentos, álcool, alimentação, fatores hormonais, etnia, patologias associadas, composição corporal e temperatura etc.

O gasto energético é constituído por quatro componentes básicos: taxa metabólica basal (TMB), efeito térmico do alimento (ETA), efeito térmico da atividade física (ETAF) e termogênese facultativa (TF). A TMB corresponde a cerca de 60% a 75% do gasto energético diário, referindo-se à quantidade mínima de energia gasta para manter funções vitais do organismo, como respiração, circulação, metabolismo celular, temperatura etc. Um dos principais determinantes da TMB é a massa isenta de gordura (MIG), explicando as grandes diferenças encontradas no gasto energético entre homens e mulheres. A relação inversa entre TMB e idade parece resultar, sobretudo, da redução da MIG. Dessa forma, a MIG, a idade e o sexo podem ser responsáveis por variações entre indivíduos de até 83%. O ETAF é definido como o aumento do gasto energético resultante da atividade física, bem como o segundo maior componente do gasto energético, comprometendo em torno de 15% a 30% das necessidades energéticas diárias. O ETA corresponde com cerca de 10% do gasto energético diário e equivale ao incremento no gasto energético acima da TMB, que ocorre em razão da energia gasta para ativação dos processos digestórios, absortivos e metabólicos dos nutrientes, assim como para o armazenamento das reservas corpóreas de glicogênio e lipídios (Cuppari, 2005). A TF refere-se ao gasto energético específico decorrentes das alterações da temperatura, ingestão de alimentos, estresse emocional e outros fatores, correspondendo à aproximadamente 10% a 15% do gasto energético diário.

Tabela 11.3 – Componentes do gasto energético

Gasto Energético	**Definição**	**Gasto energético diário (%)**
Taxa Metabólica Basal (TMB)	Energia gasta durante os processos corpóreos vitais	60% a 75%
Efeito Térmico do Alimento (ETA)	Energia gasta durante a atividade física	15% a 30%
Efeito Térmico da Atividade Física (ETAF)	Gasto de energia decorrente do processo de digestão absorção e metabolismo dos alimentos e armazenamento de reserva de glicogênio e gordura	10%
Termogênese facultativa	Adaptação a condições ambientais que podem modificar o gasto energético	< 10% a 15%

Fonte: Adaptado de Cuppari, 2005.

A avaliação do gasto energético diário pode ser realizada por métodos diretos ou indiretos. A calorimetria direta é empregada para medir a quantidade de calor produzido por um corpo em um determinado período, avaliando a dissipação de calor em câmara hermeticamente fechada. Em razão do alto custo e das dificuldades técnicas, esse método é utilizado em apenas grandes centros de pesquisas e universidades (Wildman e Medeiros, 2000). Em razão dessa dificuldade em realizar a medida do gasto energético por calorimetria direta, métodos indiretos foram desenvolvidos para facilitar o acesso sobre o dispêndio energético; entre eles, podemos destacar: água duplamente marcada, questionários de atividades físicas, acelerômetros, equações de previção e Quociente Respiratório (QR). O QR baseia-se no pressuposto de que todas as reações que liberam energia no organismo dependem essencialmente do consumo de oxigênio; dessa maneira, o consumo de oxigênio de uma pessoa durante a realização de atividades físicas pode fornecer com precisão o dispêndio energético (Brooks, 1984; Snellen, 1983 apud McArdle, Katch e Katch, 2001). Em razão das diferenças químicas estruturais dos carboidratos, proteínas e lipídios, são necessárias, contudo, diferentes quantidades de oxigênio para que ocorra a oxidação completa dos átomos de carbono e hidrogênio, gerando gás carbônico e água como produtos finais. Dessa forma, o QR descreve essa relação de troca gasosa pela seguinte equação:

$$\mathbf{QR = CO_2\ produzido \div O_2\ consumido}$$

Quando uma molécula de glicose ($C_6H_{12}O_6$) é oxidada, para cada molécula de O_2 consumida uma molécula de CO_2 é produzida. Nessa reação, serão necessárias seis moléculas de oxigênio (O_2), com produção total de seis moléculas de gás carbônico (CO_2). Desse modo, o QR para os carboidratos é igual a 1,00. Entretanto, o QR para os lipídios é igual a 0,71, indicando que são necessárias mais moléculas de oxigênio para a liberação de gás carbônico na oxidação dos ácidos graxos (Flatt, 1993).

O ser humano apresenta um limite para o acúmulo de carboidratos que é aproximadamente ao equivalente de energia consumido em apenas um dia. Em contrapartida, as reservas energéticas na forma de gordura podem chegar a ser suficientes para 50 ou até 200 dias de energia a ser consumida. Dessa maneira, a oxidação dos carboidratos pode variar de acordo com a quantidade de alimento ingerido. Sendo assim, nas situações em que o consumo alimentar é exagerado, o QR aumenta, indicando maior oxidação de carboidratos e conservação das gorduras, promovendo deposição das mesmas (Flatt, 1993). Uma vez que a ingestão e a oxidação das gorduras geralmente não são atenciosamente balanceadas pela maior parte da população, não é necessário que anormalidades metabólicas ou mutações genéticas expliquem o ganho de peso populacional ocorrente (Egger e Swinburn, 1997; Hill, Melanson e Wyatt, 2000).

Se considerarmos as diferentes possibilidades da prática da atividade física, levando em consideração o princípio da especificidade no treinamento e seus efeitos diretos sobre o QR, podemos compreender como diferentes tipos de atividades físicas podem promover mais ou menos auxílio no controle de peso, perda de peso ou mesmo ganho de peso (Flatt, 1993).

Durante o exercício físico, ocorrem diversas alterações metabólicas, como modificações no padrão de secreção hormonal e da atividade neural, além de ajustes hemodinâmicos com o objetivo de controlar e manter o aporte de oxigênio e substratos energéticos para os grupos musculares que estão em atividade e para a distribuição para os órgãos vitais que também necessitam desses substratos.

Ao iniciar o exercício, os substratos metabólicos ficam disponíveis por meio de um aumento rápido na oxidação da glicose com a associação de uma rápida mobilização das reservas do próprio glicogênio e de reservas de triacilgliceróis estimuladas pelo sistema nervoso simpático (Hoelzer et al., 1986; Cryer, 1989).

Paralelamente à captação de glicose nos músculos em exercício, ocorre uma produção de glicose no fígado por meio da glicogenólise e da neoglicogênese (produção de glicose a partir de substratos como lactato, aminoácidos, gorduras e piruvato), com o objetivo de manter a glicemia. Na fase inicial do exercício, a neoglicogênese contribui com 25% (Suh, 2007).

Segundo McArdle et al. (1991) e Suh et al. (2007), o início do exercício físico ativa a lipólise no tecido adiposo e a liberação dos ácidos graxos livres e glicerol na corrente sangüínea. Conforme as concentrações de ácidos graxos livres no plasma aumentam, sua captação e utilização pelos músculos em exercício também se elevam.

Dessa forma, a intensidade, a duração e o tipo de atividade influenciam na utilização do substrato pelo músculo, pois, em repouso, o músculo utiliza 10% de glicose para o fornecimento energético e de 85% a 90% da oxidação de ácidos graxos e 1% a 2% dos aminoácidos (Coyle, 2007). Nos exercícios de alta intensidade, a energia é proveniente da oxidação da glicose plasmática e muscular (Suh, 2007).

Essa utilização e mobilização dos substratos durante o exercício acontecem em razão das mudanças na atividade nervosa simpática e nos níveis de hormônios. A redução nos níveis de insulina causa a potencialização das ações hepáticas do glucagon (glicogenólise e neoglicogênese) e intensifica a liberação dos adipócitos de ácidos graxos livres. Assim, o treinamento provoca alterações importantes no padrão de utilização dos substratos, determinando, por exemplo, a oxidação de lipídios e não de carboidratos nos exercícios de longa duração com predominância aeróbica (Newsholme, 1996).

Essa hipótese do desvio do metabolismo dos carboidratos pode ser verificada no ciclo de Randle, que explica que, quando ocorre o aumento da disponibilidade dos ácidos graxos, há sua oxidação, diminuindo a utilização da glicose e a degradação do glicogênio. Ainda não se compreendem perfeitamente quais mecanismos favorecem essa redução (Newsholme, 1996).

Sabe-se que os hormônios reguladores aumentam gradualmente para manter a homeostase glicêmica, como o glucagon, o cortisol, o hormônio de crescimento, a noradrenalina e a adrenalina (Acevedo et al., 2007).

Dependendo da intensidade do exercício, as catecolaminas (adrenalina e noradrenalina) reagem diferentemente, ao passo que a noradrenalina aumenta em exercícios leves, sendo de 2 a 6 vezes a mais em cargas máximas, a adrenalina não se altera em exercícios leves, mas durante exercícios intensos sua concentração pode aumentar rapidamente. Dessa maneira, o grau de atividade do sistema nervoso simpático influencia diretamente na mobilização dos substratos durante o exercício, pois as catecolaminas estimulam diretamente a lipólise e a enzima lipase hormônio sensível, a glicólise e também a produção hepática de glicose (Acevedo et al., 2007)

Muitos estudos sugerem que a oxidação muscular dos lipídios apresenta-se de forma reduzida na obesidade no estado pós-absortivo (Houmard, 2000). O conteúdo intramuscular de triglicérides em obesos é elevado. Uma das hipóteses mais aceitas é a de que esse aumento está associado à redução da oxidação dos lipídios pelo músculo decorrente do acúmulo de lipídios. Esse acúmulo intramuscular de lipídios correlaciona-se diretamente com resistência insulínica, e a redução da oxidação intramuscular pode levar a um balanço positivo de lipídios e gerar ganhos na massa adiposa. Além disso, mesmo antes e depois do ganho de peso, a habilidade do músculo esquelético em oxidar lipídios em obesos se apresenta reduzida (Houmard, 2000).

Essas modificações de comportamento por meio da dieta, do exercício, dos fármacos e da cirurgia bariátrica também é relatada por Bray (1998) com estratégias de tratamentos desde o primeiro ano de vida até 75 anos de idade, com propostas em cada fase da vida, conforme mostra o Quadro 11.5.

Quadro 11.5 – Estratégia de tratamento conforme os anos de idade

Idade	Fatores preditores de excesso de peso	Estratégias terapêuticas		
		Pré-excesso de peso com riscos	**Excesso de peso pré-clínico**	**Excesso de peso clínico**
1 a 10	História familiar positiva Defeitos genéticos Distúrbio hipotalâmico Taxa metabólica baixa Mãe diabética	Aconselhamento familiar Redução da inatividade	Terapia de mudança comportamental familiar Exercícios físicos Dieta hipocalórica e hipolipídica	Tratamento das comorbidades Exercícios físicos Dieta hipocalórica e hipolipídica
11 a 60	História familiar positiva de obesidade e diabetes Doença endócrina (síndrome do ovário policístico) Multípara Abandono do tabagismo Casamento Medicações	Redução do estilo de vida sedentário Dieta hipocalórica e hipolipídica Correção postural	Terapia comportamental Dieta hipocalórica e hipolipídica Redução do estilo de vida sedentário	Tratamento das comorbidades Tratamento medicamentoso Reduzir o estilo de vida sedentário Dieta hipocalórica e hipolipídica Terapia comportamental Cirurgia bariátrica
61 a 75	Menopausa Declínio do hormônio do crescimento Declínio da testosterona Abandono do tabagismo Medicações	Poucos indivíduos permanecem nesse subgrupo	Terapia comportamental Dieta hipocalórica e hipolipídica Redução do estilo de vida sedentário	Tratamento das comorbidades Tratamento medicamentoso Redução do estilo de vida sedentário Dieta hipocalórica e hipolipídica Terapia Comportamental Cirurgia bariátrica

Fonte: Bray, 1998.

A atividade física é a grande fonte de gasto energético, tendo um papel importante na manutenção do equilíbrio do peso, além de ser a principal responsável pela termogênese humana, tida por alguns autores como a grande forma de gasto energético. Sendo assim, o acompanhamento por meio de anamnese, dieta e avaliação da obesidade é para sua comparação seqüencial. A atividade física auxilia a preservação da massa magra durante a dieta e pode minimizar a redução da taxa metabólica associada à redução de peso. Não podemos esquecer que o organismo é uma máquina extremamente eficiente. Assim, a atividade física exclusiva, sem controle alimentar, resulta também em poucos benefícios, já que as perdas calóricas motivadas pela atividade física podem ser facilmente repostas.

Programas com a finalidade de reduzir a inatividade física podem resultar em atividades mais vigorosas que a prescrição de exercícios intensos, além de possibilitar ao obeso mais opções, aumentando a adesão ao tratamento. Programas que encorajem a diminuição da inatividade física promovem a diminuição do tempo em frente à televisão, a utilização de escadas no lugar de elevadores e o auxílio em tarefas domésticas (lavar carro e arrumar a casa, por exemplo). A estimulação dessas práticas parece funcionar melhor que cursos de ginástica em academias, que não são acessíveis a toda a população.

Aspectos posturais do obeso

Ao observarmos a postura, pensamos em uma pessoa imóvel ou em movimento com determinados pontos anatômicos alinhados ou não. O estudo da postura está fortemente vinculado a abordagens biomecânica e fisiológica, restringindo o estudo da ação de forças físicas internas e externas sobre a postura. Essa determinação da posição do corpo no espaço depende de diversas variáveis: as forças físicas e os mecanismos internos de controle.

A postura bípede sofre contínua influência da força da gravidade. Para que o corpo mantenha-se ereto, os segmentos corporais precisam ser recolocados constantemente em equilíbrio. Esse trabalho é realizado pela contração intermitente dos músculos posturais, responsáveis pela manutenção da posição com um baixo custo energético.

Considera-se que o corpo esteja mais equilibrado quando a projeção da linha de gravidade passa sobre o centro de algumas articulações. Esse alinhamento pode determinar menor gasto energético e menor desgaste articular, além de ser importante, pois quanto maior for a carga imposta, maiores serão os estresses aplicados ao corpo.

Em um corpo equilibrado, os estresses se distribuem e se anulam; no entanto, em um corpo com desalinhamento, ocorrerá estresses localizados, danificando e/ou lesando as estruturas que sofrerem maior sobrecarga. A obesidade é um exemplo dessa sobrecarga sobre as articulações.

O equilíbrio da estrutura corporal

Teoricamente, uma linha de gravidade deve passar por determinados pontos, mas na realidade cada indivíduo desenvolve seu equilíbrio, podendo a referida linha passar ora à frente ora atrás de determinada articulação. A atuação dos mecanismos do tônus impõe variações de equilíbrio de indivíduo para indivíduo que oscilam ao redor de uma posição média, constituindo o que chamamos de atitude. Sendo o equilíbrio na posição ereta um desequilíbrio permanente, mas constantemente compensado, essa atitude representa a solução pessoal para seu encontro. Todo esse mecanismo tem especial importância porque é o que mantém um adequado ajuste de tensões musculares que permitem ao indivíduo manter e recuperar o equilíbrio.

A base inferior e a estruturação da postura

A postura e o equilíbrio da estrutura corporal estão assentados nas seguintes bases: a inferior, que são os pés e pernas, e a superior, que é a pelve, também chamada de flutuante, porque de certa forma depende da inferior para sua estabilidade.

Os pés estão anatomicamente estruturados para atender a dois objetivos fundamentais: sustentar/apoiar o peso corporal e locomover, mas é também sobre eles que se obtêm a posição ereta e a postura. Os receptores dos músculos dos pés e os receptores de pressão sob a pele têm significativa atuação sobre a regulação da postura. Nesse aspecto, uma alteração na postura ou na coluna vertebral não deve ser visualizada simplesmente como ação de certos grupos musculares, mas também seu significado em razão dos impulsos recebidos dos receptores da base inferior.

A capacidade dos pés para sustentação e locomoção depende de seus arcos. Sua modificação altera a posição dos ossos e a função dos músculos, provocando como conseqüência deficiências na postura e na marcha.

As alterações nos pés

As alterações na base inferior são freqüentes, quase sempre adquiridas e geralmente associadas às alterações da coluna vertebral. Excluindo-se modificações ósseas, de causas genéticas ou por acidente, as deficiências dos pés podem ser adquiridas por intercorrências na aquisição da postura ereta, excesso de peso corporal e calçados inadequados.

As alterações nos pés aparecem freqüentemente combinadas com as alterações na postura e nas pernas, o que provoca efeitos em cadeia sobre a postura e a locomoção. São causa de dores, geralmente decorrentes da má postura, que se acentuam com a atividade física. Essas dores podem se irradiar para pernas, joelhos e região lombar.

Para um desenvolvimento adequado, a estrutura corporal necessita, sistematicamente, de atividades motoras apropriadas para a prevenção de posições incorretas, uma vez que as alterações, principalmente da coluna vertebral, estão associadas às intercorrências na aquisição da postura ereta.

Alterações posturais

Aspectos cinesiológicos

A coluna vertebral analisada como uma estrutura mecânica, submetida a uma série de forças complexas regidas pelas leis da física, é uma haste móvel e desempenha duas funções completamente antagônicas e centrais para o comportamento motor do ser humano: é o eixo de movimentação e de sustentação do corpo. Essa é a razão de sua complexidade, o que torna seu conhecimento essencial para os profissionais que atuam com o movimento humano.

Cada região da coluna possui uma mobilidade particular, que deve ser conhecida para que se possam fazer solicitações adequadas. Além disso, é importante saber que as cargas não são homogeneamente distribuídas ao longo da coluna vertebral.

Causas

São inúmeras as causas de alterações posturais e quase sempre atuam conjuntamente: atividades físicas básicas insuficientes no desenvolvimento, deficiência protéica na alimentação, alterações respiratórias, vícios posturais, excesso de peso corporal, alongamento ou encurtamento muscular exagerados, anomalias ósseas congênitas ou adquiridas e problemas de ordem psíquica (muitas vezes inconsciente).

Conseqüências

As conseqüências são diversas: problemas no equilíbrio, alterações nos discos intervertebrais, alterações torácicas e, conseqüentemente, na mecânica respiratória, dores generalizadas nas costas, alterações estéticas e funcionais.

Escoliose

É o desvio lateral da coluna, vista no plano frontal. Apresenta uma ou mais curvaturas laterais e determina alterações estéticas e funcionais proporcionais à acentuação dessas curvas. Pode ser funcional (vício postural, ciática, emocional) ou estrutural (neuropática, toracogênica, metabólica). Tem como características principais o desnivelamento de ombros, das escápulas, a acentuação da prega lombar e a inclinação lateral da pelve. Provoca um bloqueio inspiratório do lado côncavo do desvio e é causa de dores generalizadas nas costas.

Hipercifose

É o aumento da curva posterior convexa da coluna (acentuação da curvatura fisiológica existente). Tem como características a projeção dos ombros para frente e para baixo, projeção da cabeça à frente, inclinação pélvica anterior ou posterior, joelhos hiperestendidos ou semiflexionados. Em termos musculares, ocorre geralmente encurtamento dos músculos peitorais, hipotonia dos dorsais e abdominais. Provoca uma descida das costelas e, em conseqüência, tem-se uma insuficiente amplitude torácica e bloqueio inspiratório.

Hiperlordose – Aspectos no obeso

É o aumento da curva lordótica da região lombar (também uma acentuação da curvatura fisiológica existente) e tem como características a projeção da bacia e do abdômen para a frente, o encurtamento dos músculos lombares e a insuficiência nos abdominais e glúteos, sendo causa de dores lombares.

A forma e a estrutura dos ossos são determinadas geneticamente por condições fisiológicas e patológicas. A utilização dos segmentos corporais em condições normais é fundamental para a formação do osso; nesse sentido, a estruturação postural depende do equilíbrio muscular e das ações que se fazem sobre os ossos.

As alterações na estrutura corporal não são exclusivas dos obesos, mas aparecem mais freqüentemente neles em razão do aumento das exigências mecânicas em determinadas regiões.

A inclinação anterior da pelve com o conseqüente deslocamento anterior do centro de gravidade e aumento da lordose lombar são as características mais evidentes, determinadas por um abdômen protuso. Isso foi verificado no estudo de Ridola et al. (1994), no qual valores patológicos do ângulo lombossacral e do ângulo lordótico foram encontrados em todos os indivíduos que apresentavam excesso de peso. Foi verificado também que após a perda de peso, por meio da intervenção terapêutica, esses ângulos apresentaram valores menores.

O aumento na inclinação anterior da pelve determina maior rotação interna do quadril e fêmur, provocando valgismo dos joelhos. Esse desvio angular é acentuado pela circunferência exagerada das coxas, pois aumenta o afastamento dos membros inferiores, trazendo conseqüências para os joelhos, tornozelos e pés.

A criança obesa apresenta um padrão de marcha modificado em relação a uma criança de peso corporal normal. No estudo de Hills e Parker (1992), crianças obesas pré-púberes apresentaram um ciclo mais longo da marcha, com menor cadência e menor velocidade relativa, além de uma fase de apoio maior. Essas crianças também apresentam maior instabilidade na marcha em velocidades baixas. Em outro estudo, Hills e Parker (1991) haviam verificado uma tendência, nas crianças obesas, de acelerarem o momento de apoio total do pé no chão, no início da fase de contato, e uma maior rotação externa do pé em todas as fases do ciclo da marcha. Esses dados mostram uma adaptação do aparelho locomotor à sobrecarga, que, nesse caso, se dá pelo próprio peso corporal. A criança obesa realiza a marcha acentuando as alterações estruturais que ela já apresenta, como o pé plano, o valgismo de joelhos e menor estabilidade corporal.

O valgismo de joelho é analisado no estudo de Davids, Huskamp e Bagley (1996), no qual foi verificado que a característica dinâmica da marcha ocorre de forma a acomodar a coxa que apresenta maior volume em relação a crianças com peso normal. Essa alteração do padrão da marcha resulta em maior sobrecarga do compartimento medial do joelho durante o ciclo da marcha, podendo levar ao aparecimento da tíbia vara, independentemente da preexistência desse desvio.

Nas alterações posturais, a pressão exercida pelo peso corporal gera sobrecargas locais e/ou globais que podem provocar o achatamento dos corpos vertebrais, acentuando, por exemplo, a cifose. Além da cifose, que muitas vezes está associada a uma maior dificuldade na respiração, estudos indicam que a obesidade é um fator que está diretamente relacionado à apnéia obstrutiva do sono. Verificou-se, por meio do estudo de Hakala, Maasilta e Sovijarvi (2000), que a perda de peso e uma posição corporal mais ereta durante o sono melhoraram os mecanismos respiratórios diários e as trocas gasosas nos pacientes com apnéia obstrutiva do sono.

Referências

ACEVEDO, E. O. et al. Stress hormones, effort sense, and perceptions of stress during incremental exercise: an exploratory investigation. **J. Strength. Cond. Res.**, v. 21, n. 1, p. 283-8, 2007.

ADAMI, G. F. et al. Relationship of serum leptin to clinical and anthropoetric findings in obese patients. **Obesity Surgery**, v. 12, n. 5, p. 623-7, 2002.

ALMEIDA, S. S.; NASCIMENTO, P. C. B. D.; QUAIOTI, T. C. B. Quantidade e qualidade de produtos alimentícios anunciados na televisão brasileira. **Revista de Saúde Pública**. v. 36, n. 3, p. 353-5, 2002.

AMRI, E. Z. et al. Cloninf of protein that mediates transcriptional effects of fatty acids in preadupocytes. Homology to peroissome proliferator-activated receptors. **Journal of Biological Chemistry**, v. 270, p. 2.367-71, 1995.

ANDERSSON, J.; ARNER, P. Cholinoreceptor-mediated effects on glycerol output from human adipose tissue using in situ microdialysis. **British Journal of Pharmacology**, v. 115, p. 1.155-62, 1995.

ARNER, P. et al. Adrenergic regulation of lipolysis in situ at rest and during exercise. **Journal of Clinical Investigation**, v. 85, p. 893-8, 1990.

BAYS, H.; MANDARINO, L.; DEFRONZO, R.A. Role of adipocyte, free fatty acid, and ectopic fat in pathogenesis of type 2 diabetes mellitus: peroxisomal proliferator-activated receptor agonists provide a rational therapeutic approach. **Journal of Clinical Endocrinology e Metabolism**, v. 89, p. 463-78, 2004.

BERG, A. H. et al. The adipocyte-secreted protein Acrp30 enhances hepatic insulin action. **Nature Medicine**, v. 7, p. 947-53, 2001.

BERNARDI, F.; CICHELERO, C.; VITOLO, M. R. Comportamento de restrição alimentar e obesidade. **Revista de Nutrição**, v. 18, n. 1, p. 85-93, jan./fev. 2005.

BOUCHARD, C.; BLAIR, S. N. Introductory comments for the consensus on physical activity. **Medicine and Science in Sports and Exercise**, v. 31, n. 11, 1999.

BOUCHARD, C.; TREMBLAY, A. Genetic Influences on the Response of Body Fat and Fat Distribution to Positive and Negative Energy Balances in Human Identical Twins. **Journal of Nutrition**, v. 127, p. 943S-7S, 1997.

BRAY, G. A. **Contemporary diagnosis and management of obesity**. Newtown: Hanbooks in Health Care Co, 1998.

CAREY, V. et al. Body fat distribution and risk of non-insulin-dependent diabetes mellitus in women: the Nurses Health Study. **American Journal of Epidemiology**, v. 45, p. 614-9, 1997.

CIANFLONE, K.; MASLOWSKA, M.; SNIEDERMAN, A. D. Acylation Stimulating Protein (ASP), an adipocyte autocrine: new directions. **Seminars in Cell and Developmental Biology**, v. 10, p. 31-41, 1999.

COLEMAN, R. A.; LEWIN, T. M.; MUOIO, D. Physiological and nutritional regulation of enzymes of triacylglycerol synthesis. **Annual Review of Nutrition**, v. 20, p. 77-103, 2000.

CONSIDINI, R. V. et al. Serum immunoreactive leptin concentrations in normal-weight and obese humans. *New England Journal of Medicine*. v. 334, n. 4, p. 292-5, 1996.

COYLE, E.F. Fat oxidation during whole body exercise appears to be a good example of regulation by the interaction of physiological systems. **J. Physiol.**, v. 15; n. 581, p. 886, 2007.

CUPPARI, L. **Nutrição**: Nutrição clínica no adulto. 2. ed. Barueri: Manole, 2005.

DÂMASO, A. R. et al. Etiologia da obesidade. In: ______. (Coord.) **Obesidade**. Rio de Janeiro: Medsi, 2003.

DAVIDS, J. R.; HUSKAMP, M.; BAGLEY, A. M. A dynamic biomechanical analysis of the etiology of adolescent tibia vara. **J. Pediatr. Orthop.**, v. 16, n. 4, p. 461-8, 1996.

EGGER, G.; SWINBURN, B. An "ecological" approach to the obesity pandemic. **BMJ**, v. 315, p. 477-80, 1997.

FLATT, J. P. Dietary Fat, Carbohydrate Balance and Weight Maintenance. **Annals New York Academy of Sciences**. v. 683, p. 122-40, 1993.

FRAYN, K. N. et al. Integrative physiology of human adipose tissue. **Int. J. Obesity**, v. 27, p. 875-8, 2003.

FRIEDMANN, J. M.; HALLAS, J. L. Leptin and the regulation of body weight in mammals. **Nature**, v. 395, n. 22, p. 763-70, 1998.

FUKUHARA, A.; MATSUDA, M.; NISHIZAWA, M. Visfatin: a protein secreted by visceral fat that mimics the effects of insulin. **Science**, v. 207, p. 426-30, 2005.

GRIJALBA, R. F. Evaluacion del Estado Nutricional. **Arquivos Brasileiros de Endocrinologia e Metabologia**, 9º Congresso Brasileiro de Obesidade, Foz do Iguaçu. v. 45, n. 4, p. S254-5, ago. 2001.

GUERRA, R. L. F. et al. Métodos de avaliação da composição corporal. In: DÂMASO, A. R. **Nutrição e exercício na prevenção de doenças**. Rio de Janeiro: Medsi, 2001.

GUYTON, A. C.; HALL, J. E. **Tratado de Fisiologia Médica**. 9. ed. Rio de Janeiro: Guanabara Koogan, 1997.

HAARBO, J.; CHRISTIANSEN, C. Treatment-induced cyclic variantions in serum lipids, lipoproteins, and apolipoproteins after 2 years of combined hormone replacement therapy: exaggerated cyclic variations in smokers. **Obstetrics e Gynecology**, v. 80, n. 4, p. 639-44, 1992.

HAINAULT, I. et al. Adipose tissue-specific increase in angiotensinogen expression in the obese (fa/fa) ucker rat. **American Journal of Physiology**, v. 282, p. E59-66, 2002.

HAKALA, K.; MAASILTA, P.; SOVIJARVI, A. R. Upright body position and weight loss apnoea: improve respiratory mechanics and daytime oxygenation in obese patients with obstructive sleep. **Clin. Physiol.**, v. 20, n. 1, p. 50-5, 2000.

HALPERN, A.; MANCINI, M. C. **Manual de obesidade para o clínico**, São Paulo: Roca, 2002.

HANSEN, B. C. The Metabolic Syndrome X. **Annals of the New York Academy of Sciences**, v. 892, p. 1-24, 1999.

HARDMAN, A. E. Physical activity, obesity and blood lipids. **International Journal of Obesity**, v. 23, n. 3, p. S64-71, 1999.

HAUNER, H. Human adipocytes – state of the art. In: GUY-GRAND, B.; AITHAUD, G. (Org). **Progress in Obesity Research**: Proceedings of the Eighth International Congress on Obesity. John Libbey e Company Ltd., v. 8, p. 47-53, 1999.

______ et al. Promoting effect of glucocorticoids on the differentiation of human adipocyte precursor cell cultured in a chemically defined medium. **Journal of Clinical Investigation**. v. 84, p. 1.663-70, 1989.

HEYWARD, V. H. Avaliação da composição corporal. In: ______. **Avaliação física e prescrição de exercício técnicas avançadas**. 4. ed. Porto Alegre: Artmed, 2004.

HILL, J. O.; MELANSON, E. L.; WYATT, H. R Dietary Fat Intake and Regulation of Energy Balance: Implications for Obesity. **Journal of Nutrition**, v. 130, p. 284S-8S, 2000.

HILLS, A. P.; PARKER, A. W. Gait characteristics of obese children. **Arch. Phys. Med. Rehabil.**, v. 72, n. 6, p. 403-7, 1991.

______. Locomotor characteristics of obese children. **Child Care Health Dev**. v. 18, n. 1, p. 29-34, 1992.

HOELZER, D. R. et al. Epinephrine is not critical to prevention of hypoglycemia during exercise in humans. **Am. J. Physiol.**, v. 251, n. 1, p. E104-10, 1986. Retraction in: CRYER, P. E. **J. Clin. Invest.**, v. 83, n. 3, p. 1.085, 1989.

HONG, Y. et al. Familial Clustering of Insulin and Abdominal Visceral Fat: The Heritage Family Study. **Journal of Clinical Endocrinology e Metabolism**, v. 83, p. 4.239-45, 1998.

HOTAMISLIGIL, G. S. et al. IRS-1 mediated inhibition of insulin receptor tyrosine kinase activity TNF-alfa and obesity-induced insulin resistance. **Science**, v. 271, p. 665-8, 1996.

HOTAMISLIGIL, G. S.; SHARGILL, N. S.; SPIGUELMAN, B. M. Adipose expression of tumor necrosis factor alfa: direct role in obesity-linked insulin resistance. **Science**, v. 259, p. 87-91, 1993.

HOUMARD, J.A. et al. Lipid oxidation is reduced in obese human skeletal muscle. **Am. J. Physiol. Endocrinol. Metab.**, v. 279, p. 1.039-44, 2000.

INSTITUTO BRASILEIRO DE GEOGRAFIA E ESTATÍSTICA (IBGE). **Pesquisa de Orçamentos Familiares 2002-2003**. Rio de Janeiro: IBGE, 2003.

JÉQUIER, E.; TAPPY, L. Regulation of body weight in humans. **Physiological Reviews**. v. 79, n. 3, p. 451-79, 1999.

KRAKOFF, J.; FUNAHASHI, T.; STEHOUWER, C. D. A. Inflamatory markers, adiponectin, and risk of type 2 diabetes in the Pima Indian. **Diabetes Care**, v. 26, p. 1.745-51, 2003.

LADU, M. J.; KAPSASH.; PALMER, W. K. Regulation of lipoprotein lipase in muscle and adipose tissue during exercise. **Journal of Applied Physiology**, v. 71, n. 2, p. 404-9, 1991.

LERARIO, D. D. G. et al. Excesso de peso e gordura abdominal para a síndrome metabólica em nipo-brasileiros. **Revista de Saúde Pública**. v. 36, n. 1, p. 4-11, 2002.

LESAGE, M. et al. Prevalence of cardiovascular disease risk factors in visceral obesity. **FASEB Journal**, v. 9, n. 3, p. R1625, A280, 1995.

MANCINI, M. C. Noções fundamentais: diagnóstico e classificação da obesidade. In: GARRIDO JÚNIOR, A. B. **Cirurgia da obesidade**. São Paulo: Atheneu, 2004.

______. Particularidades do diagnóstico no obeso. **Arquivos Brasileiros de Endocrinologia e Metabologia**. 9º Congresso Brasileiro de Obesidade, Foz do Iguaçu; v. 45, n. 4, p. S257-63, ago. 2001.

MATOS, A. F. Diagnóstico e classificação da obesidade. In: HALPERN, A.; MANCINI, M. C. **Manual de obesidade para o clínico**. São Paulo: Roca, 2002.

MCARDLE, W. D.; KATCH, F. I.; KATCH, V. L. **Fisiologia do exercício**: energia, nutrição e desempenho humano. 5. ed. Rio de Janeiro: Guanabara Koogan, 2001.

MODINI, L.; MONTEIRO, C. A. Relevância epidemiológica da desnutrição e da obesidade em distintas classes sociais: métodos de estudo e aplicação à população brasileira. **Revista Brasileira de Epidemiologia**, v. 1, n. 1, p. 28-39, 1998.

MUST, A. et al. Long-term morbidity and mortality of overweight adolescents: a follow-up of the Harvard Growth Study of 1922 to 1935. **New England Journal of Medicine**, v. 327, n. 5, p. 1.350-5, 1992.

National Task Force on the prevention and treatment of obesity: weight cycling. **Journal of the American Medical Association**, v. 272, n. 15, p. 1.196-202, 1994.

Negrel, R. Paracrine/autocrine signals and adipogenesis. In: Guy-Grand, B.; Aithaud, G. (Org). **Progress in Obesity Research: Proceedings of the Eighth International Congress on Obesity**. John Libbey e Company Ltd., v. 8, p. 55-64, 1999.

Newsholme, E.A.; Dimitriadis, G. Some thoughts on the importance of insulin in the regulation of the blood glucose level. **Experientia**, v. 15; 52, n. 5, p. 421-5, 1996 (Review).

Organização Mundial de Saúde (OMS). **Obesity**, an epidemic, Geneva: WHO, 2000.

_____. **Physical status**: the use and interpretation of anthropometry. Geneva: WHO, 1998.

Pérusse, L.; Bouchard, C. Gene-diet interactions in obesity. **American Journal of Clinical Nutrition**, v. 72, p. 1.285S-90S, 2000.

Pimenta, A. P. A. A.; Palma, A. Perfil epidemiológico da obesidade em crianças: relação entre televisão, atividade física e obesidade. **Revista Brasileira de Ciência e Movimento**, v. 9, n. 4, p. 19-24, 2001.

Pinheiro, A. R. O. et al. Uma abordagem epidemiológica da obesidade. **Revista de Nutrição**, v. 17, n. 4, p. 523-33, out./dez. 2004.

Pi-Sunyer, F. X. The obesity epidemic: pathophysiology and consequences of obesity. **Obesity Research**, v. 10, n. 2, p. 97S-104S, 2002.

Pollock, M. L.; Wilmore, J. H. **Exercícios na saúde e na doença**. 2. ed. Rio de Janeiro: MEDSI, 1993.

Radominski, R. B. Outros métodos de determinação da composição corporal. **Arquivos Brasileiros de Endocrinologia e Metabologia**. 9º Congresso Brasileiro de Obesidade, Foz do Iguaçu; v. 45, n. 4, p. S276-9, ago. 2001.

Rahmouni, K. et al. Adipose depot-specific modulation of angiotensinogen gene expression in diet-induced obesity. **American Journal of Physiology Endocrinology and Metabolism**, v. 286, p. E891-5, 2004.

Repetto, G.; Rizzolli, J.; Bonatto, C. Prevalência, riscos e soluções na obesidade e sobrepeso: here, there, and everywhere. **Arquivos Brasileiros de Endocrinologia e Metabologia**, v. 47, n. 6, p. 633-5, 2003.

Reseland, J. E. et al. Effect of long-term changes in diet and exercise on plasma leptin concentrations. **American Journal of Clinical Nutrition**, v. 73, n. 2, p. 240-5, 2001.

Reubinoff, B. E. et al. Effects of low-dose estrogen oral contraceptives on weight, body composition, and fat distribution in young women. **Fertility and Sterility**, v. 63, n. 3, p. 516-21, 1995.

Ridola, C. et al. Changes in the lumbosacral segment of the spine due to overweight in adults. Preliminary remarks. **Ital. J. Anat. Embryol.**, v. 99, n. 3, p. 133-43, 1994.

Romero, C. E. M.; Zanesco, A. The role of leptin and ghrelin on the genesis of obesity. **Revista de Nutrição**, v. 19, n. 1, p. 85-91, 2006.

Rupnick, M. A.; Folkman, M. J. Adipose tissue mass can be regulated through the vasculature. **Proc. Natl. Acad. Sci. USA**, v. 99, p. 10.730-5, 2002.

Seidell, J. C.; Flegal, K. M. Assessing obesity: classification and epidemiology. **British Medical Bulletin**, v. 53, p. 238-52, 1997.

Sniderman, A. D. et al. The Adipocyte, Fatty Acid Trapping, and Atherogenesis. **Arteriosclerosis, Thrombosis, and Vascular Biology**, v. 18, p. 147-51, 1998.

STEPPAN, C. M. et al. The hormone resisting links obesity to diabetes. **Nature**, v. 409, p. 307-12, 2001.

STITES, D.; TERR, A. **Imunologia básica**. Rio de Janeiro: Prentice-Hall do Brasil, 1992.

SUH, S. H.; PAIK, I. Y.; JACOBS, K. Regulation of blood glucose homeostasis during prolonged exercise. **Mol. Cells.**, v. 30; 23, n.3, p. 272-9, 2007 (Review).

VAN SNICK, J. Interleukin 6: as over-view. **Ann. Rev. Immunol.**, v. 8, p. 253-78, 1990.

VELLOSO, L. A. et al. Cross-talk between the insulin and angiotensin signaling systems. **Proc. Natl. Acad. Sci. USA**, v. 93, p. 12.490-5, 1996.

WAJCHENBERG, B. L. Subcutaneous and Visceral Adipose Tissue: Their Relation to the Metabolic Syndrome. **Endocrine Reviews**, v. 21, n. 6, p. 697-738; 2000.

______. Tecido Adiposo como glândula endócrina. **Arquivos Brasileiros de Endocrinologia e Metabologia**. 9º Congresso Brasileiro de Obesidade, Foz do Iguaçu; v. 45, n. 4, p. S266-8, ago. 2001.

WHITAKER, R. C. et al. Predicting obesity in young adulthood from childhood and parental obesity. **N. Engl. J. Med.**, v. 337, n. 13, p. 869-73, 1997.

WILDMAN, R. E. C.; MEDEIROS, D. M. **Advanced human nutrition**. United States: CRC Press, 2000. p. 585.

Capítulo 12

Exercícios Físicos Adaptados à Gravidez

Linda Denise Fernandes Moreira Pfrimer
Luzimar Teixeira

Uma gravidez considerada normal tem a duração de 38 a 42 semanas, período que pode ser dividido em subperíodos evolutivos de três trimestres, cada um com suas características específicas (Kisner e Colby, 2004).

O primeiro trimestre (entre 0 e 12 semanas) inicia-se com a implantação do óvulo fertilizado no útero da mãe (7 a 10 dias depois da fertilização). A mãe já começa a sentir os primeiros sintomas da gravidez, como alterações emocionais, aumento do tamanho e sensibilidade das mamas, aumento da diurese e do cansaço, podendo sentir também náuseas e vomitar. É esperado da mãe um ganho de massa corpórea relativamente pequeno nesses três primeiros meses, entre 0 e 1,5 kg.

Já o segundo trimestre (entre 13 e 26 semanas) é uma fase em que a gestante se sente muito bem, sem náuseas e com mais disposição do que antes. É o período em que a barriga se torna visível e a mulher se considera realmente grávida. A gestante irá sentir os primeiros movimentos fetais entre a 19ª e a 21ª semana.

Nos últimos três meses de gestação (entre 27 e 42 semanas), surgem os maiores desconfortos para a gestante: falta de ar, dificuldade para encontrar uma posição confortável para dormir, constipação intestinal, micção freqüente, inchaço nos pés e pernas, cansaço geral e dor na região lombar. Nessa fase, o útero já está bem maior e as contrações já se tornam regulares a partir do fim do sétimo mês, apesar de a mãe apenas eventualmente percebê-las.

Até o início do século XX, a prática de atividades físicas durante a gestação era desencorajada principalmente por conta de preocupações teóricas a respeito dos possíveis efeitos nocivos do esforço físico sobre a mãe e o feto (Clapp et al., 1992). Desde o final dos anos 1970, contudo, muitos estudos clínicos foram conduzidos no sentido de averiguar as reais mudanças fisiológicas ocorridas na mãe e no feto como resultado de um programa de atividades físicas.

Os resultados de estudos clínicos após 1985 não demonstraram nenhum efeito adverso nos fetos ou mães praticantes de um programa de atividades físicas regular de intensidade leve a moderada. O Colégio Americano de Obstetras e Ginecologistas (American College of Obstetricians and Gynecologists – ACOG) publicou em 2002 (Artal e O'Toole, 2003) novas recomendações para o exercício durante a gestação e reconheceu, definitivamente, a gravidez como um período de modificações psicofisiológicas únicas e que não poderia mais ser considerada como um período que requer um estilo de vida sedentário. Na verdade, atualmente, o ACOG recomenda a prática de 30 minutos ou mais de exercícios físicos de intensidade moderada, em quase todos os dias da semana durante a gestação, desde que não haja outras complicações médicas.

Duas das atuais recomendações do ACOG merecem especial atenção. Pela primeira vez, recomenda-se o exercício físico para mulheres sedentárias previamente à gestação, bem como para aquelas gestantes com complicações médicas, desde que se submetam a uma avaliação médica prévia. Também pela primeira vez, o guia do ACOG sugere que os exercícios possam ter um papel importante na prevenção e no controle do diabetes mellitus gestacional.

Alterações anatômicas e fisiológicas durante a gravidez

Ao final da gravidez, os músculos abdominais estão em seu limite de extensibilidade, fazendo com que sua origem (crista e sínfise púbicas) e inserção (cartilagens das 5º, 6º e 7º costelas e processo xifóide do externo) fiquem bem mais afastadas do que no estado normal, diminuindo consideravelmente a capacidade desse agrupamento muscular em gerar uma contração forte (Wilder, 1988).

Em razão da grande elevação nos níveis dos hormônios relaxina e progesterona (Stephenson e O'Connor, 2000), durante a gestação ocorre uma diminuição da força tensiva ligamentar (efeito sistêmico). Por causa dessa frouxidão ligamentar, a gestante experimenta um quadro de hipermobilidade articular, principalmente nas articulações de suporte do peso corporal, como coluna, bacia, joelhos, tornozelos e pés, predispondo a um maior risco de lesões nas articulações e nos ligamentos.

O útero aumenta de tamanho, passando de 5 a 10 cm para 25 a 36 cm ao fim da gravidez, deixando então de ser um órgão pélvico para ser um órgão abdominal. Porém, antes do alargamento uterino, as costelas têm sua posição alterada em razão das mudanças hormonais. A circunferência torácica total pode aumentar em até 7 cm, e após a gravidez nem sempre voltará ao seu perímetro normal de antes da gestação (Kisner e Colby, 2004).

Ocorre uma hiperventilação natural durante a gravidez, visando suprir as maiores demandas de oxigênio da mãe e do feto, podendo haver um aumento no consumo de oxigênio de cerca de 20%.

Um aumento gradativo no volume sangüíneo (entre 35% e 50%) faz com que a gestante viva com cerca de 2 litros de sangue a mais do que tinha antes da gravidez. A freqüência cardíaca aumenta em 10 a 20 batimentos por minuto, voltando ao normal seis semanas após o parto.

Pode ocorrer, a partir do quarto/quinto mês de gravidez, a chamada síndrome hipotensiva sintomática em decúbito dorsal. Essa situação se dá porque o feto já está mais pesado e, caso a gestante fique em decúbito dorsal por mais de 3 minutos, esse peso pode pressionar a veia cava inferior e a artéria aorta, causando a diminuição do débito cardíaco e do retorno venoso, tendo como conseqüência um menor aporte de oxigênio tanto para a mãe quanto para o feto (Artal e O'Toole, 2003).

Pelo aumento da massa corporal, ocorrem alterações no equilíbrio da gestante, e, para compensar essas mudanças, ela tenta alargar sua base de sustentação, passando a caminhar com as pernas mais afastadas e com maior rotação externa dos quadris. O centro de gravidade desloca-se para cima e para frente em razão do aumento do peso do útero e das mamas, provocando uma série de modificações posturais na gestante.

Uma postura tipicamente gravídica apresenta rotação interna dos ombros (aumento do peso das mamas), cabeça anteriorizada para compensar o alinhamento dos ombros, músculos peitorais curtos e fortes e musculatura superior das costas fraca e alongada, aumento da lordose lombar e hiperextensão dos joelhos, musculatura lombar e flexora do quadril curta e muito tensa em razão da postura hiperlordótica, peso do corpo transferido para os calcanhares em uma tentativa de trazer o centro de gravidade para trás, músculos abdominais estirados e fracos e marcha com maior rotação externa dos quadris (Figura 12.1).

Figura 12.1 – Alterações posturais típicas da gestação.

Benefícios dos exercícios físicos na gestação

Existem evidências científicas relatando que mulheres sedentárias apresentam um importante decréscimo do condicionamento físico durante a gestação, sendo a inatividade física um dos fatores associados a uma maior possibilidade de surgimento de doenças durante e após a gestação (Haas et al., 2005). No entanto, grande parte dos estudos nessa área comprova que a manutenção de exercícios de intensidade moderada durante uma gravidez não complicada proporciona diversos benefícios para a saúde da mulher (SMA Statement, 2002).

Mulheres que se exercitam antes da gravidez e que continuam a fazê-lo durante a gestação tendem a ganhar menos peso, além de dar à luz bebês mais saudáveis (Mittelmark, Dorey e Kirschbaum, 1991) e suportar melhor as exigências físicas do parto natural.

A atividade cardiovascular durante a gestação é mais alta do que no período não gestacional, porém a prática regular de exercícios físicos reduz essa demanda cardiovascular, levando a uma diminuição da freqüência cardíaca e da pressão arterial, além do aumento no volume de sangue circulante e na capacidade de oxigenação e da redução da incidência do diabetes gestacional. Em mulheres que já apresentam diabetes gestacional (condição que afeta 5% das gestantes), a atividade física pode contribuir para manter os níveis glicêmicos normais nessa fase (Helmrich, Ragland e Paffenbarger, 1994).

Por meio da prática de atividades físicas regulares, a gestante poderá diminuir as diversas dores de origem musculoesquelética, em razão do fortalecimento de músculos fracos e alongamento de músculos tensos e encurtados, levando à adoção de uma postura corporal mais adequada. O exercício contribui para o aumento do gasto energético da gestante, sendo coadjuvante no controle do peso corporal, evitando uma maior sobrecarga articular em virtude de um peso corporal excessivo.

Os benefícios de um programa regular de atividades físicas durante a gestação se aplicam também à esfera emocional da gestante, aumentando sua autoconfiança e auto-estima (Hartmann e Bung, 1999), além de propiciar uma maior sensação de bem-estar em virtude da elevação da produção de neurotransmissores como a serotonina e a beta-endorfina. Alguns estudos sugerem ainda que a prática de exercício físico durante a gravidez exerce proteção contra a depressão puerperal (SMA Statement, 2002).

Cuidados durante a prática de exercícios físicos na gestação

Praticar exercícios físicos com intensidade muito elevada traz riscos potenciais para o feto e a mãe, podendo criar um estado de hipóxia para o bebê, sofrimento fetal em razão de um trauma abdominal durante a prática de algum esporte ou ainda hipertermia da gestante. Esses fatores podem gerar estresse fetal, restrição de crescimento intra-uterino e prematuridade (Bennell, 2001).

Durante a gestação, é prudente evitar alguns exercícios físicos ou situações específicas que podem acarretar prejuízo para a mãe e/ou para o feto (Artal e Gardin, 1999; Dye e Oldenettel, 1996):

- Exercícios com movimentos repentinos ou de saltos, que podem ocasionar lesões articulares;

- Exercícios na posição supina por mais de 3 minutos, após o terceiro trimestre, pois podem resultar em hipotensão arterial, obstrução do retorno venoso e hipóxia fetal;
- Atividades competitivas, levantamento de peso e artes marciais;
- Prática de mergulho (condições hiperbáricas levam a um risco de embolia fetal quando ocorre a descompressão);
- Flexão ou extensão profunda de qualquer segmento corporal, já que os tecidos conjuntivos estão sob o efeito da relaxina e da progesterona, apresentando frouxidão;
- Quaisquer esportes com bolas que possam causar traumas abdominais (basquetebol e futebol, entre outros);
- Atividades físicas realizadas em grandes altitudes.

Estudos experimentais com animais demonstraram que temperaturas corporais acima de 39°C podem resultar em defeitos de fechamento do tubo neural, que deve ocorrer normalmente por volta do 25º dia após a concepção. Sugere-se, então, sempre evitar situações que resultem em hipertermia materna (banhos em banheira com água muito quente, sauna, exercícios em ambientes quentes), principalmente durante o primeiro trimestre de gravidez (Bennell, 2001).

De acordo com o ACOG (2002), a prática regular de atividades físicas é absoluta ou relativamente contra-indicada nas situações que se seguem.

Contra-indicações absolutas

Doença miocárdica descompensada, insuficiência cardíaca congestiva, tromboflebite, embolia pulmonar recente, doença infecciosa aguda, risco de parto prematuro, sangramento uterino, isoimunização grave, doença hipertensiva descompensada, suspeita de estresse fetal, paciente sem acompanhamento pré-natal.

Contra-indicações relativas

Hipertensão essencial, anemia, doenças tireoidianas, diabetes mellitus descompensado, obesidade mórbida, histórico de sedentarismo extremo.

Atividades físicas na gestação

Atividades físicas em geral

Inicialmente, é preciso esclarecer uma dúvida muito freqüente: quando a gestante deve iniciar a prática de atividades físicas? Sempre após permissão médica por escrito. O que se deve evitar são as adaptações (estímulos novos) nesse período gestacional, já que o bebê está em formação e toda a energia deve ser direcionada a ele. Após o terceiro mês, o bebê já está praticamente formado, e daí em diante irá apenas crescer e desenvolver o que já está pronto. Logo, se a gestante era sedentária, deve iniciar a prática de exercícios físicos somente após o terceiro mês de gestação. Se já praticava alguma atividade física antes de engravidar, deve continuar com ela durante o primeiro trimestre, a não ser que se trate de alguma atividade de risco para a gestação. Se a gestante praticava outra atividade física e quer mudar de modalidade, deve fazê-lo só depois do terceiro mês de gestação.

Todas as mulheres que não apresentam contra-indicações devem ser incentivadas a praticar atividades aeróbicas, de resistência muscular e alongamento, que apresentem baixo risco de perda de equilíbrio e de traumas (ACOG, 2002).

É importante ficar claro que o objetivo de um programa de treinamento físico de uma gestante não é aumentar seu condicionamento físico, já que é um processo natural da gravidez o aumento da sobrecarga cardíaca e musculoesquelética, levando a uma gradativa diminuição da aptidão física geral até o final do nono mês.

Durante a execução do programa de treinamento, é preciso tomar cuidados especiais no sentido de evitar o aumento da temperatura corporal (evitar se exercitar em lugares muito quentes ou em água acima de 32°C, usar roupas leves). Com a prática de atividades físicas, a temperatura do corpo tende a subir e, se o ambiente ou a água estiverem muito quentes, a gestante poderá entrar em um quadro de hipertermia (excesso de calor), que é muito prejudicial ao feto, principalmente nos primeiros três meses de gestação, podendo acarretar hemorragias e até aborto.

A prescrição de exercícios para o desenvolvimento e manutenção da aptidão física em mulheres não grávidas consiste em atividades cardiorrespiratórias (exercícios aeróbicos) e neuromusculares (exercícios resistidos). Durante a gestação, a prescrição de exercícios deve incluir os mesmos elementos (ACOG, 2002).

Existe pouca informação sobre exercícios resistidos (como a musculação ou ginástica com pesos) durante a gestação. Em um estudo de Hall e Kaufmann (1987), foram prescritas rotinas de treinamento resistido individualizadas a um grupo de gestantes, consistindo em uma série de até 12 repetições para os grandes grupos musculares, como parte de um programa maior de condicionamento físico geral para gestantes. A freqüência cardíaca dos fetos foi monitorada durante o treinamento na 28ª e na 38ª semana e permaneceu imutável, o que levou os autores a concluir que exercícios resistidos com baixas cargas e múltiplas repetições dinâmicas se mostraram uma estratégia segura e eficaz durante a gestação.

Apesar da carência de dados científicos, é prudente que sejam evitados os exercícios isométricos, além dos exercícios com carga muito elevada ou quaisquer outros que elevem a pressão arterial durante a gravidez.

Sobre o treinamento de flexibilidade, os exercícios devem ser prescritos especificamente para cada gestante. Durante a gestação, não se deve procurar aumentar a amplitude de movimento das diversas articulações – apenas a manutenção do arco de movimento normal da gestante já é um trabalho interessante e seguro (Hall e Kaufmann, 1987) –, visto que hormônios como a relaxina e a progesterona estão muito elevados, levando a uma frouxidão ligamentar e conseqüente instabilidade articular, com maior risco de lesões.

A intensidade dos exercícios cardiorrespiratórios direcionados ao desenvolvimento e à manutenção da aptidão física em gestantes é de 60% a 70% da freqüência cardíaca máxima (ou 50% a 60% do consumo máximo de oxigênio), em se tratando de mulheres sedentárias previamente à gestação. Para as que já eram praticantes de atividades físicas regulares antes da gravidez, limites superiores são permitidos e seguros (75% a 80% da freqüência cardíaca máxima). Em uma metanálise a respeito dos efeitos dos exercícios na gestação, verificou-se que exercícios em intensidades altas (81% da freqüência cardíaca máxima) não causaram qualquer efeitos adversos à mãe ou ao feto (ACSM, 2000).

Já se tornou uma prática freqüente, em academias e clínicas que lidam com gestantes praticando exercícios físicos, a estipulação de 140 batidas por minuto como o limite superior até o qual o coração da gestante pode trabalhar com segurança enquanto se exercita. Contudo, o ACOG não recomenda essa estratégia para o controle da intensidade do treinamento desse grupo. Em razão das grandes variações das respostas cardíacas maternas ao exercício durante a gestação, não se pode estipular uma zona limite de trabalho que sirva para todas as gestantes. Dessa forma, o ACOG recomenda que o controle da intensidade do treino cardiorrespiratório seja feito por meio dos valores da freqüência cardíaca da gestante, verificando se ela está dentro da faixa recomendada de acordo com seu nível de aptidão física (sedentárias – 60% a 70% da FCmáx; treinadas até 75% a 80% da FCmáx). Contudo, o ACOG determina que, além da freqüência cardíaca, seja utilizada também alguma escala de percepção subjetiva de esforço, como a tabela de Borg (17) (Quadro 12.1). De acordo com essa escala, os exercícios estariam na intensidade adequada (moderada) quando a gestante alegasse estar fazendo um esforço entre os níveis 12 e 14.

Quadro 12.1 – Escala de Borg de percepção subjetiva de esforço

6	-----
7	Muito fácil
8	-----
9	Fácil
10	-----
11	Relativamente fácil
12	-----
13	Ligeiramente cansativo
14	-----
15	Cansativo
16	-----
17	Muito cansativo
18	-----
19	Exaustivo
20	-----

Ainda segundo o ACOG, como um limite superior de intensidade para exercícios seguros durante a gravidez ainda não foi estabelecido, pode-se concluir que mulheres que se exercitavam regularmente antes de engravidarem e que apresentam uma gestação sem complicações devem ser capazes de realizar exercícios físicos em altas intensidades, como um trote ou ginástica aeróbica, sem efeitos adversos.

Seja qual for a modalidade de atividade física escolhida, a gestante deve se exercitar no mínimo três vezes por semana, com cada sessão de treino tendo a duração de 30 a 45 minutos. A grande preocupação quanto à duração e à freqüência das sessões de treino nessa fase é facilitar a termorregulação da gestante (atividades muito prolongadas aumentam mais a temperatura interna corporal) e impedir um grande gasto energético que venha a prejudicar a mãe ou o feto.

Atividades aquáticas

Em razão de tantas alterações fisiológicas ocorridas no decorrer da gravidez, exercitar-se com atividades de sustentação do peso corporal contra a gravidade pode ser muito difícil. É aí que os exercícios aquáticos aparecem como uma excelente alternativa para a grávida que deseja se exercitar com segurança e maior conforto.

A água é um meio singular e muito diferente do ar. Atividades físicas praticadas no meio líquido resultam em efeitos fisiológicos bem diversos em seus praticantes, se comparados aos efeitos dos exercícios em terra. Na água, atuam vários princípios físicos inexistentes fora dela, e dois deles se destacam: a pressão hidrostática e a flutuação (ou empuxo). A pressão hidrostática é uma força exercida igualmente sobre todas as partes do corpo imerso em repouso a uma dada profundidade (Lei de Pascal). Já a flutuação foi descrita por Arquimedes da seguinte forma: "Quando um corpo está completa ou parcialmente imerso em um líquido em repouso, sofre um empuxo para cima igual ao peso do líquido deslocado" – em outras palavras, é a força que atua em sentido contrário à ação da gravidade.

Assim que um indivíduo entra em uma piscina com o nível da água na altura dos ombros, ele já começa a sentir os efeitos fisiológicos dessa imersão. Em virtude da ação da pressão hidrostática (que "aperta" o corpo de todos os lados) e da flutuação (que "empurra" os líquidos corporais de baixo para cima) ocorre uma alteração na dinâmica cardiocirculatória, de modo que 700 ml de sangue são deslocados dos membros inferiores para a região do tórax, causando um aumento no retorno venolinfático e um conseqüente aumento de 60% do volume de sangue central. O débito cardíaco aumenta em cerca de 30%, com uma diminuição de aproximadamente 10 batimentos por minuto (Hall, Bisson e O'Hare, 1990; Jolie, 2000).

Durante a gestação, essa situação é extremamente favorável, já que o aumento do volume de sangue central propicia uma maior irrigação sangüínea para o feto, com melhora de seu suprimento de oxigênio. Na água, a gestante pode se exercitar em intensidades moderadas sem aumentar tanto sua freqüência cardíaca, já que ela tende a se reduzir durante a imersão. Isso é o que comprova um estudo feito para determinar o efeito da gestação nas respostas cardiovasculares, durante exercício em cicloergômetro, na água e na terra. Os resultados mostraram que a freqüência cardíaca a uma mesma exigência metabólica é mais baixa no exercício na água do que fora dela (Katz, McMurray, Goodwin e Cefalo, 1990; McMurray, Katz, Berry e Cefalo, 1988).

Ainda em razão do efeito da pressão hidrostática, ocorre uma maior solicitação do sistema respiratório da pessoa imersa na água (Tipton e Golden, 1996), com o aumento do volume sangüíneo central e a maior compressão da caixa torácica e abdômen. O diafragma desloca-se para cima, e a pressão intratorácica aumenta de 0,4 para 3,4 mmHg, resultando em um aumento do trabalho respiratório da ordem de 65%. Logo, as aulas de hidroginástica proporcionam uma sobrecarga natural sobre a caixa torácica e todos os músculos responsáveis pelo mecanismo da respiração, tornando-se uma oportunidade bastante propícia para o treinamento dessas estruturas, visando melhorar a qualidade de vida da gestante fora da água.

Gestantes se beneficiam muito da pressão hidrostática e da flutuação no meio líquido em virtude de freqüentemente apresentarem edema nos membros inferiores. Durante o tempo em que estão praticando a hidroginástica, elas sentem alívio na musculatura lombar, já que a flutuação se encarrega de dar suporte ao peso do bebê. Também sentem seus pés e pernas desincharem por conta de o retorno venolinfático ser facilitado na água. Dessa forma, a hidroginástica é salutar para as gestantes até os últimos dias de gravidez, e nesse estágio (a partir do 8º mês), já com maiores dificuldades para respirar e um cansaço geral aumentado, ela vai para a piscina apenas para caminhar na água e sofrer os efeitos da imersão, descansando sua musculatura e desinchando pés e pernas.

A água e suas propriedades físicas propiciam a prática de exercícios com a sensação do peso corporal aliviado, já que, com a água na altura dos ombros, a força da flutuação faz com que o peso corporal seja aliviado em cerca de 90%, de maneira que uma gestante com 80 kg de massa corporal passará a pesar apenas 8,5 kg dentro de uma piscina com água no nível dos ombros. Desse modo, o impacto sofrido pelas articulações de uma gestante com sobrepeso é muito reduzido, ao passo que praticar esportes como corrida ou caminhada poderia trazer efeitos deletérios à saúde articular dessa mulher.

Diástase abdominal

Não se trata de uma condição exclusiva das gestantes, mas é nelas que comumente pode ser observada essa patologia. Os dois músculos que formam o reto abdominal em geral são unidos ao meio por uma linha média – a linha alba (Polden e Mantle, 1990). Com o avanço da idade gestacional, essa musculatura se estira até seu limite, podendo ocorrer o alongamento e o afilamento da linha alba, com a separação dos músculos retos abdominais (Figura 9.2a e b). Qualquer separação maior do que 2 cm ou dois dedos é considerada importante (Boissonnault e Blaschak, 1989). A diástase abdominal ocorre em uma proporção de 66% das gestantes no terceiro trimestre de gestação e pode persistir em 30 a 60% dessas mulheres durante o período pós-parto (Gilleard e Brown, 1996).

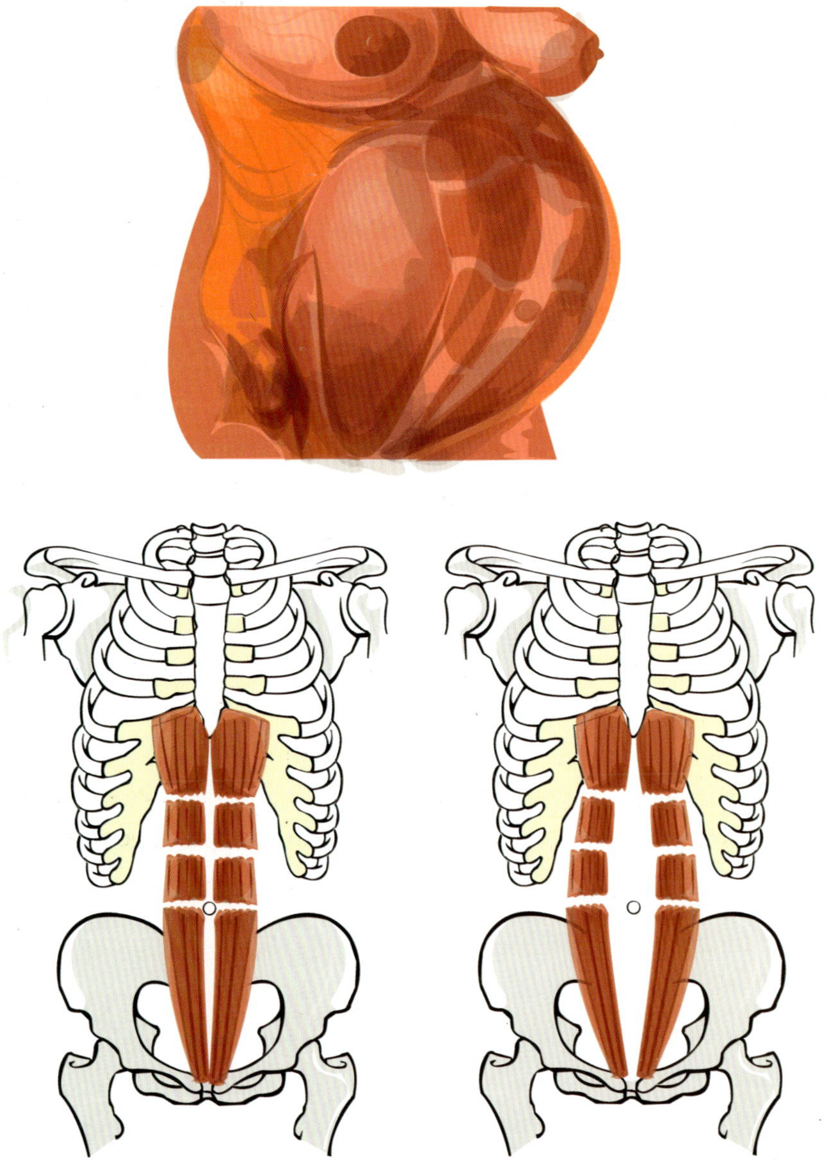

Figuras 12.2a-b – Separação dos músculos retos abdominais durante a gravidez.

Portadoras de diástase dos retos podem sentir dores musculoesqueléticas na região lombar por causa da diminuição da força abdominal e de sua capacidade de controlar a pelve e a coluna lombar. Em casos de perda extrema de alinhamento biomecânico e função do músculo, a gestante pode apresentar limitações funcionais, como dificuldade em passar do decúbito dorsal para a posição sentada (Kisner e Colby, 2004).

Todas as gestantes ou mulheres em período pós-parto devem ser instruídas a realizar o teste (Figura 9.3) para verificar a presença ou não de diástase dos retos, uma vez que depende desse diagnóstico a prescrição ou não de exercícios abdominais.

Figura 12.3 – Teste de diástase dos retos abdominais.

Para a realização desse teste, a gestante ficará deitada em posição supina, no chão, com os pés bem apoiados, joelhos flexionados e pernas semi-abertas. O avaliador irá solicitar que a gestante eleve os ombros e cabeça como se fosse executar exercícios abdominais. O avaliador, então, colocará um ou dois dedos perpendiculares à linha alba da gestante, fazendo uma leve pressão para baixo. Se existir separação, os dedos afundarão nesse sulco e o avaliador irá observar quantos dedos caberão nesse espaço. É importante que o teste seja feito com pressão acima e abaixo do umbigo, bem como em cima dele, já que a diástase pode ocorrer nessas três regiões.

Se o resultado do teste for uma separação de até um dedo, será considerado normal. Caso a separação seja de dois dedos, deverão ser evitadas as rotações de tronco e os exercícios abdominais serão permitidos apenas com a ajuda da própria gestante (ela cruza as mãos sobre a barriga ou utiliza uma faixa elástica), segurando a barriga de cada lado, na fase ascendente, para aproximar ambas as laterais do reto abdominal e disfarçar a fissura (Figuras 12.4, 12.5 e 12.6). Nunca se deve elevar totalmente o corpo da gestante a ponto de aparecer a fissura aberta.

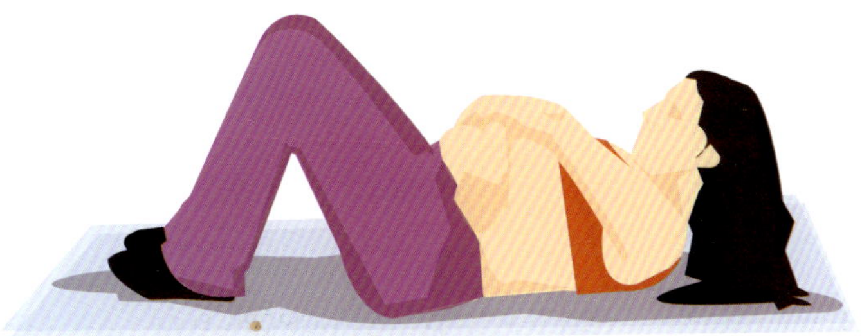

Figura 12.4 – Em decúbito dorsal, joelhos flexionados, pés apoiados no chão, abraçar a barriga, cruzando os braços sobre ela. Elevar os ombros do chão, procurando olhar para um ponto fixo no alto.

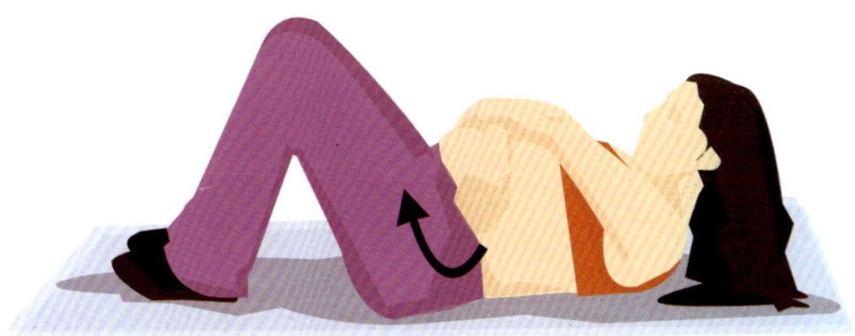

Figura 12.5 – Realizar o mesmo exercício, acrescido de um movimento de báscula, tentando pressionar o chão com a região lombar.

Figura 12.6 – Deslizar lentamente uma das pernas, repetindo em seguida com a outra; depois, repetir o exercício com as duas pernas ao mesmo tempo.

Caso se verifique uma separação de mais de dois dedos, deverão ser eliminadas as elevações de cabeça e evitados todos os exercícios em que as pernas descem lentamente. Poderão ser propostos exercícios abdominais com expiração forçada e movimentos pélvicos, utilizando a contração abdominal isométrica em várias posições (Figura 12.7).

Figura 12.7 – Realizar o movimento de báscula de quadril em quatro apoios, com contração isométrica do abdômen e expiração forçada.

Prescrição de exercícios

Algumas recomendações devem ser observadas ao prescrever um treinamento para gestantes, seja com atividades físicas aquáticas ou fora da água:

- Todo programa de treinamento para gestantes deve incluir exercícios aeróbicos, neuromusculares (força), de flexibilidade e equilíbrio;
- Intensidade do treino em atividades cardiorrespiratórias entre 60% e 70% da FC máx (sedentárias ou intermediárias) ou 70% e 75% da FCmáx. (gestantes bem treinadas).
- Intensidade do treino em atividades neuromusculares: trabalho de força muscular entre 60% e 75% de 1 RM, evitando isometria e cargas extremas;
- Evitar esportes de contato (handebol, futebol) ou com grande risco de quedas (patinação, esqui);
- O treinamento de gestantes deve incluir exercícios aeróbicos, neuromusculares (força) e de flexibilidade;
- Evitar exercícios em decúbito dorsal por mais de 3 minutos após o primeiro trimestre de gestação;
- Evitar exercícios de flexibilidade muito intensos, já que a gestante tem uma maior instabilidade articular e frouxidão ligamentar em razão da grande quantidade dos hormônios relaxina e progesterona;
- Utilizar o freqüencímetro sempre acompanhado de outro método de controle de intensidade, como a escala de percepção subjetiva de esforço;
- Evite exercícios de rotação de coluna;
- Grávidas devem fazer exercícios abdominais (faça o teste da diástase abdominal antes);
- Ênfase na correção postural, fortalecendo músculos fracos (rotadores laterais dos ombros, músculos da parte superior das costas, abdominais e rotadores mediais do quadril) e alongando músculos encurtados (rotadores mediais dos ombros, peitorais, musculatura da coluna lombar, flexores de quadril, rotadores laterais do quadril);

- Propor exercícios com base de sustentação maior e pernas mais afastadas a partir do 4º-5º mês de gestação.

No caso específico dos exercícios na piscina, devem ser seguidas, além de todas as orientações descritas anteriormente, também as seguintes:

- Entrar na piscina e sair dela gradativamente, pela rampa ou escada;
- Aproveitar a pressão da água para exercitar os músculos envolvidos na respiração;
- O nado peito clássico é bastante interessante para as gestantes, uma vez que sua pernada característica trabalha a musculatura do assoalho pélvico;
- O nado de costas pode ser realizado normalmente, desde que a partir do 4º mês de gestação a grávida não passe mais de 3 minutos consecutivos em decúbito dorsal (intercalar o nado costas com outro em decúbito ventral);
- Cuidado com o nado borboleta: as excessivas ondulações de quadril podem estressar ainda mais a coluna lombar da gestante.

É preciso também que a gestante seja orientada quanto à melhor posição para se deitar: decúbito lateral esquerdo (Figura 12.8). A partir do momento em que o peso do bebê aumenta (depois do 3º trimestre), se a gestante se deitar em decúbito dorsal o útero pode comprimir a veia cava e a artéria aorta, causando uma queda na pressão arterial da gestante e diminuindo o fluxo de sangue para o útero com conseqüente hipóxia fetal. Em decúbito lateral direito, essas alterações são bem diminuídas, mas ainda assim podem causar mal-estar à gestante e ao feto. Logo, deitar-se sobre seu lado esquerdo é a posição mais fisiológica para a gestante e o bebê.

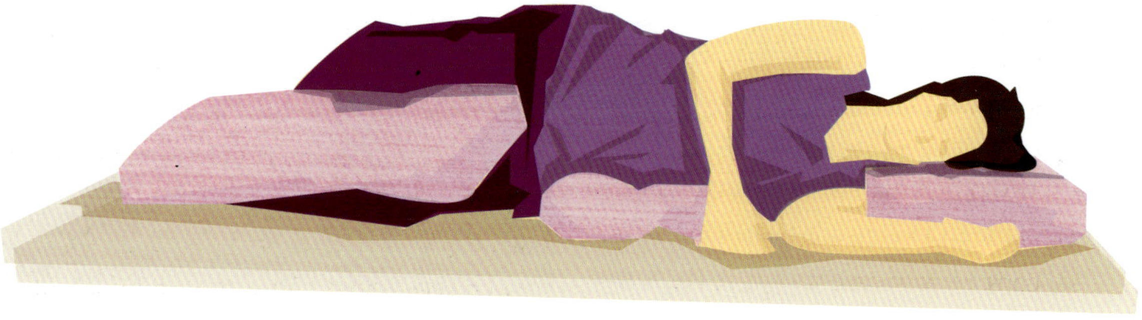

Figura 12.8 – Deitar-se em decúbito lateral esquerdo é a melhor posição para a gestante.

Gestantes asmáticas

Já existe um consenso na comunidade científica sobre a importância da prática de atividades físicas regulares para a saúde da gestante e do bebê. Contudo, é preciso verificar o quanto a atividade pode alterar a capacidade do organismo de se adaptar a situações fisiológicas que exijam cuidados especiais, como é o caso das gestantes asmáticas.

A asma é um dos problemas que podem ocorrer durante a gestação, com sérias complicações. As crises de asma podem se manifestar no primeiro trimestre da gravidez e aumentar sua incidência com o decorrer da idade gestacional.

Segundo a orientação do National Institute of Health (Sheffer e Taggart, 1993), se a asma não for controlada durante a gestação, pode trazer sérias complicações para a gestante, como pré-eclâmpsia, hipertensão gestacional crônica, hemorragia vaginal e toxemia, além de complicações para o feto, como aumento da mortalidade perinatal, crescimento intra-uterino retardado, nascimento de pré-termo, baixo peso ao nascer e hipóxia neonatal. Dessa forma, a asma grave durante a gestação pode tornar esse período de alto risco. No entanto, se a doença for controlada apropriadamente, esses riscos tendem a diminuir, fazendo da gestação um estado normal ou com baixo risco para a gestante e o feto.

Para a realização de atividades físicas pela gestante asmática, alguns aspectos da fisiologia respiratória e seus mecanismos de controle devem ser considerados, tanto em relação às adaptações que ocorrem na mãe como naquelas envolvendo o feto. Segundo Schatz (1992), podem ser observadas as seguintes alterações na gestante asmáticas: aumento da ventilação por minuto, em razão do aumento nos níveis de progesterona circulantes; hiperventilação; dispnéia no início da gravidez – pode ocorrer em 60% a 70% das gestantes –; e alterações no volume pulmonar, com aumento do volume corrente, diminuição do volume residual e da capacidade residual funcional e preservação da capacidade vital. Essas adaptações podem levar à diminuição da ventilação em certas partes dos pulmões, além de desequilíbrio na relação ventilação/perfusão. Porém, é mantida a estabilidade das vias aéreas. No feto, pode ocorrer a diminuição da oferta de oxigênio em razão da hipóxia materna.

A gestação acarreta uma série de efeitos na mulher que já era asmática antes de engravidar. Com o avanço da idade gestacional, aumenta também o risco de crises asmáticas em aproximadamente 18% a 36% dos casos. Esse aumento está associado à gravidade da doença e ao número de partos sucessivos (Schatz, 1992). No entanto, esse aumento nos riscos de incidência de crises tende a diminuir três meses após o parto. As principais causas do aumento da gravidade da asma durante a gravidez são as infecções nas vias aéreas superiores e o controle inadequado da doença (especialmente nas gestantes adolescentes). Deve-se levar em consideração que ocorre um aumento das crises entre 24 e 36 semanas de gestação e a ocorrência de sintomas da asma durante o parto em 9% dos casos.

Dessa forma, ao prescrever um programa de treinamento físico para uma gestante asmática, devem ser observadas as mesmas recomendações já discutidas neste capítulo, aplicáveis às gestantes não asmáticas. Além disso, um especial cuidado deve ser tomado com relação aos exercícios respiratórios, devendo-se evitar exercícios executados com bloqueio da respiração (Schatz, 1992).

Referências

AMERICAN COLLEGE OF OBSTETRICIANS AND GYNECOLOGISTS (ACOG). Committee on Obstetric. Exercise during pregnancy and the postpartum period. Pratice n. 267. **Am. Col. Obstet. Gynecol.**, v. 99, p. 171-3, 2002.

AMERICAN COLLEGE OF SPORTS MEDICINE (ACSM). **Guidelines for exercise testing and prescription**. 6. ed. Filadélfia: Lippincott Williams e Wilkins, 2000.

ARTAL, R.; GARDIN, S. K. Perspectiva histórica. In: ARTAL, R.; WISWELL, A. R.; DRINKWATER, L. R. **O exercício na gravidez**. São Paulo: Manole, 1999. p. 1-7.

______.; O'TOOLE, M. Guidelines of the American College of Obstetricians and Gynecologists for exercise during pregnancy and the postpartum period. **Br. J. Sports Med.**, v. 37, p. 6-12, 2003.

BENNELL, K. The female athlete. In: BRUKNER, P.; KHAN, K. **Clinical sports medicine**. 2. ed. Austrália: McGraw-Hill, 2001. p. 674-99.

BOISSONNAULT, J. S.; BLASCHAK, M. J. Incidence of diastasis recti abdominis during the childbearing year. **Phys. Ther.**, v. 68, p. 1.082-6.

BORG, G. A. V. Psychophysical bases of perceived exertion. **Med. Sci. Sports Exerc.**, v. 14, p. 377-81, 1982.

CLAPP, J. F. et al. Exercise in pregnancy. **Med. Sci. Sports Exerc.**, v. 24, n. 6, p. S294-300, 1992.

DYE, T. D.; OLDENETTEL, D. Physical activity and risk of preterm labor: an epidemiological review and synthesis of recent literature. **Semin. Perinatol.**, v. 20, p. 334-9, 1996.

GILLEARD, L. W.; BROWN, J. M. Structure and function of the abdominal muscles in primigravid subjects during pregnancy and the immediate postbirth period. **Phys. Ther.**, v. 76, p. 750-62, 1996.

HAAS, J. S. et al. Changes in the health status of women during and after pregnancy. **Gen. Intern. Med.**, v. 20, p. 45-51, 2005.

HALL, D. C.; KAUFMANN, D. A. Effects of aerobic and strength conditioning on pregnancy outcomes. **Am. J. Obstet. Gynecol.**, v. 157, p. 1.199-203, 1987.

HALL, J.; BISSON, D.; O'HARE, P. The Physiology of immersion. **Physioherapy**, v. 76, n. 9, p. 517-21, 1990.

HARTMANN, S.; BUNG, P. Physical exercise during pregnancy: physiological considerations and recommendations. **J. Perinat. Med.**, v. 27, p. 204-15, 1999.

HELMRICH, S. P.; RAGLAND, D. R.; PAFFENBARGER, S. R. Prevention of non-insulin-dependent diabetes mellitus with physical activity. **Med. Sci. Sports Exerc.**, v. 25, p. 824-30, 1994.

JOLIE, B. Efeitos fisiológicos da imersão em repouso. In: RUOTI, R. G.; MORRIS, D. M.; COLE, A. J. **Reabilitação Aquática**. São Paulo: Manole, 2000.

KATZ, V. L. et al. Nonweightbearing exercise during pregnancy on land and during immersion: a comparative study. **Am. J. Perinatol.**, v. 3, p. 281-4, 1990.

KISNER, C.; COLBY, L. A. **Exercícios terapêuticos**. Barueri: Manole, 2004.

MCMURRAY, R. G. et al. Cardiovascular responses of pregnant women during aerobic exercise in water: a longitudinal study. **Int. J. Sports Med.**, v. 9, n. 6, p. 443-7, 1988.

MITTELMARK, R. A.; DOREY, F. J.; KIRSCHBAUM, T. H. Effect of maternal exercise on pregnancy outcome. In: **Exercise in pregnancy**. 2. ed. Baltimore: Williams e Wilkins, 1991. p. 9-29.

POLDEN, M.; MANTLE, J. **Physiotherapy in Obstetrics and Gynaecology**. Oxford: Butterworth-Heinemann, 1990.

REY, E.; BOULET, L. P. Asthma in pregnancy. **BMJ**, v. 334, n. 7.593, p. 582-5, 2007.

SCHATZ, M. Asthma during pregnancy: interrelationships and management. **Ann. Allergy**, v. 68, n. 2, p. 123-33, 1992.

SHEFFER, A. L.; TAGGART, V. S. The National Asthma Education Program. **Med. Care**, v. 31, n. 3, p. MS20-8, 1993.

SMA Statement. The benefits and risks of exercise during pregnancy. **J. Sci. Med. Sport**, v. 5, p. 11-9, 2002.

STEPHENSON, R.; O'CONNOR, L. **Obstetric and Gynecologic Care in Physical Therapy**. 2. ed. Slack, Inc. Thorofare, 2000.

TIPTON, M. J.; GOLDEN, F. Immesrion in cold water. In: HARRIES, M. (Ed.). **Oxford Textbook of Sports Medicine**. Oxford University, 1996.

WILDER, E. (Ed.) **Obstetric and Gynecologic Physical Therapy**. New York: Churchill Livingstone, 1988.

Capítulo 13

Envelhecimento: Uma Visão

Cristiane Peixoto
Luzimar Teixeira

Um fenômeno que está acontecendo nos últimos anos, no mundo inteiro, é o aumento do número de pessoas que atinge a velhice. Entretanto, muitos pesquisadores têm se preocupado com a qualidade dos anos vividos, pois a dependência funcional que pode acompanhar o envelhecimento traz conseqüências negativas para a sociedade, o núcleo familiar e o indivíduo idoso. Ao contrário do que o conhecimento popular preconiza, o declínio da capacidade funcional, associado ao avanço da idade, não resulta diretamente do processo de envelhecimento. Evidências científicas têm fortalecido a teoria de que o sedentarismo ao longo da vida é uma das principais causas da fragilidade física das pessoas idosas. Por meio da prática regular e orientada de atividades físicas como hábito de vida, os efeitos deletérios do processo de envelhecimento podem ser minimizados. A atividade física aumenta o bem-estar psicológico, aprimora as funções físicas e permite uma melhor integração social. Seus benefícios fisiológicos e funcionais em praticantes idosos têm sido bem documentados por inúmeras pesquisas.

Apesar do amplo conhecimento existente sobre a importância de um estilo de vida ativo, a maioria dos idosos permaneceu inativa a maior parte de suas vidas, e muitos ainda estão nessa condição. Quando pensamos nos caminhos que nossa sociedade trilhou até a atualidade, é impossível não perceber as modificações que ocorreram no campo da Educação Física e da atividade física. Hoje, a valorização da prática regular da atividade física como forma de manutenção da saúde e prevenção de doenças e estados de morbidade é evidente. Muitos incentivos para que a população se torne mais ativa têm sido feitos, e muitas campanhas surgiram visando à ampliação da consciência populacional acerca da importância de um estilo de vida saudável, que inclua a atividade física regular, em especial na velhice.

Crescemos em uma sociedade que gerou, historicamente, estereótipos negativos contra o idoso e o envelhecimento. Predomina, não raramente, uma visão de velhice em que perdas e declínios quase definem essa etapa da vida; no entanto, a ciência tem mostrado que o potencial para desenvolvimento é latente em todo o ser humano, inclusive na velhice, e que a possibilidade de perdas e ganhos começa na infância e só se encerra após a morte. Compreender que a velhice é uma etapa da vida em que o desenvolvimento, em todas as dimensões do comportamento (física, cognitiva e socioafetiva), não se interrompe; que existe a possibilidade de perdas e ganhos; e que os estereótipos negativos contra o idoso não se sustentam analisando-se dados científicos é o primeiro grande desafio de quem busca trabalhar com esse grupo – não ser um agente opressor, mas um educador; não ser aquele que impõe limites, mas o que ajuda a superá-los; não ser o que infantiliza, mas o que valoriza a experiência e a história de vida; não ser apenas um simpático colaborador, mas exercer dignamente seu papel na sociedade e sua missão. Esse é o desafio: acreditar naquilo que, muitas vezes, nem eles mesmos acreditam mais.

É necessário compreender o envelhecimento como uma etapa do desenvolvimento humano, cuja concepção envolve a extensão total do potencial humano para o desempenho, sua adaptabilidade e plasticidade, mesmo considerando todas as limitações possíveis.

O modelo teórico da Velhice Bem Sucedida, proposto por Baltes e Baltes (1991), descreve bem essas questões. Nele, o desenvolvimento é visto como um processo adaptativo que envolve a seleção, a otimização e a compensação, sendo multidirecional e multifuncional. O uso desses recursos depende do contexto do indivíduo, ou seja, das circunstâncias em que a pessoa vive e que produz ao longo da vida. Um dos conceitos básicos da teoria da Velhice Bem Sucedida é a capacidade de reserva que é inerente a todo ser humano, independentemente da idade. Assim, o idoso tem potencial para ativar sua capacidade de reserva por meio da aprendizagem, do treinamento, do exercício. Por exemplo, a seleção e a otimização de capacidades em que o idoso tem bom nível de desempenho garante a compensação das perdas ocasionadas pelo envelhecimento e, conseqüentemente, a continuidade da funcionalidade em domínios selecionados e o aumento da motivação para a realização.

A Velhice Bem Sucedida depende do equilíbrio entre as limitações e as potencialidades de cada pessoa, o que lhe permite lidar com as inevitáveis perdas decorrentes do envelhecimento. A velhice, portanto, não é uma fase caracterizada por declínios e perdas, exclusivamente, mas considera a possibilidade de otimização comportamental e compensação seletiva. Assim como outras fases da vida, a velhice possui um grande potencial para o desenvolvimento.

Idoso: um ser biopsicossocial

Entre os pesquisadores que estudam o envelhecimento, é muito mais comum encontrarmos uma visão restrita ao aspecto biológico da velhice do que modelos que consideram a integração dos domínios físico-psíquico e social. Preocupam-se, em geral, muito mais com os processos fisiológicos acerca do envelhecimento do que em analisar o comportamento psicossocial do idoso, que pode, inclusive, explicar a atitude de não-adesão à prática de atividades físicas, tão fisiologicamente justificável.

Apesar da grande importância que o aspecto psicossocial possui no trabalho com idosos, muitos profissionais consideram esse conteúdo secundário, e em geral ele desperta pouco interesse naqueles que buscam se aprimorar na atividade física para idosos. Essa desvalorização vem desde a formação acadêmica. Em sua maioria, o tema é pouco abordado ou nem faz parte do programa das disciplina. Para muitos, o importante mesmo é saber o que fazer em uma sala de aula, em uma sessão de treino, enfim, na prática. No entanto, o conhecimento dos aspectos psicossociais é imprescindível, pois sem ele todo conhecimento prático fica sem razão de existir.

Aquele que valoriza o conhecimento psicossocial vale mais do que um profissional de laboratório que domina a ciência que não consegue sair das linhas de um artigo. A ciência produz conhecimentos indispensáveis, que apenas se fazem valer quando traduzidos e aplicados por um profissional competente, que reconhece nos aspectos psicossociais ou qualitativos a única maneira de promover tal aplicação. Especificamente, o profissional deve conhecer as crenças e os valores da sociedade, principalmente no período histórico em que as pessoas que hoje são idosas se formaram; como eram os valores de família, corpo, religião, política, beleza, trabalho, educação. Deve conhecer a história de vida de seus alunos/pacientes, deve dominar estratégias de persuasão, motivação, deve saber como lidar com o indivíduo que está em suas mãos. Deve ser capaz de produzir significado em tudo o que solicita e precisa de todo esse conhecimento para encontrar um meio de produzir tal significado.

Sem essa compreensão e consciência, a Educação Física pouco pode contribuir para a qualidade de vida dos idosos, especialmente os desta geração, que cresceram em uma sociedade em que os valores acerca da atividade física eram bem diferentes dos atuais. Suas mentes foram educadas para a valorização do trabalho, do casamento, da religião, e o autocuidado não tinha espaço. Cuidar da saúde e do corpo por meio da atividade física era um valor leviano, restrito a maus chefes de família e mulheres de "pouco respeito" (Peixoto, 2005).

Em determinado momento de suas vidas, a mesma sociedade que construiu valores negativos com relação à atividade física orienta e espera que a população idosa adote um estilo de vida ativo. O objetivo é muito claro: minimizar os altos custos conseqüentes de uma grande parcela de idosos sedentários e mantê-los ativos o maior tempo possível em nosso modelo capitalista. Para eles, no entanto, essas razões não possuem significado suficiente para que uma vida inteira de valores consagrados seja mudada. É preciso mergulhar em seu mundo de crenças e valores para tentar ressignificá-los, ou seja, abrir espaço para que razões muito particulares possam gerar novas experiências, que abalarão seu conjunto de crenças anteriores para a formação de novas crenças, dessa vez positivas em relação à atividade física.

Essa é uma tarefa que desafia a competência do educador físico, que se não estiver atento para essas questões poderá ter alguns acertos baseados na tentativa e erro e passará sua carreira atribuindo aos outros a responsabilidade que é sua: produzir crenças positivas em relação à atividade física.

Prescrição de atividades físicas para idosos

A prescrição de um programa de atividades físicas para idosos deve incluir exercícios que estimulem os sistemas orgânicos e as capacidades físicas influenciadas pelo processo natural de envelhecimento. Dessa forma, os conteúdos a serem trabalhados são aplicados com o objetivo de prevenir ou minimizar os efeitos deletérios do envelhecimento sobre os sistemas orgânicos, bem como estimular o desenvolvimento das capacidades físico-motoras associadas a estes sistemas.

Entre os principais sistemas que sofrem influência do processo de envelhecimento, podem-se destacar os sistemas muscular, articular e ósseo, o sistema cardiorrespiratório e o sistema nervoso. Aos sistemas muscular, articular e ósseo, estão relacionadas as capacidades de força e flexibilidade; ao sistema cardiorrespiratório, a capacidade aeróbica; e ao sistema nervoso, as capacidades neuromotoras, como agilidade, coordenação, tempo de reação e tempo de movimento, equilíbrio, habilidades de locomoção, manipulação e estabilização.

Sistema muscular – Força

O maior problema associado ao envelhecimento é a perda da capacidade funcional e da independência. Um dos fatores que mais contribuem para que essa perda ocorra é o declínio da massa muscular, denominado sarcopenia, que acomete tanto mulheres quanto homens (Frontera e Bigard, 2002).

A sarcopenia é a perda de massa muscular que ocorre com o envelhecimento, e é o principal fator que contribui com a perda da independência na velhice (Pelaez, 2006). É causada por inúmeros mecanismos, como mudanças intrínsecas nos sistemas muscular e nervoso, fatores hormonais e comportamentais. Entre os hormônios mais associados à sarcopenia estão o hormônio do crescimento (GH), a testosterona e o estrógeno. Embora a sarcopenia não seja completamente revertida com o exercício, a inatividade física acelera a perda de massa muscular.

Segundo Pelaez (2006), para o tratamento da sarcopenia têm-se adotado a reposição hormonal, a suplementação nutricional e a prática de exercícios. No entanto, somente o treinamento de força de alta intensidade tem sido efetivo para promover o aumento da massa muscular, com ou sem suplementação nutricional.

De acordo com Spirduso (1995), força muscular e resistência (*endurance*) são recursos importantes para todos os indivíduos e têm um papel fundamental para os idosos. Níveis moderados de força são necessários para suprir um número de atividades da vida diária, preservar a capacidade de participar de atividades sociais e de manter alguns *hobbies* na velhice. A perda substancial de força não somente dificulta a locomoção, mas também está associada a um alto risco de quedas.

A força muscular máxima é adquirida durante a idade adulta, entre os 20 e 30 anos, após a qual declina com a idade (Cunningham, Morrison, Rice e Cooke, 1987; Laforest, St. Pierre, Cyr e Gayton, 1990; Vandervoort, Kramer e Wharram, 1990; apud Spirduso, 1995).

Estudos longitudinais apontam uma perda de aproximadamente 1% a 2%, por ano, nos músculos dos membros inferiores. A perda muscular nos músculos extensores e flexores do cotovelo é menor e mais evidente em homens do que em mulheres (Frontera e Bigard, 2002).

A perda de força é atribuída à perda de massa muscular, que se dá pela perda de fibras musculares. Ocorre também a diminuição da velocidade de condução nervosa com o envelhecimento, e isso provoca um declínio na velocidade de contração das fibras tipo II, que são de contração rápida (Buskirk e Segal, 1988). A combinação dessas perdas fisiológicas e estruturais faz com que o idoso sofra um importante declínio nas capacidades de força, resistência e potência.

Há alguma evidência científica de que o número de inervações de um músculo, o diâmetro dos nervos e a saúde dos neurônios podem ser mantidos por meio da ativação sistemática dos músculos, o que ocorre quando o indivíduo é submetido regularmente a um programa de treinamento composto por exercícios resistidos.

Segundo Spirduso (1995), grande parte do declínio na força e na resistência na velhice parece ser mais em razão do desuso do sistema neuromuscular do que do processo de envelhecimento em si.

De acordo com Fleck e Kraemer (1999), as pesquisas têm relatado de forma consistente que os idosos podem se beneficiar com a participação em programas de treinamento de força. Fiatarone et al. (1990) demonstraram que até mesmo indivíduos com idade acima de 90 anos podem conseguir ganhos de força significativos durante um período de treinamento.

Considerando a importância da capacidade de força para a manutenção da independência física e capacidade funcional dos indivíduos idosos e o declínio acentuado dessa capacidade observado na literatura, especialmente nos últimos anos de vida, percebe-se que a adesão dos indivíduos em programas de treinamento de força é fundamental para a manutenção e a otimização da força ou a minimização de seu declínio.

Um programa de treinamento de força planejado adequadamente pode resultar em aumentos significativos na massa muscular, na hipertrofia das fibras musculares, na síntese de proteína, na densidade óssea e na melhora do rendimento em atividades relacionadas à força.

Os princípios fundamentais do planejamento de um programa de treinamento de força são os mesmos, não importando a idade dos participantes (Fleck e Kraemer 1999). Em virtude das variações na capacidade funcional de muitos idosos, o melhor programa é individualizado para atender às necessidades e às condições de saúde de cada pessoa, bem como a seu perfil psicológico, a fim de favorecer a aderência desta população ao treinamento.

O treinamento de força para idosos deve objetivar a otimização e a manutenção da capacidade dos músculos de exercerem tensão contra resistência, ou pelo menos a minimização das perdas decorrentes do envelhecimento. Sabe-se que o treinamento de força sistematizado pode até elevar os níveis de força de idosos, porém as perdas são inevitáveis, especialmente após os 70 anos de idade. O treinamento deve minimizar as perdas nessa fase da vida, mantendo altos níveis de reserva funcional, ou seja, o indivíduo perde força, mas não a ponto de perder sua independência física e sua autonomia.

O treinamento para idosos deve enfatizar a hipertrofia dos músculos esqueléticos e os ganhos em potência, especialmente nos membros inferiores. Segundo Fleck e Kraemer (1999), a potência muscular e sua treinabilidade em idosos não têm sido objeto de muitos estudos, mas pode ser até mesmo mais importante do que a força muscular para as capacidades funcionais do indivíduo, pois muitas atividades diárias (caminhar, subir escadas, levantar objetos) exigem desenvolvimento rápido de força ou um certo grau de potência para serem realizadas.

De acordo com Clark (1998), um número de pesquisas clássicas, como as de Frontera et al. (1988), Fiatarone et al. (1990; 1994), Charette et al. (1991) e Westcott (1995) tem sido instrumentos para formular os métodos de treinamento de força. Essas pesquisas preconizaram as seguintes características metodológicas:

Intensidade: 70% – 80% de 1 repetição máxima
Repetições: de 8 a 12
Séries: de 1 a 3
Descanso: de 1 a 3 segundos entre as repetições e de 60 a 180 segundos entre as séries
Freqüência: 2 a 3 vezes por semana, com ao menos 48 horas de descanso entre os treinos
Amplitude do movimento: completa, respeitando a tolerância individual.

No estudo de DeVos et al. (2005), 112 idosos foram divididos em grupo de 20%, 50% e 80% de uma repetição máxima, além de grupo controle. Os participantes realizaram treinamento de força duas vezes por semana, durante 8 a 12 semanas. Demonstrou-se que o pico de potência muscular pode ser melhorado de forma semelhante, por meio de um treinamento de leve, moderada ou alta intensidade. No entanto, o uso de cargas altas (80% de 1 RM) é mais efetivo para obter melhoras simultâneas na força, potência e resistência em idosos.

Rabelo et al. (2004) investigaram os efeitos de 10 semanas de treinamento de força com baixa e alta intensidade na habilidade de mulheres idosas desempenharem atividades da vida diária. As participantes foram divididas em três grupos: 50% de 1 RM, 80% de 1 RM e grupo controle. Elas treinaram três vezes por semana. Ambos os grupos apresentaram melhora no desempenho de atividades da vida diária, bem como na força. Os autores concluíram que, em mulheres idosas, o treinamento de força de alta e baixa intensidade promove resultados similares na melhora da força e no desempenho das atividades da vida diária.

Embora esses estudos tenham mostrado resultados similares empregando-se intensidades baixas, moderadas e altas, o estudo de Fatouros et al. (2006) demonstrou que a intensidade de treinamento acima de 60% de uma repetição máxima promove ganhos mais efetivos na força, ao longo de seis meses de treinamento; e que em um período de seis meses de destreinamento as perdas que ocorrem são menores do que se o indivíduo tivesse treinado em intensidades mais baixas. Tanto os ganhos quanto as perdas seguem um padrão dependente da intensidade: os ganhos, diretamente, e as perdas, inversamente proporcionais à intensidade.

O American College of Sports Medicine (2002) afirmou que características ideais do treinamento de força e resistência para idosos incluem a utilização da contração excêntrica e concêntrica, por meio de movimentos biarticulares e monoarticulares. Também é recomendado que a seqüência de exercícios seja qualitativamente progressiva, ou seja, exercícios para grandes grupos musculares antes dos pequenos, exercícios que envolvam amplas articulações antes dos localizados.

À medida que o treinamento avança, recomenda-se que haja um aumento na carga de 2% a 10% se o indivíduo puder realizar de 1 a 2 repetições além do número desejado na série.

Com relação à velocidade de execução da série, um estudo de Mukaimoto et al. (2006) verificou resultados semelhantes no ganho de força de idosos, tanto em uma execução de velocidade moderada (2 segundos para a concêntrica e 2 segundos para a excêntrica) quanto em uma execução de baixa velocidade (2 segundos para a concêntrica e 4 segundos para a excêntrica). O estudo concluiu que o método de treinamento de baixa intensidade e baixa velocidade de repetição mostrou-se efetivo para o ganho de força muscular e perda de massa gorda em idosos.

Como lembraram Nied e Franklin (2002), para favorecer uma adesão permanente do aluno idoso ao treinamento, a prescrição deve ser divertida e subjugada ao contexto do indivíduo, seus objetivos, suas necessidades de saúde, suas crenças, sua aptidão física e suas possíveis restrições.

Segundo Ginis et al. (2006), estabelecer um vínculo entre o treinamento de força e as atividades da vida diária por meio de um processo educacional aumenta a auto-eficácia e o rendimento nessas atividades. O praticante passa a reconhecer as atividades da vida diária que são influenciadas pelos exercícios do programa de treinamento de força, aumentando a percepção de sua capacidade de desempenhar tais tarefas, além de gerar significado para a prática dos exercícios resistidos. Assim, fica evidente a importância de basear todo o treinamento de força em uma proposta educacional, que utiliza a premissa do conhecimento como forma de justificar a prática e de viabilizar a criação do hábito de se exercitar.

Exercícios perigosos

Desenvolvimento ombro com barra por trás (músculo motor primário: deltóides)

Inúmeras pesquisas na área da biomecânica têm demonstrado o forte potencial de lesão na articulação glenoumeral entre pessoas de diversas faixas etárias. Discute-se que a grande incidência de lesões entre praticantes desses exercícios independe da qualidade do movimento, ou seja, mesmo entre experientes executores, a incidência de lesão é muito grande, justificando o posicionamento dos pesquisadores contra esta prática.

Zatsiorsky (2004) descreve o grande potencial lesivo desses movimentos em abdução. A sobrecarga glenoumeral se refere à abdução do ombro, que resulta em pressão forçada das estruturas supra-umerais (ex.: tendão supra-espinhal, bolsa subacromial) contra a superfície anterior do acrômio e do ligamento coracoacromial. A abdução repetida impõe grandes esforços nas estruturas cápsulo-ligamentares e musculotendíneas da articulação glenoumeral. Esses esforços causam microtraumas no tecido, que, com dano mecânico continuado, podem levar à deficiência tecidual. Considerando que a articulação glenoumeral entre idosos é uma das mais sujeitas a vários tipos de lesão e patologias, pois freqüentemente apresentam processos degenerativos, sabe-se que a restrição a esse exercício é ainda maior.

Puxada alta aberta por trás (músculo motor primário: grande dorsal)

Esse exercício também tem sido discutido entre os pesquisadores na área da biomecânica que estudam a incidência de lesões na articulação glenoumeral, sendo apontado como um dos mais perigosos na geração de sobrecarga mecânica excessiva nessa articulação. Ao contrário do exercício anterior, acredita-se que a execução correta e precisa pode eliminar o componente lesivo desse movimento, que é a combinação de rotação externa com a abdução do ombro. No entanto, sabe-se que a maioria dos idosos possui um desvio postural típico, a hipercifose torácica, que dificulta muito o posicionamento ideal do ombro nesse exercício, mesmo em indivíduos com boa consciência corporal e coordenação motora. Em razão da complexidade desse movimento entre os idosos e o risco iminente de lesão em caso de execução inadequada, a relação custo-benefício desse exercício torna-se desvantajosa, uma vez que a realização da puxada alta pela frente elimina esses problemas e garante o fortalecimento do músculo motor primário, que é o grande dorsal.

Extensão de coluna no aparelho sentado (músculo motor primário: paravertebrais)

Uma breve análise biomecânica pode demonstrar que o posicionamento do aluno nesse equipamento favorece um aumento desnecessário na compressão discal entre as vértebras lombares. Qualquer exercício na posição sentada (90° ou inclinado à frente) promove uma compressão discal na região lombar maior do que na posição em pé, em razão do afastamento do centro de gravidade de seu posicionamento normal. Quando o aluno executa a flexão de tronco, para em seguida empurrar o peso na posição de hiperextensão de coluna, a compressão torna-se muito maior, causando o risco de uma compressão nervosa ou o surgimento de uma hérnia discal. O custo-benefício desse exercício não é nada vantajoso entre indivíduos idosos, uma vez que já apresentam desgaste natural das vértebras e discos intervertebrais, e podem, com freqüência, apresentar quadros de lombalgias, hiperlordoses, dores ciáticas e até mesmo hérnias discais. Não é necessário submeter os idosos a esse posicionamento compressivo, mesmo entre idosos saudáveis e treinados, uma vez que essa musculatura pode ser muito bem treinada, adotando-se outros exercícios menos desfavoráveis mecanicamente.

Rotações de coluna no aparelho sentado (músculo motor primário: oblíquos)

Adotando o mesmo princípio da análise anterior, esse exercício promove uma alta sobrecarga mecânica de compressão e torção entre as vértebras da coluna lombar. Sabe-se que a rotação da coluna aumenta a compressão nos discos intervertebrais, agravando-se pelo fato de o indivíduo estar sentado e conduzindo sobrecarga externa. Essa mistura de três fatores gera uma compressão muito alta e desnecessária, tornando a relação custo-benefício desvantajosa para o aluno idoso, devendo-se adotar outros exercícios para o fortalecimento do abdômen.

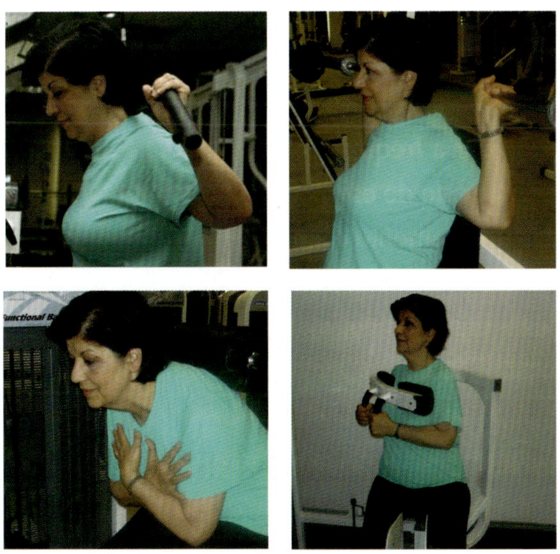

Figura 13.1 – Exercícios perigosos.

Flexibilidade

De acordo com Corbin e Fox (1999), a flexibilidade é um componente da aptidão física relacionada à saúde. Segundo definições desses autores, a flexibilidade é definida como a amplitude de movimento em uma articulação ou em um grupo de articulações. Alongamento é o termo usado para descrever a estratégia mais usada para alongar os músculos e aprimorar a flexibilidade. A flexibilidade é uma capacidade física importante para a realização de atividades cotidianas, relacionadas, por exemplo, com a higiene pessoal e os cuidados com a habitação (D'Avila 1999).

Araújo (1987) cita os estudos de Walker (1981), Corbin (1984) e De Vries (1980), que acentuam a importância da perda da flexibilidade com a idade, sugerindo que isso pode estar relacionado às alterações do padrão de marcha, tanto na amplitude de passada quanto no equilíbrio.

De acordo com Achour Jr. (1999), se houver a redução da flexibilidade no envelhecimento, pode ocorrer perda parcial da independência dos movimentos já no início da idade avançada.

A redução da flexibilidade parece caracterizada pelo envelhecimento e, mais fortemente, pela falta de exercícios de alongamento; uma vez instalado o encurtamento muscular, reduz a capacidade de dissipar energia (Troup, 1979, apud Achour Jr., 1999).

A falta de uso de movimentos amplos é associada à redução da flexibilidade, independentemente dos casos de doenças. Essa perda funcional de amplitude dos movimentos afasta as margens de segurança durante as atividades físicas e são freqüentes as reclamações de dor musculoarticular nas atividades diárias.

É possível reconhecer que ocorram ganhos nessa capacidade por meio de um adequado programa de exercícios físicos. Segundo Achour Jr. (1999), para estruturar um programa de flexibilidade para idosos é fundamental saber como está seu estado de saúde, pois se o indivíduo tiver artrite, artrose, osteoporose ou diabetes, entre outras doenças, é preciso adequar alguns exercícios.

Capacidade aeróbica

A redução da capacidade aeróbica com o envelhecimento está documentada em diversos estudos longitudinais e transversais.

De acordo com Okuma (1998), o envelhecimento envolve mudanças na estrutura e na fisiologia cardiovascular, que não levam, necessariamente, à ocorrência de patologias. No entanto, observa-se um declínio da função cardiovascular que implica uma diminuição da capacidade do coração em se adaptar ao estresse imposto pelas doenças cardiovasculares.

Okuma (1998) cita Green e Crouse (1993), que relacionam as adaptações fisiológicas e estruturais e os efeitos no transporte de oxigênio na circulação:

- Aumento da densidade capilar nos músculos em exercício;
- Desenvolvimento da vascularização colateral;
- Regressão de lesões ateroscleróticas;
- Aumento ventricular, decorrente do aumento da espessura da parede do ventrículo esquerdo e do miocárdio;
- Declínio na duração da contração do miocárdio;
- Diminuição da freqüência cardíaca de esforço;
- Aumento da diferença arteriovenosa de oxigênio.

A prescrição do treinamento aeróbico para idosos requer o equilíbrio entre segurança e motivação. A segurança se refere aos aspectos mecânicos e fisiológicos, ou seja, uma atividade que produza impacto controlado, para que haja adaptação positiva do tecido ósseo, sem provocar lesões, e que seja controlada do ponto de vista hemodinâmico, ressaltando essa importância quando há riscos cardiovasculares.

Uma variável de fácil utilização para controlar o impacto mecânico no tecido biológico é a velocidade. A velocidade segue uma relação diretamente proporcional ao impacto, ou seja, quanto maior a velocidade, maior o impacto. Em atividades aeróbicas, como caminhada ou corrida, a velocidade pode ser utilizada como controle subjetivo do impacto.

Para o controle hemodinâmico, o meio mais eficaz de promover uma prescrição segura é utilizar a freqüência cardíaca máxima atingida em teste de esforço com eletrocardiograma, em equipamento ergométrico mais próximo do que o indivíduo fará na prática. Por meio do teste ergométrico, pode-se verificar se houve positivação para arritmias, anginas, isquemias etc. e, nesses casos, o educador físico adota a freqüência cardíaca de positivação como máxima para a prescrição da faixa de treinamento aeróbico. Essa freqüência cardíaca máxima será empregada na fórmula de Karvonen, que utiliza a freqüência cardíaca de reserva:

FC de reserva = (FCmax – FC mínima) × % de intensidade de treino + FC mínima

A freqüência cardíaca mínima se refere à freqüência cardíaca basal, que precisa ser medida logo após o indivíduo acordar de uma forma tranqüila, antes de se levantar da cama. Como isso é muito difícil para a maioria dos idosos, que muitas vezes nem se lembram de medir a freqüência nesse momento, pode-se utilizar a freqüência de repouso, medida após 10 minutos de relaxamento na posição deitada.

De acordo com o American College of Sports Medicine, a porcentagem de intensidade de treinamento recomendada para condicionados é de 60% a 80% da freqüência cardíaca máxima; para sedentários, de 50% a 70% da freqüência cardíaca máxima.

Utilizar a freqüência cardíaca de reserva (Karvonen) minimiza a margem de erro nas prescrições feitas pelas fórmulas tradicionais de 220 menos a idade, pois considera que as pessoas possuam freqüências basais diferentes, mesmo tendo a mesma idade.

A motivação é outro fator importante na prescrição de atividades aeróbicas. Em geral, as atividades que geram maior motivação são de difícil controle de intensidade, como danças, ginásticas aeróbicas e circuitos, entre outras. As atividades como caminhada ou corrida, principalmente em equipamentos ergométricos, geralmente possuem baixo nível de motivação, pois têm pouco significado entre alguns idosos, além de serem consideradas "monótonas".

Capacidades neuromotoras

- *Atividades de raciocínio e memória*: essas atividades podem ou não estar combinadas com todos os outros conteúdos. Deve-se tomar o cuidado de não propor uma atividade que banalize as respostas de raciocínio e memória, priorizando o trabalho de possíveis conteúdos combinados. As estratégias para desenvolver esse conteúdo são inúmeras e devem ser equilibradas entre os diferentes tipos de memória, como memorizar números, nomes, palavras, situações etc.; em diferentes tipos de estímulos – táteis, visuais e auditivos –; combinar, associar, discriminar, comparar e categorizar diferentes estímulos e respostas, exigir estado de alerta e atenção constantes.
- *Tempo de Reação* (TR): é o tempo que vai do início de um estímulo até o início de uma resposta voluntária. O estímulo do tempo de reação pode ser visual, auditivo ou tátil. O tempo de reação é importante como resposta a eventos inesperados no ambiente externo e interno (lar). De acordo com Petroski (1997), por meio do tempo de reação é possível avaliar a velocidade de processamento cognitiva. Segundo Birren et al. (1991), apud Petroski (1997), o tempo de reação é considerado como o indicador primário de todo o funcionamento cerebral.
- *Tempo de Movimento* (TM): é o tempo que vai do início de uma resposta voluntária até o momento de sua conclusão;
- *Agilidade*: é a capacidade de se deslocar no espaço no menor tempo possível, com mudanças de direção e de altura do centro de gravidade;

Segundo Carmeli et al. (2000), o processo de envelhecimento produz mudanças no sistema nervoso central, resultando em grande redução na percepção sensorial (visão, audição e tato) e nas respostas motoras, podendo ser fatores contribuintes para diminuição da velocidade em idosos. As atividades para desenvolver tempo de reação, tempo de movimento e agilidade requerem velocidade de movimento, o que leva a uma tendência de se usar jogos, brincadeiras, competições. Embora o prazer deva sempre estar presente, não deve ser confundido com atividades recreativas. A elaboração das atividades para desenvolvimento dessas capacidades neuromotoras deve considerar tal objetivo e, conseqüentemente, a intensidade da atividade, o número de repetições e o momento da aula em que ela será desenvolvida.

— Os exercícios de tempo de reação, tempo de movimento e agilidade têm por objetivo estimular o sistema nervoso central; portanto, não devem ser realizados com o indivíduo fatigado nem devem ser cansativos. Devem-se utilizá-los no início das aulas.

Seguem algumas considerações importantes sobre o desenvolvimento dessas capacidades (Okuma, 1999):

- *TR*: não associar muitos componentes no exercício ao mesmo tempo (muitas informações), pois as demandas do domínio cognitivo prevalecerão sobre o domínio motor;
- *TR/agilidade*: evitar a utilização de exercícios em que os idosos partam da posição sentada ou deitada no solo (levantar rápido);
- *TM*: nas atividades com bola e em duplas, evitar o uso de bolas pesadas, pois a velocidade do movimento e da bola ao recebê-la faz com que seu controle fique dificultado, tornando-a perigosa;
- *Rapidez*: a prática deve ser abundante, as pessoas devem passar mais tempo executando a tarefa do que esperando sua vez;
- *Agilidade*: evitar realizar competição em colunas em que os participantes ficam parados e o objeto é que se desloca (ex.: bola ao túnel), pois não há deslocamento do indivíduo, mas do objeto;
- *Agilidade*: evitar tarefas que exijam subir em superfícies mais altas ou ultrapassá-las (cordas, bancos), pois, sendo difíceis para muitos idosos, não permitem que sejam realizadas em velocidade, o que descaracteriza o trabalho;
- *Cuidado*: evitar giros em velocidade, pois isso gera um grande risco de quedas;
- *Atenção*: evitar disputas corporais (ex.: dança das cadeiras, roubar o rabo, duro-ou-mole etc.), pois requerem um controle e domínio de corpo que nem todos os idosos possuem, o que propicia riscos de quedas;
- *Adequação*: os idosos tendem a privilegiar a execução correta em detrimento de uma execução rápida. Portanto, as atividades devem ser de baixa complexidade e/ou com poucas informações, para que eles possam executar as tarefas velozmente, atingindo os objetivos pretendidos;
- *Equilíbrio*: habilidade de manter a posição do corpo sobre sua base de sustentação, sendo essa base estacionária

(equilíbrio estático) ou em movimento (equilíbrio dinâmico). De acordo com revisões de Johnson e Nelson (1996), o equilíbrio corporal revela significativa importância nas atividades da vida diária, como caminhar e ficar de pé, que são fundamentais na manutenção da autonomia de idosos. Segundo Rikli e Edwards (1991), apud Petroski (1997), o equilíbrio é incluído em programas de atividades físicas por sua importância na prevenção de quedas, bastante comum entre os idosos.

O desenvolvimento do equilíbrio é essencial, mas requer alguns cuidados importantes, de modo que os idosos sintam-se seguros, mas não sejam limitados por excesso de proteção.

Há uma seqüência sugerida, que aumenta gradativamente o nível de complexidade da tarefa:

- uso de superfície com base estreita, porém baixa (ex.: andar sobre uma linha no chão) e exercícios de equilíbrio estático;
- elevação da altura da superfície de apoio, aumentando sua base;
- manutenção dessa mesma altura, diminuindo gradativamente a largura;
- uso de equilíbrio estático sobre superfícies elevadas;
- uso de obstáculos sobre a superfície de apoio.

Seguem algumas considerações importantes no desenvolvimento do equilíbrio (Okuma, 1999):

- Trabalhar com superfícies altas com idosos requer confiança, além de muita proteção (não superproteção), pois implica risco de queda;
- Para iniciantes, colocá-los próximo a uma parede ou barra, ou estar sempre muito próximo deles, até mesmo dando a mão para realizarem a atividade, particularmente quando iniciam o trabalho em superfícies elevadas. Muitos idosos sentem medo de superfícies altas, pois se consideram incapazes de ultrapassá-las. Deve-se tirar os apoios aos poucos;
- Não utilizar superfícies muito altas, pois não há necessidade de colocar os idosos em risco;
- Atividades que combinam habilidades manipulativas com bola, por exemplo, com equilíbrio em superfícies elevadas só podem ser realizadas por aqueles muito habilidosos e com total domínio do corpo, em diferentes situações;
- Em atividade em duplas, evitar usar o companheiro como apoio para manter o equilíbrio, pois o desequilíbrio de um pode implicar o desequilíbrio do outro;
- Evitar o uso de atividades individuais, em deslocamento, com olhos vendados, pois a visão é fundamental para o idoso na manutenção do equilíbrio, uma vez que outros sentidos podem ter seu funcionamento comprometido. Pessoas com deficiência de equilíbrio não devem fazer atividades com olhos vendados, mesmo que sejam estáticas.
- *Habilidades básicas de manipulação*: habilidades que envolvam a capacidade de manipular materiais: lançar, receber,

chutar, amortecer/parar, rebater, volear, driblar.

- *Habilidades básicas de estabilização*: envolvem a estabilização dos segmentos corporais e/ou de materiais, de forma estática ou dinâmica. Manipula-se a base de sustentação (os pés lado a lado; os pés um atrás do outro – todo o pé ou meia ponta; um pé – todo o pé ou meia ponta etc.), a largura da superfície de apoio (solo, linha de fita crepe, corda etc.), o controle visual (fechar os olhos), a posição do centro de gravidade (subir à altura – banco sueco normal ou invertido, sobre *medicine ball*, *steps* etc.; inclinar-se; pegar ou deixar objetos no solo etc.). É possível manipular apenas uma dessas variáveis ou combinar várias ao mesmo tempo, inclusive na mesma atividade, para pessoas com diferentes níveis de aptidão. Ex.: reduzir a base de sustentação e fechar os olhos, reduzir a largura da superfície de apoio e elevar o centro de gravidade (banco sueco), alterar a posição do centro de gravidade inclinando o tronco sobre a *medicine ball*, pegar um objeto do chão com um pé só no solo etc.
- *Habilidades básicas de locomoção*: envolvem os diversos tipos de locomoção, em todos os planos de movimentos (alto, médio e baixo). Ex.: andar, trotar, correr, saltitar, rastejar, rolar para frente, para trás, para os lados, em diagonal, ereto, agachado, com pés inteiros no chão, na meia ponta, só com os calcanhares, na borda lateral e medial dos pés etc.

Com o avançar da idade, a execução dos gestos motores torna-se cada vez mais complexa. Na realização das atividades da vida diária, das atividades lúdicas ou esportivas, a diminuição da habilidade se torna evidente. É possível observar uma menor harmonia e precisão das posições e dos movimentos, que muitas vezes nem sequer foram dominados pelos indivíduos nos períodos críticos para a aprendizagem dessas habilidades. Como resultado, a grande maioria dos idosos apresenta um domínio rudimentar de habilidades básicas, ou por não terem sido desenvolvidas apropriadamente ou pela falta de estímulo para essas habilidades durante a maior parte de suas vidas.

De acordo com Meirelles (2000), até a forma de andar se modifica com a finalidade de preservar o equilíbrio:

- O comprimento dos passos diminui;
- A fase de apoio no chão é mais duradoura;
- Ocorre uma redução da amplitude dos tornozelos, joelhos e quadris.

A perda da habilidade motora no envelhecimento, associada a uma redução na atividade física, pode resultar em um ciclo vicioso que alimenta o sedentarismo, a fraqueza e a fadiga. Esses fatores, aliados a doenças, à incapacidade e às patologias, geram uma maior tendência à inatividade e ao declínio funcional.

Para ter sucesso no desenvolvimento de tarefas que estimulam as habilidades básicas, deve-se proporcionar uma fase inicial de exploração livre do material a ser utilizado. Os alunos somente serão capazes de aprender uma nova habilidade e treiná-la caso estejam bem familiarizados com o material proposto. Caso contrário, o material passará a ser um elemento estressante e não familiar para os alunos.

Okuma (1999) fez algumas considerações para o desenvolvimento do trabalho das habilidades básicas:

- Trabalhar com duas ou três habilidades básicas em cada aula;
- Iniciar individualmente, explorando os aspectos do movimento (esforço, espaço, relacionamentos). Depois, trabalhar em duplas ou pequenos grupos;
- Fazer combinações de habilidades de manipulação entre si somente após cada uma ter sido razoavelmente dominada;
- Combinar com habilidades de locomoção.

O grande segredo para o sucesso da prescrição de habilidades neuromotoras é a forma como são propostas. A explicação da tarefa nesses conteúdos é fundamental, devendo gerar significado para os participantes. Caso contrário, as tarefas podem ser vistas como meras brincadeiras ou recreação, sem valor nenhum para boa parte dos idosos, que não gostam de perder tempo ou ser tratados como crianças. Para fortalecer o significado, pode-se seguir um roteiro de explicação das tarefas neuromotoras, como sugerido abaixo:

- *Objetivo*: o professor inicia a proposta dizendo que a próxima atividade tem o objetivo de... (para que ela serve?, o que ela faz, com que sistema do corpo?);
- *Relacionar com atividade da vida diária*: explicar em que situações da vida cotidiana aquela capacidade é necessária. Ex.: "a próxima atividade tem o objetivo de desenvolver o tempo de reação, que está relacionado com o sistema nervoso central. Tempo de reação é... O tempo de reação aumenta com o avançar da idade, o que significa que as pessoas que não desenvolvem essa capacidade acabam ficando mais lentas para reagir aos estímulos do ambiente. Exemplos: farol de trânsito, escada rolante, farol de pedestres etc.".
- *Demonstração de procedimentos*: a atividade é demonstrada pelo professor ou por algum aluno, ou grupo de alunos;
- *"Ensaio" da tarefa*: assegurar-se de que os procedimentos foram compreendidos solicitando que os alunos executem a tarefa em caráter de "teste", para detectar e corrigir possíveis erros e/ou esquecimentos.

Considerações pedagógicas

- Os alunos devem ter permissão para errar. Deve ser ensinado, desde o início, que o erro é visto como positivo na aula, diferentemente da concepção social que se tem do erro. Na aula, o erro eventual demonstra que o desafio está compatível com o nível do aluno, o que vai produzir uma adaptação positiva daquela capacidade, gerando seu desenvolvimento. Erros permanentes e contínuos demonstram que o desafio está além das possibilidades do aluno, devendo ser modificado pelo professor imediatamente;

- Deve-se estimular a cooperação e não a competição: nunca deverá ser proposta uma atividade com fins competitivos; portanto, nunca se contam pontos, não existe "quem ganhou", não existe placar. A motivação deverá ser direcionada para aquilo que todos ganham, necessariamente: o desenvolvimento e a prevenção do declínio;
- Devem-se manipular níveis de complexidade na tarefa, adequando-os para as diferenças de rendimento entre os alunos;
- Não se devem usar expressões no diminutivo, como "joelhinho", "mãozinha", "pezinho", "perninha", nem a palavra "brincadeira", para não infantilizar os alunos e não dar às tarefas uma conotação de bobagem, brincadeira, coisa de criança;
- É importante priorizar o bem-estar dos alunos nos exercícios, adaptando-os imediatamente, quando necessário;
- Deve-se compreender a aprendizagem como um processo dinâmico que ocorre tanto de fora para dentro quanto de dentro para fora. O aluno deve ser induzido a levar a mente ao músculo, explorando e experimentando para entender como ele funciona, sentindo onde está seu corpo no espaço;
- O ensino de qualquer atividade/exercício deve ser lento, pois os idosos aprendem de forma lenta (cuidado com o excesso de informações de uma vez só; deve-se repetir a informação, sempre que necessário, e compreender que a repetição de informações faz parte do trabalho com alguns idosos);
- O aluno é o centro do processo, e não a tarefa (deve-se adaptar um exercício ou atividade sempre que o processo ensino-aprendizagem estiver sendo prejudicado, sempre que o aluno manifestar dor ou desconforto);
- Devem-se proporcionar experiências de sucesso (desafios acessíveis aos alunos).

Referências

ACHOUR JR., A. Desenvolvimento da flexibilidade. In: ______. **Bases para exercícios de alongamento**. Londrina: Phorte, 1999. p. 25-36.

AMERICAN COLLEGE OF SPORTS MEDICINE. Position stand on progression models in resistance training for healthy adults. **Med. Sci. Sports Exercise**, v. 34, n. 2, 2002. p. 364-80.

ARAÚJO, C. G. S. **Medida e avaliação clínica da mobilidade articular**. Tese (Doutorado). Rio de Janeiro: UFRJ, 1987.

______; ARAÚJO, D. S. M. S. Exercício físico em situações especiais. In: **Exercício e saúde**. Brasília: MEC, 1986.

BUSKIRK, E. R.; SEGAL, S. S. The aging motor system: skeletal muscle weakness. In: American Academy of physical education papers n. 22. **Physical activity and aging**. Kansas City: Human Kinetics, 1988.

CARMELI, E. et al. Do we allow elderly pedestrians sufficient time to cross the street in safety? **Journal of aging and physical activity**, v. 8, p. 51-8, 2000.

CORBIN, C.; FOX, K. Flexibilidade: a parte esquecida da aptidão. **British Journal of Physical Education**, v. 6, p. 34-8, 1985.

CLARK, J. Older adult exercise techniques. In: American council on exercise. **Exercise for older adults**. San Diego, California, 1998.

D'ÁVILA, F. A aula para idosos. In: SESI/DN: INDESP. **Ginástica, dança e desporto para a terceira idade**. Brasília, 1999. p. 33-99.

DE VOS, N. J. et al. Optimal load for increasing muscle power during explosive resistance training in older adults. **Journals of Gerontology Series A-biological Sciences and Medical Sciences**, v. 60, n. 5, p. 638-47, 2005.

FATOUROS, I. G. et al. Resistance training and detraining effects on flexibility performance in the elderly are intensity-dependent. **Journal of Strength and Conditioning Research**, v. 20, n. 3, p. 634-42, 2006.

FIATARONE, M. A. et al. High intensity strength training in nonagenarians. **Journal of the American Medical Association**, v. 22, p. 3.029-34, 1990.

FLECK, S. J.; KRAEMER, W. J. **Fundamentos do treinamento de força muscular**. 2. ed. Porto Alegre: Artmed, 1999.

FRONTERA, W. R.; BIGARD, X. The benefits of strength training in the elderly. **Science e Sports**, v. 17, n. 3, p. 109-16, mai. 2002.

GINIS, K. A. M. et al. Weight training to activities of daily living: helping older adults make a connection. **Medicine and Science in Sports and Exercise**, v. 38, n. 1, p. 116-21, jan. 2006.

JOHNSON, B.; NELSON, J. **Pratical measurement for evaluation in physical education**. Edina: Burges, 1996.

MEIRELLES, M. E. A. **Atividade física na terceira idade**. 3. ed. Rio de Janeiro: Sprint. 2000.

MUKAIMOTO, T. et al. Effects of low-intensity and low-velocity resistance training on coger limb muscular strength and body composition in elderly adults. **Japanese Journal of Physical Fitness and Sports Medicine**, v. 55, p. 209-12, 2006.

NIED, R. J.; FRANKLIN, B. Promoting and prescribing exercise for the elderly. **American Family Physician**, v. 65, n. 3, p. 419-26, fev. 2002.

OKUMA, S. S. O envelhecer e a atividade física. In: ______. **O idoso e a atividade física**. Campinas: Papirus, 1998. p. 51-65.

______. **Sistema nervoso, atividade física e envelhecimento: orientação sobre a prática pedagógica das atividades de tempo de reação e demovimento, agilidade e equilíbrio**. Apostila, curso de Educação Física, EEFEUSP, São Paulo, 1999.

PEIXOTO, C. **Representações sociais relacionadas à atividade física em idosos sedentários**. Dissertação (Mestrado) – Escola de Educação Física e Esporte da Universidade de São Paulo, 2005.

PELAEZ, R. B. Global therapeutica approach to sarcopenia. **Nutricion Hospitalaria**, v. 21, n. 3, p. 51-60, 2006.

PETROSKI, E. C. Efeitos de um programa de atividades físicas na terceira idade. **Revista brasileira de atividade física e saúde**, v. 2, p. 34-40, 1997.

RABELO, H. T.; OLIVEIRA, R. J.; BOTTARO, M. Effects of resistance training on activities of daily living in older women. **Biology of Sport**, v. 21, n. 4, p. 325-36, 2004.

SPIRDUSO, W. W. **Physical dimensions of aging**. [s.l]: Human Kinetics, 1995.

ZATSIORSKY, V. M. **Biomecânica no esporte**: performance do desempenho e prevenção de lesão. Rio de Janeiro: Guanabara Koogan, 2004.

Capítulo 14

Treinamento Personalizado para Grupos Especiais

Ricardo Zanuto
Marcela Grisólia Grisoste Zwarg

A periodização é uma forma de planejar o treinamento a ser desenvolvido em determinado indivíduo ou grupos. Ela existe há mais de 2.000 anos, quando os atletas gregos se preparavam para participar dos Jogos Olímpicos. A idéia básica de periodizar um treinamento consiste em subdividir.

Apesar de ter sido desenvolvida para o esporte de alto rendimento, a periodização é muito utilizada na elaboração de programas de treinamento físico em que os objetivos podem variar, desde emagrecimento ou ganho de massa muscular (*fitness*) até programas de exercícios voltados exclusivamente para o bem-estar e qualidade de vida (*wellness*). O grande objetivo da periodização é evitar a acomodação adaptativa neuromuscular a uma carga sempre constante.

A periodização pode ser utilizada em qualquer modalidade esportiva, mas no treinamento individualizado é sensato utilizar modelos menores de periodização, pois normalmente o aluno de *personal* não realiza competição, mas a manutenção do resultado atingido. Nos últimos anos, tornou-se óbvia a necessidade de variação em um programa de treinamento. Segundo Fleck (1997), por meio da variação da carga, do número de séries e do número de repetições, ganhos maiores podem ser conseguidos. Afirma ainda que muitos programas de treinamento não oferecem variações em exercício e descanso, resultando em uma diminuição da força. O indivíduo acaba por ficar desmotivado, abandona o programa e após algum tempo reinicia o treinamento, consegue ganhar força até o nível alcançado anteriormente e novamente, pela falta de variação, o ciclo de diminuição da força se repete.

Em um programa personalizado, faz-se necessário o planejamento de treino a ser executado com o aluno/paciente. O pressuposto da periodização é o de subdividir um período específico de treinamento, denominado macrociclo, em períodos menores ou fases, chamadas mesociclos, sendo cada um novamente dividido em microciclos semanais e estes, em sessões. Esse fracionamento tem a finalidade de manipular o volume, a intensidade, a freqüência, as repetições, as séries e os períodos de recuperação. Assim, espera-se a redução de efeitos negativos do supertreinamento otimizando o máximo desempenho ao final de um macrociclo (Monteiro, 2002).

É necessário deixar bem claro que cada fase tem um objetivo específico.

Como já mencionado, o profissional de *personal training* deve ser um estudioso da área da ciência do esporte e do treinamento desportivo. Conhecer as etapas para elaboração dos programas de treinamento, respeitando os princípios do treinamento desportivo, é essencial para o sucesso. Os princípios básicos do treinamento são:

– **Princípio da Individualidade Biológica** – Inúmeros fatores podem contribuir para uma variação individual do treinamento; dessa maneira, é importante observarmos o nível de aptidão relativa que o aluno/paciente já apresentava antes de iniciar o programa. Em termos evolucionistas, sabemos que o indivíduo é o resultado da soma de componentes genéticos (hereditariedade) e por componentes fenotípicos (características exteriores resultantes da herança genética). Em suma, fazem parte do genótipo de um indivíduo seu somatótipo, força máxima provável, composição corporal provável, percentual de fibras musculares prováveis, ao passo que pertencem ao fenótipo o nível de consumo de O_2, o nível de desenvolvimento muscular, a força máxima e o real percentual de fibras musculares. Além dessas características intrínsecas, outros fatores, como a etnia, a idade, o sexo, o nível socioeconômico e o nível cultural podem influenciar na formação da individualidade. Dessa maneira, pelo princípio da individualidade biológica, para cada indivíduo, um determinado estímulo provoca uma adaptação específica; logo, um mesmo estímulo deverá provocar adaptações diferentes em pessoas diferentes.

Princípio da Adaptação – Todos os organismos vivos tendem a manter um meio interno constante. A esse equilíbrio dinâmico denominamos homeostase. Sendo assim, acredita-se que a capacidade de se adaptar a diversas condições é uma característica inerente à vida. Dessa maneira, toda vez que um estímulo é aplicado ao organismo, na tentativa de se adaptar, surge uma resposta adaptativa que pode ser positiva ou não. O corpo humano tem a capacidade de adquirir maior condicionamento físico, pois se adapta de maneira ímpar às condições que lhe são impostas. Assim, se nosso organismo desempenha repetidamente o mesmo tipo de exercício, sempre com a mesma relação intensidade × volume, com o passar do tempo esse estímulo torna-se fraco, pois o organismo gera adaptação a essa sobrecarga. Para evitar essa estagnação, deve haver aumento na relação intensidade × volume, para nova adaptação. Diversos fatores podem afetar a adaptação dos alunos/pacientes, entre eles os de origem endógena: idade, sexo, hereditariedade, condição de treinamento, estado geral de saúde, perfil psicológico, motivação etc. Além disso, temos também fatores de origem exógena, como qualidade e quantidade de sobrecarga aplicada, alimentação, meio social inserido, clima, recuperação etc. Em 1936, o estudioso canadense Hans Selye, observando seres humanos e animais, verificou que, quando eles eram submetidos a fatores de risco ou extenuantes, apresentavam respostas também físicas e psicológicas, não só mediadas pelo SNA simpático mas também por substâncias produzidas no cérebro, especificamente na glândula hipófise, e que se refletiam em outras glândulas externas ao cérebro, principalmente as supra-renais, liberando adrenalina e noradrenalina. Selye (1936) estudou os efeitos que os estímulos causavam diretamente nos seres humanos, denominando os estímulos "estresse" e seus efeitos como síndrome de adaptação geral (SAG).

Segundo Selye (1936), os estímulos podem ser classificados como: (1) débeis ou fracos – quando não implicam modificações; (2) médios – apenas excitam ou provocam modificações consideradas leves; (3) fortes – provocam adaptações; e (4) muito fortes – provocam danos. Sendo assim, e baseado no princípio já visto da individualidade biológica, cada indivíduo responde de maneira única diante desse estímulo, dependendo de sua adaptabilidade. A adaptabilidade é o termo utilizado para denominar as diferentes formas de assimilação de estímulos, diante da mesma quantidade e qualidade de sobrecarga de treinamento. Logo, essa adaptabilidade pode se manifestar sob diversas maneiras, podendo levar o indivíduo ao cansaço, que é uma sensação subjetiva de desgaste; à fadiga, quando ocorre depleção das reservas energéticas aliada ao acúmulo de metabólitos, provocando grave diminuição do desempenho ou incapacidade temporária; à exaustão, caracterizada pelo profundo desgaste orgânico com características progressivas que podem levar seu aluno/paciente não só à incapacidade temporária como também a problemas graves de ordem médica; e ao sobretreinamento, que é resultado do acúmulo de um estado de recuperação incompleta, podendo levar o indivíduo a um estado de incapacidade crônica. Dessa maneira, é importante o *personal trainer* ficar atento aos primeiros sinais de estresse de seus alunos/pacientes. Muitas vezes, na ânsia de buscar uma melhora no desempenho, muitos profissionais podem errar, aplicando estímulos muito fortes; às vezes, o próprio aluno/paciente não consegue perceber a intensidade do exercício ou sua condição de recuperação, podendo entrar em um quadro de sobretreinamento.

Princípio da sobrecarga – Esse princípio apresenta relação direta às adaptações sofridas pelo organismo em conseqüência do esforço físico, em que o aumento regular e progressivo da carga total de trabalho é que possibilitará a melhora do desempenho. Todos os organismos vivos tendem a manter um meio interno constante. A esse equilíbrio dinâmico denominamos homeostase. Sendo assim, acredita-se que a capacidade de se adaptar a diversas condições é uma característica inerente à vida. Após a aplicação de uma carga de trabalho, ocorre uma diminuição da capacidade de desempenho em função da depleção das reservas energéticas. Quando é fornecido um tempo ideal para a recuperação, os níveis energéticos são restaurados e ampliados. Para esse princípio, inicialmente, a adaptação do organismo ao programa de exercícios é muito rápida, tornando-se mais lenta assim que o indivíduo atinge níveis de desempenho maiores e melhores. Não é somente a intensidade dos estímulos que é importante, mas também o tempo de recuperação do organismo, que pode variar de acordo com a própria intensidade de trabalho. Logo, a aplicação de uma nova carga de trabalho dependerá exclusivamente da carga de trabalho praticada anteriormente, do período de recuperação (fase anabólica) e do período de restauração ampliada (supercompensação). Como visto, é necessário repouso orgânico para gerar adaptações à determinada sobrecarga, o tempo necessário para a recuperação. Não obstante, é necessário um intervalo adequado de recuperação, que deve ser proporcional ao nível de treinamento do indivíduo e à qualidade da sobrecarga a que ele se submeteu. É importante ressaltarmos também que, embora o período de recuperação seja essencial para que ocorram adaptações de maneira adequada, ele não deve ser demasiadamente longo, pois isso não levará às modificações de desempenho. Segundo Matveiev (1981, in Gomes, 1992), o tempo médio de intervalo de recuperação deve ser o que propicia uma perfeita interação entre o descanso (sono) e a alimentação, preconizando intervalos médios de 48 horas após estímulos com alta intensidade. Entretanto, não podemos restringir o princípio da sobrecarga somente aos intervalos de recuperação, lembrando que aspectos como o volume e a intensidade também são fundamentais para a sobrecarga.

Princípio da Interdependência Volume e Intensidade – Esse princípio é baseado nos diferentes tipos de sobrecargas. Segundo Tubino (1984), os êxitos do treinamento estão sempre referenciados a um alto volume e intensidade de trabalho, e a predominância de uma dessas variáveis em relação à outra dependerá diretamente da fase do treinamento. Seguindo ainda uma orientação de interdependência entre si, ou seja, dependendo de uma série de fatores e variáveis intervenientes, qualquer ação de aumento do volume provocará modificações na estimulação da intensidade, e a recíproca será sempre verdadeira. Logo, podemos afirmar que o volume sempre será inversamente proporcional à intensidade do esforço.

Princípio da Continuidade – A aplicação de cargas progressivas e a maneira pela qual nosso organismo adapta-se a esse estresse são a base do treinamento. Assim, para que ocorra a melhora no rendimento é necessário que ocorra também a continuidade no processo, caracterizado pela alternância entre os estresses crescentes e o período proporcional de repouso. Apesar de se fazerem necessárias interrupções nos treinamentos para permitir a devida recuperação, toda pausa do treinamento acima das necessidades fisiológicas implicará queda de desempenho.

Princípio da Especificidade – Um estímulo só será eficaz quando for específico para o ato motor a que se destina, uma vez que o organismo dispõe de uma capacidade muito pequena de transferir especificidade de estímulos provocados por cargas com diferentes finalidades. Para isso, faz-se necessário determinar com precisão as qualidades físicas envolvidas no tipo de atividade física a ser realizada, levando em consideração o metabolismo energético predominante, os segmentos corporais trabalhados e o gesto esportivo. Assim, adaptações funcionais e orgânicas relacionadas a cada componente da aptidão física serão produzidas somente por meio de esforços físicos específicos para cada aluno/paciente. O organismo sempre se adaptará de forma específica ao esforço que lhe for oferecido. Logo, exercícios aeróbicos deverão provocar adaptações no sistema cardiorrespiratório, assim como exercícios resistidos provocarão adaptações neuromusculares. Dessa forma, devemos descartar formas de treinamento que não tenham um alto índice de afinidade com a modalidade desportiva que seu cliente/aluno prefere.

Princípio da Reversibilidade – O aluno/paciente que inicia um programa de treinamento deve ser orientado no sentido de que deve ser sério e mantido ao longo do tempo, uma vez que, quando o condicionamento é interrompido, as funções fisiológicas e principalmente a força voltam aos níveis iniciais. O tempo necessário para reverter os efeitos do treinamento é proporcional ao seu tempo, e quanto maior for a base de treinamento, mais lenta será a queda do desempenho. É importante lembrar que as adaptações e os benefícios são transitórios e que os benefícios para a saúde dos programas de atividade física permanecem somente pelo período em que a pessoa permanece ativa, ou seja, o papel do *personal trainer* é auxiliar na modificação dos hábitos de vida de seu aluno/paciente, despertando nele a vontade de modificar hábitos inadequados.

Para o trabalho com grupos especiais, o *personal trainer* deve entender a relação entre saúde, atividade física e doença. Conhecer as necessidades individuais de cada um, assim como suas dificuldades, faz do *personal trainer* um profissional completo.

Treinamento personalizado na obesidade

A obesidade é uma doença crônica, que vem apresentando um aumento significativo de ocorrência em todo o mundo. Atualmente, o número de obesos ultrapassou a marca de 300 milhões de pessoas no mundo, atingindo a marca significativa de 15% da população mundial.

Diversos autores definem a obesidade sob diferentes óticas. Segundo a OMS (2000), a obesidade é considerada uma síndrome multifatorial que se manifesta pelo excesso de gordura corporal, e essa condição anormal pelo acúmulo excessivo de gorduras no tecido adiposo é prejudicial à saúde. Segundo Zlochevsky et al. (1996) e Guillaume (1999), a obesidade é uma doença crônica, definida como excesso de gordura corporal, em que ocorre concomitância de fatores de risco genéticos e ambientais (Blair et al., 1996; Egger et al., 1996). Os fatores genéticos aparecem como os maiores determinantes da massa corporal; no entanto, as situações ambientais podem diminuir ou aumentar a influência desses fatores (Stunkard et al., 1990; Perry et al. 1990). De acordo com Pinheiro et al. (2004), a obesidade é uma doença integrante do grupo de Doenças Crônicas Não Transmissíveis que acumula gordura corporal em excesso e extensão que acarreta prejuízos à saúde dos indivíduos, como dificuldades respiratórias, problemas dermatológicos, distúrbios do aparelho locomotor e enfermidades letais. Para Repetto et al. (2003), trata-se de uma doença crônico-degenerativa grave, multifacetada e de genética complexa. Segundo Dâmaso et al. (2003), é uma patologia multifatorial e sua etiologia é controversa, pois existem contribuições comportamentais, do estilo de vida e aspectos fisiológicos em seu desenvolvimento e manutenção.

A obesidade é o mais antigo distúrbio metabólico, havendo relatos de ocorrências dessa doença em múmias egípcias e em esculturas gregas. Durante muitos séculos, a obesidade foi vista como sinônimo de beleza, bem-estar físico, riqueza e poder. Hoje em dia, porém, é considerada um dos maiores problemas de saúde pública por seu impacto na expectativa média de vida e pela piora na qualidade de vida, sendo considerada uma das principais causa de morte evitável, ao lado do tabagismo (Dâmaso, 2003).

Segundo a OMS, atualmente a obesidade pode ser até considerada como uma epidemia global. O número de obesos entre 1995 e 2000 passou de 200 milhões para 300 milhões. O aumento dos índices de sedentarismo, em razão do crescente avanço tecnológico, vem, ao longo das últimas décadas, atingindo patamares elevados, pois com a facilidade trazida pelos aparelhos eletrônicos e automóveis, a prática de atividade física foi deixada de lado. Esse fato, juntamente com a má alimentação, foi de extrema importância para o aumento do número de pessoas obesas. E, com tudo isso, os mais atingidos foram as crianças e os adolescentes. Alguns estudos mostram que, em algumas cidades brasileiras, o excesso de peso e a obesidade já atingem 30% ou mais das crianças e adolescentes estudantes, e em alguns estados esse índice já esteve por volta dos 35% (Oliveira e Fisberg, 2003). Segundo Romero et al. (2005), algumas projeções indicam que, em 2025, o Brasil se tornará o quinto país no mundo a ter problemas de obesidade em sua população.

A atividade física regular resulta em benefícios para o organismo, como a melhora na capacidade cardiovascular e respiratória, diminuição na pressão arterial em hipertensos, melhora na tolerância à glicose e na ação da insulina e diminuição da mortalidade em geral (Francischi et al., 2000). Indivíduos fisicamente ativos e com excesso de peso apresentam menor morbidade e mortalidade que os sedentários, pelo aumento na sensibilidade à insulina e melhora na tolerância à glicose e no aumento do metabolismo lipídico.

Segundo Barbosa et al. (2004), para sustentar o exercício físico a energia é gerada por duas fontes diferentes: a obtida de mecanismos independentes de utilização de oxigênio (anaeróbica), como subir escadas rapidamente, levantar peso, correr em alta velocidade etc.; e a produzida pela utilização de oxigênio na queima de substratos energéticos, especialmente das gorduras e dos carboidratos (aeróbica), como andar, pedalar, nadar, dançar, correr em velocidade moderada etc.

De acordo com Ferreira (in Godoy-Matos, 2005), não há evidências de qual seja a prescrição mais adequada quando o foco é emagrecimento, pois há uma grande discussão de quais sejam a intensidade e a freqüência ideal para o exercício. Dessa maneira, é necessário que o aumento na prática de exercícios físicos seja determinante para a perda de peso, juntamente com a diminuição dos hábitos sedentários. Ainda sobre essa temática, Halpern (in Godoy-Matos, 2005) mostra que há um extensivo debate na literatura sobre qual seria a duração intensidade e freqüência ideais para a atividade física tanto para adultos quanto para crianças e adolescentes. De acordo com Sabia et al. (2004), o exercício físico, sem dúvida nenhuma, apresenta papel adjuvante no tratamento da obesidade, pois o gasto calórico proveniente da atividade física se mostra como um grande aliado na perda da massa de gordura, tornando-se uma importante estratégia na prevenção e tratamento da obesidade.

A prescrição mais adequada para o emagrecimento e a preservação da massa magra parece ser a associação de atividades aeróbicas e anaeróbicas (Halpern, in Godoy-Matos, 2005). Para Barbosa et al. (2004), as atividades mais recomendadas são as aeróbicas, pois nelas ocorre a queima de substratos energéticos, especialmente de gorduras. Exercícios aeróbicos com níveis acima de 60% do VO_2 máx e duração superior a 20 minutos ativam a resposta hipotalâmica-hipofisária-adrenal ao estresse, aumentando a liberação de endorfinas e potencializando os efeitos das catecolaminas (Horowitz, 2007). Barbanti (1996) afirma que a caminhada favorece a perda percentual de gordura de forma agradável, pois uma pessoa de 65 kg, caminhando a 5 km/h gasta em média 3,7 kcal/min. Já uma pessoa obesa terá um gasto de 4 kcal/min, quatro vezes o nível de repouso. Conforme houver adaptação ao treinamento, o tempo deverá ser gradativamente adequado. Para Fernandes et al. (2006), para que ocorra a redução do percentual de gordura, devemos trabalhar em uma faixa por volta de 60% a 70% da freqüência cardíaca máxima.

Segundo Macedo (in Duarte, 2005), o programa ideal de exercício é a constituição de trabalho aeróbico, força muscular e flexibilidade, em que o trabalho aeróbico favorece o funcionamento do coração, aumentando a capacidade de bombear sangue, fortalecendo-o e suprindo as necessidades corporais. Os exercícios de força muscular beneficiam seu desenvolvimento, fortalecendo os ligamentos e articulações, permitindo a execução de atividades diárias e gerando também um aumento de massa óssea. Natação e hidroginástica também são atividades recomendadas, pois auxiliam na redução de peso e são exercícios de pouco impacto por serem praticados no meio líquido. Esses exercícios são recomendados para indivíduos com índice de massa corporal acima de 35 kg/m^2, desde que o gasto energético seja maior que o consumo energético diário.

De maneira geral, não há um consenso quanto à melhor prática possível de atividades físicas para obesos. De fato, o aumento da prática de atividades físicas associadas a um controle alimentar adequado pode ser bastante significativo quando o objetivo é a perda de massa gorda e a manutenção da massa magra. O exercício físico é uma forma de tratamento da obesidade que eleva o gasto energético e minimiza os efeitos negativos da restrição energética, pois é capaz de reverter a queda da taxa metabólica basal (TMB). Dessa maneira, a combinação da prática regular de atividades físicas de intensidade moderada associada à dieta balanceada e controlada é mais efetiva para a perda de massa gorda do que simplesmente a restrição dietética.

Diversos métodos são citados na literatura para avaliar o grau e a distribuição da adiposidade corpórea na obesidade. O peso, a altura e as circunferências são considerados índices antropométricos que, quando correlacionados (Índice de Massa Corporal/IMC e a Razão Cintura/Quadril – RCQ), determinam padrões importantes dessa distribuição da massa corporal total (Hong et al. (1998); Radominski, 2001).

Além desses índices antropométricos, outras técnicas por meio de aparelhos, como a Ressonância Nuclear Magnética e a Tomografia Computadorizada, são utilizadas para verificar a quantidade de tecido adiposo localizado na região visceral ou subcutânea quando não puder ser diagnosticada por meio do IMC e do RCQ (Wajchenberg, 2000).

As técnicas que necessitam de aparelhos sofisticados requerem um custo elevado e às vezes não são todos os estabelecimentos que dispõem deles. Por isso, as medidas antropométricas estão sendo mais aceitas e utilizadas até mesmo pelos estudiosos em pesquisas científicas, por serem relativamente simples e não exigirem alto grau de habilidade técnica e treinamento (Heyward, 2004).

Estudo de caso: obesidade

Baseando-se nas informações descritas até o presente momento neste capítulo e no capítulo de Atividade Física no Controle da Obesidade, apresentamos o seguinte estudo de caso.

R. F. S. é um jovem de 23 anos. Na entrevista inicial, relata que já esteve deprimido e sofre de distúrbios emocionais em razão da obesidade, pois tem altura de 1m75cm e 101 kg. Sua nutricionista orientou um regime alimentar de 2.000 kcal/dia para que ele possa perder aproximadamente 0,5 a 1,0 kg/semana. Os últimos testes laboratoriais mostraram que R. F. S. apresenta níveis adequados de colesterol total, triglicérides, LDL-c, HDL-c e glicemia de jejum. Além dessas informações, R. F. S. relata que:

- Está sendo orientado por um médico a não tomar qualquer tipo de medicamento e que a indicação seria a prática de exercícios (sem restrições) aliados à dieta;
- Até os 16 anos de idade ele era um indivíduo eutrófico e a obesidade se instalou após o ingresso na faculdade, em que passou a ser freqüentador assíduo de *fast-food*;
- Objetivos: R. F. S. pretende se casar no ano que vem e quer emagrecer pelo menos 20 kg até lá. Embora sempre tenha sido sedentário, gosta de qualquer tipo de exercício e não apresenta restrição ortopédica e cardiovascular;
- A partir de avaliação da composição corporal por dobras e bioimpedância, constatou-se que seu percentual de gordura inicial era de 28% (28,3 kg);
- Disponibilidade: Quatro vezes por semana (segunda, terça, quinta e sexta-feira), uma hora por dia. As sessões serão realizadas na academia à qual é associado.

Inicialmente, devemos analisar cuidadosamente o caso de R. F. S. Por se tratar de um indivíduo que já está em acompanhamento nutricional e que sofre demasiadamente com o excesso de peso, a primeira coisa a fazer é conversar com sua nutricionista para fazer a adequação dietética somada ao gasto calórico extra do programa de atividades físicas que ele irá iniciar. O IMC [m(kg) / h(m^2)] de R. F. S. é de 33 kg/m^2, sendo classificado como obeso de grau-1; para atingirmos seu objetivo, entretanto, devemos recalcular seu IMC próximo da faixa de normalidade, entre 20 e 25 kg/m^2 (OMS, 2000) o que será um peso esperado entre 61,2 e 76,5 kg. É importante notar que o limite alto de normalidade é por volta de 76,5 kg, o que, se descontarmos o peso atual de R. F. S., dá uma diferença de 24,5 kg, ou seja, uma média saudável de perda de peso de 2 kg/mês até o casamento.

O papel mais importante do exercício na obesidade está na manutenção da perda de peso. Segundo Votubra (2000), o exercício deve ser capaz de proporcionar gastos energéticos de no mínimo 2.500 Kcal/semana para a manutenção ideal do peso corporal. Outros autores observam que o exercício ajuda na prevenção e até mesmo no aumento da massa magra durante a perda de peso, com o concomitante aumento da perda de tecido adiposo, ressaltando que o tipo e a freqüência do exercício parecem não influenciar acentuadamente nesse processo, com a possível exceção dos exercícios resistidos, diretamente associados aos melhores resultados no que se refere à preservação e/ou aumento da massa magra (Dâmaso, 2003). Para Tremblay (1994), a utilização de substratos energéticos de maneira aeróbica favorece a perda de tecido adiposo, ao passo que os exercícios resistidos mantêm ou aumentam a massa muscular. Assim, associar o exercício à dieta torna-se essencial para evitar o que geralmente acaba ocorrendo em dietas de restrição calórica severa. Ambos os tipos de atividade são capazes de apresentar benefícios relacionados à perda do peso corporal, além de otimizarem a composição corporal em programas de prevenção e controle da obesidade.

A partir dos dados da história pregressa e de nossa conversa inicial, assim como da definição de seus objetivos e estabelecimento de metas, propomos a seguinte prescrição para as primeiras oito semanas de treinamento para R. F. S.

Quadro 14.1 – Exercícios aeróbicos

Treino A	**Treino B**	**Treino C**	**Treino D**
25 minutos de esteira a 50% da FCmáx. ou Escala de Borg entre 11 e 12	35 minutos de esteira a 55% da FCmáx. ou Escala de Borg entre 12 e 13	30 minutos de esteira a 60% da FCmáx. ou Escala de Borg entre 12 e 13	25 minutos de esteira a 70% da FCmáx. ou Escala de Borg entre 13 e 14

Quadro 14.2 – Exercícios resistidos

Treino E	Treino	Treino G
Circuito Alongamento passivo: 10 minutos 1 série de 20 repetições com carga de 40% de 1 RM da seguinte rotina: Supino reto com peso livre Puxador na frente Rosca *scoth* Tríceps *pulley* Elevação frontal Extensão de joelhos Flexão de joelhos Exercícios abdominais	Circuito Alongamento passivo: 10 minutos 2 séries de 15 repetições com carga de 50% de 1 RM da seguinte rotina: Supino reto com barra Puxador na frente Rosca bíceps com pesos livres Tríceps *pulley* Elevação lateral Extensão de joelhos Flexão de joelhos Exercícios abdominais	Circuito Alongamento passivo: 10 minutos 2 séries de 15 repetições com carga de 50% de 1 RM da seguinte rotina: Supino reto com barra Puxador na frente Rosca bíceps com pesos livres Tríceps *pulley* Elevação lateral Elevação frontal Extensão de joelhos Flexão de joelhos Adutores Abdutores Exercícios abdominais

Quadro 14.3 – Programa inicial de treinamento

Semana	Dia da semana	O que realizar?
1ª	Segunda-feira Terça-feira Quinta-feira Sexta-feira	Seqüência: A / E Seqüência: A / E Seqüência: A / E Seqüência: A / E
2ª	Segunda-feira Terça-feira Quinta-feira Sexta-feira	Seqüência: A / E Seqüência: A / E Seqüência: A / E Seqüência: A / E
3ª	Segunda-feira Terça-feira Quinta-feira Sexta-feira	Seqüência: F / B Seqüência: F / B Seqüência: F / B Seqüência: F / B
4ª	Segunda-feira Terça-feira Quinta-feira Sexta-feira	Seqüência: F / B Seqüência: F / B Seqüência: F / B Seqüência: F / B

Continua

Continuação

Semana	Dia da semana	O que realizar?
5ª	Segunda-feira Terça-feira Quinta-feira Sexta-feira	Seqüência: C / F Seqüência: C / F Seqüência: C / F Seqüência: C / F
6ª	Segunda-feira Terça-feira Quinta-feira Sexta-feira	Seqüência: C / F Seqüência: C / F Seqüência: G / D Seqüência: G / D
7ª	Segunda-feira Terça-feira Quinta-feira Sexta-feira	Seqüência: G / D Seqüência: G / D Seqüência: G / D Seqüência: G / D
8ª	Segunda-feira Terça-feira Quinta-feira Sexta-feira	Seqüência: G / D Seqüência: G / D Seqüência: G / D Reavaliação

É importante ressaltarmos que esse programa foi desenvolvido para o caso particular de R. F. S.; logo, o programa de seus alunos/pacientes deve sofrer alterações de acordo a necessidade individual.

Colocando em prática

Após os dois meses iniciais do treinamento de R. F. S., seu IMC baixa para 31,2 kg/m^2 (95,5 kg), ou seja, uma perda total de peso de 5,5 kg (média de 2,75 kg/mês). Ao realizarmos a reavaliação da composição corporal por dobras cutâneas, foi constatada uma diminuição em 5% da massa gorda e um discreto aumento de massa magra em 0,5 kg. Entusiasmado, R. F. S. aprova os serviços prestados por você e pretende continuar firmemente até atingir sua meta. Entretanto, em razão de problemas no trabalho, sua disponibilidade diminuirá para três sessões semanais (2ª, 5ª e sábado). Elabore a continuação do programa de R. F. S. para os próximos dois meses, observando as alterações em sua disponibilidade e traçando uma nova meta e estratégia de curto prazo.

Treinamento personalizado no diabetes

O diabetes mellitus (DM) é considerado uma doença crônico-degenerativa que se caracteriza por um distúrbio metabólico associado à deficiência absoluta ou relativa de insulina e que possui como conseqüência clínica alterações metabólicas, complicações vasculares e neuropatias. O indivíduo diabético possui excesso de glicose no sangue (hiperglicemia) em razão da falta ou da ineficácia do hormônio insulina, produzido pelas células betas das ilhotas de Langerhans do pâncreas endócrino.

A insulina é um hormônio pleiotrópico que possui propriedades anabólicas e anticatabólicas, participando de maneira importante nos metabolismos dos carboidratos, lipídios e proteínas. Seus efeitos biológicos iniciam-se após sua ligação em receptores de membrana com atividade tirosina-cinase e pela transdução intracelular de seu sinal, culminando com a ativação ou inibição de determinadas proteínas intracelulares. A resistência à ação do hormônio pode ocorrer tanto por fatores genéticos como por fatores exógenos.

Segundo o Congresso Brasileiro do Diabetes (CBD) (2005), a classificação atualmente recomendada incorpora o conceito de estágios clínicos do diabetes, desde a normalidade (glicemia de 70 – 99 mg/dl), passando pela intolerância à glicose (glicemia de jejum entre 100 e 125 mg/dl), até o DM propriamente dito (glicemia de jejum acima de 126 mg/dl). De acordo com sua fisiopatologia, o DM pode ser classificado em dois tipos: diabetes mellitus insulino-dependente ou diabetes mellitus do Tipo 1 (DMT 1), em que ocorre destruição das células beta com deficiência absoluta de insulina; e diabetes mellitus não insulino-dependente ou diabetes mellitus do Tipo 2 (DMT 2), que varia entre a resistência insulínica e algum defeito em sua secreção (Domanico et al., 2002, e Guimarães e Takayanagui, 2002).

A maioria das características é atribuída a três efeitos da falta de insulina: (1) menor utilização da glicose pelas células insulino-dependentes, com conseqüente aumento da glicemia (300 a 1.200 mg/dl de sangue); (2) aumento da utilização dos lipídios dos estoques, levando a um metabolismo lipídico anormal, elevando os níveis de ácido acetoacético nos líquidos corporais e provocando acidose metabólica e o depósito de lipídios nas paredes vasculares, levando à formação de placas de ateroma e, conseqüentemente, à aterosclerose; (3) depleção de proteínas dos tecidos corporais (Domanico et al., 2002)

Segundo Ortiz et al. (2001), o DM é reconhecidamente uma das principais doenças crônico-degenerativas que afeta o homem contemporâneo, acometendo populações de países em todos os estágios de desenvolvimento socioeconômicos, tornando-se um problema de saúde pública. Sua importância nas últimas décadas vem crescendo em decorrência de vários fatores, como maior taxa de urbanização, aumento da expectativa de vida, industrialização, maior consumo de dietas hipercalóricas e ricas em carboidratos de alto índice glicêmico, deslocamento da população para as zonas urbanas, mudanças de estilo de vida tradicionais para modernos, inatividade física e obesidade, sendo também necessário considerar a maior sobrevida do portador de diabetes. De acordo com a Organização Mundial de Saúde (OMS) (2006), existem cerca de 171 milhões de portadores de DM no mundo, e esse índice está aumentando rapidamente. Estimativas apontam que até 2030 esses valores irão dobrar. Conforme a American Diabetes Association (ADA) (2006), existem cerca de 6,2 milhões de pessoas não diagnosticadas e aproximadamente 41 milhões de indivíduos que poderiam ser considerados "pré-diabéticos". No Brasil, segundo o Ministério da Saúde, há uma prevalência de 11 milhões de portadores da patologia.

Segundo Oliveira et al. (2004), durante décadas a ênfase da prática regular de exercícios físicos no tratamento do diabetes era peculiar; atualmente, contudo, sabe-se com clareza que um benefício mais substancial pode ser obtido na prevenção da doença, especialmente quando grupos de maiores riscos familiares de diabéticos ou obesos são alcançados. Na realidade, foi somente recentemente que dados epidemiológicos retrospectivos e transversais sinalizaram uma menor incidência de diabetes mellitus do tipo 2 em indivíduos fisicamente ativos e naqueles com melhor condição aeróbica. Indivíduos diabéticos tendem a possuir menor condição aeróbica e menor força muscular do que seus pares de mesma idade e sexo, o que pode ser, pelo menos em parte, explicado por dificuldades metabólicas e pela menor capilarização tipicamente observada nessa população (Colberg, 2003).

Segundo Takamura et al. (2007), a partir de uma análise retrospectiva, chegou-se à conclusão de que o risco de desenvolver intolerância à glicose em oficiais militares na sexta década de vida, a partir do desempenho em teste aeróbico realizado quando eles tinham entre 30 e 39 anos de idade, mostrou que os mais aptos apresentavam um risco relativo de três a quatro vezes menores de desenvolverem intolerância à glicose, indicando o importante papel profilático da atividade física sobre o metabolismo glicídico.

As mudanças no estilo de vida e adoção de novos hábitos alimentares e a prática regular de atividade física têm promovido a diminuição na incidência do DMT 2 em indivíduos com intolerância à glicose. A realização de atividade física de pelo menos 4 horas semanais, de intensidade moderada a alta, diminui em média 70% a incidência desse tipo de diabetes em relação a indivíduos sedentários (Colberg, 2003). Sendo assim, programas de exercícios físicos têm demonstrado eficiência no controle glicêmico de diabéticos, melhorando a sensibilidade insulínica e a tolerância à glicose, com conseqüente diminuição da glicemia desses indivíduos.

É importante ressaltarmos que os indivíduos portadores de DM devem se submeter a rigorosa bateria de testes antes de iniciar qualquer programa de exercícios. Aos portadores de DMT 2, além da avaliação cardiovascular, recomenda-se avaliar a presença de doença arterial periférica (sinais e sintomas de claudicação intermitente, diminuição ou ausência de pulsos, atrofia de tecidos subcutâneos etc.), retinopatia, doença renal e neuropatia periférica (Colberg, 2003). É importante ainda que indivíduos diabéticos verifiquem, constantemente, o aparecimento de bolhas e qualquer outro tipo de ferimento, antes e no final de cada sessão de exercício. Em indivíduos que fazem usos de insulina ou outro medicamento hipoglicemiante, deve-se prestar atenção no horário dos medicamentos, para que o paciente não realize a atividade em estado hipo ou hiperglicêmico.

Para a prescrição de programas de exercícios para diabéticos, é necessário saber qual o tipo de diabetes e averiguar a glicemia. Se um diabético iniciar uma caminhada com glicemia de 80 mg/dl durante 40 minutos, no final desse período poderá apresentar hipoglicemia induzida pelo exercício. Nesse caso, deverá ser estabelecida alimentação orientada pelo nutricionista ou pelo médico. É importante realizar as medições de glicemia antes e depois das atividades para auxiliar o médico a respeito da dose de insulina ou de hipoglicemiantes orais e a alimentação no dia da atividade. Se o diabético, durante o exercício, apresentar tontura, tremores, visão turva, fome, suor excessivo e palidez, estará com hipoglicemia e deverá parar de se exercitar e ingerir carboidratos de alto índice glicêmico. Também pode ocorrer hiperglicemia, mais comum no DMT 1, em que o aluno apresentará sede excessiva, poliúria, fome e outros sintomas. Cabe, dessa maneira, ao profissional de educação física e ao aluno conhecerem bem esses sinais e sintomas, sendo, assim, imprescindível o trabalho multidisciplinar.

Tanto as atividades aeróbicas como os exercícios resistidos aumentam a sensibilidade insulínica, sendo necessário obedecer à regularidade da atividade, contribuindo na prevenção da resistência à insulina (Duarte et al., 2005). Um estudo realizado por Boulé et al. (2002) mostrou que, após oito semanas da realização de um programa de exercícios, houve diminuição da hemoglobina glicosilada de maneira significativa em comparação ao grupo sedentário controle. O mais interessante desse achado é que não houve diferenças significativas quanto ao peso corporal dos grupos, indicando que a melhora na hemoglobina glicosilada ocorreu por um efeito direto do exercício físico, independentemente de alterações do peso corporal. Uma metanálise realizada também por Boulé et al. (2003) mostrou que pacientes submetidos a intensidades maiores de exercício físico apresentaram valores menores de hemoglobina glicosilada do que pacientes submetidos a sessões com menores intensidades e maior volume. Esses resultados dão suporte para encorajar indivíduos portadores de DMT 2 que já se exercitam em intensidade moderadas a considerar o aumento na intensidade de suas atividades.

Segundo a ADA (2006), indivíduos portadores de intolerância à glicose devem realizar um programa para perda de peso, incluindo ao menos 150 minutos de atividades físicas moderadas a vigorosas, além de dieta balanceada, com moderada ingestão calórica. Quanto aos exercícios aeróbicos, de acordo com o mesmo órgão, a intensidade e o volume das atividades aeróbicas variarão de acordo com o objetivo do aluno. Para a melhora do controle glicêmico, manutenção do peso corporal e redução do desenvolvimento de doenças cardiovasculares, recomenda-se ao menos 150 minutos/semana de atividade física aeróbica de intensidade moderada (40% – 60% do VO_2 máx ou 50% – 70% da Freqüência Cardíaca Máxima (FCM) e/ou ao menos 90 minutos/semana de exercício aeróbico intenso (acima de 60% do VO_2 máx ou acima de 70% da FCM). Essa prescrição deve ser distribuída em mais de três vezes por semana e não deve ser realizada mais do que dois dias consecutivos, sendo imprescindível o repouso. A realização de exercícios moderados e intensos e/ou de exercícios de resistência acima de quatro horas semanais está associada a uma grande diminuição da associação de doenças cardiovasculares quando comparados somente a atividades de baixo volume. Para perda de peso maior (acima de 13,6 kg), a prescrição de atividades físicas com grande volume (sete horas semanais de atividade aeróbica moderada à intensa) pode ser mais satisfatória (Saris et al., 2003). De acordo com a ADA (2006), na ausência de contra-indicações qualquer paciente portador de DMT 2 deve ser encorajado a praticar exercícios resistidos ao menos três vezes por semana, trabalhando preferencialmente os grandes grupos musculares, realizando três séries de 8 a 10 repetições ou com carga que seja suficiente para a realização completa de no mínimo oito movimentos.

Estudo de caso: diabetes

Baseando-se nas informações descritas até agora neste capítulo e no capítulo sobre Diabetes Mellitus e Exercícios Físicos, apresentamos o seguinte estudo de caso:

V. F. é um jovem de 18 anos, portador de diabetes mellitus do tipo 1 (DMT 1) desde os 10 anos de idade. Seu médico o encoraja a procurar um *personal trainer* que o auxilie a aumentar sua massa magra, pois ele pesa 65 kg e tem 1,85 m de altura. Por apresentar DMT 1 desde muito cedo, V. F., subjetivamente, faz as aplicações de insulina regular, utilizando seu próprio *feeling*. Ele nunca realizou exercícios programados e está bastante animado. Ao realizarmos a avaliação física, ele relata que:

- Faz uso de insulina do tipo Lantus (Basal), 10 UI antes de dormir (por volta das 22-23 h, com o objetivo de apresentar uma glicemia por volta de 100 mg/dl antes do café da manhã); e insulina regular (Novorapid), com a quantidade dependendo do valor de glicemia pré e pós-prandial (geralmente 3 UI antes do café da manhã, 6 UI antes do almoço e 8 UI antes do jantar). Os ajustes da insulina regular seguem aproximadamente a tabela abaixo:

Tabela 14.1 – Glicemia X Insulina

Glicemia encontrada	Volume de ajuste
> 301	+ 3 unidades
201-300	+ 2 unidades
121-200	+ 1 unidade
80-120	Dose normal
Menor que 79	– 2 unidades

- Não apresenta complicações de diabetes, como retinopatia, nefropatia ou neuropatia;
- Controla ingestão alimentar de acordo com sua percepção, sem acompanhamento nutricional;
- Pratica natação desde os 10 anos de idade e gostaria de continuar nadando ao menos uma vez por semana;
- Objetivos: Quer aumentar a massa magra, pois os amigos zombam de seu aspecto franzino;
- Disponibilidade: Cinco vezes por semana (segunda, terça, quinta, sexta e domingo); 1 hora por dia, logo após o café da manhã. As sessões serão realizadas no condomínio do aluno/paciente, que

contém sala completa de musculação, ergômetros, equipamentos de ginástica e piscina aquecida de 12,5 m.

Para desenvolver o programa de V. F., é importante ficar atento a sua glicemia. Entrar em contato com seu médico pode ajudar bastante no momento da prescrição e na orientação na quantidade necessária de insulina de que ele irá precisar. Alguns pontos devem ser relembrados: (1) O diabético só deve iniciar o exercício físico quando a glicemia estiver > 100 mg/dl; caso contrário, a probabilidade de uma hipoglicemia após o exercício será grande; (2) o diabético só poderá iniciar o exercício quando a glicemia estiver < 250 mg/dl, pois no início do exercício físico ocorre um aumento dos hormônios contra-reguladores, aumentando a glicemia e piorando um possível quadro de cetoacidose diabética; (3) quando a glicemia antes do exercício está alta, mas nos últimos dias esteve normal, não existem sintomas de desequilíbrio do diabetes (como diurese aumentada e ingestão elevada de líquidos) e não há cetose, não existindo impedimento para a prática de exercício (Ramalho, 2005); (4) deve-se atentar para a importância no controle e nas modificação de hábitos diários; (5) deve-se verificar se haverá alteração da medicação, sempre com a orientação do médico, decorrente do exercício.

É importante verificar a glicemia antes do início e depois do término da atividade física. Tenha também sempre em mãos telefones importantes para contato, como o dos pais e do médico de V. F. Certifique-se da quantidade de insulina injetada e das refeições realizadas ao longo do dia. Tenha sempre à disposição balas, sucos em caixinha ou até mesmo mel, caso ocorra algum sintoma de hipoglicemia.

A partir dos dados da história pregressa e de nossa conversa inicial, assim como da definição de seus objetivos e estabelecimento de metas, propomos a seguinte prescrição para as primeiras quatro semanas de treinamento para V. F.

Quadro 14.4 – Exercícios aeróbicos

Treino A	**Treino B**	**Treino C**
20 minutos de esteira a 60% da FCmáx.	45 minutos de bicicleta a 60% da FCmáx.	Natação: 50 minutos totais, sendo: 10 minutos aquecimento e 40 minutos contínuos.

Quadro 14.5 – Exercícios resistidos

Treino D	**Treino E**
CIRCUITO Alongamento passivo: 10 minutos 1 série de 20 repetições com carga de 40% de 1 RM da seguinte rotina: Supino reto com peso livre Puxador na frente Rosca *scoth* Tríceps *pulley* Elevação frontal Extensão de joelhos Flexão de joelhos Exercícios abdominais	CIRCUITO Alongamento passivo: 10 minutos 2 séries de 15 repetições com carga de 50% de 1 RM da seguinte rotina: Supino reto com barra Puxador na frente Rosca bíceps com pesos livres Tríceps *pulley* Elevação lateral Extensão de joelhos Flexão de joelhos Exercícios abdominais

Quadro 14.6 – Exercícios de flexibilidade

Treino F
Exercícios específicos de alongamento geral
Evitar intensidade excessiva
Duração média de 20 minutos

Quadro 14.7 – Programa inicial de treinamento

Semana	Dia da semana	O que realizar?
1ª	Domingo Segunda-feira Terça-feira Quinta-feira Sexta-feira	Treino C Seqüência: A / F Seqüência: A / D Seqüência: A / F Seqüência: A / D
2ª	Domingo Segunda-feira Terça-feira Quinta-feira Sexta-feira	Treino C Seqüência: A / F Seqüência: A / D Seqüência: A / F Seqüência: A / D
3ª	Domingo Segunda-feira Terça-feira Quinta-feira Sexta-feira	Treino C Seqüência: B / F Treino E Seqüência: B / F Treino E
4ª	Domingo Segunda-feira Terça-feira Quinta-feira Sexta-feira	Treino C Seqüência: B / F Treino E Seqüência: B / F Treino E

É importante ressaltarmos que esse programa foi desenvolvido para o caso particular de V. F.; logo, o programa de seus alunos/pacientes deve sofrer alterações de acordo com a necessidade individual.

Colocando em prática

- Após um mês, V. F. está gostando muito do treinamento e começa a notar diversas melhoras, principalmente na diminuição da quantidade de insulina que aplicava; entretanto, por motivos de trabalho, não poderá mais treinar aos domingos. Estabeleça novas metas e estratégias para os próximos dois meses, respeitando sua nova disponibilidade;
- Supondo que em uma das sessões de treinamento prescritas por você, V.F. tenha hipoglicemia e comece a sentir

fortes tonturas. Que condutas você tomaria? Elabore um relatório para enviar ao médico, buscando obter respaldo e auxílio para evitar novas crises hipoglicêmicas.

Treinamento personalizado na gestação

A conscientização das pessoas de que a prática de atividade física tem vários benefícios tanto físicos como psicológicos está aumentando com o passar dos tempos. As pessoas estão ficando cientes de que o sedentarismo traz vários fatores que prejudica a saúde humana e começando a dar importância a se adaptar a uma vida mais saudável, com uma boa alimentação e a prática de exercícios físicos. Assim, aumenta a curiosidade entre as mulheres na questão de como manter a atividade física durante a gravidez (Gorgatti et al., 2005).

Diversos autores relatam que mulheres sedentárias apresentam um considerável declínio do condicionamento físico durante a gravidez. Além disso, a falta de atividade física regular é um dos fatores associados a uma probabilidade maior de doenças após a gravidez. Há um consenso literário científico no sentido de que exercícios de intensidade moderada durante uma gestação não complicada proporcionam inúmeros benefícios na saúde da mulher (Lima et al., 2005). Antigamente, os conceitos médicos tratavam a gravidez como sedentarismo, aconselhando a reduzir a atividade física e interrompendo o trabalho ocupacional, especialmente durante os últimos meses, na época que se acreditava que o exercício poderia aumentar o risco prematuro de trabalho de parto por meio da estimulação da atividade uterina (Miranda et al., 1986). Entretanto, em meados dos anos 1990, um estudo sobre o assunto pelo American College of Obstetricians and Gynecologists (ACOG) (2002) mostrou que a prática de atividade física na fase gestacional deve ocorrer desde que a gestante apresente as condições apropriadas (Artal, 1999).

O corpo da mulher no período gestacional passa por diversas alterações fisiológicas, principalmente no sistema musculoesquelético, neurológico, cardiovascular, respiratório e composição corporal, afetando a postura e influenciando o estado psicológico da gestante.

Apesar de ainda existirem poucos estudos voltados ao assunto, o exercício resistido de intensidade leve a moderada pode promover uma grande melhora da resistência e da flexibilidade, diminuindo o risco de lesões e complicações na gravidez relativas ao peso do feto ao nascer; conseqüentemente, a gestante passa a suportar seu aumento de peso e a melhorar as alterações posturais inerentes do período gestacional (Matsudo et al., 2000). Mulheres sedentárias têm tendência a maior fragilidade na gravidez, ocasionando maior possibilidade de adquirir doenças durante e após o parto; assim, a realização de exercícios de intensidade moderada pode proporcionar inúmeros benefícios para sua saúde e a do feto. Segundo Matsudo (2000), a atividade aeróbica é um dos exercícios que auxiliam de forma extremamente significativa no controle do peso corporal e na manutenção do condicionamento físico, além de reduzir o risco de diabetes gestacional, condição que afeta 5% das gestantes. O exercício, pela ativação dos grandes grupos musculares, acaba proporcionando uma melhor utilização da glicose, aumentando simultaneamente a sensibilidade insulínica.

O grande benefício que a atividade física com intensidade leve a moderada adaptada à gestante pode apresentar são os fatores protetores sobre a saúde mental e emocional da mulher durante e após a gestação. Segundo Gorgatti (2005), o exercício físico contribuirá para adaptação da nova postura física, refletindo-se em maior habilidade para a gestante durante a prática da atividade física e do trabalho diário. Na ocorrência de dores nas mãos e nos membros inferiores, geralmente por volta do terceiro trimestre, diante da diminuição da flexibilidade nos ligamentos, a prática da atividade física regular direcionada à gestação terá os efeitos de minimizá-las, possivelmente, por promover menor retenção de líquidos no tecido conectivo. Para Batista (2003), a atividade cardiovascular durante a gestação se eleva em comparação ao período não gestacional. No entanto, com a prática regular de exercícios físicos reduz-se esse estresse cardiovascular, o que se reflete, especialmente, em freqüência cardíaca mais baixa, maior volume sangüíneo em circulação, maior capacidade de oxigenação, menor pressão arterial, prevenção de tromboses e varizes e redução do risco de diabetes gestacional.

Segundo Bennell (2001), em intensidades muito altas a prática de exercícios acarreta riscos potenciais para o feto, podendo criar um estado de hipóxia fetal em situações de risco de trauma abdominal e hipertermia da gestante e gerar uma restrição de crescimento intra-uterino, estresse fetal e prematuridade. Dessa maneira, algumas evidências mostram que a participação em exercícios de intensidade moderada ao longo da gravidez pode aumentar o peso do bebê ao nascer, ao passo que exercícios mais intensos e com grande freqüência, mantidos por longos períodos da gravidez, podem resultar em crianças com baixo peso. Em modelos animais, temperaturas corporais acima de 39°C podem resultar em defeitos de fechamento do tubo neural, que deve ocorrer normalmente por volta do 25º dia após a concepção. Embora esse risco não tenha sido confirmado em humanos, sugere-se evitar sempre situações que resultem em hipertermia materna durante o primeiro trimestre de gravidez. Para Davis (2003), durante o período de amamentação, desde que a ingestão calórica e hídrica da mãe se mantenha normal, os exercícios leves a moderados não afetam a quantidade ou a composição do leite e, por isso, não exercem qualquer impacto sobre o crescimento do lactente.

Quanto à prescrição de atividades físicas e recomendações gerais, ainda não existe na literatura nenhum padrão estabelecido quanto à prescrição. Entretanto, uma vez que a gestante não apresente nenhuma complicação decorrente da gestação, o American College of Obstetricians and Gynecologists (ACOG) (2002) recomenda que a prática de exercícios durante a gestação seja de intensidade baixa a moderada, com o programa voltado para o período em que a gestante está, com a prescrição baseada nas condições gerais de saúde da mulher, em seu interesse, em sua necessidade e na experiência prévia na realização de exercícios físicos. Geralmente, alguns *personal trainers* e academias que trabalham com gestantes estipulam o valor de 140 batimentos por minuto como o limite máximo padrão de segurança para a gestante; o ACOG (2002), entretanto, não recomenda a adoção de tal estratégia em razão das grandes variações das respostas cardíacas maternas ao exercício durante a gestação, não estipulando zona limite. Segundo o ACOG (2002), é importante que o monitoramento da freqüência cardíaca da gestante seja feito verificando se ela está dentro da faixa recomendada por sua aptidão física, além de determinar (sedentárias, 60% a 70% da FCmáx.; treinadas, até 75% a 80% da FCmáx.), a utilização de alguma escala subjetiva de esforço, como a escala de Borg, com exercícios na intensidade adequada (moderada) caso a gestante apresente um esforço entre os níveis 12 e 14.

Dessa maneira, segundo o ACOG (2002), como ainda não foi estabelecido um limite superior de intensidade para exercícios seguros durante a gravidez, mulheres que se exercitavam regularmente antes de engravidarem e que apresentam uma gestação sem complicações podem ser capazes de realizar exercícios físicos em altas intensidades, como um trote ou ginástica aeróbica, sem efeitos adversos.

Durante a gestação, exercícios na água, caminhada e bicicleta devem ser considerados. Segundo Katz (1996), a natação é altamente recomendada à gestante em razão da flutuabilidade do meio, sendo benéfico para os joelhos e apresentando características de maior relaxamento quando comparada com exercícios de força e musculação, além de reduzir a freqüência de edemas. A temperatura ideal para atividades aquáticas deve ficar em torno de 28°C a 30°C, proporcionando um efeito termorregulador importante para o feto, possibilitando maior estabilidade diante da elevação de temperaturas e subseqüente diminuição do aporte sangüíneo (Camporesi, 1996).

Segundo o ACOG (2002), alguns exercícios físicos merecem monitoração especial ou contra-indicação nesse período, em que o fator intensidade deve ser monitorado de acordo com os sintomas que a gestante pode apresentar. Segundo Artal (1999), Huch (1996) e Dye (1996), são feitas restrições ou não se recomendam exercícios nas seguintes situações: (1) exercícios com movimentos repentinos ou de saltos, podendo aumentar o risco de lesão articular; (2) atividades competitivas, artes marciais e levantamento de peso; (3) flexão ou extensão profunda, pois os tecidos conjuntivos já apresentam frouxidão, decorrentes do aumento da relaxina; (4) exercícios exaustivos e/ou que necessitam da capacidade de equilíbrio, especialmente no terceiro trimestre gestacional; (5) prática de basquetebol e qualquer outro tipo de exercício com bola, que possa ocasionar trauma abdominal; (6) prática de mergulho, pois condições hiperbáricas podem levam ao aumento no risco de embolia fetal na descompressão; (7) atividades de ginástica aeróbica ou corridas com intensidades muito elevadas ou em altas altitudes, excepcionalmente aceitas com limitações, dependendo das condições físicas da gestante; (8) exercícios em supinação após o terceiro trimestre, evitando obstrução do retorno venoso.

Estudo de caso: gestação

Baseando-se nas informações descritas até o presente momento neste capítulo e no capítulo sobre prescrição de atividades físicas para gestantes, apresentamos o seguinte estudo de caso.

Você é um *personal trainer* e recebe uma ligação de uma gestante de 27 anos de idade, chamada C. L. U. Na primeira entrevista com sua futura aluna/paciente, ela relata em sua história pregressa as seguintes informações:

- Está na sétima semana de gestação, não apresenta nenhuma complicação e tem a aprovação de seu médico para fazer atividades físicas;
- Antes da gestação, C. L. U. era uma mulher pouco ativa e realizava caminhadas de 30 minutos três vezes por semana. Ela está muito preocupada com o ganho de peso, pois trabalha como *promoter* de uma marca famosa e quer manter a forma após o parto;
- Objetivos: Evitar ganho demasiado de peso durante o período gestacional e voltar à forma física atual o mais rapidamente possível;
- Disponibilidade: Três vezes por semana (segunda, quarta e sexta-feira); 1 hora por dia. As sessões serão realizadas no condomínio da aluna/paciente, que contém esteira e bicicleta ergométrica, linha completa de aparelhos de musculação e pesos livres e equipamentos de ginástica. Não gosta de praticar atividades no meio líquido;
- Teste de diástase abdominal de separação de apenas um dedo.

Para iniciar o programa de C. L. U., precisamos nos basear em evidências científicas documentadas e em uma detalhada anamnese, além de conhecer o histórico médico de nossa aluna. Entrar em contato com seu obstetra muitas vezes é salutar e pode auxiliar na melhor prescrição possível.

Como C. L. U. era até o presente momento uma pessoa pouco ativa, devemos levar alguns fatores em consideração. Sua preocupação principal é não ganhar muito peso e perder o excedente rapidamente. Sendo assim, é fundamental que, antes de iniciar qualquer programa de treinamento, a abordagem seja mais psicológica do que física. Devemos ressaltar algumas questões importantes sobre as modificações que estão ocorrendo e ainda ocorrerão até o término da gestação. É imprescindível ressaltar que a mulher deve se sentir bonita por todo o período gestacional, deixando claro qual seria o ganho de peso ideal, explicando minuciosamente que seu ganho de peso não se trata apenas de gordura e sim de uma vida que está se iniciando em seu útero. O ganho de peso saudável na gestação é por volta de 12 kg em média, sendo cerca de 5 kg peso do feto, placenta e líquido amniótico; 4,3 kg, alterações decorrentes no tecido materno; e 2,7 kg, reserva de gordura que será utilizada em grande parte para a produção do leite no pós-parto. Todas as recomendações de ingestão calórica devem ser feitas pelo nutricionista ou médico de sua aluna/paciente; com essas informações, entretanto, você poderá tranqüilizá-la.

Estima-se que o custo energético de uma gestação esteja em torno de 85.000 Kcal, ou seja, um aumento no aporte calórico diário em média de 300 kcal. Para contrabalançar esse aumento do gasto energético, muitas vezes as mães aumentam seu consumo energético diminuindo suas atividades físicas. É importante ressaltar para C. L. U. a importância de ela estar mantendo um programa de exercícios nessa fase e os benefícios que essa prática trará para ela, seu bebê e no trabalho de parto.

A partir dos dados da história pregressa e de nossa conversa inicial, assim como da definição de seus objetivos e estabelecimento de metas, propomos a seguinte prescrição inicial para C. L. U.

Quadro 14.8 – Exercícios Aeróbicos

Treino A	**Treino B**	**TreinoC**
10 minutos de esteira a 50% da FCmáx. ou Escala de Borg entre 9 e 11.	25 minutos de esteira a 60% da FCmáx. ou Escala de Borg entre 12 e 13.	20 minutos de esteira a 70% da FCmáx. ou Escala de Borg entre 13 e 14.

Quadro 14.9 – Exercícios resistidos

Treino D	**Treino E**	**Treino F**
CIRCUITO 2 séries de 15 repetições com carga de 40% de 1 RM da seguinte rotina: a) Supino reto com pesos livres b) Remada baixa com apoio da coluna lombrar c) Rosca bíceps com pesos livres d) Elevação lateral e) Extensão de joelhos f) Exercícios abdominais	MEMBROS SUPERIORES 2 séries de 12 repetições com carga de 65% de 1 RM da seguinte rotina: a) Supino reto com pesos livres b) Remada na frente com apoio da coluna lombar c) Rosca *scoth* na máquina d) Elevação frontal	MEMBROS INFERIORES 2 séries de 12 repetições com carga de 65% de 1 RM da seguinte rotina: a) Extensão de joelhos b) Flexão de joelhos em pé c) Adutores d) Abdutores e) Exercícios abdominais.

Quadro 14.10 – Exercícios de flexibilidade

Treino G
Exercícios específicos para os rotadores mediais do ombro, peitoral, coluna lombar, flexores e rotadores laterais do quadril. Evitar intensidade excessiva. Duração média de 20 minutos.

Quadro 14.11 – Programa inicial de treinamento

Semana	Dia da semana	O que realizar?
1ª	Segunda-feira Quarta-feira Sexta-feira	Seqüência: A / E / G Seqüência: A / F / G Seqüência: A / D / G
2ª	Segunda-feira Quarta-feira Sexta-feira	Seqüência: A / E / G Seqüência: A / F / G Seqüência: A / D / G
3ª	Segunda-feira Quarta-feira Sexta-feira	Seqüência: B / D (1 série) / G Seqüência: B / E (1 série) / G Seqüência: B / F (1 série) / G
4ª	Segunda-feira Quarta-feira Sexta-feira	Seqüência: B / D (1 série) / G Seqüência: B / E (1 série) / G Seqüência: B / F (1 série) / G

É importante ressaltarmos que esse programa foi desenvolvido para o caso particular de C. L. U.; logo, o programa de seus alunos/pacientes deve sofrer alterações de acordo a necessidade individual.

Colocando em prática

A gestação de C. L. U. começa a avançar. Que modificações e observações no treinamento você faria para os próximos meses? Elabore um mapeamento de sua própria estratégia e faça a prescrição de exercícios para que C. L. U. continue alcançando seus objetivos.

C. L. U. deu à luz um bebê e está muito feliz. Entretanto, ainda está 3 kg acima do peso desejado. Elabore um programa para manter a adesão de C. L. U. no pós-parto.

Treinamento personalizado para hipertensos e cardiopatas

A hipertensão arterial, comumente chamada de "pressão alta" pela população, é, em geral, definida como uma elevação da pressão arterial para números acima dos valores considerados normais (140/90 mmHg). Essa elevação anormal pode causar lesões em diferentes órgãos do corpo humano, como cérebro, coração, rins e olhos. Outro tipo de hipertensão menos comum é chamada de hipertensão arterial secundária e pode ser controlada por meio de tratamento médico específico (Anderson et al.; 1991; Chobanian et al., 2003; Hajjar e Kotchen, 2003).

— A relação entre pressão arterial (PA) e riscos cardiovasculares é um evento contínuo, consistente e independente de outros fatores de risco. Uma maior PA aumenta as chances de um ataque cardíaco, doenças renais, derrame cerebral. A presença de cada fator de risco adicional aumenta os riscos para a hipertensão (Anderson et al., 1991). Existe uma correlação positiva entre hipertensão arterial e doença cardiovascular, desde uma pressão arterial sistólica (PAS) de 115 mmHg e de uma pressão arterial diastólica (PAD) de 75 mmHg. O risco cardiovascular aumenta para cada aumento de 20-10 mmHg, respectivamente (Chobanian et al., 2003).

A PA normal em adultos é considerada quando os valores de PAS são menores que 120 mmHg e os PAD, menores que 80 mmHg. A pré-hipertensão é considerada quando a PAS ou a PAD atingem valores entre 120-139 mmHg e 80-89 mmHg, respectivamente. Nesse estágio, é reforçada a importância da saúde pública de reduzir e prevenir a hipertensão e as doenças cardiovasculares por meio de mudanças no estilo de vida (alimentação e engajamento em atividade física). É considerada hipertensão no estágio 1 quando há PAS com valores iguais ou maiores que 140-159 mmHg e/ou PAD com valores iguais ou maiores que 90-99 mmHg. Nesse estágio, o indivíduo é tratado com medicação anti-hipertensiva (betabloqueadores, antagonistas de cálcio, diuréticos e inibidores da enzima conversora de angiotensina), sendo aconselhada a mudança nos hábitos alimentares e no incremento da atividade física. O estágio 2 da hipertensão arterial se dá quando os valores de PAS são maiores ou iguais a 160 mmHg e os da PAD, maiores ou iguais a 100 mmHg. Nesse estágio, inicia-se a junção de dois ou mais medicamentos anti-hipertensivos e as mudanças no estilo de vida (Chobanian et al., 2003).

A etiologia da hipertensão arterial pode ser denominada primária ou essencial, de causa indeterminada, sendo a mais comum; ou secundária, que tem como fatores desencadeantes problemas renais, endócrinos, tumores ou cardiopatia (Chobanian et al., 2003).

Dados do National Health and Nutrition Examination Survey (Nhanes) indicam que 50 milhões ou mais de norte-americanos apresentam uma pressão arterial elevada. A prevalência mundial estimada para a hipertensão arterial é de 1 bilhão de indivíduos e aproximadamente 7,1 milhões de mortes por ano têm sido atribuídas à hipertensão (Hajjar e Kotchen, 2003; WHO, 2002). A WHO (2002) reportou que a pressão arterial elevada é responsável por 62% de doenças cardiovasculares e 49% de doenças isquêmicas no coração, com poucas variações entre os sexos.

Diversos estudos têm demonstrado o comportamento da pressão arterial após a realização de uma única sessão de exercício físico aeróbico. Como resposta, verifica-se uma redução da pressão arterial tanto em indivíduos hipertensos (Taylor-Tolbert et al., 2000; Quinn, 2000; Pescatello et al., 1999) como normotensos (Bermudes et al. 2004; Forjaz et al., 2000), nos quais os níveis pressóricos apresentam-se abaixo daqueles observados antes do exercício físico. A esse fenômeno denomina-se "hipotensão pós-exercício". Essa resposta é muito mais documentada em indivíduos hipertensos, pois indivíduos com maiores níveis de pressão arterial apresentam maiores reduções pressóricas pós-exercício (Taylor-Tolbert et al., 2000; Quinn, 2000; Pescatello et al., 1999).

A duração e a magnitude dessa hipotensão variam muito na literatura. Alguns estudos demonstraram redução da pressão arterial de 4 a 16 horas (Taylor-Tolbert et al., 2000; Quinn, 2000) e magnitudes que podem chegar a 16 mmHg (Taylor-Tolbert et al., 2000). Uma das explicações para essa variação refere-se às características da sessão de treinamento. Alguns autores demonstram que o exercício físico contínuo realizado entre 40% a 60% do VO_2máx para indivíduos hipertensos é mais efetivo em reduzir a pressão arterial do que o realizado em intensidades mais altas (Quinn, 2000).

De fato, o exercício físico tem sido proposto como efetiva ferramenta não medicamentosa no controle da hipertensão arterial (Brandão et al., 2002). O exercício físico ajudará a baixar mais a PA, além de reduzir as doses dos medicamentos e o risco da mortalidade prematura. E o treinamento de aeróbico reduz em média 10 mmHg tanto na PAS como na PAD em hipertensos do estágio 1 (Chobanian et al., 2003).

A monitoração ambulatorial da pressão arterial (Mapa) tem sido amplamente utilizada para a investigação da pressão arterial por períodos mais longos. Esse método permite avaliar a pressão arterial durante 24 horas ou mais, ao passo que os pacientes seguem suas atividades habituais. As principais informações obtidas pelo Mapa clinicamente importantes são: estimativa da verdadeira média da pressão arterial; curva da pressão arterial, avaliando-se a queda noturna; sua variabilidade; e capacidade de se avaliar a resposta terapêutica de drogas anti-hipertensivas (Alessi, 2006).

Quando se fala em mudança no estilo de vida, são feitas algumas recomendações no âmbito nutricional: reduzir o peso, caso esteja acima do recomendado; limitar a ingestão de álcool até 28 g de etanol por dia (ex.: dois copos de cerveja ou uma taça de vinho); reduzir a ingestão de sódio (< 2,3 gramas de Na por dia ou 6 g de NaCl); reduzir e/ou eliminar a ingestão de gorduras saturadas e colesterol; manter a dieta com ingestão adequada de potássio (3,5g), cálcio e magnésio – além de parar de fumar e iniciar um programa de atividade física (Chobanian et al., 2003; Pescatello et al., 1999).

O treinamento aeróbico deve ser realizado em baixas intensidades (40% a 70% do VO_2máx.), parecendo reduzir PA tanto nas intensidades baixas como nas intensidades altas. É importante recomendar inicialmente exercício de baixa intensidade como parte do tratamento ideal para os hipertensos que estão no estágio 1 e 2 (Chobanian et al., 2003).

Para Pescatello et al. (2004), a freqüência do exercício deve ser realizada na maioria dos os dias da semana ou, preferencialmente, em todos eles, com intensidade moderada (40%-60% do VO_2máx.) e uma duração maior ou igual a 30 minutos de atividade contínua ou acumulada. O tipo de exercício pode ser primeiramente aeróbico, completado com exercício de força, que deve progredir ou iniciar conforme as respostas pressóricas do indivíduo, não ultrapassando a PAD de 10 mmHg – esse valor é considerado limitante para continuar o exercício de força, sendo recomendável, nesse caso, o treinamento aeróbico.

Estudo de caso: hipertensão e cardiopatas

Conforme já citado neste capítulo e no referente à reabilitação cardiovascular e ao exercício físico, apresentamos a seguir um estudo de caso com essa patologia:

Um homem chamado A. Z. J., de 48 anos de idade, hipertenso, sedentário, acabou de realizar alguns exames e foi diagnosticado com hipertensão leve. A. Z. J., porém, nunca realizou nenhum tipo de atividade física orientada, e está preocupado, pois leu em uma reportagem – que não apresenta informações científicas – que o exercício mal-orientado poderia trazer alguns malefícios para a saúde, principalmente se o indivíduo apresentasse algum tipo de doença, como hipertensão, cardiopatias, diabetes etc. Por esse motivo, A. Z. J. resolveu procurar um profissional habilitado, especialista no assunto.

Chegando à academia em que você trabalha, ele ainda forneceu mais algumas informações importantes:

- Parentes (pais) faleceram de doenças cardíacas;
- Sofreu uma cirurgia de reconstrução do ligamento cruzado anterior há três meses;
- Objetivos: reduzir os níveis de PA com a reabilitação do joelho;
- Disponibilidade: cinco vezes por semana no período matutino. As sessões serão realizadas na academia onde você trabalha. A. Z. J. também relatou que não gosta de fazer caminhada na esteira ergométrica.

No início do programa será feita uma avaliação física, anamnese completa, dobras cutâneas, circunferências, aferição de PA em repouso e no exercício. Os exames médicos realizados há um mês foram os exames bioquímicos e o teste de esforço na esteira.

No caso de A. Z. J., o programa envolve uma reabilitação. É de fundamental importância que o professor fique atento à verificação de PA durante o exercício, pois a utilização de exercícios isométricos para a reabilitação pode resultar em um aumento na PA.

Os exercícios aeróbicos, nesse caso, serão montados considerando os valores de freqüência cardíaca obtidos no teste de esforço realizado por A. Z. J. Caso seu aluno/paciente inicie o programa e esteja demorando a realizar o teste de esforço com o cardiologista, o cálculo pode ser realizado utilizando a fórmula de Karvonen (FCT = FCrep + x% (FCmáx. – FCrep), em que FCmáx = 220 – idade.

Suponha que A. Z. J. fizesse uso de betabloqueador, e esse medicamento estivesse sendo utilizado no momento do teste de esforço. Como sua freqüência cardíaca não alteraria, a intensidade do exercício seria identificada pela Escala Subjetiva de Borg.

Para os exercícios resistidos, será realizado o percentual de 45% da carga máxima realizada no teste de 1 RM. De duas em duas semanas, com a progressão do treino deve-se incluir o aumento de carga e de séries, se a PAD não ultrapassar 10 mmHg. Se durante o exercício ocorrer um aumento maior que 10 mmHg dessa PAD, por motivos de estresse e exageros alimentares, orienta-se realizar uma atividade aeróbica constante em torno de 10 minutos e verificar se essa PAD diminuiu.

Caso ocorra a redução, retorna-se para as séries programadas. A verificação da PA deve ser realizada enquanto o aluno realiza o movimento, pois após 2 segundos já ocorrem reduções significativas de seus valores.

Quadro 14.12 – Exercícios Resistidos

Treino A **2ª / 4ª / 6ª**	**Treino B** **3ª e 5ª**
2 séries com 15 repetições: Flexão de quadril Abdução de quadril Adução de quadril Extensão de quadril 10 Minutos – Prancha de propriocepção	**2 séries de 12 a 15 repetições:** Cadeira extensora Supino inclinado na barra guiada Cadeira flexora *Pulley* vertical supinado Cadeira adutora Bíceps barra reta no *cross over* Cadeira abdutora Tríceps corda no *cross over* Panturrilha no *step* Elevação frontal com haltere

Quadro 14.13 – Exercícios de flexibilidade

Devem ser realizados de forma ativa antes de iniciar os exercícios e após o treino ser realizado de forma passiva pelo aluno.
Duração média de 5-10 minutos no início e no fim do treino.

Quadro 14.14 – Programa inicial de treinamento

O que realizar?	
Segunda-feira	40 minutos – aeróbico (caminhada na rua) Intensidade: 55% da Fmáx. Fase: reabilitação
Terça-feira	Aquecimento – 10 minutos bicicleta Exercícios resistidos – Treino A - 45% 1 RM Exercícios de alongamento
Quarta-feira	40 minutos – aeróbico (caminhada na rua) Intensidade: 55% da FCmáx. Fase: reabilitação
Quinta-feira	Aquecimento – 10 minutos bicicleta Exercícios resistidos – Treino B – 45% 1 RM Exercícios de alongamento
Sexta-feira	40 minutos – aeróbico (caminhada na rua) Intensidade: 55% da FCmáx. Fase: reabilitação

Esse programa foi desenvolvido para A. Z. J.; sendo assim, as adaptações e as mudanças de cargas devem ser realizadas de acordo com a necessidade de seu aluno/paciente.

Colocando em prática

- A. Z. J., após três meses de exercícios, observa algumas modificações. A pressão arterial diastólica não está variando e ele gostaria de participar de corridas de 5 km e 10 km que são divulgadas por empresas em sua cidade – quem sabe, futuramente correr uma maratona...

Elabore um programa de corrida para atingir esse objetivo.

- Além disso, A. Z. J. não está muito satisfeito com sua estética corporal e padrão de distribuição de gordura, no formato de "maçã". Estabeleça um programa de exercícios para auxiliá-lo também com sua gordura corporal.

Treinamento personalizado para portadores de desvios posturais

A boa postura apresentada pelo indivíduo na posição ortostática é aquela mantida com um pequeno esforço, tanto da musculatura quanto dos ligamentos, para facilitar esse equilíbrio estático (Rasch, 1991).

A coluna vertebral é formada por quatro curvas fisiológicas: coluna cervical, coluna torácica, coluna lombar e coluna sacra. As alterações em qualquer desvio de tais curvaturas dos acidentes anatômicos em relação à linha da gravidade caracterizam o desvio postural (Rasch, 1991).

Existem desvios posturais que podem ser tanto estruturais como posturais e que acometem a população em geral (lordose, cifose e escoliose). A lordose pode ser definida como anormal da concavidade posterior da coluna vertebral na região lombar; a cifose, como anormal concavidade posterior da coluna vertebral na região cervical; e a escoliose, como uma curvatura lateral da coluna vertebral, podendo ser estrutural ou não estrutural. Essa inclinação lateral envolve tanto a flexão lateral quanto a rotação (Kendall et al., 2007; Rasch, 1991). As figuras abaixo demonstram esses tipos de curvaturas acentuadas.

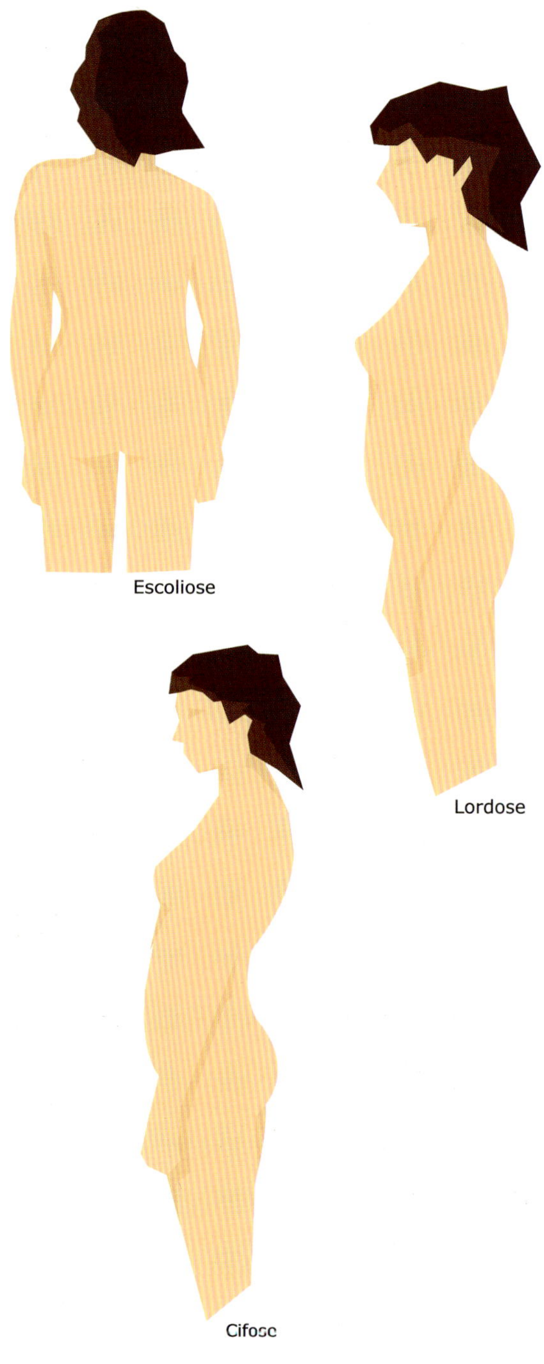

Figura 14.1 – Desvios posturais.

Os desvios posturais podem levar ao uso incorreto de outras articulações, como as dos ombros, braços, articulações têmporo-mandibulares, quadris, joelhos e pés. O indivíduo que mantém a postura errada por tempo prolongado pode obter alterações posturais, ocasionando enrijecimento das articulações vertebrais e encurtamento dos músculos. Esses desvios estruturais causam alterações das curvaturas normais da coluna vertebral, tornando-a mais vulnerável às tensões mecânicas e traumas (Kendall et al., 2007).

Atualmente, é cada vez maior o número de pessoas com desvios posturais que causam alterações nas curvaturas normais da coluna vertebral. Os desvios posturais são comuns nos dias atuais pela ação de agentes estressores e externos no cotidiano dos indivíduos (Tribastone, 2001).

Um dos exercícios bastante utilizados nos desvios posturais são os alongamentos. Para manter uma boa postura e os músculos flexíveis, é importante fazer diariamente uma série de exercícios de alongamento. Os exercícios de alongamento são especialmente importantes para pessoas que precisam manter uma determinada postura por um tempo prolongado, executando tarefas repetitivas. É o caso de pessoas que trabalham em terminais de computador ou executando tarefas que requerem precisão; alunos que passam a maior parte do tempo sentados (desde a creche até a universidade ou mesmo às pós-graduações); indivíduos que carregam bolsas de um lado só da cintura escapular, não dividindo o peso em ambos aos lados, entre outros (Tribastone, 2001).

Algumas crianças incluídas em algumas práticas desportivas que envolvam movimentos repetitivos têm propensão a desenvolver problemas de desequilíbrio muscular que podem levar a desvios laterais da coluna (escoliose). Para pessoas que praticam algum tipo de esporte, fazer exercícios de alongamento antes e depois da prática esportiva prepara os músculos para a atividade muscular, ajudando na prevenção de lesões como estiramentos musculares, entorses e dores nas articulações (Tribastone, 2001).

A avaliação dos desvios posturais pode ser realizada por profissionais especializados, utilizando um instrumento denominado simetrógrafo. Com a utilização do simetrógrafo podem-se identificar os desvios posturais mais evidentes, observando os pontos anatômicos específicos (acrômios, cristas ilíacas, trocânteres, côndilos e maléolos), que permitem identificar as possíveis assimetrias decorrentes da avaliação postural (Kendall et al., 2007).

Para a realização desse exame, o avaliado (homens de sunga e mulheres de biquíni) fica na posição em pé simétrica para identificar esses pontos anatômicos da vista frontal; lateral e posterior. Deve ficar voltado para o avaliador e com os pés afastados na largura do quadril, o olhar na horizontal e membros superiores soltos ao longo do corpo. Nessas posições (frontal, lateral e posterior) observam-se assimetrias nos ombros, quadril, joelhos, tornozelos e pés (Kendall et al., 2007). As figuras a seguir demonstram a posição do avaliado na vista frontal e lateral.

Figura 14.2 – Avaliação postural estática do simetrógrafo.

Como já citado, fazer diariamente uma série de exercícios e alongamentos consiste em uma prevenção desses desvios posturais. Não se pode afirmar que esses desvios irão diminuir, mas as dores localizadas em determinadas articulações sobrecarregadas podem melhorar (Tribastone, 2001).

A escoliose envolve mudanças na estrutura óssea, problemas neuromusculares que afetam a musculatura do tronco ou encurtamento de membro, como a perna, ou comprometimento da visão e/ou da audição. Nesse desvio, o tratamento fisioterapêutico usando alongamentos e respiração é essencial para a melhora do quadro. A ginástica corretiva tem o propósito de reeducar as alterações morfológicas por meio de um processo de aprendizagem psicomotora (Tribastone, 2001).

Para a escoliose, existem vários tratamentos que dependem do nível do desvio na coluna, como exercícios de treinamento de força (exercícios compensatórios) e uso de coletes, podendo até chegar à realização de cirurgias, dependendo da gravidade do caso (Tribastone, 2001).

Para a diminuição de hiperlordose, podem-se sugerir exercícios respiratórios e abdominais, a fim de fortalecer os músculos do abdome, diminuindo assim a tensão dos músculos lombares. Já na hipercifose usam-se, para o tratamento, coletes, exercícios de relaxamento muscular, exercícios de respiração e mobilização efetuada e exercícios compensatórios no treino de força (exercícios de costas e lombares), além de uma orientação postural adequada e da realização de exercícios de hiperextensão. Em geral, os exercícios iniciam com uma mobilidade da coluna torácica para, em seguida, trabalhar com força isométrica dos extensores da coluna torácica, com exercícios simples que progridem para exercícios mais complexos (Tribastone, 2001).

Estudo de caso: desvios posturais

Conforme mencionado anteriormente e no capítulo sobre desvios posturais e exercícios físicos, a seguir apresentaremos uma proposta de estudo de caso sobre cifose, escoliose e lordose.

Um indivíduo chamado E. S. L., de 20 anos de idade, apresenta cifose acentuada e escoliose em "C" à direita, além de uma hiperlordose. Ele procura um *personal trainer* solicitando ajuda para corrigir sua postura.

E. S. L. é alto, mede 1,87 cm, muito tímido e introvertido, e caminha como se estivesse tentando se esconder de alguém. Para piorar a situação, E. S. L. é bancário, e os assentos de sua agência não foram feitos sob medida, fazendo com que ele mais uma vez relaxasse sua postura para se adequar ao imobiliário. E. S. L. relatou não ser sedentário, pois jogava futebol aos sábados e caminhava toda manhã de domingo.

Na avaliação física, o *personal trainer* anotou os seguintes detalhes:

- Hérnia de disco entre as vértebras L5 e C1;
- Inflamação no nervo ciático;

- Objetivo: melhorar a postura e a hipertrofia muscular;
- Disponibilidade: quatro vezes por semana. As sessões serão realizadas na sala onde você trabalha.

O programa de exercícios aeróbicos terá uma evolução de duas em duas semanas: treino A, B e C. Futuramente, poderá haver um aumento no percentual de carga da FCmáx. Esses exercícios serão realizados quatro vezes por semana (segunda, terça, quinta e sexta-feira).

No programa de treino resistido, o treino "D" será realizado todas as segundas e quintas e o treino "E", todas as terças e sextas. A evolução da carga será realizada de duas em duas semanas, respeitando os limites de dores apresentados por E. S. L. No treino D, as proporções dos exercícios de rotação de tronco são de três séries para a esquerda e uma série para a direita, em razão da escoliose em "C" diagnosticada para a direita.

Quadro 14.15 – Exercícios aeróbicos

Treino A	**Treino B**	**Treino C**
20 minutos de esteira a 65% da FCmáx.	35 minutos de esteira a 65% da FCmáx.	40 minutos de esteira a 65% da FCmáx.

Quadro 14.16 – Exercícios resistidos

Treino D	**Treino E**
3 séries de 1 minuto para: Exercícios posturais com bastão Rotações de tronco (proporção 3E:1D) Exercícios com a bola suíça 3 séries de 20 repetições Elevação invertida Supino reto livre *Pulley* vertical supinado Extensão de tríceps no *cross-over* Flexão de cotovelo no *cross-over* Encolhimento de ombro	5 min – alongamentos 15 min – exercícios posturais 3 séries de 20 repetições Leg 45° Extensão de pernas Flexão de pernas na cadeira Cadeira abdutora Cadeira adutora Panturrilha/burrinho

Quadro 14.17 – Programa inicial de treinamento

Semana	Dia da semana	O que realizar?
1ª	Segunda-feira Terça-feira Quinta-feira Sexta-feira	Seqüência: A / D Seqüência: A / E Seqüência: A / D Seqüência: A / E
2ª	Segunda-feira Terça-feira Quinta-feira Sexta-feira	Seqüência: A / D Seqüência: A / E Seqüência: A / D Seqüência: A / E
3ª	Segunda-feira Terça-feira Quinta-feira Sexta-feira	Seqüência: B / D Seqüência: B / E Seqüência: B / D Seqüência: B / E
4ª	Segunda-feira Terça-feira Quinta-feira Sexta-feira	Seqüência: B / D Seqüência: B / E Seqüência: B / D Seqüência: B / E
5ª	Segunda-feira Terça-feira Quinta-feira Sexta-feira	Seqüência: C / D Seqüência: C / E Seqüência: C / D Seqüência: C / E
6ª	Segunda-feira Terça-feira Quinta-feira Sexta-feira	Seqüência: C / D Seqüência: C / E Seqüência: C / D Seqüência: C / E

Colocando em prática

Após seis meses de exercício, E. S. L. percebeu pequenas mudanças em seus desvios posturais e agora está ciente de que pode ser iniciado um programa de treinamento de força mais específico. Sendo assim, elabore um programa de treinamento de força com o objetivo de tratar a hipertrofia sem interferir na postura de E. S. L.

Treinamento personalizado para idosos

Para o Instituto Brasileiro de Geografia e Estatística (IBGE), em meados de 2030 a população idosa brasileira será considerada a sexta no mundo. Desde 1930, as doenças infectocontagiosas vem diminuindo e as doenças crônicas degenerativas têm aumentado (Cendoroglo e Teixeira Júnior, 2005; Nóbrega et al., 1999).

Com o passar dos anos, ocorre uma diminuição da força muscular; isso, conseqüentemente, interfere na realização de atividades diárias e a limita, o que pode ser agravado pela inutilização do sistema osteomioarticular.

Outros sistemas apresentam alterações, como diminuição da acuidade visual; diminuição na acuidade auditiva; mudança na dinâmica do aparelho locomotor, influenciando na capacidade coordenativa e na perda do equilíbrio; aumento da distribuição da gordura corporal na região central; declínio da flexibilidade e da resistência; diminuição da complacência pulmonar, além das patologias que podem estar associadas: diabetes; hipertensão; obesidade etc. (Nóbrega et al., 1999; Frontera et al., 2002; Rhodes et al., 2000).

Dessa maneira, a prática regular de atividades físicas é muito importante nesse processo, tendo como impacto as reduções de causa de morbidade e mortalidade nos idosos. Diversas pesquisas têm sido realizadas com o intuito de mostrar os benefícios que o exercício promove nessa faixa etária, retardando as alterações morfofuncionais que ocorrem. Entre elas, podem-se destacar: melhora da função muscular, que tem como resultado o aumentando da força; melhora da flexibilidade; diminuição dos riscos de quedas; melhora da coordenação e do equilíbrio; diminuição de dores etc. (Nóbrega et al., 1999; Rhodes et al,. 2000; Frontera et al., 2002; Cendoroglo e Teixeira Júnior, 2005).

Para Nóbrega et al. (1999), a prescrição de exercícios para essa faixa etária não é diferente, devendo contemplar componentes como *endurance*, força muscular, composição corporal, flexibilidade e condicionamento cardiorrespiratório. E, para assegurar essa relação de risco/benefício, devem-se observar varáveis como modalidade, duração, freqüência, intensidade e modo de progressão.

O posicionamento da Sociedade Brasileira de Medicina do Esporte (SBME) e da Sociedade Brasileira de Geriatria e Gerontologia (SBGG) é no sentido de que a intensidade deve ser moderada (40% a 75% VO_2máx ou 55% a 85% da FCmáx, que corresponde à Escala de Borg de 3 a 5 ou 12 a 13, conforme a escala preferida de 0 – 10 ou 6 – 20, respectivamente). Exercícios com altas intensidades muitas vezes podem aumentar a desistência na participação do programa de exercícios, em razão do desconforto muscular, principalmente nas fases iniciais. A duração da atividade deve ser de 30 a 90 minutos, com exceção dos idosos considerados frágeis, cuja sessão deve ter o tempo reduzido ou ser dividida em períodos curtos durante o dia (Nóbrega et al.,1999).

Para o treinamento de força, recomenda-se exercitar os grandes grupos musculares, 2 a 3 vezes por semana, de 6 a 12 repetições em uma intensidade de 60% de uma repetição máxima (Nóbrega et al.,1999; Cendoroglo e Teixeira Júnior, 2005). Exercícios de alongamento devem ser realizados com movimentos balísticos e graduais até o ponto de ligeiro desconforto. Os cuidados dos movimentos devem ser tomados em todas as fases do programa. Isso é importante para minimizar os riscos de lesões (Nóbrega et al.,1999).

Estudo de caso: idosos

Conforme foi mostrado anteriormente e no capítulo anterior, apresentaremos um estudo de caso sobre idosos e sua conduta quanto à prescrição de exercícios.

L. E. P., de 69 anos, assistiu a uma reportagem na televisão em que idosas praticavam exercícios de força. Suas amigas realizavam hidroginástica na academia, mas ela resolveu procurar um *personal trainer* para saber mais:

Na anamnese, foram detectados os seguintes problemas:

- L. E. P. não tem força para sentar em uma cadeira ou levantar dela sem ajuda de uma bengala ou das mãos; além disso, sente dificuldades de locomoção e muito cansaço físico;

- Em um exame recente, foi diagnosticada osteopenia;
- Objetivo: aumentar a densidade mineral óssea, as funções físicas, a força e a resistência muscular;
- Disponibilidade: duas vezes na semana no período matutino.

A proposta do treino A deve ser desenvolvida no primeiro mês ou nas primeiras duas semanas. O treino B e o treino C são exemplos de uma seqüência de evolução que será realizada com L.E.P.

A idéia de prescrever exercícios de baixa intensidade e curta duração no início do programa para idosos tem o objetivo de mantê-los motivados para o exercício. Após o período de adaptação, faz-se necessário o aumento progressivo da carga e das séries.

É importante orientar L. E. P. quanto a utilizar roupas e calçados adequados; não se exercitar em jejum; informar quando houver troca de medicamentos pelo médico; não realizar o exercício quando não estiver se sentindo bem e avisar quando o exercício (aeróbico, alongamento ou de força) estiver promovendo desconforto.

A segurança no momento da prescrição de exercícios para esse grupo é primordial; por isso, alguns cuidados são necessários para a montagem do programa. Mesmo sabendo que L. E. P. não tem bico-de-papagaio na cervical, evitaram-se exercícios realizados acima do ombro, como uma puxada vertical, uma vez que L. E. P. não é mais jovem e qualquer deslize pode provocar lesões irreparáveis.

Quadro 14.18 – Programa de treinamento para idosos

	Treino A	**Treino B**	**Treino C**
Alongamentos	10 minutos	10 minutos	10 minutos
Exercícios resistidos	1 série com 12 repetições e carga de 60% de 1RM da seguinte rotina: Supino máquina Cadeira flexora Remada articulada Cadeira extensora	2 séries com 12 repetições e carga de 60% de 1RM da seguinte rotina: Supino máquina Cadeira flexora Remada articulada Cadeira extensora	3 séries de 6 repetições com carga de 60% de 1RM da seguinte rotina: Supino máquina Cadeira flexora Remada articulada Cadeira extensora Tríceps extensão/*cross* Cadeira adutora Rosca direta/*cross* Cadeira abdutora Panturrilha/flexão
Aeróbicos	20 minutos de esteira a 50% da FCmáx.	20 minutos de esteira a 55% da FCmáx.	30 minutos de esteira a 55% da FCmáx.

Quadro 14.19 – Programa inicial de treinamento

Meses	Dia da semana	O que realizar?
1º	Terça-feira Quinta-feira	Treino A Treino A
2º	Terça-feira Quinta-Feira	Treino B Treino B
3º	Terça-feira Quinta-feira	Treino C Treino C

Colocando em prática

Após um mês, L. E. P. relatou uma sensação de bem-estar. Seu sono melhorou sensivelmente. Após três meses de treino, o aumento na força era visível. L. E. P. conseguia transitar pela casa sem dificuldades, assim como subir e descer escadas, sentar em cadeiras e levantar delas, assim como da cama. Elabore um programa para os próximos três meses, para que seja dada continuidade ao processo.

Treinamento personalizado na osteoartrite e fibromialgia

Segundo Wolfe et al., (1990, in Cavalcante et al., 2006), a fibromialgia é definida como uma síndrome não articular de origem desconhecida. O indivíduo, quando diagnosticado, apresenta dores musculares difusas e crônicas, além de diversos pontos dolorosos à palpação. Esses pontos dolorosos são denominados *tender points*, especialmente quando localizados no esqueleto axial e diagnosticados por meio de critérios clínicos, pois não existem exames complementares para identificar essa síndrome.

O American College of Rheumatology (ACR) (in Haun, Ferraz e Pollak, 1999), estabeleceu alguns critérios clínicos, como a presença de uma dor difusa no esqueleto axial e/ou ambos os hemicorpos, localizados acima ou abaixo da cintura; dores em 11 ou 18 *tender points*; e dores crônicas por mais de três meses. Os locais dos nove pares de *tender points* são: subocciptal, cervical baixa, trapézio, supra-espinhoso, segunda costela, epicôndilo lateral, glúteo médio, trocânter maior e joelho medial.

Para Wolfe et al., (1990, in Cavalcante et al., 2006), a dor, profunda na musculatura e com queimação e pontadas, sendo maior no período matutino e em músculos utilizados repetidamente; a fadiga, podendo ser amena ou central, na qual a pessoa fica desprovida de energia; e distúrbios do sono, chamados de anomalia de uma onda alfa identificada por meio da eletroencefalografia, são sintomas da fibromialgia. Alguns autores sugerem outros sintomas além desses, como cansaço, ansiedade, depressão, cefaléia, formigamento, disfunção da memória e rigidez matinal. Além disso, as condições climáticas, as flutuações hormonais da menopausa ou do ciclo menstrual, o estresse e o uso exacerbado da musculatura podem ser considerados como fatores agravantes (Marques et al., 2002, e Cavalcante et al., 2006).

A etiopatogenia dessa síndrome ainda não está elucidada, pois em diversas pesquisas esses sintomas ocorrem pela alteração do mecanismo de modulação da dor localizada no sistema nervoso central, em razão da presença de diversos estímulos negativos em pessoas que são geneticamente predispostas (Wolfe et al., 1995).

A prevalência da fibromialgia acomete mais mulheres do que homens, desde a infância até a terceira idade, sendo a incidência do diagnóstico entre 40 e 50 anos de idade (Wolfe et al.,1995). Segundo Cavalcante et al. (2006), a síndrome é mais prevalente em mulheres do que em homens, especialmente na faixa etária entre 35 e 60 anos. Os autores ressaltaram que mais estudos devem ser realizados para avaliar essa síndrome em diversos tipos de populações (crianças, jovens, adultos e idosos) tanto no sexo feminino quanto no sexo masculino.

O diagnóstico da síndrome também é complexo, pois, geralmente, os exames laboratoriais apresentam-se normais; os indivíduos, entretanto, sentem-se doentes e necessitam de tratamento clínico, apoio psicológico e condicionamento físico, pois os sintomas da fibromialgia se refletem em sua qualidade de vida, no trabalho e nas atividades do dia-a-dia. Diante disso, existe a dificuldade de diferenciar a fibromialgia de outras patologias reumáticas.

Sendo assim, o exercício torna-se importante para controlar a dor e os sintomas relacionados a essa síndrome. O benefício pode ser verificado entre oito e dez semanas após o início de um programa de exercícios aeróbicos, e continua aumentando até a vigésima semana. Já os exercícios de alongamento promovem uma melhora em 10 semanas e depois há uma estabilização (Valim et al., 2003).

Para Valim (2003), a melhora da dor ocasionada pelo exercício aeróbico se dá em razão das mudanças ocorridas no sistema neuroendócrino, e essas alterações são necessárias para a melhora do humor (por meio do aumento da serotonina e da norepinefrina), substâncias que não são liberadas nos exercícios de alongamento. Há, entretanto, relatos de alguns indivíduos que apresentarem piora no quadro de dor.

Segundo Valim (2006), por meio de revisão bibliográfica, o exercício é uma intervenção de baixo custo que reduz as dores e os sintomas da fibromialgia. Além disso, apesar dos erros metodológicos nas pesquisas, o exercício aeróbico foi o mais bem indicado para as reduções dos pontos dolorosos, na qualidade de vida e na depressão. Entre os diversos artigos analisados, a maior parte foi realizada com exercícios aeróbicos, outros realizaram a combinação de exercícios com tratamento medicamentoso e uma minoria, totalizando apenas três artigos do total de 28 analisados, utilizou o treinamento de força. Os exercícios de alongamento foram utilizados como intervenção em diversos estudos.

Em um recente estudo realizado por Sabbag et al. (2007), 18 mulheres (média de 46,4 ± 5,8 anos de idade) que apresentavam fibromialgia em média de 10,6 (± 5,7) anos foram submetidas a um ano de condicionamento físico supervisionado, predominantemente composto por exercícios aeróbicos. No início desse estudo e trimestralmente foram realizados teste de esforço cardiopulmonar para determinação da capacidade funcional; avaliação da intensidade de dor empregando a escala analógica visual; contagem dos pontos dolorosos e determinação do limiar de dor à pressão com o uso do algômetro de pressão; e aplicação do questionário de qualidade de vida *Medical Outcomes Study 36-Item Short-Form Health Survey* (SF-36), traduzido e adaptado para a população brasileira. Foi observado que os efeitos do programa de condicionamento físico supervisionado sobre indivíduos com fibromialgia proporcionaram aumento da capacidade funcional e melhora da dor e da qualidade de vida. Em outras pesquisas, os autores questionaram os problemas metodológicos de realizar o estudo com esse tipo de população, pois a freqüência no treino depende do nível da dor. Sendo assim, Sabbag et al. (2007) recomendam protocolos de exercícios de longa duração, fornecendo aos pacientes esclarecimentos sobre a intensificação da dor nos primeiros meses de intervenção e propondo suporte terapêutico medicamentoso, além das técnicas de controle da dor nesse período. Essas propostas de longa duração ainda são controversas – as pesquisas sobre fibromialgia têm muito que caminhar para chegar a uma solução.

Estudo de caso: osteoartrite e fibromialgia

Conforme foi mostrado anteriormente e no capítulo 7, apresentaremos um estudo de caso a seguir.

M. I. Z. tem 52 anos, reclama de dor no corpo inteiro, já fez vários tratamentos e não encontrou solução em nenhum deles. Fez massagem, acupuntura e drenagem, mas nada dava resultado. Acabou procurando um *personal trainer* somente para eliminar mais uma opção, pois o incômodo era tanto que M. I. Z. já estava descrente.

Com relação à fibromialgia, deve-se uma atenção especial à utilização de medicamentos, pois alguns interferem na resposta hemodinâmica. Por isso, a anamnese também deve conter informações da história pregressa de hábito de atividade física, como freqüência, modalidade, preferência, tolerância e comportamento familiar em relação ao exercício.

Dessa maneira, após a realização de minuciosa avaliação física, foi prescrita a seguinte recomendação:

- *Aquecimento*: de 5 a 15 minutos, com movimentos lentos sem repetições e carga;
- *Alongamentos*: deve ter a sensação de que a musculatura está sendo "solta", podendo ser realizada por alguns segundos até 1 minuto. Deve-se ficar atento ao grau de contratura do paciente;
- *Exercícios aeróbicos*: deve ser realizado de 50% a 60% da FCmáx, o que corresponde a um índice de 10 a 12 na escala de esforço subjetiva de Borg. Duração: de 20 a 30 minutos de forma contínua. Caso M. I. Z. não consiga realizar dessa maneira, podem ser realizadas seis sessões de 5 minutos, com intervalos;
- *Fortalecimentos*: as cargas devem ser submáximas (40% a 80% – 1 RM), com uma série de 4 a 6 repetições, por meio de exercícios gerais para membros superiores e inferiores;
- *Relaxamentos*: Devem ser realizados por meio de alongamentos suaves para diminuir a rigidez e melhorar a mobilidade articular, com a duração de 5 a 10 minutos.

Quadro 14.20 – Programa de treinamento para portadores de fibromialgia e osteoartrite

Programa de treinamento			
	Treino A	**Treino B**	**Treino C**
Aquecimento	10 minutos bicicleta horizontal	10 minutos bicicleta horizontal	15 minutos bicicleta horizontal
Alongamentos	Ativo – no espaldar	Passivo – colchonete	Ativo + passivo – no espaldar + colchonete
Aeróbicos	30 minutos caminhada 50% FCmáx.	35 minutos caminhada 55% FCmáx.	35 minutos caminhada 60% FCmáx.
Exercícios resistidos	1 série de 6 repetições com carga de 40% de 1RM da seguinte rotina: Supino máquina Cadeira flexora Remada articulada Cadeira extensora	1 série de 5 repetições com carga de 60% de 1RM da seguinte rotina: Supino máquina Cadeira flexora Remada articulada Cadeira extensora Tríceps francesa Bíceps rosca direta	1 série de 4 repetições com carga de 80% de 1RM da seguinte rotina: Supino máquina Cadeira flexora Remada articulada Cadeira extensora Tríceps francesa *Leg press* 45° Bíceps rosca direta
Relaxamento	Utilização de bolas de massagem na musculatura próxima da região de dor (*tender points*).	Utilização de bolas de massagem na musculatura próxima da região de dor (*tender points*).	Utilização de bolas de massagem na musculatura próxima da região de dor (*tender points*).

Quadro 14.21 – Programa inicial de treinamento

Meses	**Dia da semana**	**O que realizar?**
1º	Terça-feira Quinta-feira Sábado	Treino A Treino A Treino A
2º	Terça-feira Quinta-Feira Sábado	Treino B Treino B Treino B
3º	Terça-feira Quinta-feira Sábado	Treino C Treino C Treino C

Na ficha de treinamento de M. I. Z., deve constar o histórico de cada aula, as sensações de dor apresentadas em determinados exercícios, a duração de cada fase proposta e como foi o *feedback* de M. I. Z. naquele dia. Essas anotações são importantes para que você saiba quando aumentar progressivamente a carga, sabendo-se que essas progressões devem ser mais lentas que o habitual.

Os estudos tentam identificar qual é a melhor carga para trabalhar com indivíduos que possuem fibromialgia. É importante o profissional não sobrecarregar o aluno/paciente com exercícios. Não abuse com esse tipo de patologia, por mais que o aluno/paciente relate estar apto para ajustar a carga naquele momento. Lembre-se de que os estudos na área ainda são escassos e que o importante é a qualidade de vida do aluno/paciente.

Colocando em prática

Após seis meses de exercícios, M. I. Z. percebeu uma melhora nas dores musculares e resolveu iniciar um trabalho mais elaborado com os exercícios resistidos. Elabore um programa de treinamento de dois meses, sabendo que deverá controlar essa quantidade de exercícios para que a musculatura não estresse e M. I. Z. volte a sentir dores.

Conclusão

Os exemplos de estudo de caso apresentados anteriormente tiveram o intuito de mostrar ao profissional de Educação Física que atuar na área de *personal training* com atividades físicas adaptadas à saúde apresenta condições para que tenha capacidade de identificar, analisar e prescrever metas e estratégias individualizadas de treinamento para o sucesso de seu aluno/paciente.

Lembramos também que todos os programas desenvolvidos foram adaptados de acordo com as necessidades dos alunos/pacientes dos estudos de caso e que essas prescrições podem variar consideravelmente se levarmos em conta diversos fatores intrínsecos (idade, sexo, patologias envolvidas etc.) e extrínsecos (destacar o que o avaliador está colhendo de informações para prescrever nas variáveis: de volume (quantidade de séries), carga (quantas repetições), repouso, variação (treino localizado por articulação, alternado por segmento, bissérie, trissérie, entre outros), intensidade do exercício e seleção do exercício para determinadas patologias). Sendo assim, atente aos princípios básicos do treinamento e leve sempre em consideração a história pregressa de cada aluno/paciente, individualizando seu programa de treinamento de acordo com as necessidades apresentadas. Além disso, não se esqueça de reavaliar a evolução de seus alunos/pacientes, promovendo as adaptações necessárias quanto ao volume e intensidade e visando otimizar seus ganhos, além de sempre fornecer a ele *feedback*, mostrando a importância da continuidade do trabalho.

Referências

ALESSI, A. Uso de mapa no tratamento anti-hipertensivo. **Revista Brasileira de Hipertensão**, v. 13, p. 203-7, 2006.

AMERICAN COLLEGE OF OBSTETRICIANS AND GYNECOLOGISTS (ACOG). Committee on Obstetric. Exercise during pregnancy and the postpartum period. **Am. Col. Obstet. Gynecol.**, v. 99, n. 267, p.171-3, 2002.

AMERICAN DIABETES ASSOCIATION: Physical Activity/Exercise and Type 2 Diabetes. **Diabetes Care**. v. 29, n. 6, jun. 2006.

ANDERSON, K. M. et al. An updated coronary risk profile: a statement for health professionals. **Circulation**, v. 83, p. 356-62, 1991.

ARTAL, R.; WISWELL, A. R.; DRINKWATER, L. B. **O exercício na gravidez**. 2. ed. São Paulo: Manole, 1999.

BARBANTI, V. **Treinamento Físico**: Bases Científicas. 3. ed. CLR Balieiro, 1996.

BARBOSA, V.L.P. **Prevenção na obesidade na infância e adolescência**: exercício, nutrição e psicologia. 1. ed. Barueri: Manole, 2004.

BATISTA, C. D. et al. Atividade física e gestação: saúde da gestante não atleta e crescimento fetal. **Revista Brasileira de Saúde Maternidade Infantil**. Recife, v. 3, n. 2, p.151-8, abr./jun. 2003.

BENNELL, K. The female athlete. In: BRIKNER, P.; KHAN, K. **Clinical Sports Medicine**. 2. ed. Austrália: McGraw-Hill, 2001. p. 674-99.

BERMUDES, A. M. et al. Ambulatory blood pressure monitoring in normotensive individuals undergoing two single exercise sessions: resistive exercise training and aerobic exercise training. **Arq. Bras. Cardiol.**, v. 82, p. 65-71, 57-64, 2004.

BLAIR, S. N. et al. Physical activity, nutrition, and chronic disease. **Med. Sci. Sports Exerc.**, v. 28, p. 335-49, 1996.

BORG, G. A. V. Psychophysical bases of perceived exertion. **Med. Sci. Sports Exerc.**, v. 14, p. 377-81, 1982.

BOULÉ, N. G. et al. Effects of exercise on glycemic control and body mass in type 2 diabetes mellitus: a meta-analysis of controlled clinical trials. **JAMA**, v. 286, p. 1.218-27, 2001.

______ et al. Meta-analysis of the effect of structured exercise training on cardiorespiratory fitness in type 2 diabetes mellitus. **Diabetologia**, v. 46, p. 1.071-81, 2003.

BRANDÃO, M. U. R. et al. Postexercise blood pressure reduction in elderly hypertensive patients. **J. Am. Coll. Cardiol.**, v. 39, p. 676-82, 2002.

CAMPORESI, E. M. Diving and pregnancy. **Semin. Perinatol.**, v. 20, p. 292-302, 1996.

CAVALCANTE, A. B. et al. A prevalência de fibromialgia: uma revisão de literatura. **Rev. Bras. Reumatol.**, v. 46, n. 1, p. 40-8, 2006.

CENDOROGOLO, M. S.; TEIXEIRA JÚNIOR, J. O. Avaliação geriátrica e prescrição do exercício físico para idosos. In: VAISBERG, M. W.; ROSA, L. F. B. P. C.; MELLO, M. T. **O exercício como terapia na prática médica**. São Paulo: Artes Médicas, 2005.

CHOBANIAN, A. V.; et al. Seventh Report of the Joint National Committee on Prevention, Detection, Evaluation, and Treatment of High Blood Pressure. **Hypertension**, v. 42, p. 1.206-52, 2003.

COLBEG, S. R. **Atividade física e diabetes**. Barueri: Manole, 2003.

CONTURSI, E. B. **Marketing Esportivo**. 2. ed. São Paulo: Sprint, 2000.

DÂMASO, A. R. et al. Etiologia da obesidade. In: ______. (Coord.) **Obesidade**. Rio de Janeiro: Medsi, 2003.

DAVIES, G. A.; WOLFE, L. A.; MOTTOLA, M. F. et al. Exercise in pregnancy and the postpartum period. **J. Obstet. Gynaecol. Can.**, v. 25, p. 516-29, 2003.

DOMANICO, B. A. et al. Avaliação da mioglobina em músculo de ratos diabéticos e não diabéticos submetidos ou não à atividade física. **Atividade Física e Saúde**, v. 7, n. 2, p. 35-41, 2002.

DUARTE, A. C. et al. **Síndrome metabólica** – semiologia, bioquímica e prescrição nutricional. Rio de Janeiro: Axcel Books, 2005.

DYE, T. D.; OLDENETTEL, D. Physical activity and risk of preterm labor: na epidemiological review and synthesis of recent literature. **Semin. Perinatol.**, v. 20, p. 334-9, 1996.

EGGER, G. et al. Effectiveness of an abdominal obesity reduction programme in men: the GutBuster "waist loss" programme. **Int. J. Obes. Relat. Metab. Disord.**, v. 20, p. 227-31, 1996.

FERNANDES, R. A. et al. Hábito alimentar e nível de prática de atividade física de meninos eutróficos e de obesos. **Rev. da Educ. Física/UEM**. Maringá, v. 17, n.1, p. 45-51, 2006.

FERREIRA, S. R. G.; VIVOLO, M. A.; KHAWALII, C. Atividade Física e Síndrome Metabólica. In: GODOY-MATOS, A. F. de. **Síndrome metabólica**. São Paulo: Atheneu, 2005. p. 314-22.

FORJAZ, C. L. et al. Factors affecting post-exercise hypotension in normotensive and hypertensive humans. **Blood. Press. Monit.**, v. 5, p. 255-62, 2000.

FRANCISCHI, R. P. P. et al. Obesidade: atualização sobre sua etiologia, morbidade e tratamento. **Revista de Nutrição**. Campinas, v. 13, p. 17-28, jan./abr. 2000.

FRONTERA, W. R., BIGARD, X. The benefits of strength training in the elderly. **Science & Sports**, v. 17, p. 109-16, 2002.

GOMES, A. C; ARAÚJO-FILHO, N. P de. **Cross training**: uma abordagem metodológica. Londrina: A.P.E.F., 1992.

GORGATTI, G. M.; DA COSTA, F. R. **Atividade física adaptada**. Barueri: Manole, 2005. p. 440-82.

GUILLAUME, M. Defining obesity in childhood: current practice. **Am. J. Clin. Nutr.**, v. 70, p. 126S-30S, 1999.

GUIMARÃES, F. P. M.; TAKAYANAGUI, A. M. M. Orientações recebidas do serviço de saúde por indivíduos para o tratamento do portador de NIDDM. **Rev. Nutr.**, Campinas, v. 15, n. 1, p. 37-44, jan./abr. 2002.

HAJJAR, I.; KOTCHEN, T. A. Trends in prevalence, awareness, treatment, and control of hypertension in the United States, 1988-2000. **JAMA**, v. 290, p. 199-206, 2003.

HALPERN, Z. S. C.; RODRIGUES, M. D. B. Síndrome metabólica na infância e adolescência. In: GODOY-MATOS, A. F. de. **Síndrome metabólica**. São Paulo: Actínia, 2005. p. 2.139-246.

HAUN, M. V. A.; FERRAZ, M. B.; POLLAK, D. F: Validação dos critérios do Colégio Americano de Reumatologia (1990) para classificação da fibromialgia em uma população brasileira. **Rev. Bras. Reumatol.**, v. 39, p. 221-30, 1999.

HEYWARD, V. H. Avaliação da composição corporal. In: HEYWARD, V. H. **Avaliação física e prescrição de exercício técnicas avançadas**. 4. ed. Porto Alegre: Artmed, 2004.

HONG, Y. et al. Familial Clustering of Insulin and Abdominal Visceral Fat: The Heritage Family Study. **Journal of Clinical Endocrinology e Metabolism**. v. 83, p. 4.239-45, 1998.

HOROWITZ, J. F. Exercise-induced alterations in muscle lipid metabolism improve insulin sensitivity. **Exerc. Sport Sci. Rev.**, v. 35, n. 4, p. 192-6, out. 2007.

HUCH, R. Physical activity at altitude in pregnancy. **Semin. Perinatol.**, v. 20, p. 303-14, 1996.

KATZ, V. L. Water exercise in pregnancy. **Semin. Perinatol.**, v. 2, p. 285-91, 1996.

KENDALL, F. P. et al. **Músculos**: provas e funções. 5. ed. Barueri: Manole, 2007.

LIMA, R. F.; OLIVEIRA, N. Gravidez e exercício. **Revista Brasileira de Reumatologia**. São Paulo, v. 45, n. 3, p. 188-90, mai./jun. 2005.

MACEDO, E. D. T. de. et al. Educação Física. In: DUARTE, A. C.; FARLLACE, G B. D.; WADI, M. T.; PINHEIRO, R. de L. **Síndrome metabólica**: semiologia, bioquímica e prescrição nutricional. Rio de Janeiro: Axcel Books, 2005. p. 238-49.

MARQUES, A. P. et al. A fisioterapia no tratamento de pacientes com fibromialgia: uma revisão da literatura. **Rev. Bras. Reumatol.**, v. 42, p. 42-8, 2002.

MATSUDO, R. K. V.; MATSUDO, M. M. S. **A grávida**. São Paulo: Tedesco JJ, 2000.

MINISTÉRIO DA SAÚDE. Programa nacional de promoção da atividade física "Agita Brasil": atividade física e sua contribuição para a qualidade de vida. **Rev. Saúde Pública**. v. 36, n. 2, p. 254-6, 2002.

MIRANDA, A. S.; ABRANTES, F. **Ginástica para gestante**. Rio de Janeiro: Sprint, 1986.

MULLIN, B. J.; HARDY, S.; SUTTON, W. A. **Marketing esportivo**. 2. ed. São Paulo: Bookman, 2003.

NÓBREGA, A. C. L. et al. Posicionamento Oficial da Sociedade Brasileira de Medicina do Esporte e da Sociedade Brasileira de Geriatria e Gerontologia: Atividade Física e Saúde no Idoso. **Rev. Bras. Med. Esporte**, v. 5, n. 6, p. 207-11, 1999.

OLIVEIRA, C. L de.; FISBERG, M. Obesidade na infância e adolescência – uma verdadeira epidemia. **Arq. Bras. Endocrinol. Metab.**, São Paulo, v. 47, n. 2, p. 107-8, abr. 2003.

OLIVEIRA, J. E. P.; MILECH, A. **Diabetes Mellitus**: clínica, diagnóstico e tratamento multidisciplinar. Rio de Janeiro: Atheneu, 2004.

ORGANIZAÇÃO MUNDIAL DE SAÚDE (OMS). **Obesity, an epidemic**. Geneva: WHO, 2002.

ORTIZ, M. C. A.; Zanetti, M. L. Levantamento dos fatores de risco para Diabetes Mellitus do Tipo 2 em uma instituição de ensino superior. **Revista Latino-Am. de Enfermagem**. v. 1, n. 9, p. 59, 2001.

PERRY, C. L. et al. School-based cardiovascular health promotion: the child and adolescent trial for cardiovascular health (catch). **J. Sch. Health.**, v. 60, p. 406-13, 1990.

PESCATELLO, L. S. et al. Exercise and hypertension. **Med. Sci. Sports Exerc.**, v. 36, n. 3, p. 533-53, 2004.

______. Dynamic exercise normalizes resting blood pressure in mildly hypertensive premenopausal women. **Am. Heart. J.**, v. 138, p. 916-21, 1999.

PINHEIRO, A. R. O.; FREITAS, S. F. T.; CORSO, A. C. T. Uma abordagem epidemiológica da obesidade. **Revista de Nutrição**, v. 17, n. 4, p. 523-33, out./dez. 2004.

QUINN, T. J. Twenty-four hour, ambulatory blood pressure responses following acute exercise: impact of exercise intensity. **J. Hum. Hypertens**, v. 14, p. 547-53, 2000.

RADOMINSKI, R. B. Outros métodos de determinação da composição corporal. **Arquivos Brasileiros de Endocrinologia e Metabologia** – 9º Congresso Brasileiro de Obesidade, Foz do Iguaçu, v. 45, n. 4, p. S276-9, ago. 2001.

RAMALHO, A. C. **Exercício e diabetes**. [s.l]: Sociedade Brasileira de Diabetes, 2005.

RASCH, P. J. **Cinesiologia e anatomia aplicada**. 7. ed. Rio de Janeiro: Guanabara Koogan, 1991.

REPETTO, G.; RIZZOLLI, J.; BONATTO, C. Prevalência, riscos e soluções na obesidade e sobrepeso: here, there, and everywhere. **Arquivos Brasileiros de Endocrinologia e Metabologia**, v. 47, n. 6, p. 633-5, 2003.

RHODES, E. C. et al. Effects of one year of resistance training on the relation between muscular strength and bone density in elderly women. **Br. J. Sports Med.**, v. 34, p. 18-22, 2000.

ROMERO, C.E.M.; ZANESCO, A. O papel dos hormônios leptina e grelina na gênese da obesidade. **Revista de Nutrição**, Campinas, v. 19. n. 1, p. 85-91, jan./fev. 2006.

SABBAG, L. M. S.; et al. Efeitos do condicionamento físico sobre pacientes com fibromialgia. **Rev. Bras. Med. Esporte**, v. 13, n. 1, p. 6-10, 2007.

SABIA, R. V.; SANTOS, J. E. dos.; RIBEIRO, R. P. P. Efeito da atividade física associada à orientação alimentar em adolescentes obesos: comparação entre o exercício aeróbico e anaeróbico. **Rev. Bras. de Med. do Esp.**, Campinas, v. 10, n. 5, p. 349-55, set./out. 2004.

SARIS, W. H. et al. How much physical activity is enough to prevent unhealthy weight gain? Outcome of the IASO. 1st Stock Conference and consensus statement. **Obes. Rev.**, v. 4, p. 101-14, 2003.

SELYE, H. A syndrome produced by diverse nocuous agents. **The Jour. of Neuropsy. and Clin. Neuro.**, 1936.

STOTLAR, D. K.; DUALIBI, C. **Como desenvolver planos de marketing esportivo de sucesso**. São Paulo: Matrix, 2005.

STUNKARD, A. J. The body mass index of twins who have been reared apart. **New Engl. J. Med.**, v. 322, p. 1.483-7, 1990.

TAKAMURA, T. et al. Factors associated with improvement of fasting plasma glucose level by mealtime dosing of a rapid-acting insulin analog in type 2 diabetes. **Diabetes Res. Clin. Pract.**, v. 75, n. 3, p. 278-84, 2007.

TAYLOR-TOLBERT, N. S. et al. Ambulatory blood pressure after acute exercise in older men with essential hypertension. **Am. J. Hypertens.**, v. 13, p. 44-51, 2000.

TREMBLAY, A.; SIMONEAU, J. A.; BOUCHARD, C. Impact of exercise intensity on body fatness and skeletal muscle metabolism. **Metabolism**, v. 43, p. 814-8, 1994.

TRIBASTONE, F. **Tratado de exercícios corretivos aplicados à reeducação motora postural**. Barueri: Manole, 2001.

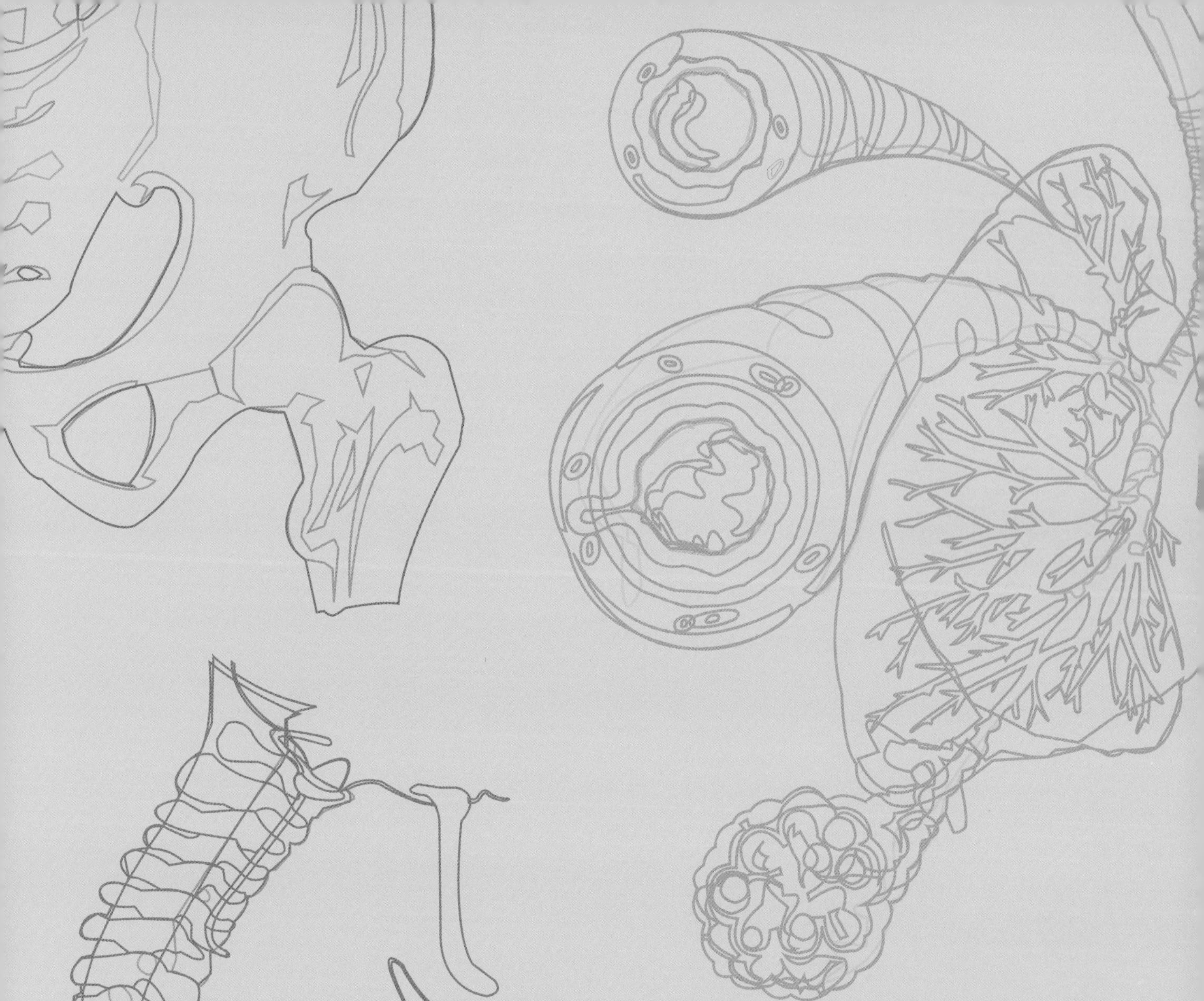

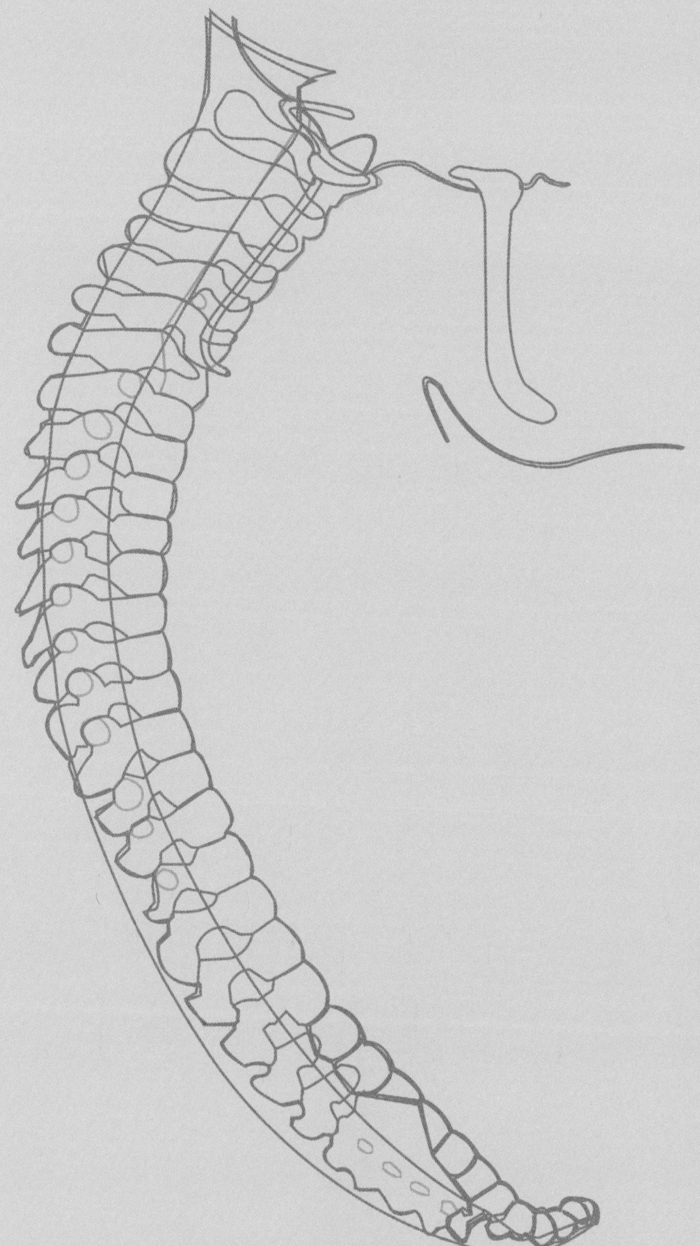

Parte 4

Deficiências

Capítulo 15

Deficiência Auditiva

Luzimar Teixeira
Maria Claudia Vanícola
Márcia Greguol Gorgatti

De acordo com o censo realizado pelo IBGE no Brasil em 2000, 2,42% da população apresenta deficiência auditiva, o que corresponde a aproximadamente 6 milhões de pessoas. Esses números ultrapassam as expectativas da Organização Mundial da Saúde (OMS), que admitia que nos países em desenvolvimento o número de deficientes auditivos corresponderia em média a 1,42% da população (Brasil, 2007).

O processo de inclusão das pessoas com deficiências auditivas no Ensino Regular vem encontrando mais adesão nos últimos anos. Um dado do Ministério da Educação (MEC) revela que tem aumentado significativamente o número de matrículas de alunos com deficiência no ensino regular no Brasil. Em relação àqueles com deficiência auditiva, é possível observar que, em 1996, eram 30.578; em 2003, alcançou-se a marca de 56.024 (Brasil, 2007).

Com o processo de inclusão ocorrendo tão intensamente, é muito importante que profissionais de Educação Física possam ter cada vez mais acesso a informações sobre a deficiência auditiva e, sobretudo, a suas implicações para a prática de atividades físicas. Desse modo, o objetivo deste capítulo é fornecer ao leitor uma caracterização da deficiência auditiva e apresentar aspectos dos programas que podem tornar a Educação Física de fato inclusiva para essa população.

A audição

O desenvolvimento e a integridade das estruturas auditivas centrais e periféricas é pré-requisito para a aquisição e o desenvolvimento da linguagem oral. Esse desenvolvimento inicia-se na vida intra-uterina, sendo finalizado no primeiro ano de vida. Alterações nesse período podem levar a perdas auditivas de intensidade leve a profunda.

A percepção auditiva refere-se à capacidade de organizar e compreender os estímulos sonoros, podendo ser utilizada para gerar respostas comportamentais aos estímulos auditivos oferecidos.

O ouvido externo

O ouvido externo é constituído pelo pavilhão auricular, pelo meato acústico externo e pela membrana timpânica, como pode ser observado na Figura 15.1. Essa região do ouvido desempenha um papel passivo no processo da audição, pois tem a função de conduzir as ondas sonoras até o ouvido médio. É importante salientar que a membrana timpânica deve apresentar um ótimo funcionamento para que as ondas sonoras, ao tocarem essa estrutura, façam-na vibrar e assim permitam a condução do som ao ouvido médio. Além disso, a membrana timpânica protege o ouvido médio de corpos estranhos do conduto auditivo externo.

A principal função do ouvido médio é melhorar a transmissão sonora para o ouvido interno, pois reduz a reflexão da onda sonora que ocorre quando ela incide do ar sobre uma superfície fluida. Ou seja, pode-se considerá-lo um transformador de impedância (resistência), pois há uma tentativa de diminuir a alta impedância do fluido coclear em valor semelhante a do ar.

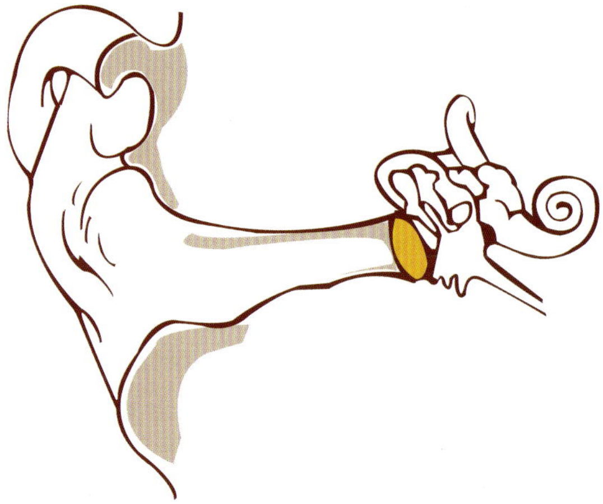

Figura 15.1 – Ouvido externo.

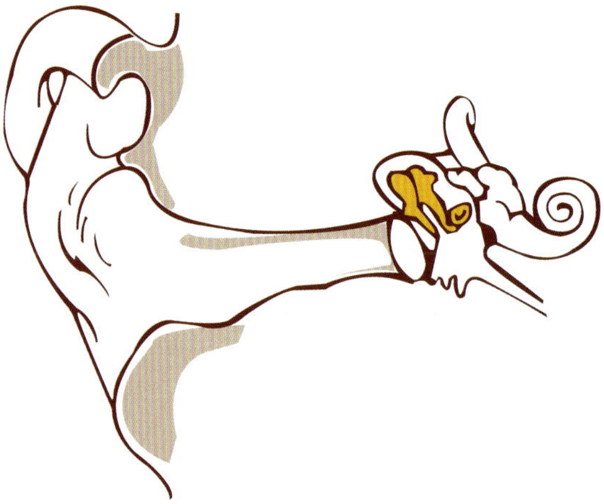

Figura 15.2 – Ouvido médio.

O ouvido médio

O ouvido médio é constituído pelos três menores ossículos do corpo humano – martelo, estribo e bigorna –, além de uma cavidade preenchida por ar. A manutenção de um colchão de ar no ouvido médio previne a entrada de corpos estranhos da nasofaringe através da tuba auditiva, como pode ser observado na Figura 15.2.

O ouvido interno

A principal estrutura do ouvido interno é a cóclea. Os sons se propagam do estribo à janela redonda, local de comunicação entre o ouvido médio e interno. O processo de transformação da energia mecânica em elétrica tem início no ouvido interno pela estimulação de células ciliadas que fazem parte da parede da cóclea (Figura 15.3)

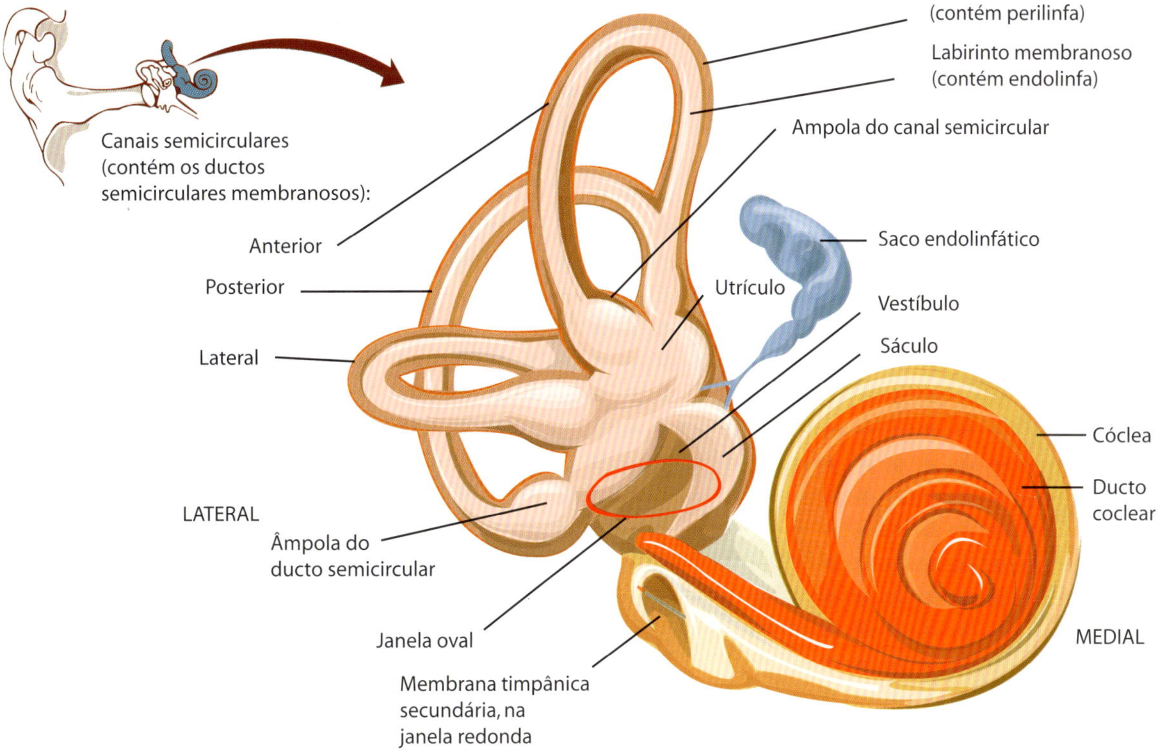

FIGURA 15.3 – Ouvido interno.

Definição e classificação

A deficiência auditiva é caracterizada pela redução da percepção sonora, que pode ocorrer antes, durante ou após o nascimento. De acordo com a portaria n. 298, de 9 de agosto de 2001, o Ministério da Saúde define deficiência auditiva como "perda parcial ou total das possibilidades auditivas sonoras, variando de graus e níveis".

A deficiência auditiva pode ser classificada em três categorias: quanto à intensidade, quanto à reversibilidade e quanto ao momento em que surge essa deficiência. Quanto a sua intensidade, o nível de audição é medido em decibéis (db), unidade de avaliação de intensidade da onda sonora. A seguir, observa-se a classificação quanto à intensidade:

- de 25 a 40 decibéis (db) – surdez leve;
- de 41 a 55 db – surdez moderada;
- de 56 a 70 db – surdez acentuada;
- de 71 a 90 db – surdez severa;
- acima de 91 db – surdez profunda;
- anacusia.

Em geral, a capacidade de detectar sons de diferentes intensidades é medida por meio de um teste audiométrico. Em um bebê, o exame da orelhinha realizado logo após o nascimento pode ser indicativo de surdez em um recém-nascido.

Outra classificação da deficiência auditiva se dá em relação à reversibilidade da deficiência. Isso tem relação direta com a estrutura do ouvido que apresenta alterações e está provocando a diminuição da resposta auditiva.

— A deficiência auditiva condutiva ocorre no ouvido externo ou médio, levando a uma dificuldade de transmissão de som. O ouvido externo é composto por três estruturas: pavilhão auricular, meato acústico e o tímpano, que captam e conduzem a informação do ouvido externo para o ouvido médio e são cobertos por pêlos e cera. O ouvido médio possui três pequenos ossos (martelo, bigorna e estribo) responsáveis pela amplificação e intensidade das vibrações do som trazidas pelo tímpano e conduzindo-as ao ouvido interno, que possui duas estruturas: a cóclea, que conduz a transformação das vibrações em estímulos elétricos para o cérebro, e o aparelho vestibular, que é responsável pela detecção da posição da cabeça em todos os momentos. Quando o sistema vestibular é afetado, ocorre a redução da percepção dos sons, que é em geral tratável e curável (Gorgatti, 2004; Adams et al., 2000).

Quando a deficiência auditiva ocorre no ouvido interno, há a deficiência neurossensorial ou sensorioneural. Essa deficiência pode afetar também o nervo auditivo, responsável pela condução de sons ao cérebro, que são convertidos em sinais elétricos pelas extremidades dos nervos sensitivos. A deficiência neurossensorial também afeta o equilíbrio, a coordenação motora, o ritmo e a noção espaço-temporal. Ocorrendo a deficiência condutiva e neurossensorial ao mesmo tempo, surge a deficiência auditiva mista.

Identificação e diagnóstico

O diagnóstico das deficiências de audição é realizado a partir da avaliação médica e audiológica. Em geral, a primeira suspeita quanto à existência de uma alteração auditiva em crianças muito pequenas é feita pela própria família, a partir da observação da ausência de reações a sons, comportamento diferente do usual – criança muito quieta, que dorme muito e em qualquer ambiente e não se assusta com sons intensos e que, um pouco mais velha, não desenvolve linguagem. A busca pelo diagnóstico também pode ser originada a partir dos programas de prevenção das deficiências auditivas na infância, como o registro de fatores de risco e triagens auditivas.

O profissional de saúde procurado em primeiro lugar é geralmente o pediatra, que encaminhará a criança ao otorrinolaringologista, que dará início ao diagnóstico. Esse profissional fará um histórico do caso, observará o comportamento auditivo e realizará o exame físico das estruturas do ouvido, nariz e das diferentes partes da faringe. O passo seguinte é o encaminhamento para a avaliação audiológica.

No caso de adultos, em geral a queixa de alteração auditiva é do próprio indivíduo; no caso de trabalhadores expostos a situações de risco para audição, o encaminhamento poderá advir de programas de conservação de audição.

Graus de surdez e suas conseqüências

Quadro 11.1 – Graus de surdez e suas conseqüências

Tipos de surdez	**Perda de decibéis**	**Conseqüências**
Leve	Entre 20 e 40	Impedimento da percepção da palavra
Moderada/ média	Entre 40 e 70	Emissão da palavra em tom muito forte
Grave	Entre 70 e 90	Compreensão da palavra em razão da metodologia usada
Profunda	Acima de 90	Não-percepção da voz e não-aprendizado da fala

Graus de surdez e intervenções indicadas

- Surdez leve
  - próteses auditivas em crianças e adultos;
  - acompanhamento feito por profissionais para vencer as dificuldades iniciais;
  - contribuição da família para sua interação e integração na sociedade.

- Surdez moderada:
  - ambientes não ruidosos;
  - pistas visuais;
  - próteses;
  - acompanhamento especializado e clínico.

- Surdez grave
  - orientação especializada e acompanhada permanentemente;
  - ambiente específico para seu desenvolvimento;
  - sua compreensão verbal dependerá da utilização de metodologias baseadas na observação de situações de comunicação;
  - profissionais de formação diversificada, para que adquiram linguagem e compreensão das situações que vivenciam.

- Surdez profunda
  - profissional especializado para a elaboração de uma metodologia específica, levantando indicadores e sugerindo atividades.

Causas

Tipos de deficiência auditiva

Deficiência auditiva condutiva

Qualquer interferência na transmissão do som, desde o conduto auditivo externo até a orelha interna (cóclea). A orelha interna tem capacidade de funcionamento normal, mas não é estimulada pela vibração sonora. Essa estimulação pode ocorrer com o aumento da intensidade do estímulo sonoro. A grande maioria das deficiências auditivas condutivas pode ser corrigida por meio de tratamento clínico ou cirúrgico.

A seguir, são apresentadas algumas opções de atividades, as mais abrangentes, com suas razões e finalidades, de forma a atender as necessidades do indivíduo com deficiência auditiva. Deve-se lembrar que cada pessoa tem necessidades específicas de acordo com seu histórico.

Conhecimento do corpo

O movimento do corpo no tempo e no espaço ajuda a entender o que acontece com seu próprio corpo e é também uma ferramenta de comunicação e de conhecimento, pois ajuda na comunicação por meio da linguagem corporal. Muitas vezes, o aluno com deficiência auditiva desconhece os limites, possibilidades e significados de seu corpo. As atividades que estimulam a identificação e o controle de segmentos corporais e jogos educativos que estimulam a percepção das limitações e possibilidades, além de atividades rítmicas e de coordenação, são boas opções.

Mecânica respiratória

Considerando que a maioria das pessoas com deficiência auditiva, por não exercitar a comunicação oral, não solicita muito a musculatura envolvida nessa mecânica, atividades e exercícios respiratórios, exercícios que envolvam expansibilidade e mobilidade torácica são interessantes para esse trabalho.

Percepção espacial

A audição é um instrumento importante na ação de percepção e interação com o ambiente; assim, atividades como corridas e marchas com mudança de lugar e direção, exploração do meio ambiente, localização (acima, abaixo), alteração no ritmo e/ou intensidade são importantes ações para auxiliar na percepção espacial e permitir melhor interação com o ambiente.

Equilíbrio

Alguns deficientes auditivos apresentam maiores problemas de equilíbrio em conseqüência da surdez neurossensorial. Exercícios simples como caminhar, parar e recomeçar são importantes. Exercícios sobre a trave também podem ser utilizados, com mudanças de sentido, saltos e ginástica artística, entre outros. É interessante notar que trabalhos desenvolvidos com esse grupo mostram melhoras no equilíbrio com o treinamento físico.

Uma pesquisa realizada com crianças com deficiência auditiva do tipo neurossensorial, que visava identificar a influência do treinamento de equilíbrio em trampolim acrobático, identificou resultados positivos no controle de equilíbrio dessas crianças. Participaram da pesquisa dez crianças, com idades variando entre 6 e 13 anos, que vivenciaram aulas divididas em aquecimento (10 minutos), parte principal (45 minutos) e relaxamento (5 minutos). Na parte principal da aula, eram estimulados coordenação de braços e pernas, saltos grupados, carpados e afastados, giros, saltos sentados e suas variações e também o aperfeiçoamento dos saltos. Os resultados foram avaliados pelo teste e reteste, verificando-se que a maioria dos alunos apresentou um melhor desempenho no reteste, com resultados mais significativos dos alunos mais jovens. O trampolim acrobático parece ser um excelente recurso para trabalhar o desenvolvimento do equilíbrio corporal, pois é um dos aparelhos que mais exigem controle da postura e não necessita que os praticantes tenham alguma habilidade específica ou condição física especial (Campos, 2003).

Atividades que estimulem os sentidos

Devem-se trabalhar os sentidos com os quais o indivíduo com deficiência auditiva se relaciona com o ambiente, inclusive a percepção de sons, pois não ouvimos apenas pelo ouvido – ouvimos com o corpo. Proprioceptores presentes nos pés e em todo nosso corpo percebem informações que a emissão sonora (ondas sonoras) transmite. Jogos de contato, de precisão, podem ajudar também a desenvolver os sentidos. Um estudo que analisou o progresso de indivíduos de 11 a 15 anos de idade cronológica, de ambos os sexos, com deficiência auditiva, relativamente aos aspectos rítmicos de movimento corporal, especificamente nos parâmetros da microestrutura velocidade (lento e rápido), verificou o aumento da capacidade dinâmica rítmica do surdo. A aplicação desse programa teve a duração de seis meses, após os quais foi realizado o pós-teste para análise das alterações no padrão rítmico (Luiz e Araújo, 2003).

Dicas visuais precisas na aprendizagem de habilidades motoras específicas, bem como em atividades recreativas e esportivas, mantêm por mais tempo a atenção do aluno surdo e, conseqüentemente, melhoram o aprendizado.

Jogos desportivos

São importantes para o desenvolvimento cognitivo e social. A existência de regras e o respeito a elas, a presença de outros indivíduos e a interação são elementos importantes nessas atividades. Nem sempre o aluno com deficiência auditiva está preparado ou se sente à vontade para participar de tais atividades. Deve-se estimular o aluno a participar.

Comunicação

Como passar, trocar informações, receber o *feedback*, se comunicar com o indivíduo com deficiência auditiva de modo eficiente? Alguns detalhes podem fazer a diferença. A seguir, algumas dicas:

- Quando quiser falar com uma pessoa surda, se ela não estiver prestando atenção em você, acene para ela ou toque, levemente, em seu braço;
- Quando estiver conversando com uma pessoa com deficiência auditiva, fale de maneira clara, pronunciando bem as palavras, mas não exagere. Use sua velocidade normal, a não ser que ela lhe peça para falar mais devagar;
- Use um tom normal de voz, a não ser que a pessoa lhe peça para falar mais alto. Gritar nunca adianta;
- Fale diretamente com a pessoa, não de lado ou atrás dela;
- Faça que sua boca esteja bem visível. Gesticular ou segurar algo em frente à boca torna impossível a leitura labial. Usar bigode também atrapalha;
- Quando falar com uma pessoa com deficiência auditiva, tente ficar em um lugar iluminado. Evite ficar contra a luz (de uma janela, por exemplo), pois isso dificulta que ela veja seu rosto;

- Se você souber alguma linguagem de sinais, tente usá-la. Se a pessoa com deficiência auditiva tiver dificuldade em entender, ela avisará. De modo geral, suas tentativas serão apreciadas e estimuladas;
- Seja expressivo ao falar. Como as pessoas com deficiência auditiva não podem ouvir mudanças sutis de tom de voz que indicam sentimentos de alegria, tristeza, sarcasmo ou seriedade, as expressões faciais, os gestos e o movimento do seu corpo serão excelentes indicativos do que você quer dizer;
- Enquanto estiver conversando, mantenha sempre contato visual. Se você desviar o olhar, a pessoa com deficiência auditiva pode achar que a conversa terminou;
- Nem sempre a pessoa com deficiência auditiva tem uma boa dicção. Se tiver dificuldade para compreender o que ela está dizendo, não se acanhe em pedir para que repita. Geralmente, elas não se incomodam de repetir quantas vezes for preciso para que sejam entendidas;
- Se for necessário, comunique-se por meio de bilhetes. O importante é se comunicar. O método não é tão importante;
- Quando a pessoa com deficiência auditiva estiver acompanhada de um intérprete, dirija-se a ela, não ao intérprete;
- Algumas pessoas com deficiência de fala preferem a comunicação escrita, algumas usam linguagem em código e outras preferem códigos próprios. Esses métodos podem ser lentos e requerem paciência e concentração. Talvez você tenha de se encarregar de grande parte da conversa;
- Tente lembrar que a comunicação é importante. Você pode ir tentando com perguntas cuja resposta seja "sim" ou "não". Se possível, ajude a pessoa com deficiência de fala a encontrar a palavra certa; assim, ela não precisará de tanto esforço para passar sua mensagem. Mas não fique ansioso, pois isso pode atrapalhar sua conversa.

Conclusão

A deficiência auditiva por si só não traz ao indivíduo restrições significativas para a prática de atividades físicas ou esportivas. Entretanto, a falta de informação e, em alguns casos, de boa vontade tem feito com que esse grupo tenha pouco acesso a vivências motoras que são de fundamental importância para garantir um desenvolvimento motor adequado e prevenir doenças crônico-degenerativas.

O simples oferecimento de cursos de Libras para os professores da rede regular de ensino não é capaz de garantir o sucesso da inclusão dos alunos com deficiência auditiva nas aulas juntamente com os alunos ouvintes. É preciso que os professores compreendam as prováveis dificuldades e, principalmente, as reais possibilidades de seus alunos com deficiência auditiva, para que deixem de ser excluídos da oportunidade ímpar de participar de programas de Educação Física.

Referências

ADAMS, R. C. et al. **Jogos, esportes e exercícios para deficientes físicos**. Barueri: Manole, 2001.

BRASIL. **Ministério da Educação e Cultura**. Disponível em: <http://portal.mec.gov.br/seesp/index.php?option=content&task=view&id=62&Itemid=191>. Acesso em: 20 abr. 2007.

______. **Ministério do Planejamento, Orçamento e Gestão**. Disponível em: <http://www.ibge.gov.br/home/presidencia/noticias/noticia_visualiza.php?id_noticia=438&id_pagina=1>. Acesso em: 20 abr. 2007.

CAMPOS, C. Efeitos de um programa de treinamento com trampolim acrobático sobre o equilíbrio de crianças surdas. **Revista da Sobama**, v. 8, n.12, p. 21-6, 2003.

GORGATTI, M. G.; COSTA, R. F. **Atividade física adaptada**. Barueri: Manole, 2004.

LUIZ, T. R. B.; ARAÚJO, P. F. Avaliação de um programa de atividade rítmica adaptada. **Revista Brasileira de Ciência e Movimento**, v. 11, n. 3, p. 27-32, 2003.

TORTORA, G. J.; GRABOWSKI, S. R. **Corpo humano**. Fundamentos de anatomia e fisiologia. 6. ed. São Paulo: Artmed.

Capítulo 16

Deficiência Mental

Márcia Greguol Gorgatti
Luzimar Teixeira

Poucas condições intrigam tanto pais e educadores como os transtornos mentais. Especificamente, a deficiência mental, embora estatisticamente seja uma das mais comuns entre as deficiências, é de difícil aceitação por parte dos familiares e geralmente é acompanhada por reações de incompreensão e rejeição.

Muitos mitos pairam sobre os indivíduos com essa condição, como o de que aqueles com deficiência mental serão sempre incapazes ou de que são eternas crianças. É importante que a sociedade se conscientize de que essas pessoas podem, por meio de técnicas adequadas, atingir níveis elevados de desempenho social, escolar, profissional e atlético.

A deficiência mental e suas possíveis causas

Até algumas décadas atrás, era considerada deficiência mental a condição caracterizada por inteligência abaixo da média, evidenciada por testes que se dispunham a avaliar raciocínio lógico. Os famosos testes de QI funcionavam como verdadeiras sentenças, já que um simples resultado abaixo do esperado em um teste poderia atestar a suposta deficiência mental de uma criança.

Atualmente, apenas um resultado abaixo da média em testes de QI não é condição suficiente para classificar uma pessoa como portadora de deficiência mental. A definição vigente dessa deficiência tornou-se mais ampla, a fim de evitar classificações injustas e imprecisas. Dessa forma, deficiência mental recentemente tem sido definida como uma condição caracterizada por um prejuízo intelectual significativo, caracterizado por níveis de inteligência significativamente abaixo da média esperada para determinada faixa etária. Além disso, entretanto, o déficit deve ter se manifestado durante o período de desenvolvimento do indivíduo (até os 18 anos de vida, em média) e gerar prejuízos em pelo menos duas de dez habilidades consideradas fundamentais no cotidiano e para uma boa adaptação social. São elas: comunicação, cuidados pessoais, desempenho familiar, habilidades sociais, independência na locomoção, saúde, segurança, desempenho escolar, desempenho no lazer e desempenho no trabalho.

Apesar das limitações intelectuais, no entanto, em muitos casos pessoas com deficiência mental podem, por meio de técnicas adequadas, obter um desenvolvimento motor e social muito próximo da normalidade.

A deficiência mental geralmente está associada a outros tipos de limitações, sejam elas visuais, auditivas, motoras ou orgânicas. Entre as causas, destacam-se aquelas advindas do período da gestação, as pré-natais. Entretanto, no momento do nascimento ou, em alguns casos, nos primeiros anos de vida, algumas condições também podem desencadear a deficiência (causas peri e pós-natais).

As causas pré-natais comumente responsáveis pelo nascimento de crianças com deficiência mental são:

- Processos infecciosos maternos, como rubéola, sarampo, sífilis e toxoplasmose, entre outros;
- Ingestão, por parte da gestante, de substâncias como álcool em excesso e drogas, ou exposição à radiação e intoxicação química;
- Alterações cromossônicas ou mutações genéticas;
- Hidrocefalia ou microcefalia.

Já entre as condições no momento do nascimento que podem gerar a deficiência mental destacam-se as situações de anóxia ou hipóxia, ou seja, a ausência completa ou a diminuição significativa do aporte de oxigênio para o bebê, que pode desencadear lesões cerebrais de diferentes magnitudes.

Por fim, embora menos comuns, algumas condições após o nascimento podem também desencadear a deficiência mental em crianças e adolescentes. Entre essas condições podem ser ressaltados os distúrbios neurológicos adquiridos, a exposição à radiação ou a determinados medicamentos e a desnutrição. Recentemente, também a privação do convívio com a família e da cultura é considerado fator que pode contribuir para a manifestação de déficits intelectuais significativos.

Classificações e características da deficiência mental

Embora os testes de QI, como já mencionado, não sejam parâmetros absolutos para a detecção da deficiência mental, seus resultados podem ser utilizados para classificar diferentes níveis dessa deficiência. De modo geral, considera-se que um resultado abaixo de 70 em um teste de QI caracterize-se como significativamente abaixo da média, ou seja, na faixa daquilo que se avalia como deficiência mental. Entretanto, algumas estratificações podem ser verificadas dentro dessa condição, as quais são discutidas a seguir:

- *Valor de QI entre 55 e 69*: **deficiência mental leve**. Os indivíduos nesse nível são caracterizados como educáveis, ou seja, capazes de aprender de fato. Ainda que de forma mais lenta, compreendem o que lhes está sendo ensinado, demonstram retenção e capacidade de transferência. Em muitos casos, os pertencentes a esse grupo têm condições de obter um desenvolvimento satisfatório em uma escola comum, precisando, em algumas situações, de estratégias de reforço. Também são capazes de desenvolver uma ótima adaptação social, convivendo bem em diferentes grupos e chegando, em alguns casos, a constituir a própria família;

- *Valor de QI entre 35 e 54*: **deficiência mental moderada**. Os indivíduos nesse nível em geral são mais treináveis do que propriamente educáveis, ou seja, são capazes de desenvolver bons níveis de desempenho em atividades condicionadas e supervisionadas. Com relação às atividades do cotidiano, geralmente demonstram independência para os cuidados pessoais, especialmente aqueles relacionados à higiene. Adaptam-se de forma satisfatória em ambientes sociais variados, porém já manifestam dificuldades maiores em se adequar aos currículos das escolas regulares. No aspecto motor, indivíduos desse grupo já começam a evidenciar distúrbios na coordenação motora;
- *Valor de QI entre 20 e 34*: **deficiência mental grave**. Os indivíduos nesse nível, embora sejam treináveis por meio de programas sistematizados, já demonstram dificuldades maiores em se adaptar. Sua convivência social, da mesma forma, em muitos casos mostra-se dificultada, tornando mais complexa sua adaptação a escolas regulares. Embora necessitem de supervisão constante, conseguem obter resultados satisfatórios em programas sistematizados. Nesse grupo, em geral, os indivíduos evidenciam distúrbios tanto na coordenação motora como na comunicação.
- *Valor de QI de 19 para baixo*: **deficiência mental profunda**. Os indivíduos nesse nível geralmente demonstram uma dependência completa para as atividades do cotidiano. Raramente freqüentam escolas comuns, visto que sua adaptação social e aprendizagem são extremamente dificultadas, mesmo com programas sistematizados e repetitivos.

Cabe ressaltar que essa classificação não pode ser vista de forma estagnada, já que os indivíduos com deficiência mental, muitas vezes independentemente de testes de QI, podem evidenciar características de um ou outro nível, de acordo com a autonomia demonstrada na realização de atividades do cotidiano.

Algumas características, no entanto, mostram-se comuns a praticamente todos aqueles classificados como portadores de deficiência mental. A primeira delas refere-se aos possíveis atrasos no desenvolvimento motor, evidenciados muito mais pelas restrições nas capacidades motoras coordenativas (equilíbrio, tempo de reação, agilidade, coordenação motora geral e ritmo, entre outras) do que nas capacidades motoras condicionais (resistência, força, flexibilidade). Ainda do ponto de vista motor, a deficiência mental pode vir associada a condições físicas limitantes diversas, que trazem consigo características como hipotonia muscular, espasticidade ou obesidade crônica. Pode também ser observada em boa parte dos portadores de deficiência mental dificuldade na aquisição de um controle satisfatório da postura, o que acarreta prejuízos na realização das atividades físicas e/ou esportivas. Entretanto, é possível observar que os programas que reforçam a estimulação precoce de crianças com deficiência mental conseguem reduzir essas possíveis características negativas, demonstrando que elas, na verdade, podem ser muito mais resultado da falta de estímulo adequado do que da própria deficiência.

Uma segunda característica possível de ser verificada é a instabilidade emocional, manifestada por reações de insegurança, apego extremado ou agressividade. Embora em algumas situações essa instabilidade não tenha uma origem de fácil detecção, ela pode, em muitas situações, estar relacionada a um convívio familiar problemático, em que ocorram situações de superproteção ou rejeição.

Por último, no âmbito cognitivo, é possível ressaltar que os portadores de deficiência mental apresentam déficits mais evidentes nas operações intelectuais que exigem raciocínios lógicos ou abstratos. Dessa forma, a aprendizagem para esses indivíduos pode ser facilitada se o professor buscar passar as informações de forma concreta, como utilizando demonstrações ou relacionando a tarefa a ser aprendida com situações que já sejam comuns no cotidiano do aluno.

A deficiência mental e a atividade física

Historicamente, os programas de atividades físicas voltadas para o segmento populacional de indivíduos com deficiência mental estruturaram-se muito mais voltados para os possíveis aspectos terapêuticos do exercício do que para o aprimoramento das habilidades motoras em si. Em muitas situações, acreditava-se que esses indivíduos, por suas limitações, seriam totalmente incapazes de obter resultados positivos advindos de programas de atividades físicas ou esportivas. Atualmente, entretanto, pode-se notar que programas para esse grupo têm se multiplicado e buscado novas alternativas para o sucesso de sua implementação.

A grande questão, quando falamos em atividades físicas para os indivíduos com deficiência mental, não é exatamente o que devemos ensinar, mas o que enfocar no processo de ensino e como passar as informações de modo que possam ser assimiladas com maior facilidade. Desse modo, tendo em vista algumas características que podem ser manifestadas por esses indivíduos, é possível elencar algumas estratégias que fazem que os processos de ensino e de aprendizagem fluam de maneira mais satisfatória. Algumas dessas estratégias são colocadas a seguir.

Apresentar poucas informações por vez e sempre da maneira mais clara possível: o professor, ao ensinar uma tarefa motora, deve buscar concisão em suas informações. A instrução deve ser apresentada de maneira clara, e o ideal é que seja colocada apenas uma informação por vez. No caso de atividades novas, elas certamente devem ser solicitadas na primeira parte da aula, momento em que o aluno está mais descansado e, em geral, com menor probabilidade de se desconcentrar.

Utilizar diferentes vias de comunicação e enfatizar exemplos concretos, pela dificuldade mencionada anteriormente desses indivíduos em realizar abstrações. É importante o professor tornar sua instrução o mais concreta possível para seu aluno. Para tanto, pode utilizar estratégias como relacionar o movimento a ser aprendido com uma tarefa já conhecida no cotidiano do aluno ou com algum movimento típico realizado por um brinquedo ou um personagem conhecido (por exemplo, a pernada do nado borboleta pode ser associada ao movimento de nado de uma sereia). O professor deve ainda explorar diferentes canais para passar a informação. Além da instrução verbal, o movimento a ser executado deve ser demonstrado para o aluno (o que ajuda a torná-lo concreto) e, em algumas situações, o professor pode favorecer o aluno com instruções também sinestésicas, fazendo com que o aluno sinta inicialmente o movimento a ser executado.

Buscar estratégias para evitar a distração dos alunos; para evitar que se distraiam ou demonstrem desmotivação durante as aulas, o professor deve avaliar se está se posicionando de forma correta. Uma postura adequada por parte do professor, variações no tom de voz e modificações de estratégias podem ser importantes ferramentas para viabilizar o processo. Caso a desmotivação e a distração excessivas sejam evidenciadas, o professor pode, por exemplo, modificar os materiais utilizados durante as aulas, optando por outros mais coloridos, de diferentes texturas ou que emitam sons intrigantes. Na forma de passar a instrução, o professor pode também colocar a atividade a ser realizada como uma novidade interessante para os alunos, criando um contexto que exija um desafio. Essa atitude certamente fará com que o nível de motivação e atenção sobre o que será realizado aumente consideravelmente. Outra estratégia que aumenta a motivação é permitir que o aluno participe da escolha dos conteúdos da aula. Na medida do possível, é recomendável que o professor permita que o aluno tenha oportunidades de escolha durante as aulas (que jogo será realizado ao final da aula, com quem quer formar dupla para uma atividade etc.). Para muitos desses indivíduos, não são dadas oportunidades de escolha no dia-a-dia. Dessa forma, durante as aulas, o professor pode contribuir para estimular a capacidade de tomada de decisão e autonomia por parte de seus alunos com deficiência mental.

Ter certeza de que os alunos compreenderam a atividade: o professor deve, especialmente nos casos mais graves, trabalhar de forma sistematizada, enfocando repetições de uma mesma tarefa e criando padrões consistentes durante as aulas (rotina). Os alunos com déficits cognitivos mais graves, diferentes daqueles educáveis, terão mais chances de sucesso no processo de aprendizagem caso lhes seja dada a oportunidade de participar de programas mais repetitivos. Em algumas situações, o professor pode optar por dividir uma determinada atividade em outras menores, o que facilita a assimilação por parte do aluno. Sempre que um aluno for iniciar um programa, no entanto, é aconselhável que o professor ofereça inicialmente atividades que lhe são familiares, de forma que se sinta seguro e possa demonstrar aquilo que já sabe fazer.

Saber lidar com a possível instabilidade emocional: alguns comportamentos agressivos por parte do aluno podem exigir algumas ações diferenciadas por parte do professor. Em casos mais extremos de agressividade ou outros distúrbios no comportamento, é de fundamental importância o auxílio de um monitor para a realização das atividades. Por vezes, o afastamento temporário do aluno das atividades é necessário para garantir sua própria segurança e a dos demais. Evidentemente, cabe também ao professor refletir se a forma como a atividade está sendo estruturada para seus alunos é mais adequada. Alguns indivíduos com deficiência mental, ao se sentirem desmotivados ou angustiados por não conseguirem realizar uma tarefa, podem manifestar comportamentos indesejáveis, como agressividade e rejeição ao aprendizado. O uso de punições e recompensas também pode ser de grande ajuda, mas é preciso que alguns cuidados sejam tomados. A simples punição ou recompensa pode ser danosa se o aluno não compreender claramente que esta está associada ao seu comportamento e não a ele próprio. Quando um aluno é proibido de brincar ao final da aula, por exemplo, por ter manifestado um comportamento inadequado, essa punição não fará sentido se não houver a clara noção de que foi relacionada a seu mau comportamento. Caso contrário, o aluno poderá acreditar que o professor o puniu por não gostar dele, o que tornará seu progresso ainda mais difícil.

Figura 16.1 – Criança com deficiência mental.

É importante lembrar que as estratégias podem variar de acordo com o nível de deficiência mental, a idade dos participantes e o tipo de atividade a ser desenvolvida. Em todas as situações, no entanto, o desenvolvimento do programa é muito facilitado quando se pode contar com o apoio de equipes multidisciplinares, como médicos, psicólogos e fonoaudiólogos. Infelizmente, a realidade imposta pelos estabelecimentos de ensino brasileiros difere desse ideal e muitas vezes os professores de Educação Física não conseguem, por falta de recursos adequados e informações necessárias, atingir os resultados máximos possíveis com seus alunos com deficiência mental.

Síndrome de Down

Diagnosticada pela primeira vez no final do século XIX, por John Langdon Down, teve esclarecida sua alteração cromossômica específica apenas na década de 1950. Durante muitos anos, a Síndrome de Down ficou conhecida como "mongolismo", exatamente pelas semelhanças físicas entre seus portadores e os habitantes da Mongólia (estatura baixa e atarracada e traços fisionômicos).

A Síndrome de Down pode ser definida como uma deficiência múltipla, caracterizada por alterações físicas, orgânicas e intelectuais, provocadas por um distúrbio no 21º par de cromossomos. As células humanas, com exceção dos óvulos e dos espermatozóides, possuem 23 pares de cromossomos cada uma. Nas células dos indivíduos com Síndrome de Down, no entanto, existem três cromossomos no 21º nível, caracterizando células de 47 cromossomos cada uma. Esse cromossomo extra no vigésimo primeiro par provoca as alterações típicas da síndrome, daí porque ficou conhecida como Trissomia do 21.

As causas que explicam essa falha na distribuição cromossômica ainda não são claras; alguns fatores, entretanto, podem ser observados. A incidência de bebês com Síndrome de Down nascidos de mães até 25 anos de idade situa-se na faixa de 1/1.000 nascidos vivos; essa incidência, no entanto, aumenta para 1/50 nascidos vivos para mães com 45 anos. Esses dados demonstram uma possível associação entre idade materna e a Síndrome de Down, visto que óvulos mais velhos correm maior risco de sofrer alterações genéticas. Além disso, as causas da síndrome também podem ser oriundas de exposição a agentes químicos ou radiológicos e outras mutações genéticas.

Existem três possíveis falhas na distribuição cromossômica que podem gerar a Síndrome de Down: trissomia típica, translocação e mosaicismo.

A Síndrome de Down pode ocasionar, em diferentes níveis, uma série de seqüelas físicas, orgânicas e intelectuais que merecem a atenção dos profissionais da área de saúde. Entre as características físicas mais comumente observadas, destacam-se:

- Língua protrusa, dentes pequenos, pele seca;
- Nuca reta, pescoço curto;
- Mãos grossas e curtas; prega única na palma das mãos;
- Cabelo falho e fino e nariz achatado;
- Prega epicantal (no canto dos olhos);
- Genitais pouco desenvolvidos;
- Baixa estatura.

Existem atualmente mais de dois milhões de atletas pelo mundo vinculados à Special Olympics, participando de diversas modalidades em nível municipal, regional, nacional ou internacional. Entre os esportes oficiais de verão, destacam-se o atletismo, o badminton, o basquetebol, a bocha, o ciclismo, a equitação, o handebol, o futebol, o futsal, a ginástica rítmica e artística, o golfe, o levantamento de peso, a natação, a patinação, o *softball*, o tênis de mesa, o tênis e o voleibol. Entre as modalidades de inverno, podem-se contar o esqui alpino, o esqui *cross-country*, o hóquei sobre piso, a patinação artística e de velocidade e o *snowboard*. Algumas modalidades são proibidas nas competições da Special Olympics: boxe, caratê, esgrima, tiro, saltos ornamentais, trampolim acrobático, arremesso de dardo e de disco e salto com vara.

Além das provas oficiais, são oferecidas para os atletas com menor nível de habilidade provas alternativas, como os 25 metros de caminhada assistida ou as demonstrações de destrezas individuais.

Figura 16.3 – Criança com síndrome de Down em atividade de lazer.

Para a competição, os atletas são classificados por idade, sexo e nível de habilidade. As séries devem ser equilibradas, e os resultados do primeiro e do último colocado podem variar no máximo em 15%. Embora sejam distribuídas medalhas para os três primeiros colocados, todos os atletas que concluem a prova recebem algum tipo de premiação, como diplomas ou flâmulas.

O ideal maior do movimento Special Olympics é promover a inclusão social por meio do esporte, proporcionando uma rede de apoio para atletas, instituições e famílias. O maior propósito é utilizar o esporte como ferramenta para a melhora da qualidade de vida de indivíduos com deficiência mental ou autismo, que dificilmente encontrariam oportunidades de participação em outros eventos esportivos.

Conclusão

Diferentemente de outras crianças que freqüentam escolas comuns e brincam com vizinhos e colegas, aquelas com deficiência mental muitas vezes são privadas de experiências motoras nos primeiros anos de vida. A superproteção e a rejeição, muito mais do que a deficiência em si, são as maiores responsáveis pelo atraso no desenvolvimento motor geralmente observado nesses indivíduos.

Apenas leis que garantam o acesso dessas pessoas às escolas e aos centros de prática de atividades físicas não são suficientes para a modificação desse quadro. É preciso que a sociedade como um todo se conscientize de que deficiência mental não é sinônimo de inutilidade, e que pessoas com essa condição podem, se bem orientadas, obter desempenhos impressionantes no âmbito social, afetivo, motor e esportivo.

Referências

ANWAR, F. Cognitive deficit and motor skill. In: ELLIS, N. R. **Sensory impairments in mentally handicapped people**. Londres: Croom Helm, 1986.

AUXTER, D; PYFER, J. **Principles and methods of adapted physical education and recreation**. Toronto: Times Mirror Mosby College, 1993.

Doll-TEPPER, G. et al. **Adapted Physical Activity**: an Interdisciplinary Approach. Berlin: Springer-Verlag, 1986.

EICHSTAEDT, C. B.; KALAKIAN, L. H. **Developmental/adapted physical education**: making ability count. Nova Iorque: Macmillan, 1987.

GALLAHUE, D. L. **Compreendendo o desenvolvimento motor em bebês, crianças, adolescentes e adultos**. São Paulo: Phorte, 2005.

GIMENEZ, R.; MANOEL, E. J. Desenvolvimento motor de pessoas com deficiências. In: TANI, G. **Comportamento motor**: aprendizagem e desenvolvimento. Rio de Janeiro: Guanabara-Koogan, 2005. p. 243-65.

GORGATTI, M. G.; COSTA, R. F. **Atividade física adaptada**: qualidade de vida para pessoas com necessidades especiais. Barueri: Manole, 2005.

HENDERSON, S. E. Motor Skill development. In: LANE, D.; STRATFORD, B. **Current approaches to Down syndrome**. Londres: [S.e], 1985.

HORGAN, J. S. Mnemonic strategy instruction in coding, processing and recall of movement-related cues by mentally retarded children. **Perceptual and Motor Skills**, v. 57, p. 547-57, 1983.

LIMO, N. G. I.; CARVALHO, R. M. M.; SOUZA, E. R. **Auditory processing and language in Down syndrome**, v. 8, n. 1, p. 27-34, 2000.

PEDRINELLI, V. J. **Formação de esquema em crianças portadoras de síndrome de Down**. Dissertação (Mestrado) – Escola de Educação Física, Universidade de São Paulo. São Paulo, 1989. 72 p.

PIAGET, J. **O nascimento da inteligência na criança**. Rio de Janeiro: Zahar, 1982.

ROSADAS, S. C. **Atividade física adaptada e jogos esportivos para o deficiente**: eu posso, vocês duvidam? Rio de Janeiro: Atheneu, 1989.

SCHWARTZMAN, J. S. **Síndrome de Down**. São Paulo: Memon, 1999.

SEAMAN, J.; DEPAUW, K. P. **The new adapted physical education**: a developmental approach. Palo Alto: Mayfield, 1982.

SHEPHARD, R. J. **Fitness in special populations**. Champaign: Human Kinetics, 1990.

SHERRIL, C. **Sports and disabled athletes**. Champaign: Human Kinetics, 1986.

SPECIAL OLYMPICS BRASIL. Disponível em: <www.specialolympicsbrasil.org>, 2007.

SUGDEN, D. A.; KEOGH, J. F. **Problems in skill development**. University of South Caroline, 1990.

VANNIER, M. **Physical activities for the handicapped**. New Jersey: Prentice Hall, 1997.

WINNICK, J. P. **Educação Física e esportes adaptados**. Barueri: Manole, 2004.

______; SHORT, F. X. **Testes de aptidão física para jovens com necessidades especiais**: manual Brockport de testes. Barueri: Manole; 2001.

WISEMAN, D. C. **Physical education for exceptional students**: theory to practice. Nova Iorque: Delmar, 1994.

Capítulo 17

– Deficiência Motora

Márcia Greguol Gorgatti
Luzimar Teixeira

Até o início do século XX, pessoas com deficiências motoras praticamente não tinham acesso à prática de atividades físicas. As poucas exceções que existiam referiam-se a atividades corretivas, sem a finalidade de aprimorar o condicionamento físico ou oferecer prática esportiva.

Em muitas comunidades, pessoas que nasciam com deficiências motoras eram abandonadas em instituições ou até mortas nos primeiros meses de vida, vistas como uma "maldição" ou "mau presságio". Infelizmente, até hoje essas práticas ainda podem ser encontradas em alguns países, especialmente naqueles que apresentam níveis socioeconômicos menos desenvolvidos.

As deficiências motoras (ou físicas) podem ser definidas como condições resultantes de lesões neurológicas ou ortopédicas e que acarretam transtornos na motricidade e/ou na locomoção dos indivíduos. Podem ser classificadas de acordo com alguns parâmetros.

Quanto ao momento em que surgem: congênitas (desde o nascimento) ou adquiridas (após o nascimento).

Quanto ao tempo que ficam presentes: permanentes (ficarão sempre presentes, com seqüelas irreversíveis) ou temporárias (seqüelas duram um tempo determinado).

Quanto à evolução: progressivas (seqüelas se agravam) ou não progressivas (seqüelas se estabilizam).

Indivíduos com deficiências motoras podem, para facilitar sua movimentação e/ou locomoção, fazer uso de equipamentos de apoio. Os mais utilizados são as próteses (equipamentos que substituem órgãos ou membros ausentes, porém não necessariamente suas funções) e as órteses (equipamentos que auxiliam na função de um órgão ou de um membro).

Em uma tentativa de melhorar a condição de vida dessas pessoas, especialmente após a Segunda Guerra Mundial, surgiram os centros de prática de atividade física e esportiva adaptada, com a intenção de oferecer oportunidades de acesso para pessoas com deficiências motoras. Desde então, ainda que com divulgação discreta, esses centros têm recebido quantidades crescentes de alunos e atletas. Na maioria dos casos, desde que eventuais seqüelas específicas sejam conhecidas pelos profissionais de Educação Física, indivíduos com essas condições podem aprimorar seu condicionamento físico e seu repertório motor por meio de programas adequados de prescrição de exercícios.

Amputações

Amputação pode ser definida como a ausência congênita ou a retirada, parcial ou total, de um ou mais membros. Apesar de ser um procedimento muito antigo, sua história sempre esteve associada às guerras da humanidade, especialmente a partir do século XIX.

As amputações ditas parciais são aquelas realizadas em determinada porção óssea. Nesses tipos de amputações, existe a definição do coto, o que possivelmente contribuirá para o melhor encaixe de uma prótese. Já as amputações totais são também chamadas de desarticulações e, em algumas situações, podem tornar a adaptação de uma prótese mais instável.

Como procedimento clínico, a amputação é vista em geral como pouco nobre, pois representa de certa forma o insucesso em se manter a integridade do corpo. Em alguns casos de malformações congênitas, as amputações também podem ser indicadas a fim de garantir o desenvolvimento da criança o mais próximo possível do normal. Cabe ressaltar que a cirurgia bem feita de amputação, além de retirar um membro lesado, destina-se também a melhorar as perspectivas de retorno da funcionalidade da região amputada.

Ao se optar por uma cirurgia de amputação, alguns aspectos devem ser levados em consideração. A reparação adequada das fáscias musculares, das eventuais saliências ósseas, dos vasos sangüíneos e da inervação pode garantir o maior ganho de função do coto. Entre as principais causas de amputações, além das anomalias congênitas, destacam-se as causas traumáticas (maioria), tumores, processos infecciosos irreversíveis e danos vasculares profundos. Doenças como o diabetes, quando não controladas adequadamente, levam pessoas à amputação com freqüência elevada.

Como destaca Pedrinelli (2005), os níveis clássicos de amputação para os membros inferiores são as amputações falângicas, transmetatarsianas, desarticulações interfalângicas, falângicas/metatarsianas, Lisfranc/Chopart/Syme, amputações transtibiais, desarticulação do joelho, amputações transfemorais, desarticulações de quadril e hemipelvectomias. Dessas, a mais comumente relatada é a amputação transtibial. Já para os membros superiores, os níveis são: amputações falângicas, transcárpicas, desarticulações do punho, amputações do terço proximal do antebraço, desarticulação do cotovelo, amputações na área supracondiliana proximal, amputações no colo cirúrgico do úmero e desarticulação do ombro. Dessas, a mais comumente relatada é a amputação falângica.

Cuidados especiais

Apenas uma cirurgia de amputação bem feita não se pode, infelizmente, garantir a melhora da funcionalidade de um membro. Os cuidados necessários no período pós-operatório são de fundamental importância para garantir uma rápida recuperação.

Inicialmente, o uso de curativo rígido no período pós-operatório tem função compressiva e é deixado fechado pelo médico por alguns dias. Esse tipo de curativo tem sido descrito como útil no controle das deformidades articulares, da dor e do edema pós-operatório. Nos casos das desarticulações, o curativo por tempo prolongado pode garantir maior independência do paciente.

Com relação à protetização, muitas são as opções de próteses para adultos e crianças. No entanto, o alto custo desses equipamentos muitas vezes impossibilita sua utilização por muitos indivíduos amputados. Com relação às crianças, cuidado adicional deve ser tomado com relação a seu crescimento e ao desenvolvimento motor. A protetização deve ser iniciada tão logo a criança comece a andar, mas deve ser ressaltado que, em geral, existe a necessidade de troca de um ou mais componentes do equipamento a cada ano, em razão do crescimento. Os retornos para controle das próteses devem ser muito mais freqüentes do que nos adultos, em razão dos ajustes a serem feitos para correção e alinhamento dos membros inferiores. Geralmente, as próteses para crianças são feitas de materiais menos sofisticados, porém mais resistentes para suportar o cotidiano mais ativo desses pacientes.

Já a protetização de adultos, embora geralmente exija ajustes menos freqüentes, também deve seguir alguns cuidados. A utilização de meias de lã e silicone é importante para evitar atritos entre a prótese e a extremidade do coto. Além disso, em casos de amputações unilaterais, há que se atentar para o fato de que a prótese deve respeitar as medidas do membro são. Caso contrário, a assimetria poderá resultar em desvios posturais e conseqüentes dores. Outra situação que costuma estar mais presente em indivíduos amputados quando adultos do que em crianças é a sensação fantasma. Essa sensação, quando não exacerbada, pode ser vantajosa por melhorar a utilização da prótese, visto que o indivíduo continua a ter a lembrança de movimento e de sensação do membro amputado. Em algumas situações extremas, no entanto, pode-se tornar necessária a intervenção médica a fim de aliviar os desconfortos das sensações fantasmas.

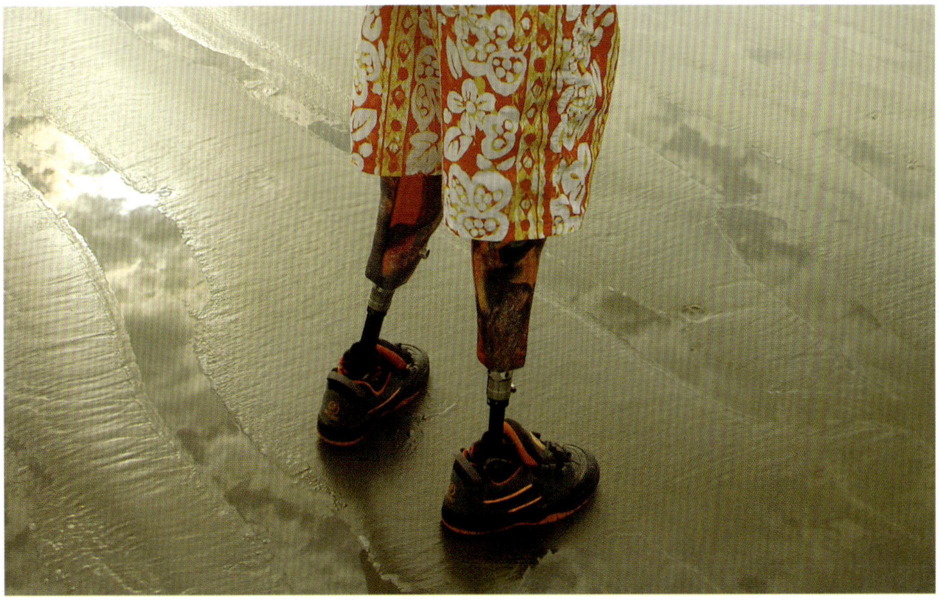

Figura 17.1 – Próteses para os membros inferiores.

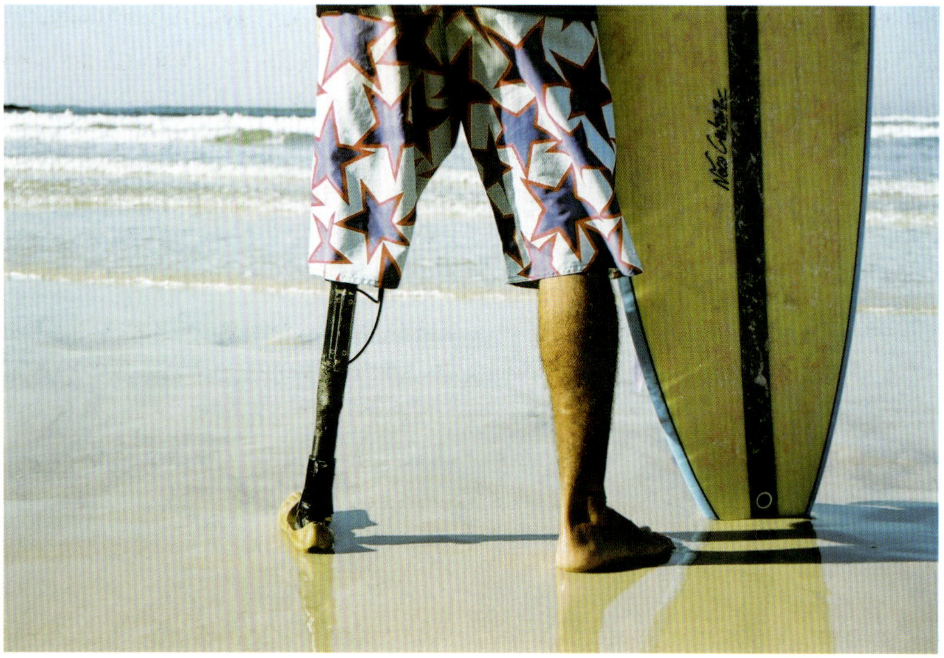

Figura 17.2 – Atleta com prótese para membro inferior.

Amputações e atividade física

A atividade física, seja com fins recreativos ou esportivos, pode colaborar de forma decisiva no processo de reabilitação de indivíduos amputados, ao modificar a maneira pela qual eles percebem a si próprios e a sociedade os percebe. Além disso, a prática de exercícios físicos melhora as condições de controle da prótese pelo indivíduo, pois diminui a atrofia muscular e aprimora a propriocepção.

Nos últimos anos, as próteses utilizadas com finalidades esportivas têm conquistado uma série de avanços tecnológicos, o que as tornou um verdadeiro diferencial para os praticantes de diversas modalidades. Porém, o alto custo desses equipamentos tem dificultado o acesso das pessoas amputadas à prática dessas atividades. As próteses projetadas para a prática esportiva também podem ser utilizadas por pessoas que querem apenas melhorar seu condicionamento físico com programas de exercícios em academias, clubes ou outros centros.

Especialmente as próteses de membros superiores adquiriram nos últimos anos componentes extremamente avançados, como componentes hidráulicos de controle articular, que permitem a adequação do apoio e da oscilação articular em diferentes velocidades de movimento, fornecendo estabilidade durante o uso do membro. Além desses, também estão disponíveis no mercado, a preços muitas vezes inacessíveis para a maior parte da população, os sistemas especiais de amortecimento e os sistemas de controle computadorizados, que facilitam a melhor regulagem dos componentes da prótese. Entretanto, cabe ressaltar que, de acordo com a atividade realizada, podem ser necessários ajustes para a melhor adaptação do indivíduo à prótese e desta à modalidade praticada.

Quanto às atividades aquáticas, em geral são fortemente recomendadas para pessoas com amputação, já que não traumatizam o membro residual e permitem movimentação com elevado grau de autonomia. Embora existam próteses que podem ser utilizadas na água, em geral opta-se pela prática dessas atividades sem o uso da prótese. Nos casos de amputações unilaterais, podem ocorrer distúrbios no equilíbrio na água, especialmente nas flutuações dorsais e ventrais. A adaptação ao desequilíbrio nesse caso só é possível com o treinamento, no qual cada indivíduo descobrirá formas diferentes de ajustar seu corpo na água. Também é possível a utilização de nadadeiras ou palmares nos cotos, a fim de aumentar a força e a velocidade dos movimentos.

Pessoas amputadas podem praticar qualquer modalidade esportiva, desde que utilizem equipamentos adequados. Muitas obtêm resultados esportivos próximos aos de indivíduos sem deficiência, especialmente em provas de atletismo e natação. Existem competições regionais, nacionais e internacionais das quais elas podem participar, como jogos paradesportivos e paraolímpicos.

Por fim, é preciso que os profissionais de Educação Física e esporte conscientizem-se de que o coto é parte integrante do corpo do indivíduo amputado, devendo, portanto, ser ativo. Dessa forma, é de fundamental importância que, quando possível, o coto seja fortalecido e tenha sua musculatura remanescente devidamente alongada, a fim de evitar maiores atrofias e perdas de função. Desde que as devidas adaptações nos equipamentos para a prática de exercícios sejam realizadas, indivíduos amputados podem ter melhora significativa da funcionalidade de seus membros remanescentes por meio de técnicas que trabalhem a força muscular e a flexibilidade. Caso esses cuidados sejam tomados, esses indivíduos certamente demonstrarão ganhos em sua autonomia, auto-estima e saúde. Embora as amputações não exijam adaptações muito trabalhosas para a prática de atividades físicas e esportivas, sabe-se que os efeitos dessas atividades na vida de indivíduos amputados pode ser impactante. Ao exercitar seu corpo, o indivíduo amputado melhora sua percepção sobre si mesmo, deixa de se perceber como um "mutilado" e passa a se conscientizar de que suas possibilidades vão muito além do membro perdido.

Figura 17.3 – Atleta amputada praticando natação.

Lesão medular

Até algumas décadas atrás, as pessoas que tinham lesão medular estavam destinadas ao abandono e a uma vida praticamente vegetativa. A expectativa de vida dos indivíduos era baixa e muitos morriam em decorrência de infecções das mais diversas ou por problemas advindos do sedentarismo. Atualmente, no entanto, desde que cuidados básicos sejam tomados no período pós-lesão, a expectativa de vida pode ser normal e o indivíduo lesionado pode conquistar grande autonomia nas atividades do cotidiano.

As lesões medulares podem ser definidas como condições resultantes de uma lesão parcial ou total do canal medular, que passa pelos foramens na coluna vertebral. Essas condições quase sempre estão associadas a algum grau de paralisia por causa dos danos à medula espinhal. Em alguns casos traumáticos, podem ocorrer apenas lesões ósseas na coluna, em que acontece uma fratura no corpo vertebral. Se o canal medular não for atingido, esse tipo de lesão não acarretará maiores seqüelas para o indivíduo. Entretanto, caso a medula espinhal seja afetada, a lesão é denominada neurológica e, nesse caso, as funções dos sistemas motor, sensorial e autônomo são atingidas.

A medula espinhal é uma coluna canelada com cerca de 1 cm de diâmetro na região lombar. É fragmentada em 31 pares de nervos espinhais, sendo 8 cervicais, 12 torácicos, 5 lombares, 5 sacrais e 1 coccígeno. Visto que as principais funções da medula são prover ações reflexas e atuar como um canal por onde os impulsos nervosos transitam, uma lesão em qualquer ponto de sua estrutura provoca danos irreversíveis na inervação abaixo, gerando diversos tipos de comprometimento.

Funções como o controle dos batimentos cardíacos, da pressão arterial, da regulação térmica, da circulação sangüínea, da digestão e da micção, entre outras, podem ser afetadas em diferentes níveis. O grau de paralisia é determinado em função do local da lesão na coluna e do número de fibras destruídas.

No Brasil, entre as principais causas de lesão medular, destacam-se os acidentes com armas de fogo, os acidentes automobilísticos, os mergulhos em águas rasas e as quedas. A maior incidência ocorre entre os homens jovens, com idades entre 18 e 25 anos. No caso das lesões traumáticas, em muitas situações elas não seriam tão graves caso o socorro prestado no momento do acidente fosse adequado. A mobilização inadequada de uma vítima de acidente pode gerar ou agravar um quadro de lesão medular, o que poderia ser evitado caso os devidos procedimentos de emergência fossem observados.

As lesões medulares recebem algumas classificações que facilitam a compreensão de suas possíveis seqüelas. De modo geral, as lesões na medula espinhal podem ser classificadas de acordo com o nível neurológico e sua extensão. Na primeira classificação, as lesões que acometem os níveis neurológicos cervicais e deixam seqüelas motoras e sensitivas nos quatro membros são chamadas de lesões "tetra". Já as lesões nos níveis torácicos, lombares, sacrais e coccígenos que deixam como seqüelas disfunções apenas nos membros inferiores são chamadas de lesões "para". Na segunda classificação, as lesões que seccionam a medula por completo, interrompendo totalmente o fluxo neurológico, são chamadas de "plegias". Já as lesões incompletas, que afetam a medula parcialmente e permitem ainda alguma sensibilidade e motricidade abaixo de onde ocorrem, são chamadas de "paresia". Desse modo, as lesões medulares podem ser classificadas em tetraplegias (lesões cervicais completas); tetraparesias (lesões cervicais incompletas); paraplegias (lesões torácicas, lombares, sacrais ou coccígenas completas) e paraparesias (lesões torácicas, lombares, sacrais ou coccígenas incompletas).

A área mais comum de lesão é entre os níveis T12 (12º torácico) e L1 (1° lombar), este último localizado na região mais móvel da coluna vertebral. Uma lesão completa nessa região resulta em paraplegia, com perda de movimentos dos membros inferiores, porém com boa manutenção do equilíbrio e força de tronco. Dependendo do nível da lesão medular e de sua gravidade, maiores ou menores serão os distúrbios subseqüentes na capacidade de movimentação do indivíduo, em sua sensibilidade e em suas funções autônomas.

Figura 17.4 – Atletismo em cadeira de rodas.

Cuidados especiais

Como as funções neurovegetativas são regidas por centros medulares e encefálicos, nas lesões medulares são comuns distúrbios de diversas funções do organismo. O conhecimento de certas seqüelas funcionais das lesões medulares e de suas implicações na prática de atividades físicas é imprescindível para que riscos sejam evitados e os indivíduos com essas lesões possam desfrutar com segurança de todos os benefícios de um programa de exercícios. A seguir, serão discutidas algumas possíveis seqüelas das lesões medulares e suas implicações para a prática de exercícios.

Espasticidade

Indivíduos com lesão medular podem apresentar um tônus muscular elevado, denominado espasticidade, no tronco e nos membros inferiores. Os indivíduos podem também experimentar espasmos ou respostas da massa muscular flexora ou extensora, em resposta a mudanças de posição, a movimentos repentinos ou a estímulos externos. A espasticidade pode interferir no desempenho de atividades físicas, porém as pessoas com lesão medular podem encontrar posições e técnicas que minimizam esses efeitos. Apenas a espasticidade severa precisa ser tratada por meio de medicamentos ou até procedimentos cirúrgicos.

Redução da ventilação pulmonar e maior propensão a infecções respiratórias

Indivíduos com lesões medulares em níveis mais elevados são particularmente suscetíveis a infecções respiratórias, geralmente em razão do déficit da função da musculatura respiratória e abdominal, o que dificulta a inspiração completa. As lesões até a altura do 12º nível torácico provocam redução na ventilação pulmonar. É importante observar que indivíduos com lesões medulares em diferentes níveis conseguem, mediante treinamento físico regular, obter resultados esportivos tão bons quanto os de atletas sem restrições motoras. Apesar disso, é fundamental o profissional de Educação Física ter em mente que, em especial os indivíduos tetraplégicos, no início da prática de atividades físicas, terão dificuldades com a resistência respiratória, o que pode ser aprimorado com o treinamento constante.

Problemas com a regulação térmica

Indivíduos com lesão medular muitas vezes apresentam maior facilidade em entrar em processos de hipo ou hipertermia. Isso se deve ao fato de que esses indivíduos, em decorrência de suas lesões, podem não conseguir realizar com sucesso alguns ajustes fisiológicos necessários para a regulação da temperatura corporal. Em ambientes frios, algumas reações como o tremor ou a vasoconstrição periférica podem estar prejudicadas abaixo do nível da lesão. Já em ambientes extremamente quentes, o risco se dá pela dificuldade da sudorese e da vasodilatação periférica abaixo do nível da lesão. Essa falha nos mecanismos de ajuste pode desencadear com maior velocidade processos de hipo e hipertermia que, se não observados adequadamente, geram danos por vezes irreparáveis. Dessa forma, os cuidados devem ser redobrados ao realizar esforços físicos em ambientes excessivamente quentes ou frios. No caso específico do calor, devem ser usadas roupas leves e que permitam a rápida evaporação do suor. Além disso, a hidratação deve ser reforçada, a fim de que a temperatura corporal não se eleve abruptamente.

Úlceras (escaras) de decúbito

As úlceras de decúbito ou úlceras de pressão são regiões necrosadas de pele e tecido subcutâneo, provocadas por pressão prolongada. Se não tratadas, essas úlceras podem infeccionar gravemente, atingindo inclusive os ossos. Quando o indivíduo fica por longos períodos deitado ou sentado na mesma posição, determinadas áreas do corpo acabam sofrendo pressão constante, o que pode levar à formação desses sérios ferimentos. Por isso, é de grande importância que o indivíduo com lesão medular desenvolva um nível de força nos membros superiores que lhe permita mudar constantemente de posição na cadeira de rodas, erguendo-se durante cerca de 5 segundos a cada período de 15 ou 20 minutos.

Distúrbios no retorno venoso

A ausência de contração muscular voluntária abaixo do nível da lesão medular dificulta em parte o retorno do sangue para o coração, prejudicando de modo geral a circulação sangüínea e podendo afetar a pressão arterial do indivíduo. Dessa forma, é necessário orientar o aluno para que realize, além do repouso com as pernas em posição elevada, movimentos passivos com os pés e as pernas, como a circundução dos pés e a flexão e extensão dos joelhos, a fim de que o retorno venoso seja facilitado.

Alterações na composição corporal

Novamente pelo fato de haver mobilidade reduzida ou ausente abaixo do nível da lesão medular, o indivíduo com essa condição apresenta, em pouco tempo, profundas alterações na composição corporal dessa região. Uma das principais alterações é o maior acúmulo de gordura nas áreas paralisadas e a redução de massa muscular e óssea no local. Pela falta de contração muscular voluntária, indivíduos com lesão medular perdem com grande velocidade massa óssea e muscular na região afetada, podendo desenvolver quadros de osteopenia ou osteoporose localizados. É muito comum a ocorrência de fraturas nos membros inferiores de indivíduos com lesão medular, o que ocorre sobretudo em decorrência de quedas da cadeira de rodas. É preciso que o profissional de Educação Física atente para esse fato, já que os indivíduos com lesão medular não possuem sensibilidade nessa parte do corpo.

Incontinência urinária e distúrbios esfincterianos

Com a lesão medular, o indivíduo pode perder o controle voluntário sobre a bexiga, que passa a se esvaziar automaticamente toda vez que atingir certo volume. Outro distúrbio que também pode ocorrer é a retenção das fezes ou, ainda, sua eliminação involuntária. O ideal é conversar com o aluno que apresente esses problemas e orientá-lo a esvaziar a bexiga antes da prática da atividade física, especialmente quando for realizada em piscina.

As lesões que acometem a medula espinhal podem, em alguns casos, ter origem na gestação. A espinha bífida é um defeito congênito provocado pelo não-fechamento de dois ou mais arcos vertebrais durante a formação da coluna do feto, levando, eventualmente, ao extravasamento do material interno e conseqüentes danos neurológicos. O tipo mais comum e grave é a mielomeningocele, na qual ocorre o extravasamento do canal medular e, conseqüentemente, uma perda parcial ou total das funções motoras e sensitivas abaixo do nível da lesão.

Lesão medular e atividade física

Foi apenas após a Segunda Guerra Mundial que a prática de atividades físicas para indivíduos com lesão medular começou a ganhar popularidade. Antes disso, pessoas nessa condição eram condenadas a uma vida praticamente vegetativa, com pouco ou nenhum estímulo para a melhora de sua aptidão física. Atualmente, é sabido que a atividade física para essa população pode acarretar enormes ganhos, tanto no aspecto motor como no social e psicológico.

Antes do início do treinamento, é preciso que o profissional de Educação Física avalie seu aluno, a fim de verificar seu nível atual de aptidão física e eventuais seqüelas advindas da lesão na medula. O aluno também deve ser submetido a uma avaliação médica, a fim de verificar seu estado atual de saúde. Alguns fatores podem tornar o indivíduo inapto a participar de programas de exercícios físicos, como febre, infecções, dor sem causa conhecida, úlceras de decúbito, dermatites, alterações muito acentuadas da temperatura corporal, rupturas ligamentares, fraturas ou doenças graves.

Figura 17.5 Crianças em prática de atividade física.

Os objetivos principais que devem ter ênfase nos programas de atividade física para pessoas com lesão medular são, entre outros, a melhora da flexibilidade, buscando a redução da espasticidade dos músculos não mais inervados; o incremento da força, em especial nos membros superiores e nos músculos do tronco; e o desenvolvimento da resistência cardiorrespiratória. Os objetivos mais amplos seriam proporcionar maior independência e capacidade de iniciativa para a realização das atividades do cotidiano, reduzir o tempo de fisioterapia, contribuir para a aquisição de hábitos de vida saudáveis e controlar a porcentagem de gordura, evitando o ganho anormal de peso. É também importante preparar o indivíduo para reassumir seu papel na família e na sociedade, com maior confiança e auto-estima, favorecendo a superação do trauma psicológico provocado pela lesão e pela privação repentina de movimentos.

Ao deparar com um indivíduo com lesão medular, o profissional de Educação Física deve analisar os seguintes aspectos: que músculos ainda podem ser usados, qual é a quantidade de força residual nesses músculos e o que pode ser feito por esses músculos, funcionalmente, em termos de movimentos e de habilidades motoras. Somente a partir de uma visão aprofundada do tipo e da gravidade da lesão é que podem ser traçadas metas relacionadas ao processo de reabilitação e às sessões de atividades físicas adequadas.

Uma pessoa com lesão medular pode buscar a prática de exercício por diversas razões: melhora do condicionamento físico, estética, bem-estar psíquico, controle ponderal, sociabilização e recomendação médica, entre outros. Cabe ao profissional de Educação Física analisar as necessidades do aluno e prescrever o programa de exercícios mais adequado, tendo em vista sempre a segurança. Ao iniciar uma prática desse tipo, o indivíduo tem a oportunidade de melhorar sua aptidão física em geral, vivenciar momentos de lazer e diversão, vitórias e fracassos, sempre com tolerância e motivação. Além disso, a prática regular de exercícios evita a tendência ao ócio e à apatia, comum em algumas pessoas nessas condições. A auto-estima e a auto-imagem da mesma maneira se transformam, fazendo com que o indivíduo restabeleça a confiança em seu próprio corpo.

Embora seja importante o professor corrigir possíveis erros de execução por parte de seus alunos, cabe ressaltar que, especialmente no início do programa, o reforço positivo é fundamental. Muitas pessoas com deficiências motoras, pela própria dificuldade de locomoção e acessibilidade, desmotivam-se facilmente de praticar exercícios físicos. Para melhorar a motivação dos alunos com lesão medular, assim como sua adesão a programas de exercícios físicos, é preciso que o profissional de Educação Física leve em conta que modalidade é mais apreciada pelo indivíduo. Existem diversas opções, como as atividades aquáticas, o treinamento resistido e as atividades realizadas na própria cadeira de rodas.

No caso das atividades realizadas em cadeira de rodas, o ideal é que sejam apropriadas para a prática esportiva. A cadeira de rodas esportiva em geral possui rodas com algum grau de inclinação para oferecer maior mobilidade, além de eixos mais resistentes e estrutura diferenciada, permitindo movimentos mais ágeis do que a cadeira social utilizada no dia-a-dia. Pelo fato de essa cadeira apresentar condições diferenciadas, é preciso que seja oferecida ao aluno a oportunidade de experimentar e habituar-se ao novo equipamento. É como se o indivíduo fosse "reaprender" a se locomover com a cadeira de rodas.

Inicialmente, o indivíduo é treinado a realizar propulsões variadas com a cadeira de rodas esportiva, envolvendo deslocamentos para frente, para trás, em ziguezague, em terrenos acidentados, com obstáculos, com possíveis inclinações, curvas e superfícies diferentes. O professor pode solicitar que o aluno alterne a velocidade de deslocamento, realizando movimento lentos e velozes. Outras habilidades a serem desenvolvidas na cadeira de rodas esportiva são as técnicas de frenagem com uma ou duas mãos, os giros e as técnicas de equilíbrio, como o empinar para trás. Essa última técnica é particularmente importante, pois possibilita que o indivíduo transponha algumas barreiras arquitetônicas comuns no dia-a-dia, como o desnível das guias ou irregularidades no calçamento.

Apenas após o domínio de técnicas básicas de manejo e propulsão da cadeira de rodas esportiva é possível praticar alguma modalidade esportiva com êxito. Algumas das modalidades praticadas por pessoas com lesão medular em cadeira de rodas são: atletismo (provas de pista e campo), arco e flecha, basquetebol, bocha, boliche, ciclismo em *handcycle*, esgrima, tênis de campo, tênis de mesa e rúgbi. Além dessas modalidades em cadeira de rodas, outras, como o halterofilismo, o iatismo, a natação e o voleibol sentado, representam mais algumas opções para atletas com lesão medular.

Figura 17.6 – Atletas de basquete em cadeira de rodas.

É fundamental também incentivar o aluno com lesão medular a se transferir de forma autônoma da cadeira de rodas, assim como voltar para ela. Alguns indivíduos não conseguem realizar essa manobra inicialmente; porém, com treinamento e fortalecimento adequados, podem se tornar independentes em suas transferências, o que facilitará suas atividades do cotidiano, como entrar em um automóvel e sair dele, transferir-se para uma cadeira etc.

Os programas de exercícios voltados para o condicionamento físico de pessoas com lesão medular devem privilegiar o desenvolvimento das variáveis da aptidão física relacionadas à saúde: força, resistência cardiorrespiratória e flexibilidade. Além disso, outra meta é a manutenção da porcentagem de gordura dentro de níveis considerados compatíveis com a saúde positiva.

O desenvolvimento da força dos grupos musculares com função remanescente à lesão pode ser obtido por meio de treinamento resistido. É preciso que o profissional de Educação Física esteja atento, já que, em alguns níveis de lesão, a inervação agonista/antagonista pode não estar em harmonia e, dessa forma, alguns grupos musculares tendem a obter resultados melhores do que outros. O treinamento com pesos livres é uma boa opção, pois o indivíduo pode realizar muitos exercícios em sua própria cadeira de rodas, o que nem sempre acontece em máquinas fixas. Caso não consiga segurar o peso com força de preensão adequada, pode ser necessário utilizar amarras para a melhor segurança do implemento pelo aluno. A ênfase do programa deve ser sobre os exercícios isotônicos, dentro de amplitudes de movimento que sejam confortáveis para cada indivíduo.

A postura é outro aspecto fundamental no trabalho de aprimoramento da força em pessoas com lesão medular. Especialmente aquelas com lesões mais altas demonstram tendência a desenvolver uma postura hipercifótica na cadeira de rodas. A postura correta deve ser sempre estimulada pelo professor, assim como os exercícios de fortalecimento específicos dos músculos dorsais, os quais favorecerão a melhora do problema.

Por dependerem primordialmente da cadeira de rodas para sua locomoção, as pessoas com lesão medular podem apresentar com alguma freqüência lesões ortopédicas, especialmente na região dos ombros e cotovelos. Esse fato reforça ainda mais a importância dos programas de fortalecimento muscular, já que uma musculatura fortalecida pode, em muitos casos, proteger as articulações de lesões por esforço repetitivo.

No que diz respeito à flexibilidade, o treinamento pode evoluir dos exercícios passivos (o professor executa o exercício para o aluno) para os ativo-assistidos (o aluno executa e o professor auxilia) e finalmente para os ativos (o aluno executa de forma independente). As técnicas passivas são utilizadas principalmente para alunos com lesões mais graves, visto que eles podem ter dificuldades maiores em manter uma posição de alongamento. A melhora da flexibilidade também pode colaborar com a prevenção de lesões, além de favorecer a boa postura corporal e reduzir a espasticidade.

Já o trabalho voltado para o aprimoramento da resistência cardiorrespiratória pode também ser desenvolvido para indivíduos com diferentes níveis de lesão medular. Geralmente, o trabalho de resistência, nesse caso, deve ser desenvolvido com exercícios que envolvam os grupos musculares dos membros superiores e do tronco.

Existem alguns equipamentos que podem ser utilizados por pessoas com lesão medular e que propiciam a melhora da resistência cardiorrespiratória, como os cicloergômetros manuais e o *vitaglide wheelchair* (uma espécie de remo adaptado, que pode ser utilizado de forma simultânea ou alternada). Caso o aluno seja tetraplégico, pode ter suas mãos amarradas ao equipamento a fim de executar os movimentos com maior facilidade.

Outra opção que pode ser interessante é utilizar a própria cadeira de rodas como equipamento para o desenvolvimento da resistência cardiorrespiratória. Ao impulsionar sua cadeira de rodas por algum tempo, o indivíduo com lesão medular aprimora sua resistência geral e localizada. Entretanto esse tipo de exercício pode não ser recomendado quando o espaço para a realização é restrito, o que poderia gerar fadiga precoce e desmotivação por parte do aluno. Caso exista mais de um aluno, o professor pode criar situações lúdicas, como um aluno impulsionando sua cadeira de rodas com um ou mais colegas agarrados na traseira.

A natação também pode ser uma excelente oportunidade para a melhora do condicionamento cardiorrespiratório. Aliás, de todas as atividades praticadas por indivíduos com lesão medular, a natação é sem dúvida uma das mais procuradas, por proporcionar grande independência e liberdade ao praticante. Na água, a cadeira de rodas e as muletas são deixadas de lado e o indivíduo pode experimentar seu corpo livre de equipamentos, movimentando-se com diferentes possibilidades.

Para estar apto a realizar exercícios aquáticos, o aluno não pode apresentar dermatites ou processos de escaras. Caso alguma escara exista, é preciso que ela cicatrize por completo antes de o aluno entrar novamente na piscina. Além disso, é importante o professor ter conhecimento sobre um possível descontrole urinário e vesical de seus alunos. No caso de infecções urinárias, o aluno também será considerado inapto para a prática de atividades na piscina.

Com relação aos cuidados básicos na piscina, é recomendável que a temperatura da água gire em torno dos 30°C, especialmente para os alunos tetraplégicos, a fim de não oferecer riscos de hipotermia. Os alunos com tetraplegia podem ainda, especialmente nas primeiras vivências na piscina, experimentar certo desconforto em razão de suas restrições respiratórias. Essa sensação inicial de falta de ar, no entanto, em geral cessa após as primeiras semanas de aula.

Figura 17.7 – Criança com mielomeningocele em atividade na piscina.

As bordas da piscina não devem ser muito altas em relação ao nível da água, o que pode dificultar as transferências. Para os alunos com maiores limitações motoras, pode ser necessário o auxílio de um ou mais assistentes para as transferências. Ao sentar o aluno na borda da piscina, o professor deve utilizar um tapete emborrachado ou, quando necessário, um colchonete comum. É preciso lembrar que indivíduos com lesão medular apresentam pouca ou nenhuma sensibilidade abaixo do nível da lesão e, caso se machuquem na borda da piscina, demorarão muito mais tempo para perceber o ocorrido.

O processo pedagógico de ensino da natação segue em geral os mesmos procedimentos utilizados para alunos sem deficiências. Inicialmente, deve ser priorizada a adaptação ao meio líquido, o controle da flutuação, da mudança de decúbito e da respiração, além de algumas técnicas de propulsão. Geralmente, pela ausência ou redução de movimentos dos membros inferiores, opta-se inicialmente pelo ensino dos nados peito e costas com braçadas simultâneas, que oferecem menor possibilidade de desequilíbrio ao praticante. Os nados *crawl* e costas alternados são, em geral, ensinados inicialmente com a técnica de "pegada dupla", que oferece também maior estabilidade ao corpo na água. É preciso que o professor fique atento ao fato de que alguns de seus alunos tetraplégicos não apresentarão força suficiente para erguer a cabeça da água durante a respiração dos nados em decúbito ventral, o que torna ainda mais importante o domínio da técnica de mudança de decúbito de ventral para dorsal (por rolamento lateral ou para trás) para a respiração.

Os mergulhos também podem ser executados com sucesso por alunos com lesão medular. O professor deve verificar com o próprio praticante que estratégia será mais confortável. Os mergulhos podem ser realizados com o aluno sentado na borda da piscina ou no bloco de saída. Nos casos das lesões mais baixas e incompletas, que possibilitam a ambulação dos indivíduos, os mergulhos podem ser executados em pé, sempre com a observação próxima do professor, a fim de que não ocorram desequilíbrios.

As atividades realizadas em meio líquido, além das vantagens comuns a outras práticas físicas, proporcionam benefícios adicionais, como a prevenção de úlceras de decúbito, a estimulação da circulação sangüínea e o aprimoramento considerável da aptidão cardiorrespiratória. Ao se locomover de forma independente no meio líquido, o indivíduo com lesão medular também supera o medo, resgata sua auto-estima e a confiança em si próprio.

Paralisia cerebral

A paralisia cerebral, também chamada de encefalopatia crônica da infância, pode ser definida como um distúrbio não progressivo da motricidade, que se manifesta até os 3 anos de idade e tem como origem um mau funcionamento ou uma lesão cerebral. Embora muitas pessoas assumam que essa é uma deficiência mental, sabe-se que os transtornos advindos da paralisia cerebral são fundamentalmente motores, caracterizados principalmente pela falta de coordenação de movimentos. Pessoas portadoras dessa deficiência apresentam diferentes graus de dificuldade em controlar os movimentos e a postura corporal. Embora se trate de uma deficiência não progressiva, acarreta seqüelas motoras permanentes, fazendo com que não seja possível a utilização adequada de determinados grupos musculares.

Em 1843, Little, ao descrever características de 47 crianças com rigidez espástica, pôs o nome na condição de Síndrome de Little. Mais tarde, em 1964, Bax definiu a condição da paralisia cerebral como sendo "um distúrbio do movimento e da postura devido a um defeito ou lesão no cérebro imaturo". Na atualidade, associa-se o conceito de paralisia cerebral com distúrbios no tônus muscular e na postura, que podem ter origem por lesões ocorridas no cérebro no período pré, peri ou pós-natal.

Cerca de 85% dos casos de paralisia cerebral ocorrem por problemas originados dos períodos pré ou perinatais, como infecções maternas, uso de drogas e parto prematuro, entre outros. Já as causas pós-natais correspondem a cerca de 15% dos casos, destacando-se a meningite, os traumas e a intoxicação gasosa.

A paralisia cerebral é uma condição de seqüelas muito variadas, sendo praticamente impossível verificarem-se dois casos idênticos. Algumas classificações têm sido utilizadas para descrever os casos da deficiência; ainda que dentro de uma mesma classificação, porém, os casos distinguem-se em suas características. Existem indivíduos com deficiência que apresentam seqüelas leves, quase imperceptíveis, conseguindo realizar a maioria das tarefas do cotidiano sem maiores dificuldades. Porém, outros podem apresentar limitação quase completa, necessitando de auxílio até para as tarefas mais simples do dia-a-dia.

Quanto ao grau de acometimento, a paralisia cerebral pode ser classificada em três níveis: leve, moderado e grave, de acordo com a limitação imposta a seu portador.

Já com relação aos membros acometidos, a paralisia cerebral recebe uma classificação também chamada de topográfica, descrita a seguir:

- *Monoplegia* (paresia): acometimento total ou parcial de apenas um membro;
- *Paraplegia* (paresia): acometimento total ou parcial dos membros inferiores;
- *Hemiplegia* (paresia): acometimento total ou parcial de um lado do corpo (hemicorpo);
- *Quadriplegia* (paresia): acometimento total ou parcial dos quatro membros, de forma semelhante;
- *Diplegia* (paresia): acometimento dos quatro membros, porém com os membros inferiores visivelmente mais afetados do que os superiores;
- *Dupla hemiplegia* (paresia): acometimento dos quatro membros, porém com um hemicorpo visivelmente mais afetado do que o outro.

Por fim, a classificação neuroanatômica da paralisia cerebral descreve a deficiência de acordo com o local em que ocorre a lesão e suas seqüelas:

- *Espástica*: provocada por lesões na região piramidal, que afeta as fibras eferentes. É o tipo mais comum e caracteriza-se em geral por hipertonia da musculatura, especialmente flexora;

- *Atetóide*: provocada por lesões na região dos gânglios de base, afetando outras fibras que não as eferentes. Provoca em geral movimentos involuntários e tônus muscular flutuante;
- *Atáxica*: provocada por lesões no cerebelo. É o tipo menos comum e caracteriza-se em geral por problemas de equilíbrio e hipotonia muscular.

Cuidados especiais

Apesar das classificações, algumas características da paralisia cerebral são comuns, ocorrendo com relativa freqüência, embora em graus variados. São elas:

- *Hiper-reflexia*: alguns reflexos são exagerados e persistentes. Os indivíduos podem ficar sujeitos a contraturas e deformidades que se desenvolvem durante o crescimento, como o encurtamento do tendão calcâneo;
- *Distúrbios na coordenação motora*: ocorrem em diferentes níveis em todos os casos. A aquisição e a manutenção da posição sentada e o andar podem ocorrer tardiamente, ou mesmo não ocorrer, dependendo da gravidade do caso. Geralmente, a movimentação no início ocorre de maneira descontrolada e insegura e os padrões básicos de movimento são adquiridos de forma e em tempos diferentes;
- *Estrabismo*: provocado pela falta de coordenação da musculatura extraocular, atinge muitos indivíduos portadores da deficiência;
- *Dificuldades na fala*: atinge também, em graus variados, boa parte dos portadores de paralisia cerebral;
- Dificuldades para engolir e sialorréia (ato de babar);
- Crises convulsivas, presentes em alguns casos;
- Distração e dificuldades em realizar ajustes psicológicos;
- Outros problemas perceptivos, como na visão e na audição.

Embora muitas pessoas acreditem que indivíduos com paralisia cerebral apresentam retardo mental, essa noção geralmente é errônea. Esses indivíduos podem ter inteligência normal, ou até mesmo acima da média, porém muitas vezes sua aparência e incoordenação lhes dão um aspecto de atraso mental que na verdade não existe. Em alguns casos mais graves, geralmente com outras deficiências associadas, os indivíduos com paralisia cerebral podem apresentar problemas cognitivos ou traços autísticos, porém essa não é a regra.

Não existem medicamentos nem cirurgias que possam curar a paralisia cerebral, porém alguns procedimentos podem ser utilizados como atenuantes para a minimização de suas seqüelas. É muito difícil para os profissionais da saúde, ao analisarem uma criança com paralisia cerebral, afirmar ao certo qual será a evolução de seu quadro, pois isso depende imensamente do estímulo a ser recebido. Embora as células lesadas não sejam regeneráveis, as remanescentes podem ser estimuladas a funcionar de maneira adequada, de modo a desenvolver ao máximo as potencialidades do indivíduo.

De forma geral, crianças com paralisia cerebral são capazes de freqüentar escolas comuns, porém com algumas adaptações, especialmente para superar as dificuldades com a incoordenação motora. Com equipamentos adequados, no entanto, a capacidade intelectual dessas crianças pode ser muito estimulada, fazendo com que seu desenvolvimento seja o mais próximo possível do normal. Além da escola, geralmente essas crianças freqüentarão outras atividades de apoio, como sessões com fisioterapeutas, fonoaudiólogos e terapeutas ocupacionais.

– Paralisia cerebral e atividade física

Conforme já anteriormente mencionado, estímulos adequados podem garantir uma melhor qualidade de vida e autonomia para indivíduos com paralisia cerebral. Dessa forma, as experiências de movimento serão de extrema importância desde os primeiros meses de vida. Algumas habilidades motoras rudimentares, naturalmente desenvolvidas pelos bebês, devem ser facilitadas e ensinadas para aqueles com paralisia cerebral, visto que nem sempre as experimentarão por conta própria, dada sua limitação motora. O mais importante é que o indivíduo tenha a oportunidade de experimentar seu corpo em variadas condições, o que em geral não acontece espontaneamente.

As habilidades motoras fundamentais, envolvendo habilidades de estabilização, locomoção e manipulação, devem ser enfatizadas. Para aqueles que possuem a capacidade de andar, o treino de marcha deve envolver movimentos para frente, para trás, para os lados, com inclinação e com obstáculos. Já as atividades manipulativas devem enfatizar ambos os lados do corpo.

Cabe ao professor não tratar seus alunos com paralisia cerebral como deficientes mentais e estimular a integração sempre que possível nas atividades. É interessante utilizar o critério de progressão individualizada estática e depois dinâmica, para então introduzir jogos coletivos para aqueles que tiverem essa possibilidade.

De modo geral, recomenda-se que programas de exercícios para indivíduos com paralisia cerebral evoluam de movimentos grosseiros para movimentos mais refinados. Inicialmente, deveriam ser solicitadas habilidades motoras que dependessem de grandes grupos musculares, visto que elas geralmente são de mais simples execução para indivíduos com a deficiência. Alguns alunos provavelmente não chegarão a realizar movimentos refinados, dada a natureza de seu comprometimento; a progressão, entretanto, deve ocorrer dentro do possível. Outro aspecto muito explorado nas aulas para indivíduos com paralisia cerebral são as atividades de coordenação motora-visual, envolvendo trabalhos com alvos determinados. Atividades como boliche adaptado, chute ao gol e arremessos diversos ao alvo são muito utilizadas.

Os exercícios isotônicos e de alongamento são muito importantes para alunos com paralisia cerebral, visto que evitam a atrofia muscular própria da deficiência e auxiliam na melhora da amplitude de movimento, especialmente para aqueles que apresentam espasticidade. Em casos mais graves, será necessário o uso de órteses para a estabilização dos indivíduos fora de suas cadeira de rodas, a fim de que possam ser trabalhadas habilidades que envolvam o controle da postura corporal.

A aptidão física dos portadores de paralisia cerebral pode ser afetada pelo tônus muscular aumentado, que limita o desempenho especialmente em trabalhos submáximos. Mesmo assim, indivíduos com essa deficiência podem obter níveis elevados de desempenho em modalidades esportivas, como natação, atletismo, futebol e bocha, entre outras. Especificamente para atletas com paralisia cerebral, a CP – ISRA (Cerebral Palsy – International Sports and Recreation Association) criou um sistema de classificação para competições esportivas, descrito no quadro a seguir.

Quadro 17.1 – Classificação funcional de atletas com paralisia cerebral

Classe	Perfil funcional dos atletas
CP1	*Quadriplégico*: utiliza cadeira de rodas motorizada para locomoção ou é dependente para movê-la. Há grave comprometimento dos quatro membros, apresentando controle de tronco ruim e pouca ou quase nenhuma força nos membros superiores.
CP2	*Quadriplégico*: envolvimento de grave a moderado dos quatro membros e tronco. Pouca força funcional e controle da parte superior do corpo. Consegue mover a cadeira de rodas manualmente, porém com lentidão. Pode impulsionar a cadeira de rodas com os pés.
CP3	*Quadriplegia leve*: boa força funcional e controle moderado dos membros superiores. Possui quase toda força no lado dominante. Pode impulsionar a cadeira de rodas com um ou com os dois braços, mas ainda com certa lentidão.
CP4	*Diplegia*: envolvimento de moderado a grave dos membros inferiores. Membros superiores com mínimos problemas de controle e força funcional. Utiliza cadeira de rodas na vida diária e nas atividades esportivas de forma independente.
CP5	*Diplegia moderada ou hemiplegia grave*: anda com ou sem muletas. Tem boa força funcional e problemas mínimos de controle nos membros superiores. Compete em pé.
CP6	*Quadriplegia atetóide*: envolvimento de grave a moderado do tronco e dos quatro membros. Anda com auxílio de muletas ou andador. Pode utilizar adaptações nas provas de pista do atletismo.
CP7	*Quadriplegia leve e hemiplegia de moderada a mínima*: boa capacidade funcional no lado não afetado. Deambula sem auxílio.
CP8	*Deficiência mínima ou hemiplegia leve ou monoplegia*: problemas de coordenação mínimos. Bom equilíbrio. É capaz de correr e saltar.

Adaptado do Manual da CP – ISRA (2000).

É importante que as pessoas conscientizem-se de que a paralisia cerebral não é uma doença. Por isso, não evolui, não é contagiosa tampouco passível de cura. Entretanto, é preciso, da mesma forma, que se perceba que essa condição, embora permanente, pode ser amenizada por meio de estímulos constantes e adequados, proporcionando a seu portador um desenvolvimento motor, cognitivo e social o mais próximo possível do normal.

Conclusão

Ao praticar alguma atividade física ou esportiva, indivíduos com deficiências motoras podem, assim como as pessoas sem deficiências, aprimorar sua condição física e sua saúde. Mais do que isso, podem também mudar sua perspectiva de vida, por perceberem que são capazes de realizar habilidades que julgavam impossíveis. Ao realizar destrezas motoras, pessoas com deficiências recuperam sua confiança e auto-estima perdida, colaborando para a queda de diversos estigmas.

Mais restritiva do que a limitação imposta pela deficiência motora pode ser a atitude que a sociedade assume diante de pessoas portadoras dessa condição. O pouco acesso de pessoas com deficiências motoras à prática de exercícios, fruto da falta de informação e de condições estruturais adequadas, certamente é um fator que prejudica a qualidade de vida desses indivíduos e dificulta ainda mais sua reintegração social.

Referência

CURTIS, K. A. Strategies and solutions for wheelchair athletes. **Sports Spokes**, n. 22, p. 26-30, 1996.

DEC, K. L.; SPARROW, K. J.; MCKEAG, D. B. The physically challenged athlete: medical issues and assessment. **Sports Medicine**, v. 29, n. 4, p. 245-58, 2000.

DIROCCO, P. J. Physical disabilities: general characteristics and exercise implications. In.: MILLER, P. D. **Fitness programming and physical disability**. Champaign: Human Kinetics, 1995. p. 11-34.

DOLL-TEPPER, G. et al. **Adapted Physical Activity**: an Interdisciplinary Approach. Berlin: Springer-Verlag, 1986.

DUNN, J. C. Goal orientations, perceptions of the motivational climate and perceived competence of children with movement difficulties. **Adapted Physical Education Quarterly**, Champaign: [S.e]. v. 17, p. 1-19, 2000.

GORGATTI, M. G.; COSTA, R. F. **Atividade física adaptada**: qualidade de vida para pessoas com necessidades especiais. Barueri: Manole, 2005.

HEDRICK, B.; BYRNES, D.; SHAVER, L. **Wheelchair basketball**. Washington, Paralyzed Veterans of America, 1994.

INTERNATIONAL WHEELCHAIR BASKETBALL FEDERATION. **Technical Comission**: the classification system for the basketball players in wheelchair. London: IWBF, 1998.

KOSMA, M.; CARDINAL, B. J.; RINTALA, P. Motivating individuals with disabilities to be physically active. **Journal**

of Teaching in Physical Education, Champaign, v. 21, p. 116-28, 2002.

LIOW, D. K.; HOPKINS, W. G. Training practices of athletes with disabilities. **Adapted Physical Activity Quarterly**, v. 13, p. 372-81, 1996.

LOCKETTE, K. F.; KEYES, A. M. **Conditioning with physical disabilities**. Champaign: Human Kinetics, 1994.

______. Pessoa portadora de deficiência e as atividades esportivas, recreativas e de lazer. In: PEDRINELLI, V. J.; TEIXEIRA, L. R. **Educação Física e desporto para pessoas portadoras de deficiência**. Brasília: MEC-SEDES, 1994. p. 78-9.

MATTOS, E. Atividade física nos distúrbios neurológicos e musculares. In: GORGATTI, M. G.; COSTA, R. F. **Atividade física adaptada**: **qualidade de vida para pessoas com necessidades especiais**. Barueri: Manole, 2005.

MELLO, M. T. **Paraolimpíadas**. Sidney 2002. São Paulo: Atheneu, 2002.

PEDRINELLI, A. Atividade física nas amputações e anomalias congênitas. In: GORGATTI, M. G.; COSTA, R. F. **Atividade física adaptada**. Barueri: Manole, 2005.

ROSADAS, S. C. **Atividade física adaptada e jogos esportivos para o deficiente**: eu posso, vocês duvidam? Rio de Janeiro: Atheneu, 1989.

SAFRIT, M. J.; WOOD, T. M. **Introduction to measurement in physical education and exercise science**. 3. ed. St. Louis: Mosby, 1995.

SHEPHARD, R. J. **Adapted physical approach**. Berlim: Springer-Verlag, 1990.

______. **Fitness in special populations**. Champaign: Human Kinetics, 1990.

SHERRIL, C. **Sports and disabled athletes**. Champaign: Human Kinetics, 1986.

SILVA, A. C. O atleta portador de deficiência. In: GHORAYEB, N.; BARROS, T. **O exercício**: preparação fisiológica, avaliação médica, aspectos especiais e preventivos. São Paulo: Atheneu, 1999. p. 321-36.

SOUZA, P. A. **O esporte na paraplegia e tetraplegia**. Rio de Janeiro: Guanabara-Koogan, 1994.

TRITSCHLER, K. **Medidas e avaliação em Educação Física e esportes**. 5. ed. Barueri: Manole, 2003.

VANNIER, M. **Physical activities for the handicapped**. New Jersey: Prentice Hall, 1997.

WELLS, C. L.; HOOKER, S. P. The spinal injured athlete. **Adapted Physical Activity Quarterly**, v. 7, p. 265-85, 1990.

WINNICK, J. P. **Educação Física e esportes adaptados**. Barueri: Manole, 2004.

______; SHORT, F. X. **Testes de aptidão física para jovens com necessidades especiais**: manual Brockport de testes. Barueri: Manole, 2001.

Capítulo 18

Deficiência Visual

Márcia Greguol Gorgatti
Luzimar Teixeira
Maria Claudia Vanícola

"... tem que se educar não apenas uma criança cega, mas, acima de tudo, uma criança."
(Vygotsky, 1997, p. 22)

Existe atualmente uma preocupação de vários autores em abordar a questão da deficiência visual em diversos estudos, já que os dados do IBGE de 2002 indicam um significativo aumento na porcentagem de pessoas com essa deficiência no Brasil. A cegueira infantil está presente em países em desenvolvimento na proporção de 1,5/1.000, segundo a Organização Mundial de Saúde (OMS), o que no Brasil corresponde a cerca de 255 mil crianças. No entanto, ainda de acordo com a OMS, 70% a 80% das crianças diagnosticadas como cegas possuem alguma visão residual. São os casos chamados de baixa visão ou visão subnormal.

Cerca de 500.000 crianças tornam-se cegas todos os anos no mundo e, nos países em desenvolvimento, muitas delas morrem até um ano após a manifestação da cegueira. Ainda nesses países, existem muitas causas de cegueira que poderiam ser totalmente evitadas, como a falta de vitamina A e a malária.

A deficiência visual pode ser definida como uma limitação na visão que, mesmo com correção, afeta negativamente o desempenho de uma criança durante sua educação. Munster e Almeida (2005) consideram de forma separada os conceitos de pessoa com baixa visão e de pessoa com cegueira. Para os autores, pessoa cega seria aquela que pode até apresentar percepção luminosa, mas essa percepção não é suficiente para auxiliar em seus movimentos e orientação de forma irrestrita, assim como para a aprendizagem por meios visuais. Dessa forma, o indivíduo com cegueira necessitaria de instrumentos específicos para a aquisição de conhecimentos, como o código Braille e outras dicas táteis e auditivas.

Pode-se classificar a deficiência visual segundo as referências da International Blind Sports Federation (IBSA) e da U. S. Association for Blind Athletes, apresentadas a seguir.

Quadro 18.1 – Classificação Esportiva de atletas com deficiência visual (International Blind Sports Federation - IBSA)

B1	Totalmente cegos, aqueles que podem ter percepção de luz, mas não são capazes de reconhecer as formas das mãos a qualquer distância.
B2	Aqueles que percebem as formas das mãos, mas com acuidade visual não superior a 20/600 pés, ou aqueles com menos de 5º de campo visual.
B3	Aqueles com acuidade visual de 20/599 até 20/200 pés e/ou aqueles com 5º a 20º de campo visual.
Visão parcial	Aqueles com acuidade visual entre 20/199 e 20/70 pés.

Cabe ressaltar que essa classificação é realizada levando-se em conta ambos os olhos ou o melhor olho do indivíduo, após a melhor correção possível.

Outra forma de classificação da deficiência visual é a educacional, que a distingue em dois níveis.

- *Cegueira*: representa a perda total ou o resíduo mínimo da visão. O indivíduo cego, embora em alguns casos até tenha uma percepção de luz que pode ajudá-lo, não consegue utilizá-la em seus movimentos, em sua orientação e na aprendizagem por meios visuais. Esse indivíduo necessita do código Braille como meio de leitura e escrita, além de outros recursos didáticos e equipamentos especiais para sua educação;
- *Baixa visão ou visão subnormal*: representa a existência de resíduo visual, que permite ao educando ler impressos a tinta, desde que com recursos didáticos e equipamentos especiais. A pessoa com baixa visão possui dificuldade em desempenhar tarefas visuais, mesmo com a prescrição de lentes corretivas, mas pode aprimorar sua capacidade de realizar tais tarefas com a utilização de estratégias visuais compensatórias e modificações ambientais.

O grupo dos portadores de cegueira inclui aqueles que apresentam uma visão total não suficiente para reagir à projeção de luz. Por essa razão, esse grupo exige uma ênfase maior no desenvolvimento dos sentidos remanescentes, já que apresentam a ausência do sentido da visão.

Em muitos casos, a deficiência visual não ocorre sozinha quando é congênita, podendo ser acompanhada de manifestações múltiplas, como deficiência mental ou paralisia cerebral.

Ao nascer com cegueira ou adquiri-la nos primeiros anos de vida, muitas vezes a criança está privada de uma série de oportunidades para seu pleno desenvolvimento motor e social. Embora a cegueira ou a visão subnormal não traga em si esse prejuízo para a criança, a falta de informação por parte dos pais e professores pode contribuir para essa situação. Especialmente os pais, nos primeiros anos de vida da criança, devem supri-la com variados estímulos táteis e sonoros, a fim de estimulá-la de forma precoce. A reação e o apoio dos pais com relação a seus filhos cegos podem ter influência decisiva em sua auto-estima e aceitação social.

Em um estudo sobre como os pais de crianças com deficiências visuais encorajam seus filhos para a prática de esportes, Nixon II (1988) entrevistou os pais de 18 crianças cegas ou com visão subnormal. O autor analisou em seu trabalho que os pais, na maioria das vezes, ofereciam para seus filhos um encorajamento fraco para a prática esportiva ou, em alguns casos, apenas toleravam essa prática, chegando até a desencorajá-la. Para o autor, esse fato explicaria por que a maioria dessas crianças tinha um envolvimento muito limitado com a prática de esportes.

É bastante difícil para os pais admitirem que seus filhos apresentam problemas e, dessa forma, tendem a não orientá-los e estimulá-los corretamente. A atitude dos pais influencia, entre outros fatores, o grau de participação da criança em atividades físicas. O encorajamento dos pais, além de condições de segurança e adequação das atividades, pode evitar o atraso no desenvolvimento de crianças cegas ou com visão subnormal.

Cuidados especiais

A visão fornece um dos meios principais de se obter informações do ambiente. Conseqüentemente, enxergar é de fundamental importância para o processamento de informações. Conforme já foi anteriormente mencionado, a deficiência não é, por si, a responsável pelos eventuais atrasos no desenvolvimento de pessoas cegas. Durante os primeiros anos de vida, ao ser superprotegida ou pouco estimulada pelos pais, a criança

Figura 18.1 – Escalada para adolescente com deficiência visual.

cega deixa de ter acesso a uma imensa variedade de vivências motoras e sensoriais. Essa falta de oportunidade faz com que apresente, especialmente entre os quatro e oito anos, um atraso motor quando comparada àquela que enxerga, o que, em geral, somente será compensado na adolescência. Um exemplo de defasagem no desenvolvimento motor refere-se ao equilíbrio, que depende, além de outras estruturas, da visão. Novamente, por meio de estímulos corretos é possível compensar em grande parte a perda de orientação e equilíbrio, sobretudo estimulando a ação de outros mecanismos centrais e periféricos.

A pessoa com deficiência visual congênita desconhece todas as possibilidades gestuais, utilizando, portanto, a percepção tátil e o estímulo verbal como meio para introduzi-la no mundo do movimento. A criatividade de movimento somente é alcançada após a vivência de possibilidades articulares e musculares. Novamente se ressalta a importância da orientação de atividades físicas para esse grupo, visando ao desenvolvimento motor apropriado para cada faixa etária.

A interação do indivíduo com o mundo físico se inicia na primeira infância e é um processo que leva muito tempo para se completar. Essa interação é feita por meio dos sentidos, entre os quais a visão desempenha um papel extremamente relevante. As crianças com deficiência visual, embora não apresentem dificuldades na habilidade de ficar em pé, em geral demoram mais para andar, quando comparadas a outras que enxergam normalmente. Esse fato pode ocorrer pela superproteção por parte dos pais, que, em muitos casos, privam seus filhos de experiências motoras que eles consideram arriscadas. De fato, a cegueira não traz em si limitações anatômicas ou fisiológicas que comprometam quaisquer habilidades motoras. Além disso, os autores observam que crianças com resíduos visuais apresentam maior facilidade de locomoção do que crianças totalmente cegas, dando a entender que a visão remanescente pode encorajar um melhor posicionamento corporal.

Segundo Navarro et al. (2004), crianças com deficiência visual mostram dificuldades em reconhecer seu próprio corpo, os objetos ao redor e os parâmetros espaciais, que são essenciais para o movimento independente. Os autores analisaram o desenvolvimento do equilíbrio e da coordenação motora de 20 crianças cegas de 7 anos de idade e avaliaram que elas eram muito menos desenvolvidas do que crianças que enxergavam normalmente.

Ainda tratando da mesma temática, Warren (1994) ressalta que a visão residual favorece alguns aspectos motores, como o desenvolvimento da postura, do equilíbrio, da orientação espacial e da lateralidade. Entretanto, ressalta também que estímulos adequados para pessoas com perdas totais congênitas da visão podem minimizar os atrasos no desenvolvimento, desde que sejam oferecidas experiências motivantes, seguras e adequadas. Segundo o autor, pessoas com deficiência visual podem apresentar uma aptidão física mais precária, porém a ausência da visão não é o fator determinante para essa situação. Os fatores fundamentais incluiriam a prontidão muscular, a utilização dos demais sentidos e a presença ou a restrição de oportunidades de movimentos.

Figura 18.2 – Atleta com deficiência visual na prática do ciclismo.

O correto controle do ajuste da postura não está condicionado unicamente pela própria construção do corpo e pela maneira como o indivíduo se movimenta, mas também se vê influenciado pelas características do mundo físico em que cresce e atua. Daí as dificuldades que, com freqüência, os indivíduos cegos costumam apresentar em relação ao controle postural (Martín e Bueno, 2003). Tomando-se como base os indivíduos cegos, constata-se que, diante da privação do referencial visual, eles apóiam seu controle postural nos sistemas vestibular e somatossensorial. Considerando-se a importância do sistema visual no controle postural, seria possível especular que indivíduos portadores de deficiência visual não conseguiriam realizar atividades motoras com grande demanda de controle postural. Entretanto, esses indivíduos podem obter ganhos significativos do controle da postura e do equilíbrio quando submetidos a programas adequados de intervenção, demonstrando que podem, na ausência de uma fonte de informação sensorial, recorrer a outra e criar condições favoráveis para a solução de problemas motores.

Muitos problemas posturais observados em pessoas cegas na fase adulta devem-se, além da falta de experiências motoras apropriadas, à forma como costumam caminhar. Por não poderem ver o possível perigo, em geral costumam usar uma base de apoio ampla para evitar quedas ao tropeçar em obstáculos (Martín e Bueno, 2003). A base de apoio ampla, também demonstrada durante a corrida, não permite um movimento rápido e pode gerar tensões articulares. Geralmente, pessoas cegas caminham e correm com as pernas afastadas, os pés arrastando no chão e os braços estáticos à frente. Esse padrão típico dos braços durante a caminhada, além do fato de a cabeça geralmente ficar voltada para baixo, pode ser parcialmente responsável pelos distúrbios posturais manifestados comumente.

Em um estudo com crianças e adolescentes com diversos tipos de deficiências, com idades entre 6 e 20 anos, Longmuir e Bar-Or (2000) verificaram que aqueles com deficiências visuais apresentavam níveis mais baixos de atividade física habitual quando comparados a outros com deficiências motoras. Além disso, também aqueles com deficiências visuais percebiam uma maior limitação para a prática de atividades físicas junto com crianças sem deficiências, em situações inclusivas de ensino. Provavelmente essas limitações poderiam ser reduzidas caso o professor oferecesse outras formas de vivência para esses alunos, já que a perda visual, como já mencionado, é muito menos relevante do que os estímulos oferecidos para o desenvolvimento motor (Wright e Sugden, 1999).

Confirmando a importância do uso de diferentes estímulos sensoriais com pessoas cegas, para que elas desenvolvam a imagem do movimento, é preciso que sejam oferecidas dicas cinestésicas, espaciais, táteis, auditivas e olfativas, além de serem levados em conta alguns aspectos emocionais, como a motivação e o encorajamento para a realização da atividade.

– Malone et al. (2001), ao compararem a memória de movimento de crianças com cegueira congênita e adquirida, realizaram uma série de testes motores, visando aferir a precisão de movimentos. Verificaram que, embora as crianças com cegueira congênita pudessem executar todos os movimentos propostos, apresentavam um nível de precisão inferior quando comparadas às com cegueira adquirida. Os principais problemas na reprodução do movimento estavam na orientação a partir de um ponto de referência. Dessa forma, puderam concluir que crianças com cegueira congênita tinham dificuldades em considerar, de forma adequada, as pistas externas para a execução dos movimentos, necessitando de estímulos táteis e cinestésicos para um melhor desempenho.

Em uma revisão sobre o desenvolvimento motor de indivíduos com deficiência visual, Skaggs e Hopper (1996) avaliaram a resistência cardiovascular, a resistência muscular, a flexibilidade e o equilíbrio de pessoas com e sem deficiência visual. Indivíduos com deficiência visual apresentaram defasagens em todas as capacidades avaliadas, quando comparados a indivíduos não cegos. Entre aqueles com deficiência visual, os que tinham visão residual ou haviam perdido a visão tardiamente apresentavam melhor desempenho do que os cegos congênitos. Os autores destacaram também a necessidade de se desenvolver métodos eficazes de avaliação para indivíduos com deficiência visual, visto que a simples adaptação de testes utilizados convencionalmente não garante uma medição real. Embora os autores considerassem sua amostra restrita para que generalizações fossem feitas, os resultados das avaliações mostraram que é preciso que sejam desenvolvidos programas de atividades físicas específicos para atingir as necessidades de pessoas com limitações visuais.

Os autores apontam também que crianças cegas em ambientes segregados de Educação Física apresentaram resultados superiores aos de crianças em ambientes inclusivos de escolas públicas. Concluíram, dessa forma, que os ambientes inclusivos, embora muitas vezes receptivos, não apresentam estrutura ou adequação de conteúdos suficientes para atender às necessidades de jovens com condições especiais. Já os ambientes segregados, com professores preparados e atividades apropriadas, seriam potencializadores da evolução da motricidade. Por fim, ressaltam a superproteção por parte dos pais como sendo provavelmente outra razão pela qual indivíduos com deficiências visuais são atrasados em seu desenvolvimento motor.

Celeste (2002), analisando jovens com deficiências visuais em seus aspectos motores, verificou que eles apresentavam atrasos em seu desenvolvimento quando comparados aos indivíduos não cegos. Quando os jovens com deficiência eram categorizados de acordo com a perda visual, aqueles que possuíam maior limitação visual demonstravam também padrões motores mais precários, seguidos por aqueles que haviam nascido de parto prematuro.

Muitos estudos na literatura médica mostram que indivíduos cegos apresentam níveis de força, resistência cardiorrespiratória, velocidade e equilíbrio abaixo da média de jovens não cegos da mesma faixa etária. Entretanto, existe também certa unanimidade entre os autores em relação ao fato de que uma estimulação adequada e precoce pode resolver o atraso existente em grande parte ou de até de forma total.

O atraso no desenvolvimento motor de pessoas cegas pode estar relacionado à "passividade motora" (ficar mais sentada, movimentar-se menos), aos comportamentos estereotipados (gestos rígidos e repetitivos) e às experiências limitadas com o ambiente que as cerca. Especialmente para aquelas que nasceram cegas, é preciso que se ofereçam orientações sobre controle e postura corporal e como caminhar, já que elas jamais puderam observar os padrões de movimento de outras pessoas. O autor também destaca que o nível de aptidão física de indivíduos com deficiência visual é em geral inferior ao de outros que enxergam; essa diferença, entretanto, se deveria à falta de vivências motoras e não à falta de visão. Esse fato ressalta ainda mais a responsabilidade do educador físico em fornecer experiências de movimentos e estimular e motivar essas crianças a se movimentarem.

Quanto ao desenvolvimento cognitivo, Winnick (1995) destaca que a criança cega congênita em geral não é estimulada a aprender por meio de outros sentidos que não a visão. Dessa forma, poderá desenvolver problemas de percepção no futuro, resultando em um atraso no desenvolvimento cognitivo.

Capellini e Mendes (2003), ao analisarem o rendimento escolar de seis crianças cegas inseridas no ensino regular, verificaram que 83% apresentaram um rendimento nas disciplinas de Português e Matemática inferior à média das demais crianças da sala. As autoras concluíram que a inclusão de crianças cegas em classes comuns é viável, porém são necessárias adaptações que garantam o acesso ao currículo, especialmente na forma como a mensagem é passada a esses alunos.

Avaliando o processo de escolarização de crianças cegas ou com visão subnormal, Batista (2001) destacou que as defasagens verificadas nesses alunos poderiam ser sanadas por meio de recursos pedagógicos especiais, melhor treinamento de professores e orientação para que os pais estimulassem seus filhos também em casa.

Para o pleno desenvolvimento cognitivo de crianças cegas ou com baixa visão, é necessária a elaboração de recursos auxiliares na compreensão de diferentes conceitos e sistemas de conceitos. Para tanto, deve-se redefinir o papel do tato como importante recurso, embora não substituto direto da visão. É também relevante pensar a noção de representação, como base para o planejamento de recursos didáticos a serem elaborados e apresentados para esses alunos. A troca de experiências com outras crianças, inclusive com as não cegas, e a ampla possibilidade de exploração do ambiente por meio de estimulação apropriada podem potencializar o desenvolvimento cognitivo e facilitar a formação de conceitos (Batista, 2005; D'Angiulli e Maggi, 2003; Hatwell, 2003; Ittyerah e Goyal, 1997; Lewis, Norgate e Collis, 2002; Smitsman e Schellingerhout, 2000).

Quanto aos aspectos psicossociais, Craft (1995) destaca o problema dos comportamentos estereotipados, que seriam movimentos repetitivos, geralmente realizados por indivíduos com cegueira. Esses comportamentos, também chamados de maneirismos, devem ser motivo de preocupação por parte de pais e educadores, já que prejudicam as interações sociais dos indivíduos com deficiência visual.

Para Munster e Almeida (2005), esses comportamentos podem ter origem na necessidade do indivíduo cego de realizar uma estimulação vestibular ou de outros órgãos dos sentidos. Maneirismos são muito comuns em crianças cegas e tendem a ser inibidos na adolescência. Novamente, a orientação dos professores e da família é de suma importância nesse processo.

Winnick (1995) destaca ainda que pessoas cegas podem encontrar outra barreira dificultando sua interação social: elas não podem responder a sinais não verbais, como gestos e expressões fisionômicas. Ainda que lhes ensinem a executar gestos ou compreender as expressões corporais, indivíduos cegos não responderão quando outros utilizarem esses mecanismos.

Juan, Yongfang e Wengang (2001), ao aplicaram a Escala de Solidão para Crianças a 100 crianças cegas e 100 não cegas, relataram que as do primeiro grupo mostraram níveis de solidão e isolamento social muito maiores do que as do segundo. Para os autores, esse isolamento estava diretamente relacionado à superproteção por parte dos pais e ao baixo apoio social recebido.

Outro ponto geralmente considerado complexo na educação de uma pessoa cega diz respeito à sexualidade. Nedeff (2003), analisando o comportamento de adultos cegos, percebeu que as maiores dificuldades deles com relação à sexualidade eram suas limitações perceptivas e o estigma social da cegueira. Segundo os indivíduos pesquisados, a educação sexual que receberam havia sido extremamente precária, o que dificultava ainda mais suas experiências.

Observa-se que, muitas vezes, pais e professores, por excesso de preocupação, podem superproteger crianças e adolescentes com deficiências visuais. No entanto, essa superproteção geralmente levará a uma quantidade reduzida de oportunidades de explorar livremente o próprio corpo e o ambiente, criando, dessa forma, possíveis atrasos no desenvolvimento motor, perceptivo e psicossocial.

O trabalho conjunto dos profissionais das áreas da saúde e da educação no interesse da criança com deficiência visual pode reduzir significativamente o impacto que a falta de visão causa na vida dessas crianças. Três áreas podem ser afetadas: restrição de experiências, falta de controle sobre si mesma e sobre o ambiente e inabilidade de se mover com liberdade. Se as restrições não são superadas, podem ocorrer atrasos no desenvolvimento cognitivo, motor e sensorial, da vida independente e socioemocional. A criança, dessa forma, poderá não se tornar uma participante ativa nas experiências de todas as crianças.

Percebe-se que a participação de pessoas cegas em atividades físicas pode ser muito benéfica e segura e que elas podem alcançar ótimos níveis de desempenho. Estando o professor de Educação Física ciente de quaisquer restrições médicas por parte dessa pessoa, as atividades devem ser prescritas de forma motivante, levando em conta as potencialidades do aluno. Embora se saiba que os aspectos motores podem ser facilitados pela visão residual ou pela perda tardia da visão, vivências variadas de habilidades motoras são consideradas primordiais no processo de desenvolvimento.

Deficiência visual e atividade física

Para Warner (2001), a Educação Física deveria desenvolver não apenas a aptidão física, mas também estilos de vida saudáveis. Os alunos precisam de oportunidades para descobrir sua própria força e resistência enquanto participam das atividades. Eles também precisam ser instruídos sobre a importância da atividade física para o corpo e para o desenvolvimento global. Pessoas cegas não podem estar à margem dessa situação, devendo igualmente ser estimuladas a conhecer melhor o próprio corpo e como a atividade física pode alterá-lo.

A segurança é, com certeza, a preocupação maior no trabalho com quaisquer alunos. Não poderia ser diferente para aqueles com deficiências visuais. Para Warner (2001) e Wobeto (2003), oferecer segurança não deveria ser um problema para o professor de Educação Física. Alguns cuidados, segundo esse estudo, podem ser tomados no sentido de evitar acidentes. Em primeiro lugar, é importante familiarizar o aluno cego com seu ambiente de aula, permitindo que experimente todos os espaços existentes. Também é de fundamental importância que sejam removidos quaisquer obstáculos que possam provocar acidentes e que todos os alunos conheçam as regras de segurança durante as aulas. Apenas em casos extremos, como quando o aluno tem muito medo ou outra deficiência associada, poderia ser oferecida assistência individualizada, evoluindo posteriormente para uma situação coletiva.

No caso da deficiência visual, o professor deve se assegurar de que o aluno esteja familiarizado com o espaço físico, percursos, inclinações do terreno e diferenças de piso. Essas informações são úteis, pois previnem acidentes, lesões e quedas. É preciso também mostrar ao aluno onde ficam as instalações como salas, banheiros, quadras etc. (Cassiano, 2003; Cidade e Freitas, 2002).

Guimarães (2003) lembra também que a questão da acessibilidade é importante para pessoas com deficiências visuais. Atitudes simples, como colocar cercados no chão, ao redor de extintores de incêndio e de orelhões, podem evitar muitos acidentes. O mesmo autor destaca ainda que é necessário que o professor substitua explicações com gestos por atividades em que o aluno se movimente, citando como exemplo a formação em roda, para explicar o movimento de translação da Terra.

Ao chegar em um ambiente novo em que realizará atividades desconhecidas, a pessoa com deficiência visual precisa sentir segurança e confiar no professor de Educação Física que a acompanhará. Craft (1995) propõe uma seqüência a ser efetuada por professores de Educação Física ao terem seu primeiro contato com um aluno com deficiência visual. Primeiro, o professor deve realizar uma pré-avaliação, a fim de determinar o nível de desempenho motor do aluno. Em seguida, deve avaliar se existe visão residual, quando ocorreu a perda da visão e como ele pode potencializar a visão residual da pessoa, caso exista. Em uma segunda etapa, o professor deve incutir nos demais alunos, no caso de ambientes inclusivos, atitudes positivas com relação aos colegas com deficiências visuais. As duas etapas, na verdade, podem ser realizadas concomitantemente. É fundamental que o professor encoraje constantemente a participação de todos os alunos nas aulas de Educação Física e evite a superproteção. A pessoa com deficiência visual deve ser estimulada a realizar todas as atividades da forma mais independente possível.

Ainda segundo Craft (1995), o professor de Educação Física pode ajudar os pais a perceberem o potencial de seus filhos e desafiar a criança para que ela possa alcançar desempenhos cada vez maiores. A variabilidade das atividades é uma estratégia que pode ajudar na motivação; cabe ressaltar, no entanto, que as instruções devem ser oferecidas de forma sinestésica e auditiva. Dicas visuais devem ser estimuladas apenas para aqueles com visão residual. Por fim, o professor deve contar, no estabelecimento de ensino em que atua, com outros profissionais para lhe dar suporte, como psicólogos e fisioterapeutas, entre outros.

Munster e Almeida (2005) afirmam que, para o bom andamento das aulas de Educação Física para pessoas com deficiência visual, as informações sonoras deveriam ser estimuladas, priorizando-se a variação dessas informações. Além disso, destacam que as informações tátil e sinestésica, especialmente nos estágios iniciais de aprendizagem do movimento, são muito úteis.

Para o sucesso da proposta de aula de Educação Física para essa população, além da adaptação do espaço mencionada anteriormente, é preciso, entretanto, que os materiais disponíveis também sejam adaptados para pessoas com deficiência visual. Para aquelas com perda parcial da visão, os materiais devem ser coloridos e visualmente atraentes. Já para as crianças com perda total de visão, o ideal é que os materiais apresentem relevos e texturas variados e, quando possível, sejam sonoros.

Figura 18.3 – Criança com deficiência visual aprendendo a nadar.

Lieberman e Wilson (2002) apresentam, para os professores de Educação Física que pretendem trabalhar com alunos com deficiência visual, as seguintes dicas gerais.

- Utilizar informações verbais claras e objetivas, sem mudar de lugar durante as instruções;
- Usar informações táteis, fazendo com que o aluno sinta seu próprio corpo e o corpo do professor em diferentes situações de movimento;
- Oferecer orientação como guia, buscando permitir que o aluno tenha o máximo possível de independência no espaço;
- Ter certeza de que o aluno está incluso na conversa e que entende o que está sendo falado;
- Nunca chegar ou sair de perto do aluno sem comunicar;
- Saber o nome dos alunos.

A fim de que a inclusão nas escolas possa ser uma proposta de sucesso com crianças com deficiência visual, Lieberman e Wilson (2002) propõem que as demais crianças na escola sejam gradualmente adaptadas à nova situação. Os autores apresentam quatro níveis de adaptação das crianças sem deficiência: em primeiro lugar, elas deveriam observar crianças com deficiência visual de várias formas, como por meio de vídeos e fotografias; em seguida, essas crianças deveriam experimentar as sensações semelhantes às de uma criança com deficiência visual, ou seja, praticar algumas atividades com privação da visão; em um próximo passo, as crianças sem deficiência já realizariam atividades em conjunto com colegas com limitações visuais; e, na última etapa, tornar-se-iam "tutores de seus colegas especiais", ou seja, quando necessário, auxiliariam as crianças com deficiência visual na execução de determinadas atividades.

Baumel e Castro (2003) propõem algumas adaptações que podem ser úteis no ensino de alunos cegos ou com visão subnormal, como recursos ópticos para os alunos de baixa visão e alguns recursos não ópticos:

- Modelos adaptados de mobiliário, materiais para grafia, instrumentos adaptados de medidas matemáticas, proteções visuais e iluminações adequadas, entre outros;
- Materiais para o desenvolvimento da função tátil, como máquina de escrever em Braille, jogos com encaixes e materiais em alto relevo ou com texturas diferenciadas;
- Materiais para discriminação auditiva, como gravadores, livros falados, bolas com guizos e localizadores sonoros, entre outros;
- Materiais com recursos eletrônicos, como calculadoras, relógios e *softwares* que falem, impressão com fonte aumentada ou em Braille, entre outros;
- Materiais para o desenvolvimento da autonomia do aluno, como aqueles ligados à orientação, à mobilidade e às atividades de cuidados pessoais.

A prática esportiva para pessoas com deficiência visual teve início formalizado no século XX e tem crescido recentemente em número de atletas e modalidades oferecidas. As principais modalidades praticadas no Brasil são a natação, o atletismo, o ciclismo, a escalada esportiva, o futebol, o golbol e o judô. A entidade nacional que administra essas modalidades é a Confederação Brasileira de Desporto para Cegos (CBDC), organizando competições regionais e nacionais, além das participações brasileiras em campeonatos internacionais e Jogos Paraolímpicos.

Conclusão

Para muitos indivíduos cegos, as aulas de Educação Física são uma das poucas oportunidades para vivenciar experiências motoras variadas, o que pode ser fundamental para garantir seu melhor desenvolvimento motor. Infelizmente, pelo que se observa na prática, a Educação Física parece ainda estar longe de incluir de fato todos os alunos – justamente ela, que de todas as disciplinas deveria ser uma das mais receptivas à diferença, por admitir inúmeras respostas como sendo corretas. Diferente das equações matemáticas, para as quais existe apenas uma resposta certa, no universo da Educação Física são várias as possibilidades para se atingir um determinado fim.

Observa-se pelo exposto que a superproteção, a falta de conhecimento por parte dos professores, o pouco preparo dos colegas e a falta de adaptações, muito mais que a deficiência em si, são os grandes agentes que prejudicam o pleno desenvolvimento de uma criança com deficiência. Conhecer as particularidades dos alunos e focar mais suas possibilidades do que suas limitações certamente serão fatores decisivos para o sucesso dos programas de Educação Física para indivíduos com deficiência visual.

Referências

BATISTA, C. G. Deficiência visual, alterações no desenvolvimento e o processo de escolarização. **Boletim de Psicologia**, São Paulo, v. 51, n. 115, p. 187-200, 2001.

_____. Formação de conceitos em crianças cegas: questões teóricas e implicações educacionais. **Psicologia**: teoria e pesquisa, Brasília, v. 21, n. 1, p. 7-15, 2005.

BAUMEL, R. C. R. C.; CASTRO, A. Materiais e recursos de ensino para deficientes visuais. In: RIBEIRO, M. L. S.; BAUMEL, R. C. R. C. **Educação especial**: do querer ao fazer. São Paulo: Avercamp, 2003.

CAPELLINI, V. L. M. F.; MENDES, E. G. Avaliação do rendimento escolar de alunos com deficiência visual inseridos no ensino regular. **Temas sobre Desenvolvimento**, São Paulo, v. 11, n. 66, p. 39-44, 2003.

CASSIANO, C. Com os olhos da alma. **Revista Educação**, São Paulo, v. 7, n. 73, p. 41-52, 2003.

CELESTE, M. A survey of motor development for infants and Young children with visual impairments. **Journal of visual impairment and blindness**, New York, n. 96, p. 169-74, 2002.

CIDADE, R. E.; FREITAS, P. S. Educação Física e inclusão: considerações para a prática pedagógica na escola. **Integração**, Brasília, v. 14, p. 26-30, 2002. Edição Especial.

CRAFT, D. The visual impaired. In: WINNICK, J. P. **Adapted physical education and sports**. Champaign: Human Kinetics, 1995. p. 143-66.

D'ANGIULLI, A.; MAGGI, S. Development of drawing abilities in a distinct population: depiction of perceptual principles by three children with congenital total blindness. **International Journal of Behavioral Development**, Hove East, v. 27, n. 3, p. 193-200, 2003.

GUIMARÃES, A. Inclusão que funciona. **Revista Escola**, São Paulo, p. 43-7, set. 2003.

HATWELL, Y. **Perceptual**: motor development in blind children. Enfance, Paris, v. 55, n. 1, p. 88-94, 2003.

ITTIYERAH, M.; GOYAL, M. Fantasy and reality distinction of congenitally blind children. **Perceptual and Motor Skills**, Missoula, v. 85, p. 897-8, 1997.

JUAN, L.; YONGFANG, L.; WENGANG, H. Feelings of loneliness in blind children. **Chinese Mental Health Journal**, Hong Kong, v. 15, n. 6, p. 394-5, 2001.

LEWIS, V.; NORGATE, S.; COLLIS, G. Representations in a congenitally totally blind child between on and seven years. **Enfance**, Paris, v. 54, n. 3, p. 291-307, 2002.

LIEBERMAN, L. J.; WILSON, C. **Strategies for inclusion**: a handbook for physical educators. Champaign: Human Kinetics, 2002.

LONGMUIR, P. E.; BAR-OR, O. Factors influencing the physical activity levels of youths with physical and sensory disabilities. **Adapted Physical Activity Quarterly**, Champaign, v. 17, p. 40-53, 2000.

MALONE, L. A. et al. Effects of visual impairment on stroke parameters in paralympic swimmers. **Medicine and science in sports and exercise**, Madison, v. 12, p. 2.098-103, 2001.

MARTÍN, M. B.; BUENO, S. T. **Deficiência visual**: aspectos psicoevolutivos e educativos. São Paulo: Santos, 2003.

MUNSTER, M. A.; ALMEIDA, J. J. G. Atividade física e deficiência visual. In: GORGATTI, M. G.; COSTA, R. F. **Atividade física adaptada**: qualidade de vida para pessoas com necessidades especiais. Barueri: Manole, 2005.

NAVARRO, A. S. et al. Balance and motor coordination are not fully developed in 7 years old blind children. Arquivos de Neuropsiquiatria, São Paulo, v. 62, n. 3, p. 654-7, 2004.

NEDEFF, C. C. O perceber do sujeito cego sobre o desenvolvimento da sua sexualidade, da infância à adolescência. In: Jornada de Pesquisadores: deficiências: interconexões criativas, 2., 2003, São Paulo. **Resumos...** São Paulo: Sociedade de Psicologia de São Paulo, 2003. p. 47.

NIXON II, H. L. Getting over the worry hurdle: parental encouragement and the sports involvement of visually impaired children and youths. **Adapted Physical Activity Quarterly**, Champaign, v. 5, p. 29-43, 1988.

SKAGGS, S.; HOOPER, C. Individuals with visual impairments: a review of psychomotor behavior. **Adapted Physical Activity Quarterly**, Champaign, v. 13, p. 16-26, 1996.

SMITSMAN, A. W.; SCHELLINGERHOUT, R. Exploratory behavior in blind infants: how to improve touch? **Infant Behavior e Development**, Norwood, v. 23, p. 485-511, 2000.

VYGOTSKI, L. S. **Obras escolhidas V**: Fundamentos de defectologia. Madrid: Visor, 1997.

WARREN, D. H. **Blindness and children**: an individual differences approach. Cambridge: Cambridge University, 1994.

WARNER, R. Physical education for children with visual impairments. **The British Journal of Teaching Physical Education**, London, v. 14, p. 17-20, 2001.

WINNICK, J. P. **Adapted physical education and sport**. Champaign: Human Kinetics, 1995.

WOBETO, M. R. E. Depoimento: um novo olhar sobre a cegueira. **Temas sobre Desenvolvimento**, São Paulo, v. 12, n. 70, p. 46-7, 2003.

WRIGHT, H.; SUGDEN, D. **Physical education for all**. London: David Fulton, 1999.

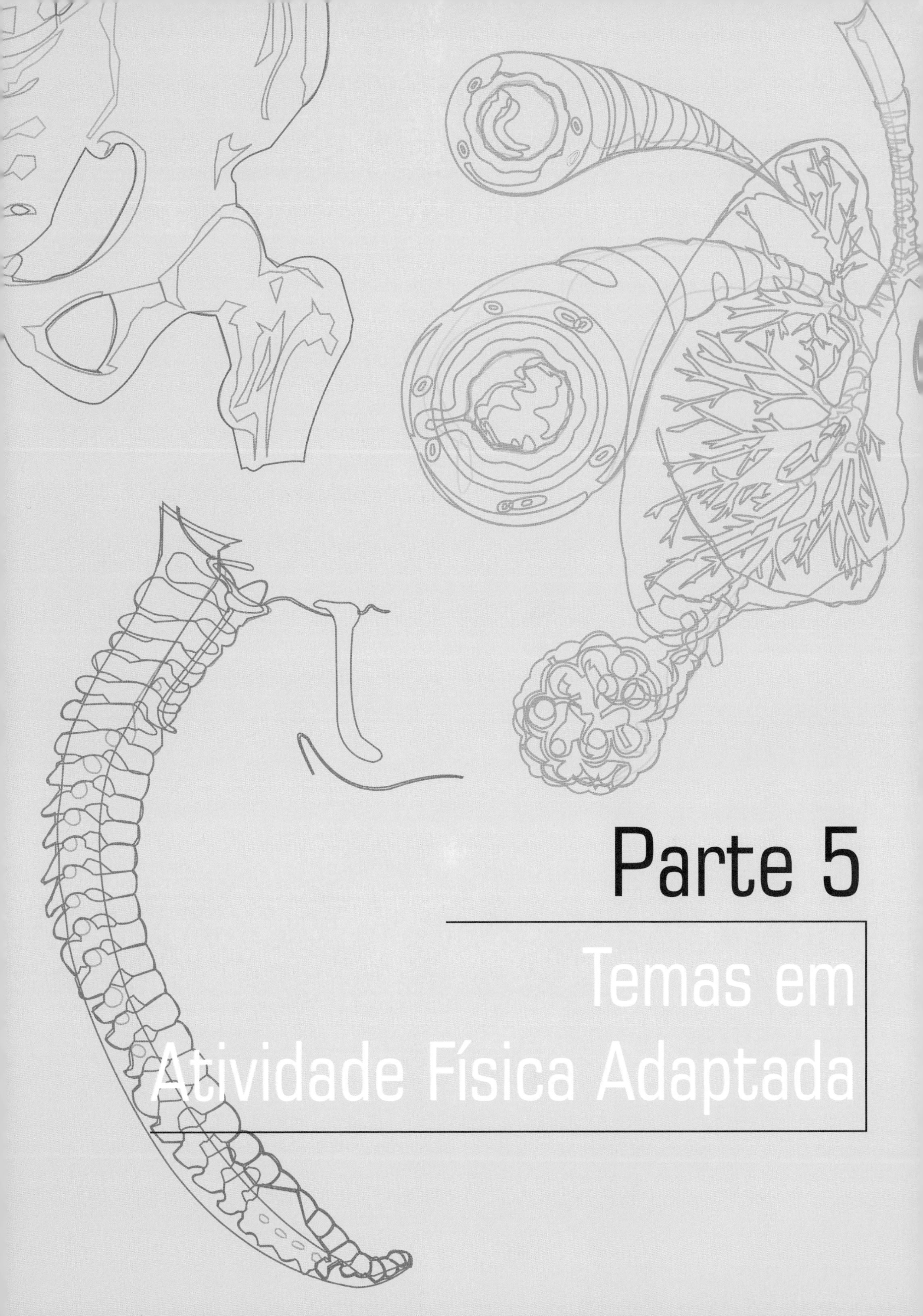

Parte 5

Temas em Atividade Física Adaptada

Capítulo 19

Atividades Aquáticas Adaptadas

Ester Francisca Mendes Bôscolo
Maria Claudia Vanícola
Luzimar Teixeira

Este capítulo apresenta uma síntese de resultados de pesquisas e propostas para o ensino de habilidades aquáticas para portadores de necessidades especiais. Embora os grupos atendidos sejam denominadas por algumas instituições como "especiais", as atividades físicas a elas destinadas aqui serão chamadas de "atividades físicas adaptadas", porque o termo "adaptada" deixa claro que o indivíduo atendido possui algumas características distintas da maioria da população e que, por isso, necessita de algumas modificações em seu processo de ensino-aprendizagem. A atividade física para o portador de deficiência deve procurar o favorecimento, a manutenção e a evolução das condições orgânicas do indivíduo. As atividades motoras aquáticas buscam não só a autonomia do indivíduo no meio líquido, mas também a melhora de suas condições físicas, o aumento do repertório de habilidades motoras e também a melhora das condições para o desempenho de Atividades de Vida Diária (AVD). Ao longo do capítulo, serão apresentadas as principais necessidades de cada população abordada, os benefícios e efeitos terapêuticos das atividades aquáticas para cada uma delas, os aspectos mais relevantes do processo de ensino e aprendizagem de habilidades motoras aquáticas e de algumas das linhas metodológicas mais utilizadas atualmente e relatos de experiências de profissionais que conseguiram bons resultados com técnicas criadas e/ou adaptadas por eles.

Efeitos terapêuticos do exercício na água

De forma geral, para aqueles indivíduos que apresentam dificuldades de se movimentar em virtude da perda de força muscular ou excessiva rigidez articular, as atividades aquáticas oferecem maiores benefícios do que as atividades terrestres. Esses benefícios tornam-se ainda maiores quando as atividades são desenvolvidas em piscina aquecida. A água quente induz ao relaxamento muscular, principalmente em decorrência do aumento da temperatura corporal, da vasodilatação periférica e do aumento da irrigação sangüínea. O relaxamento também é facilitado pela ausência de pressão localizada em proeminências ósseas. Outros efeitos terapêuticos são a manutenção ou o aumento da amplitude de movimentação articular, a reeducação de músculos paralisados, o desenvolvimento de força e resistência muscular, a melhora das atividades funcionais da marcha, a melhora da circulação sangüínea e o aumento da confiança e da independência funcional.

Algumas das vantagens do trabalho em meio aquático para indivíduos portadores de deficiências ou limitações físicas:

- A capacidade de flutuação permite que o indivíduo realize dentro da piscina vários movimentos que não são possíveis em ambiente seco;
- A liberdade de movimentos em flutuação e o alívio do peso corporal proporcionam manutenção ou aumento da ADM articular;
- É possível reeducar o controle de força e desenvolver a resistência muscular localizada, pois há facilitação da ação contrátil do músculo;
- O meio aquático favorece o controle da coordenação motora;
- Os movimentos de rotação e circundação (especialmente trabalhados por meio do Método Halliwick) oferecem uma grande estimulação vestibular;
- O controle do equilíbrio corporal em posição ereta é favorecido pela pressão hidrostática;
- A turbulência e o atrito estimulam a utilização das informações proprioceptivas, o que leva ao reestabelecimento mais precoce das funções motoras e favorece a maior prontidão de respostas motoras.

Em algumas condições, porém, as atividades aquáticas são contra-indicadas; entre elas podemos citar as seguintes: presença de feridas abertas, incontinência urinária ou intestinal, febre, escaras, uso de cateter ou bolsa de colostomia.

A aprendizagem de movimentos

De forma geral, a aprendizagem é uma forma de adaptação persistente no tempo, que pode ser observada pela alteração do comportamento do indivíduo. Essa alteração de comportamento, seja ele motor, cognitivo e/ou social, é decorrente de modificações funcionais (ex.: utilização de determinadas áreas do córtex, recrutamento de determinados agrupamentos musculares etc.) que ocorrem a partir da prática do indivíduo. A quantidade de prática é um dos fatores mais importantes que condicionam o processo de aprendizagem. A dedicação, o empenho da pessoa que aprende e a metodologia utilizada pelo professor exercem, contudo, grande influência sobre esse processo. A aprendizagem é um processo de mudanças internas e, portanto, não é possível observá-la diretamente. Faz-se a inferência da aprendizagem por meio da observação do desempenho; no caso de habilidades motoras, é possível saber que ocorreu aprendizagem por meio de uma mudança na qualidade do movimento. A habilidade passa a ser mais bem executada do que em um dado momento anterior e, a partir de então, aquele padrão de desempenho passa a ser constantemente satisfatório. Tais modificações no comportamento ou no desempenho só poderão, contudo, ser consideradas como resultado de um processo de aprendizagem se forem relativamente permanentes (Schmidt e Wrisberg, 2001).

Portanto, a aprendizagem é um processo de retenção da informação. Esse processo está diretamente relacionado à *atenção seletiva*, que é a capacidade de um indivíduo para reter as informações importantes e descartar aquelas que não são importantes na realização de uma determinada tarefa (Ladewig, Cidade e Ladewig, 2001). Um indivíduo que está no estágio inicial da aprendizagem de uma habilidade motora ainda não é capaz de saber quais aspectos dessa habilidade são realmente importantes. Uma estratégia de ensino capaz de minimizar esse problema é a utilização de dicas de aprendizagem (ex. para o nado costas: "sai dedão, entra dedinho"). Por meio delas, o professor pode mostrar ao aluno quais são os aspectos importantes do movimento e pode despertar a atenção seletiva a partir da novidade (Magill, 2000; Ladewig, 2000; Ladewig, Cidade e Ladewig, 2001). A atenção seletiva possui influência direta sobre os mecanismos de tomada de decisão. Assim como prestar atenção no detalhe certo do movimento ou em algum estímulo externo e importante resulta em um bom desempenho, prestar atenção em um detalhe ou estímulo externo desnecessário faz com que o desempenho seja ruim. Então, para selecionar dicas de aprendizagem adequadas, o professor deve considerar as características específicas de cada aluno, de cada tarefa e também do ambiente de aprendizagem.

Mas para que as informações sobre a tarefa, o ambiente e o corpo em movimento sejam retidas, entra em ação o mecanismo de *memória*. Pode-se "dividir" a memória em três tipos:

- Memória de curto prazo: responsável por armazenar informações que são importantes somente por um curto espaço de tempo e que depois podem ser descartadas. Exemplo: Uma pessoa lê o número de telefone da pizzaria e o decora para fazer seu pedido; no entanto, quando a ligação termina, ela não se lembra de que número discou;
- Memória de longo prazo: responsável por armazenar informações que são importantes por muito tempo e que não podem ser descartadas. Exemplo: Um indivíduo, que aprendeu a andar de bicicleta na infância, deixou de praticar essa habilidade na adolescência e com 30 anos de idade resolveu comprar novamente uma bicicleta. Apesar de o desempenho adulto não ser tão bom quanto aquele apresentado na infância, o indivíduo não precisou começar novamente o processo de aprendizado, utilizando rodinhas auxiliares, segurando-se nas paredes ou pedindo ajuda a outra pessoa;
- Memória de trabalho: responsável por armazenar informações utilizadas diariamente e que não podem ser descartadas. Exemplo: Todos nós seguimos de forma automática nossos procedimentos de trabalho – comandos de computador, do carro, de máquinas e equipamentos utilizados no trabalho diário – e não precisamos parar para pensar em como fazer todas essas coisas. A grande quantidade de prática e a utilização diária levaram as informações sobre essas tarefas para a memória de trabalho.

É como se a responsabilidade de "guardar" a informação mudasse de setor na medida em que o indivíduo pratica mais. Somente podem ser consideradas "aprendidas" as informações armazenadas na memória de longo prazo e na memória de trabalho.

O que determina onde uma informação será armazenada?

A aprendizagem de habilidades motoras acontece em três estágios (Fitts e Possner, 1967, apud Magill, 2001). No primeiro estágio, denominado estágio cognitivo, o indivíduo sabe que errou, mas não sabe o que errou nem por que errou. Nessa etapa da aprendizagem, todas as informações são novas e, portanto, não há nada armazenado na memória que possa ser utilizado. Por isso, o indivíduo precisa pensar muito sobre o movimento que deve executar e precisa ser informado com muita freqüência, quer seja sobre o erro cometido, quer seja sobre os procedimentos para uma execução correta (*feedback* extrínseco). Nesse período inicial da aprendizagem, as informações que ele recebe e aquelas que ele mesmo extrai sobre o movimento (que ainda são muito reduzidas) ficam armazenadas na memória de curto prazo. A demanda de atenção necessária para executar as tarefas solicitadas pelo professor ainda é muito alta e por isso ele tem uma execução lenta.

No segundo estágio, o associativo, o indivíduo começa a associar aquilo que vê e ouve sobre a tarefa com aquilo que realmente executa. Com a prática, algumas informações sobre o movimento começam a ser armazenadas na memória de longo prazo e outras na memória de trabalho. Isso permite que a demanda de atenção para executar a tarefa seja menor e que o movimento possa ser executado mais rapidamente. Os acertos passam a ser mais freqüentes, a execução passa a ser melhor e a dependência de *feedback* extrínseco diminui. A capacidade para ouvir informações sem interromper a execução também aparece nesse estágio.

Finalmente, depois de muita prática, o executante é capaz de elaborar respostas motoras apropriadas para os problemas relacionados à execução da habilidade, de perceber e corrigir os próprios erros. Os movimentos apresentam um alto grau de eficiência e fluidez. Esse terceiro estágio é denominado autônomo porque todos os aspectos considerados importantes para a execução estão armazenados na memória de trabalho e, portanto, a execução do movimento é automática. É importante salientar que esses movimentos foram aprendidos e muitíssimo treinados e que não podem ser chamados de movimentos reflexos! O *reflexo* é um movimento *involuntário*, que em geral ocorre em situações nas quais o corpo precisa se defender de alguma agressão externa. Tome como exemplo alguém que faz um gesto qualquer para evitar que uma bola acerte seu rosto. Esse movimento será desajeitado e sem técnica. A necessidade de que ele seja feito rapidamente faz com que a medula espinhal envie os comandos para que o braço se mova. Lembre-se de que a medula fica abaixo do córtex – isso explica por que esse movimento não é planejado. Imagine agora um goleiro que defende uma bola inesperada durante uma partida de futebol. Seu gesto foi extremamente técnico e é resultado de anos e anos de dedicação e treinamento. O que ele fez foi utilizar sua memória de trabalho. A estrutura envolvida na execução de *movimentos automáticos* é o cerebelo, que, entre outras funções, atua no controle das atividades diárias, dos atos impulsivos e auxilia no controle do equilíbrio e dos movimentos (Kandel, Schwartz e Jessesl, 1997; Scientific American Brasil, 2003).

O tempo para que cada indivíduo passe pelos três estágios é variável em função de fatores como experiência prévia, individualidade biológica, quantidade e freqüência de prática. Entretanto, no que se refere a atletas, são necessários pelo menos dez anos de prática intensa para alcançar níveis altíssimos de desempenho (McPherson, 1999, apud Ladewig, Cidade e Ladewig, 2001).

É importante considerar também que o controle dos movimentos acontece em razão de fatores neurofisiológicos: os comandos para que cada movimento seja executado partem do córtex e chegam até os músculos, tendões e articulações por meio de sinapses. A repetição do movimento ao longo do tempo faz com que sejam recrutados sempre os mesmos grupos de neurônios para executar cada uma das ações. Quanto mais o movimento é repetido, mais esses mesmos grupos neurais são recrutados. Esse processo, denominado *fortalecimento de conexões neurais*, também faz com que a velocidade de execução seja maior a cada estágio da aprendizagem. Conexões neurais fortalecidas significam maior velocidade de condução do impulso nervoso.

Motivação e aprendizagem

Parte do êxito do processo de aprendizagem deve-se à motivação para a prática – continuar tentando alcançar um determinado objetivo. Schmidt e Wrisberg (2001) afirmam que, para ser motivante, toda a situação de aprendizagem deve ser estruturada com base em uma meta, que pode estar focada no processo ou no resultado da ação.

- *Meta de processo*: relacionada ao "como fazer" a habilidade. O aprendiz é instruído a focar a atenção em detalhes do movimento, como o grau de flexão ou extensão das articulações envolvidas, posicionamento do tronco, amplitude de movimento etc. Esse tipo de meta é o mais indicado para indivíduos que estão no estágio cognitivo da aprendizagem. A meta de processo é motivadora, auxilia na diminuição dos erros e promove aumento do uso de *feedback* intrínseco;
- *Meta de resultado*: relacionada ao produto da ação. O indivíduo é orientado a focar a atenção apenas no produto final, no resultado de sua ação. Quando indivíduos do estágio cognitivo utilizam metas de resultado, tendem a produzir qualquer forma de movimento que proporcione o resultado desejado. Esse tipo de atitude pode gerar vícios de execução, difíceis de corrigir posteriormente. Para indivíduos do estágio autônomo, as metas de resultado são muito produtivas, pois estimulam o uso mais eficiente da técnica adquirida. Indivíduos do estágio associativo são beneficiados quando os dois tipos de meta são utilizados alternadamente.

Ensinar natação

Conhecer os três estágios da aprendizagem e as características do executante em cada um dos níveis e considerar a atenção, a memória, os processos neurofisiológicos de controle dos movimentos e as estratégias para motivar a aprendizagem são fatores que permitem determinar corretamente a progressão de atividades, isto é, a seqüência pedagógica para o ensino de uma habilidade motora. Alguns autores sugerem que, na natação, a progressão das atividades deve ocorrer a partir da aquisição de habilidades básicas para nadar, como a flutuação, o controle da respiração, a propulsão, o controle do equilíbrio e os saltos básicos (Barbosa, 2001; Palmer, 1990). Então, antes que o aluno adquira as habilidades básicas, o professor não ensina habilidades específicas, como as técnicas de cada estilo.

A partir da forma de ensino proposta por esses autores e com base na fundamentação teórica sobre a aprendizagem aqui apresentada, sugerimos a seguir um programa de ensino, cujos objetivos centrais são permitir que o aluno descubra as possibilidades de movimento do corpo na água, conheça e explore os próprios limites de movimento e encontrar o prazer de nadar. A forma de estruturação do conteúdo pedagógico desse programa permite o trabalho tanto com alunos com necessidades especiais quanto com alunos com desenvolvimento físico e mental normal. Porém, para todos eles é interessante que o trabalho seja iniciado com o professor dentro da água, permitindo que ele passe segurança, faça demonstrações para complementar sua instrução ou ofereça apoio ao corpo do aluno sempre que necessário, seja por falta de domínio dos movimentos ou por medo de nadar.

Fase 1: adaptação ao meio aquático

As atividades desenvolvidas nessa etapa partem do princípio de que nadar consiste em qualquer forma de deslocamento em meio aquático que resulte em propulsão. O aluno é estimulado a conhecer os "porquês" de cada movimento, a explorar a água e as características físicas do corpo, como peso, densidade e volume. As estratégias de ensino são baseadas na exploração das mais variadas possibilidades de movimento na água com mínima utilização de materiais auxiliares. É muito interessante o uso de atividades lúdicas para facilitar e motivar o aprendizado. Itens trabalhados:

- Deslocamentos; flutuação; apoio e equilíbrio; giros; movimentos propulsivos de membros superiores e inferiores;
- Aproveitamento das leis e princípios da mecânica dos fluidos: flutuabilidade, empuxo, propulsão, condutibilidade térmica, densidade relativa, resistência e turbulência.

Atividades sugeridas:

- Flutuação dorsal (braços em abdução/braços no prolongamento do corpo);
- Deslize com pequeno impulso – braços ao lado do corpo;
- Deslize com grande impulso – braços ao lado do corpo.
- Deslize com grande impulso e movimentação de braços submersa – palmateios – bilateral, variando pequena e grande amplitude.

O aluno deve permanecer nessa fase até que domine os seguintes elementos: controle da respiração, flutuação, relaxamento, equilíbrio e propulsão.

Fase 2: Aprendizado da forma rudimentar dos estilos

É obtida por meio da simplificação dos movimentos técnicos de cada nado, o que permite que o aluno conheça um pouco de cada estilo e explore mais suas habilidades de controle corporal. Os materiais auxiliares (pranchinha, flutuadores, espaguetes) só são utilizados em casos de extrema necessidade, isto é, quando as condições físicas não permitem a flutuação sem esses materiais. Alunos sem limitações de ordem física devem ser estimulados a fazer as atividades sem material auxiliar.

Atividades sugeridas:

Estilo crawl

- Deslize em posição hidrodinâmica com batimento de pernas – ressaltar a movimentação da articulação coxofemoral e pés em flexão plantar;
- Nado cachorrinho com rosto na água: utilizar braçada longa como no *crawl* e pegada dupla (uma mão encontra a outra à frente do corpo);
- Idem ao item anterior, incluindo respiração lateral no final da braçada. Enfatizar que o braço de apoio deve estar estendido à frente do corpo (o professor pode auxiliar apoiando sua mão sob a mão do aluno);
- *Crawl* com pegada dupla, sem respiração específica: o aluno pode ficar em pé, fazer a respiração frontal com braçada de cachorrinho ou tentar a respiração lateral com braçada de cachorrinho, já feita anteriormente.

Estilo costas

- Pernada de costas e movimentação de braços submersa bilateral de grande amplitude;
- Pernada de costas com braços no prolongamento do corpo;
- Pernada de costas com braçada unilateral, permitindo que a recuperação de braços seja feita próxima ao nível da água. O braço oposto pode auxiliar no equilíbrio corporal fazendo palmateios;
- Nado de costas rudimentar: pernada com braçadas alternadas. A recuperação da braçada é feita próxima ao nível da água.

Estilo peito

- Nado peito submerso;
- Pernada de crawl acompanhada de braçada do estilo peito.

Estilo borboleta

Saltar como o golfinho: a partir da posição em pé, braços no prolongamento do corpo, saltar impulsionando o corpo à frente e mergulhar em direção ao fundo da piscina. Para finalizar, retornar à posição em pé.

Fase 3: Aprendizado da técnica dos quatro estilos

É a utilização dos conhecimentos adquiridos nas fases anteriores para o aprendizado da técnica de movimento para os estilos. Os materiais podem ser utilizados para facilitar a flutuação ou aumentar a resistência da água (fortalecer musculatura específica). Alguns itens trabalhados nessa etapa:

- Melhora da propulsão de pernas para o *crawl*: variação de amplitude, ritmo e velocidade;
- Propulsão de pernas para o nado costas: inclusão da pernada em diagonal e pernada com rolamento de ombro;
- Técnica de membros superiores para o nado *crawl*: busca do ponto de apoio, tração com três varreduras, finalização propulsiva e fase aérea com membro relaxado;
- Técnica de membros superiores para o nado costas: rolamento do ombro, saída e fase aérea com relaxamento muscular, entrada alongada e tração com mecânica de movimento eficiente;
- Coordenação de movimentos para os nado *crawl* e costas: ênfase na coordenação temporal entre braçadas e pernadas para maior propulsão de nado; para o nado *crawl*, prática de vários ritmos respiratórios na busca do ritmo mais adequado ao aluno.

O professor deve ser cuidadoso na progressão do desafio de cada atividade, considerando o nível de habilidade de cada aluno e as diferenças no ritmo de desenvolvimento de cada um.

Método Halliwick

Segundo a Association of Swimming Therapy (2000), esse é um método interdisciplinar, que envolve quatro áreas de conhecimento: cinesiologia, patologia, psicologia e didática. Foi criado em Londres, na década de 1950, por James McMillan, para atender a crianças portadoras de deficiência mental e física. Passou a ter maior divulgação na década de 1980, na Suíça, e atualmente é um dos métodos mais importantes em terapia aquática. Apresenta como bases a aprendizagem psicossensoriomotora e os princípios da hidrodinâmica, tendo como objetivos principais a estabilidade e o controle do movimento corporal na água. Os objetivos do método podem ser resumidos em sua filosofia: "habilitar o participante a adquirir o máximo de independência no meio aquático e no meio terrestre". Por meio desse método, a flutuação pode inicialmente ser utilizada somente para auxiliar na movimentação e, na medida em que o indivíduo se torna mais habilidoso, passa a ser utilizada como suporte e finalmente como resistência, aumentando gradativamente o grau de dificuldade de execução de um mesmo exercício.

As aulas apresentam algumas características importantes, como a valorização dos aspectos recreativos, a manutenção do contato visual durante a maior parte do tempo, possibilitando a confiança total do aluno no professor, e a denominação "nadador" a todo e qualquer aluno participante do método. Um dos pontos principais do método é o desprendimento mental do aluno. Para alcançar esse objetivo, o professor permanece junto do aluno durante todo o tempo, ajudando-o a explorar ao máximo suas possibilidades a fim de adquirir controle sobre o equilíbrio corporal sem a ajuda de flutuadores ou qualquer outro material de flutuação. Contudo, há uma diminuição gradual da ajuda oferecida pelo professor na medida em que a quantidade de prática da mesma habilidade aumenta. Inicialmente, o suporte pode ser localizado nas mãos no ombro e/ou no quadril.

Assim como no trabalho em meio aquático para alunos não portadores de deficiência, o Método Halliwick propõe uma fase de adaptação, realizada por meio de movimentos chamados de auto-iniciados, que compreendem as rotações, andar em várias direções, pequenos saltos etc. Os exercícios promovem o trabalho com rotações corporais nos eixos vertical e horizontal (rotação lateral) e rotações combinadas, movimentos utilizados para recuperar a posição em pé, na borda ou longe dela ou ainda para mudar de direção e continuar nadando.

O controle do equilíbrio na água requer a utilização de ajustes e variações de posições que permitam que o corpo mantenha sua flutuabilidade e que o nadador mantenha uma posição de respiração segura. O controle do equilíbrio da cabeça é um fator-chave no ato de nadar. Portanto, a cabeça deve ser deixada livre durante as atividades desenvolvidas para que o próprio aluno descubra como equilibrá-la. Os apoios mais utilizados são tronco, quadril e antebraço, mas também é possível que o aluno prenda as pernas em volta do tronco do instrutor.

Os princípios da hidrodinâmica podem ser demonstrados em diversas atividades, como tentar engatinhar no fundo da piscina para demonstrar o princípio do "empuxo". A "turbulência" pode ser provocada pelo próprio nadador ao realizar a remada, sem movimentação de membros inferiores, ou ainda pelo professor, com movimentos de palmateio sob o tronco do nadador enquanto ele flutua de costas. A criação de turbulência sob uma das escápulas do nadador pode ser utilizada para provocar o rolamento lateral.

Após o ensino de movimentos auto-iniciados, passa-se ao dos movimentos natatórios. O primeiro estilo a ser ensinado é o de costas, adaptando a braçada do nado técnico para uma remada lateral, durante a qual o nadador não retira o membro da água. Essa remada evolui para um movimento de recuperação um pouco acima do nível da água, que termina na linha do ombro do nadador, permitindo maior estabilidade de deslocamento para o nadador iniciante, que não conseguiria controlar grandes aumentos de força e de tração causados por um movimento muito amplo. O nado de lado ou o *crawl* adaptado são ensinados assim que o nadador tenha um bom controle respiratório e demonstre confiança. Os nadadores com tendências rotacionais em decorrência de suas deficiências poderão se beneficiar da alteração da posição da cabeça para o lado para conseguir um deslocamento em linha reta.

O ensino de habilidades aquáticas pelo Método Halliwick é desenvolvido com base em um programa de objetivos, denominado "programa dos dez pontos", dividido em três fases: adaptação mental, controle do equilíbrio e movimento (Quadro 19.1).

Quadro 19.1 – O programa dos dez pontos (adaptado de Association of Swimming Therapy, 2000)

Adaptação mental	1) ajustamento mental / adaptação
Controle do equilíbrio	2) rotação sagital 3) rotação vertical / transversal 4) rotação lateral / longitudinal 5) rotação combinada 6) inversão completa 7) flutuação imóvel 8) turbulência
Movimento	9) progressão simples 10) movimentação básica Halliwick

Para o professor que utiliza o Método Halliwick, é de fundamental importância considerar e conhecer dois fatores hidrodinâmicos: o efeito metacêntrico e o equilíbrio. O metacentro é o ponto ao redor do qual gira o pêndulo de força peso × força de flutuação. O efeito metacêntrico é o efeito causado pela modificação desse ponto ou da alteração da magnitude ou do ponto de aplicação das forças de flutuação ou peso. O equilíbrio na água depende da forma e da densidade corporal, sendo obtido quando há igualdade e colinearidade entre a força de flutuação e a força peso. A capacidade de controle do equilíbrio é um dos objetivos mais importantes desse método. As atividades com esse objetivo são desenvolvidas por meio de ajuda mútua e sem a utilização de materiais auxiliares.

O controle postural é considerado como resultante da interação entre equilíbrio, ajuste mental (ajuste às propriedades físicas da água) e movimento. O trabalho de controle da respiração é realizado com foco na expiração, o que evita a inalação acidental de água e facilita a movimentação da cabeça para frente. Os principais benefícios proporcionados pelo método, além da aprendizagem da natação, são a melhora do equilíbrio da cabeça, a obtenção da estabilidade do tronco e a melhora da auto-estima.

Deficiências e necessidades específicas

Deficiência mental

O planejamento do trabalho para o ensino de habilidades motoras aquáticas para o indivíduo com deficiência mental deve ser norteado pelos seguintes princípios:

- Visão do aluno como um ser integral;
- Movimento como integração entre os domínios do comportamento humano: afetivo, cognitivo, motor e social;
- Identificação das necessidades e possibilidades dos alunos;
- Possibilidade de integração entre portadores e não portadores de deficiência;
- Viabilidade de um trabalho multidisciplinar.

Muitas vezes, o processo de ensino e aprendizagem está ligado à realização de avaliações periódicas de desenvolvimento motor – principalmente se o objetivo principal é o desenvolvimento perceptivo-motor. Quando as turmas são exclusivamente de indivíduos com deficiência mental, a divisão dos grupos pode ser feita por idade cronológica e nível de desenvolvimento ou de deficiência.

O portador de deficiência mental apresenta dificuldades para selecionar as informações relevantes do ambiente e/ou da tarefa realizada e, em geral, há uma limitação na capacidade de atenção. O caminho para que ele possa desenvolver e estrututar condutas motoras eficazes é organizar a prática pedagógica de forma que não sejam oferecidos estímulos desnecessários, evitando a dispersão e orientando a aprendizagem por meio do uso de dicas relevantes sobre o movimento, além da simplificação dos termos utilizados e instruções oferecidas. Oferecer sempre um número maior de repetições em cada atividade e utilizar preferencialmente as mesmas instruções e atividades após a aula facilita a memorização. A aprendizagem por meio de jogos também é uma estratégia que apresenta bons resultados.[1]

A aprendizagem de habilidades motoras e aquáticas torna-se muito mais significativa quando oferece ao aluno a oportunidade de descobrir respostas para os problemas de equilíbrio e locomoção que se apresentam. Dessa forma, para o indivíduo com deficiência mental, os problemas oferecidos devem preferencialmente conter poucos itens e as situações-problema devem ter um baixo grau de complexidade, com o objetivo de orientar o planejamento da ação dentro da situação de ensino-aprendizagem e permitindo que utilize todo seu potencial de criação de movimentos.

[1] Uma grande variedade de jogos aquáticos adaptados pode ser encontrada em Lieberman (1996).

Síndrome de Down

Para o trabalho com os portadores de Síndrome de Down, escolhemos apresentar e comentar as propostas de aprendizagem de Archer (1996) e Gutierrez Filho (1999).

A proposta de Archer (1996, 1998) é ensinar os movimentos seguindo a mesma direção da maturação neurológica (céfalo-caudal e próximo-distal). Dessa forma, o ensino do movimento dos braços para o nado peito (primeiro movimento ensinado) inicia-se pelos ombros, passando pelos cotovelos e chegando às mãos. Em seqüência, são ensinados os movimentos para a pernada do nado *crawl* e a respiração frontal. A execução conjunta desses três movimentos forma o que é chamado de **estilo básico**; somente após a vivência no estilo básico inicia-se o ensino dos estilos *crawl* e o peito.

Gutierrez Filho (1999, 2003) propõe um trabalho de psicomotricidade relacional em meio aquático, com os objetivos de promover a adaptação ao meio aquático, a autonomia nas Atividades de Vida Diária (AVD) e a aprendizagem do respeito às regras por meio do uso de jogos. A utilização do método de descoberta orientada em vez da instrução diretiva (proporcionando espaço para criatividade) e a orientação da conduta do professor para a ajuda em vez da resolução de problemas conferem um cunho construtivista à proposta. O caráter lúdico aparece como um meio para o aprendizado dos quatro estilos.

Paralisia cerebral

As principais necessidades desse grupo são o controle da respiração, do equilíbrio corporal e da cabeça, o desenvolvimento da coordenação e da flexibilidade. As principais dificuldades enfrentadas pelo professor no trabalho com esses alunos são a presença de alguns reflexos comuns à deficiência e a extrema flexão e rigidez da articulação do quadril.

– Durante o desenvolvimento das atividades, o aluno sentirá mais conforto se for mantido na posição supina, pois dessa forma conseguirá elevar a cabeça voluntariamente, controlar sua respiração e comunicar-se com o professor mais facilmente. Porém, a posição vertical promove no aluno mais segurança e pode ser também utilizada em parte das atividades.

O trabalho do professor deve ser voltado principalmente para:

- exercícios de controle da respiração, que devem estar presentes em boa parte da aula;
- atividades que promovam o controle e a recuperação do equilíbrio corporal;
- trabalho para o aumento da Amplitude de Movimentação Articular (ADM);
- permitir movimentação independente, que pode ser conseguido por meio do uso de flutuadores em algumas atividades.

Deficiência visual

A deficiência visual pode ser inata ou adquirida e dividida em visão subnormal e cegueira. O indivíduo com deficiência visual, seja inata ou adquirida, possui pouco ou nenhum conhecimento sobre conceitos espaciais como localização, posição e distância. Por esse motivo, as informações devem ser fornecidas pelas vias auditiva e sinestésica. As correções provêm de auxílio manual e verbal, e há necessidade de experiências concretas com objetos e eventos para facilitar a aprendizagem. Assim como em indivíduos com visão normal, o desempenho melhora em função da quantidade de prática e do acesso a programas adequados de treinamento. Os indivíduos com deficiência visual adquirida levam alguma vantagem no aprendizado de habilidades motoras. Segundo Winnick (in Malone, 2001) não são encontrados atrasos motores nesses indivíduos.

Nos casos de visão subnormal, é importante encorajar o aluno a utilizar a visão remanescente e os sistemas perceptivos intactos (auditivo, vestibular, sinestésico e tátil) para a aquisição da percepção espacial. A explicação e a execução das tarefas tornam-se mais simples quando é possível utilizar o contraste de cores. As principais dificuldades aparecem justamente em ambientes sem contraste de cores ou com objetos e/ou pessoas em movimento.

Benefícios proporcionados pelas atividades aquáticas

- Motricidade ampla e fina desenvolvida;
- Aumento da auto-estima;
- Respeito aos companheiros;
- Diminuição da ansiedade;
- Aumento do relaxamento;
- Melhora dos aspectos cognitivos.

Transferência de aprendizagem social para AVD

Carrera (1996) apresenta a proposta da SEE – Pernambuco, de natação em piscina funda. O programa apresenta como objetivos principais a superação de dificuldades de orientação espacial, o aprendizado de técnicas natatórias e respiratórias e percepção corporal, o aumento da capacidade cardiorrespiratória e do repertório motor. O trabalho é desenvolvido por meio da exploração do movimento na água, incluindo os seguintes itens:

- Adaptação à água (sentir a água);
- Controle da respiração;
- Movimentação na água – sentir partes do corpo/mover membros isolados;
- Exploração de posições na água (movimentos em diferentes direções e posições);
- Exploração de conceitos como dentro, fora, ao redor e através;
- Percepção do corpo e do espaço.

Alto rendimento

Atletas portadores de deficiência visual apresentam uma grande dificuldade em controlar o rolamento corporal para os nados *crawl* e costas, o que aumenta consideravelmente a força de arrasto e interfere na recuperação e na tração da braçada e na respiração. O indivíduo está impossibilitado de utilizar os referenciais de direção, como a raia e a linha do fundo da piscina. Malone et al. (2001) encontraram indicativos de que o desempenho é tanto mais afetado quanto maior o grau de deficiência. Os indivíduos com menor sensação visual tendem a nadar mais devagar, especialmente após as viradas, em razão da dificuldade de posicionamento corporal inicial e de manter um percurso em linha reta. O medo de colisão com a raia e com a borda também interfere de forma considerável no desempenho. Dessa forma, o estilo peito e o borboleta trariam menos problemas de alinhamento corporal por causa da ação bilateral dos membros.

Deficientes físicos

Em razão da grande variedade de possibilidades de deficiência física e características diferentes para cada possibilidade, este tópico se restringe à apresentação de três técnicas utilizadas para o trabalho na água com esse grupo.

- *Método tradicional*: propõe o ensino dos nados por meio da utilização de materiais auxiliares de flutuação que ofereçam compensação para o aumento da força-peso exercida pelo corpo;
- *Método Halliwick*: propõe a exploração dos elementos de hidrodinâmica e adiciona o conceito de metacentro. O equilíbrio corporal provém do controle das forças exercidas por ele e sobre ele. Não utiliza nenhum material auxiliar;
- *Terapia Watsu*: não propõe o ensino da natação, mas o relaxamento muscular por meio de alongamento. Trabalha também com a diminuição da ansiedade, medo da água e tensão mental.

Obesos

Para o trabalho na água – seja natação ou hidroginástica – destinado a esse grupo, é necessário considerar as alterações biomecânicas causadas pela obesidade, como a limitação do grau de movimentação articular, o aumento da sobrecarga nas articulações do quadril, joelho e tornozelo durante a prática de atividades físicas fora da água e a estabilidade articular afetada pela hiperflexibilidade. Dentro da água, o aumento da força de flutuação (empuxo) pela diminuição da densidade corporal influencia na forma como devem ser estruturadas as aulas de natação, principalmente para os iniciantes. Exercícios de submersão podem ser frustrantes e até mesmo constrangedores.

As funções do exercício físico para o obeso são:

- Proporcionar o maior consumo possível de lipídios a partir do tecido adiposo;
- Proporcionar melhora do sistema cardiocirculatório;
- Proporcionar melhora no sistema musculoesquelético.

As vantagens dos exercícios aquáticos para o indivíduo obeso são as seguintes:

- Diminuição da sobrecarga nas articulações dos membros inferiores;
- A duração do exercício aeróbico pode ser maior do que em ambiente terrestre;
- Atividade sem impacto sobre as articulações;
- Maior possibilidade de movimentação – liberação das articulações (hidroginástica).

No entanto, o ambiente de piscina pode trazer algumas desvantagens, seja em decorrência da flutuabilidade excessiva que dificulta a realização de alguns movimentos da natação ou de um possível constrangimento em relação à roupa utilizada na piscina.

Idosos

Segundo Matsudo (2001), os principais benefícios da atividade física para o idoso são:

- Bem-estar físico;
- Autoconfiança;
- Sensação de auto-avaliação;
- Segurança por meio do domínio do corpo;
- Manutenção ou melhora da flexibilidade;
- Ampliação da prontidão para a atividade física e AVD;
- Ampliação da mobilidade articular;
- Fortalecimento muscular;
- Melhora do controle respiratório;
- Intensificação da circulação sangüínea;
- Melhora da resistência;
- Aumento das habilidades de coordenação motora;
- Diminuição no tempo de reação;
- Melhoras psicológicas e sociais.

Na terceira idade, torna-se comum a presença de patologias musculoesqueléticas, como a sarcopenia (perda de tecido muscular), a distrofia muscular, a artrite reumatóide, definida como distúrbio do sistema imunológico por Shephard (1997), a osteoartrite, que é a forma comum da artrite – doença da degeneração articular –, e a osteoartrose, que se caracteriza pelo desenvolvimento de exostoses de osso ao redor das cartilagens afetadas, o que torna as articulações doloridas e rígidas. Considerando a grande possibilidade da presença de uma ou mais dessas patologias, é ideal que a piscina mantenha-se em uma temperatura entre 28°C e 30°C, evitando sensações desconfortáveis durante e após a aula.

Destacam-se como principais objetivos e benefícios da natação e da hidroginástica para o idoso:

Ampliação da mobilidade articular

Com o avanço da idade, ocorre uma diminuição da flexibilidade e também da mobilidade articular. Por esse motivo, é necessário considerar a possibilidade de adaptar alguns *movimentos natatórios*, especialmente os movimentos de membros superiores e de rotação da cabeça para o nado *crawl*. Assim sendo, a amplitude da braçada do nado costas pode ser reduzida para facilitar o controle da movimentação e do deslocamento. A diminuição da amplitude de movimentação da articulação do ombro não permite que a entrada do braço na água ocorra no prolongamento do corpo; portanto, o braço passa a entrar lateralmente ao corpo. A realização dessa braçada mais curta facilita também o equilíbrio corporal durante a realização do nado, uma vez que o rolamento lateral que geralmente acompanha a entrada do braço na água passa a ser desnecessário. Para o nado *crawl*, a respiração lateral, tradicionalmente realizada por meio de rotação da cabeça para o lado e um mínimo rolamento do tronco, pode ser substituída por um grande rolamento do tronco acompanhado por um pequeno rolamento lateral da cabeça.

Fortalecimento muscular

Incentivar o trabalho de membros superiores e inferiores contra a resistência da água, utilizando ao máximo a capacidade de tração, proporciona o desenvolvimento e a melhora do controle da força. Uma vez que a natação e a hidroginástica utilizam constantemente a força de resistência oferecida pela água, ambas apresentam características de exercícios resistidos.

Melhora do controle respiratório

Pode ser conseguida tanto pelo simples fato de nadar quanto pela realização de exercícios que estimulem o trabalho da musculatura torácica e diafragmática. Como exemplo, podem ser realizadas atividades (até mesmo na borda, para iniciantes) nas quais a quantidade de ar expelida e a força empregada para expulsar o ar sejam variadas: ora muito ar, ora pouco ar; ora soltar o ar com força, ora soltar o ar o mais lento e fraco possível; e assim por diante.

Intensificação da circulação sangüínea

Além do benefício provocado pela própria realização de atividades físicas, é possível contar também com o auxílio da pressão exercida pela água, que provoca a vasoconstrição periférica, auxiliando no combate às patologias do sistema circulatório, especialmente as varizes.

Melhora da resistência

Assim como as atividades físicas em ambiente terrestre, a *prática regular* da natação e/ou da hidroginástica proporciona ao idoso o ganho de capacidade cardiorrespiratória e a melhora da resistência muscular localizada.

Aumento das habilidades de coordenação motora

As atividades desenvolvidas durante as aulas de hidroginástica são mais propícias para o trabalho de coordenação motora por serem realizadas com o rosto fora da água e possibilitarem acompanhamento musical. Nesse sentido, é interessante desenvolver algumas atividades nas quais os idosos sejam solicitados a realizar os movimentos acompanhando o ritmo da música. Esse trabalho torna-se mais simples quando se usam músicas das quais os idosos gostem e que tenham um ritmo mais lento. Contudo, os movimentos utilizados nessas atividades devem ser simples; caso contrário, há uma grande possibilidade de que o idoso se confunda entre prestar atenção no movimento ou no ritmo da música.

Diminuição no tempo de reação

Atividades relacionadas a respostas de movimento em relação a um determinado estímulo permitem a melhora do tempo de reação – o indivíduo passa a ser capaz de responder cada vez mais rápido a um determinado estímulo. Na natação, é possível desenvolver atividades com essa característica, até mesmo sem fins competitivos. Já na hidroginástica, é possível desenvolver atividades lúdicas que envolvam a resposta a um sinal sonoro, sinestésico (toque do companheiro) ou visual.

Melhoras psicológicas e sociais

A participação de atividades em grupo permite que o idoso crie novas amizades e novos vínculos afetivos e sociais. O bem-estar proporcionado pela prática de atividades físicas é capaz de alterar significativamente os estados de mau humor, tristeza, desânimo e depressão.

Osteoporose, natação e hidroginástica

Segundo o American College of Sports Medicine (ACSM, 1998) o tipo de exercício adequado ao tratamento dessa patologia é realizado com sobrecarga. Porém, a perda da força muscular, uma das causas das quedas nos idosos, é acentuada pelo sedentarismo. Dessa forma, um trabalho de condicionamento físico (que pode ser realizado na água) evita que haja perda de massa muscular e auxilia indiretamente na diminuição da probabilidade de quedas. Em resumo, não ser sedentário é o primeiro passo. Contudo, a prática de natação ou hidroginástica, em nosso ponto de vista, não deve ser considerada como única para o combate dessa patologia, mas pode ser adotada em conjunto com outra prática que ofereça sobrecarga, como a musculação.

Portadores de artrite reumatóide

Alguns cuidados devem ser tomados durante as aulas de natação ou hidroginástica para esse grupo:

- Evitar movimentação das articulações com dor aguda;
- Ter cautela com o risco de alongamento excessivo das estruturas periarticulares por dificuldade de fixação ou isolamento de articulações específicas;

- Utilizar materiais flutuantes como auxiliares nos exercícios de hidroginástica ou hidroterapia somente quando o aluno possui controle sobre os elementos ativos dos exercícios (flutuabilidade, resistência) e se consegue retornar às posições iniciais.

Um programa de exercícios aquáticos para indivíduos portadores de artrite deve considerar os seguintes elementos:

- Aquecimento;
- Mobilidade;
- Exercícios de fortalecimento;
- Componente aeróbico;
- Relaxamento;
- Exercícios respiratórios e de consciência postural;
- Movimentação das articulações menores em alguns momentos;
- Exercícios com característica aeróbica
- Relaxamento;
- Exercícios respiratórios e de consciência postural.

Um estudo comparativo entre a hidroterapia e outras atividades (exercícios na terra, na água, relaxamento progressivo e imersão na água) e sua influência sobre a artrite reumatóide (Hall, Skevington, Maddison e Chapman, 1996) mostrou que indivíduos submetidos a sessões regulares dessa atividade apresentaram melhora significativa no alívio das dores articulares e na amplitude de movimento dos joelhos. Apesar de todos os indivíduos terem experimentado algum benefício, exercícios na água produziram os melhores resultados.

Fibromialgia

As atividades aquáticas proporcionam melhoras significativas na capacidade cardiovascular, tempo de caminhada e fadiga diária, bem-estar, diminuição das dores, da ansiedade e da depressão (Jentoft, Kvalvik e Mengshoel, 2001).

Os principais objetivos das atividades aquáticas para o portador de fibromialgia são a consciência corporal e o controle de movimento. Os principais cuidados são evitar contrações musculares desnecessárias ou inapropriadas, além de escolher bem as dicas verbais oferecidas.

Lesão medular

Benefícios do exercício aquático

- Aumento da amplitude de movimentos vertebrais;
- Redução do espasmo muscular local;
- Redução do tônus muscular pelo aquecimento da parte afetada;
- Alívio da dor nas articulações por meio de diminuição de pressão na articulação, tensão periarticular, e aumento da circulação e dos movimentos;
- Redução da força peso exercida sobre a coluna vertebral durante a atividade física, melhorando a nutrição do disco.

Gestantes

Alguns dos benefícios proporcionados pelas atividades aquáticas às gestantes são os seguintes:

- Aumento do consumo energético da mãe, o que é de grande importância quando há necessidade de controle do peso;

- Melhora da auto-estima e do humor;
- Diminuição de certos desconfortos da gravidez e da necessidade de medicamentos;
- Estímulo a um retorno mais rápido a seu estado normal após o parto (em torno de 50% a mais do que as que não se exercitam);
- Facilitação do trabalho de parto, encurtando o tempo de expulsão do bebê (cerca de um terço mais rápido – quanto mais condicionada a mãe, maior capacidade de expulsão ela terá) e diminuindo as dores do parto; isso acontece porque o exercício fortalece o útero e torna-o mais elástico;
- Fornecimento de um melhor retorno venoso, prevenindo varizes e hemorróidas;
- Auxílio no controle da pressão arterial;
- Alívio para as lombalgias, relaxamento muscular e articular pela diminuição do peso corporal proporcionada pela força de flutuação.

Em condições ideais, a temperatura ideal da piscina deve estar entre 28 e 30°C, seja para a prática da hidroginástica ou da natação.

Adequação das instalações

As características descritas a seguir foram sugeridas pela AEA (Associação Mundial de Esportes Aquáticos) como sendo ideais para piscinas destinadas ao atendimento de grupos especiais.

Profundidade

- Ideal: de 0,84 a 1,42 m ou dois terços da altura da pessoa (extremidade distal do esterno).

Forma

- Retangular e em declive.

Entradas

- Degraus: na extremidade rasa, com altura máxima de 15 cm e largura mínima de 60 cm;
- Rampas: inclinação não superior a 1:15 e superfície antiderrapante;
- Guindastes mecânicos ou hidráulicos.

Arredores da piscina

- Devem possuir espaço suficiente para acomodar cadeiras de rodas e até macas (2 m para girar);
- Piso antiderrapante, não abrasivo e de fácil limpeza (tanto para os arredores quanto para o interior da piscina).

Temperatura da água

- Preferencialmente a 35°C, podendo variar entre 32 e 35°C;

Equipamentos de apoio

- Corrimãos: em aço inoxidável com 4 cm de diâmetros e fixos a 5 cm da parede e a, no mínimo, 7,5 cm abaixo da superfície da água;
- Elevador hidráulico ou, o que é mais viável na maioria dos casos, rampa de entrada com inclinação não superior a 1:15 e superfície antiderrapante;
- Bancos para uso dentro da piscina (hidroterapia), materiais de auxílio para flutuação e outros materiais pedagógicos.

Referências

AMERICAN COLLEGE OF SPORTS AND MEDICINE. Osteoporose e exercício. **Rev. Bras. de Medicina do Esporte**, v. 4, n. 6, p. 208-15, nov./dez. 1998.

ASSOCIATION FOR ACQUATICS SPORTS. **Physical Fitness Testing of the Disabled**. Champaign: Human Kinetics, 1985.

ASSOCIATION OF SWIMMING THERAPY. **Natação para deficientes**. 2. ed. Barueri: Manole, 2000.

ARCHER, R. B. Natação adaptada: metodologia do ensino dos estilos de nado crawl e peito com fundamentação psicomotora para alunos Síndrome de Down. **Anais do VI Simpósio Paulista de Educação Física Adaptada**. p. 118, dez. 1996.

______. Natação adaptada: **Metodologia de ensino dos estilos crawl e peito com fundamentação psicomotora para alunos síndrome de down**. São Paulo: Ícone, 1998. 83 p.

AUXTER, D.; PYFER, J.; HUETING, C. **Principles and Methods of Adapted Physical Education and Recreation**. 9. ed. New York: McGraw-Hill, 2001.

BARBOSA, T. As habilidades motoras aquáticas básicas. Disponível em: <http://www.efdeportes.com>. **Revista Digital**, Buenos Aires, ano 6, n. 33, mar. 2001.

BENFIELD, R. D. et al. Hidrotherapy in labor. **Res. Nurs. Health.**, v. 24, n. 1, p. 57–67, Feb., 2001.

CARRERA, C. Z.; ENES, M. C.; ZEFERINO, M. J. Adaptação pedagógica da natação em piscina com grande profundidade para pessoas portadoras de deficiência visual. **Anais do VI Simpósio Paulista de Educação Física Adaptada**. p. 94, dez.1996.

CIDADE, R. E.; TAVARES, M. C. G. C. F.; LADEWIG, I. Aprendizagem motora e cognição em portadores de deficiência. **Revista da SOBAMA**, v. 3, n. 3, p. 17-20, dez. 1998.

GUTIEEREZ FILHO, P. A Psicomotricidade Relacional em Meio Aquático. São Paulo: Manole, 2003, 100 p.

______. Efeitos de um programa de psicomotricidade relacional, no meio aquático, para crianças com Síndrome de Down. **Revista da SOBAMA**, v. 4, n. 4, p. 49-55, out. 1999.

HALL, J. et al. A randomized and controlled trial of hydrotherapy in rheumatoid arthritis. **Arthritis Care Res**, v. 9, n. 3, p. 206-215, 1996.

JENTOFT, E. S.; KVALVIK, A. G.; MENGSHOEL, A. M. Effects of pool-based and land-based aerobic exercise on women with fibromyalgia/chronic widespread muscle pain. **Arthritis Rheum.**, v. 45, n. 1, p. 42-7, fev. 2001.

KANDEL, E. R.; SCHWARTZ, J. H.; JESSESL, T. M. **Fundamentos da neurociência e do comportamento**. São Paulo: Prentice-Hall do Brasil, 1997.

LADEWIG, M. A importância da atenção na aprendizagem de habilidades motoras. **Revista Paulista de Educação Física**. São Paulo, n. 3, p. 62-71, 2000.

LADEWIG, I.; CIDADE. R. E.; LADEWIG, M. J. Dicas de aprendizagem visando melhorar a atenção seletiva em crianças. In.: TEIXEIRA, L. A. (ed.) **Avanços em comportamento motor**. Rio Claro: Movimento, 2001.

LIEBERMAN, L.; COWART, J. F. **Games for People with Sensory Impairments**. Champaign: Human Kinetics, 1996.

MAGILL, R. A. **Aprendizagem motora**: conceitos e aplicações. São Paulo: Edgard Blücher, 2000.

MALONE, C. A. et al. Effects of Visual impairment on stroke parameters in Paralympic Swimmers. **Medicine e Science Sports e Exercise**, p. 2.098-103, mar. 2001.

MATSUDO, S. M. M. **Envelhecimento e atividade física**. Londrina: Midiograf, 2001.

PALMER, M. L. **A ciência e o ensino da natação**. São Paulo: Manole, 1990.

SCIENTIFIC AMERICAN BRASIL, jun. 2005. Disponível em: <http://www.sciam.com.br>. Acesso em: 10 ago. 2005.

SCIENTIFIC AMERICAN BRASIL, set. 2003. Disponível em: <http://www.sciam.com.br>. Acesso em: 10 ago. 2005.

SCHMIDT, R. A.; WRISBERG, C. **Aprendizagem e performance motora**: uma abordagem da aprendizagem baseada no problema. Porto Alegre: Artmed, 2001.

SHEPHARD, R. J. **Aging, Physical Activity and Health**. Toronto: Human Kinetics, 1997.

SOUZA, R. E. A. C.; LADEWIG, I.; TAVARES, M. C. Atenção, aprendizagem e o portador de deficiência. **Revista da SOBAMA**, v. 1, n. 1, p. 20-4, dez. 1996.

SPIRDUSO, W. W. **Physical Dimensions of Aging**. Champaign: Human Kinetics, 1995.

WINNICK, J. P. (Ed.) **Adapted Physical Education and Sport**. Champaign: Human Kinetics, 1995.

Algumas associações de atendimento ao indivíduo com deficiência

Amigos - Grupo de Apoio a Pessoa Portadora de Deficiência.
Rua Euclides G. de Oliveira, 54 – Vila Arens – Jundiaí (SP).
e-mail: edionea@zaz.com.br

Associação Brasileira de Home Health Care.
Av. Fagundes Filho, 361 – 5º andar, cj.51 – São Paulo (SP).

Associação Brasileira de Osteogenesis Imperfecta.
Rua das Fiandeiras, 479 – São Paulo (SP), CEP 04545-003.

Associação Carioca dos Deficientes Físicos.
Av. Presidente Vargas, 1997 – 3º andar - Rio de Janeiro (RJ).

Associação de Deficientes Visuais e Amigos (Adeva).
Rua Brigadeiro Tobias, 247, cj 1116 – São Paulo (SP).
e-mail: adeva@adeva.org.br

Associação de Pais e Amigos da Criança com Deficiência Neuromotora (APAC).
Av. Faria Lima, 1572 – Jardim Paulista – São Paulo (SP).
e-mail: apacsp@apacsp.com.br

Associação de Pais e Amigos dos Excepcionais de Bauru.
Av. José Henrique Ferraz, 20 – Jardim Ouro Verde – Bauru (SP), CEP 17053-810.
Tel: (0xx14) 236-1100.

Associação Desportiva para Deficientes.
Rua José Ramalho, 256 – Perdizes – São Paulo (SP), CEP 05008-001.
e-mail: add@cybermind.com.br; www.add.com.br.

Associação dos Deficientes Físicos de Guarapuava (ADFG)
Av. Sebastião Camargo Ribas, 623 – São Cristovão – Guarapuava (PR).

Associação para Cegos "São Judas Tadeu".
Rua Loefgren, 58 – Vila Mariana – São Paulo (SP).

Associação para Valorização e Promoção de Excepcionais (Avape). *Centro Administrativo.*
Av. Lino Jardim, 934 – Vila Bastos – Santo André (SP), CEP 09041-031.
e-mail: avape@avape.com.br.

Associação Riopretense dos Deficientes Físicos – Fisioterapia Fuscaldo Hadad (ARDEF)
Rua Paulo Menezello, 495 – Jardim Maracanã – São José do Rio Preto (SP).
e-mail: fisio.fh@unorpnet.com.br.

Centro para Integração Esportiva do Deficiente Físico (Ciedef).
Rua Constantino de Souza, 564 – Campo Belo – São Paulo (SP), CEP 04605-001.
e-mail: taticapa@yahoo.com.

Laramara – Associação Brasileira de Assistência ao Deficiente Visual.
Rua Conselheiro Brotero, 338 – Barra Funda – São Paulo (SP), CEP 01154-030.
Tel. (0xx11) 3826-3744 / Fax: 3826-9108. e-mail: laramara.brasil@mandic.com.br.

Sites relacionados

www.abdcnet.com.br –
Associação Brasileira de Desportos para Cegos

www.adaptada.com.br
www.add.com.br –
Associação Desportiva para Deficientes

www.cdof.com.br –
Cooperativa do Fitness

www.paradesporto.com.br/revista –
Revista da Natação Paraolímpica

Capítulo 20

Massagem Integrativa Aplicada à Atividade Física Adaptada

André L. S. Nessi

Como educador físico e massoterapeuta por mais de 20 anos, já atuei com públicos diversos, como asmáticos, obesos, portadores de deficiência física, portadores de deficiência mental, portadores de cardiopatias, diabéticos, osteoporóticos, portadores de HIV, idosos com limitações, portadores de síndromes específicas, depressivos, ansiosos, portadores de diagnósticos como fibromialgia e afecções musculoesqueléticas relacionadas ao trabalho. Foram grupos especiais em que as atividades manipulativas, principalmente a massagem integrativa corpo e mente, deveriam atender a suas expectativas, produzindo uma integração corpo e mente e diminuindo as algias presentes, favorecendo a integração social, desenvolvendo suas habilidades físicas e aumentando suas capacidades físicas, promovendo, dessa forma, uma qualidade de vida saudável e um novo estilo de vida. As pessoas buscam, com muito anseio, todos os meios possíveis para aliviar suas tensões e estresse. Muitos profissionais que antes tinham a massagem como algo sem valor reconheceram, com o passar do tempo, que essa digna atividade produz, segundo pesquisadores da área, muitos benefícios ao massageado. Hoje, é um instrumento de auxílio profissional adicional em suas profissões. Podemos encontrar, com certa facilidade, um profissional da massagem em diversos setores nas grandes cidades.

Para diminuir as tensões do cotidiano e eliminar a fadiga muscular ocasionada pelo estresse diário, lojas, grandes magazines, feiras, *shopping centers,* aeroportos, empresas e indústrias colocam à disposição de seus clientes e funcionários a prática da massagem.

Este capítulo tem por objetivo estimular a leitura específica sobre a história, os benefícios e a prática da massagem, além de proporcionar aos estudantes e profissionais das diversas áreas da saúde um contato mais próximo com a massagem preventiva e de manutenção, por meio da leitura dos aspectos teóricos e uso prático para seu exercício.

A massagem atua sobre o corpo, e a mente proporciona equilíbrio para o massageado, melhorando os sistemas de seu corpo (circulatório, respiratório, muscular, digestivo, esquelético, endócrino e linfático) e promovendo, desse modo, a saúde.

Acredito que a massagem promova melhor qualidade de vida e saúde quando praticada por um profissional habilidoso e capacitado, o que, conseqüentemente, produzirá benefícios de valor à comunidade.

O excesso de atividade diante dos microcomputadores, a automatização das máquinas e os eletrodomésticos moderníssimos contribuem para que o ser humano deixe em segundo plano algumas necessidades básicas, entre elas o toque. Também percebemos, em grupos especiais, a ausência do toque. A massagem integrativa atende a essa necessidade, melhorando a capacidade do ser humano de olhar para dentro de si e perceber suas reais condições, tanto físicas como mentais. Com meia hora de massagem por dia, podemos notar renovação das forças, melhora do ânimo, maior disposição física, maior atenção e criatividade, maior cuidado e produtividade pessoal. A imagem e a consciência corporal são resgatadas de forma rápida e eficiente.

Esse novo milênio faz emergir uma necessidade imperiosa do ser humano em busca do toque e da comunicação. A massagem integrativa é um bom instrumento para favorecer a integração de grupos. Contribui para o processo do desenvolvimento, para o companheirismo e crescimento pessoal. A massagem aplicada à atividade física adaptada por meio de manipulação e massagem integrativa corpo e mente propõe a integração e desenvolvimento de todo o potencial humano em sua descoberta e utilização na sociedade moderna.

É interessante fazer um passeio pela época de Hipócrates, Galeno, Oribásios, Henrick Ling e muitos outros que contribuíram para a história da massagem. É importante definirmos o que é massagem. Segundo Motta (1959), "massagem é um complexo de movimentos praticados sobre o corpo com as mãos (massagem manual) ou com aparelhos mecânicos (massagem instrumental)".

Para Austregésilo (1988), "massagem é a linguagem do tato... um conjunto de toques exercidos sobre o corpo com fins terapêuticos, desportivos, estéticos, emocionais, lúdicos...". Em uma interessante vivência com o professor Austregésilo, com os olhos vendados, ao som de uma música agradável, passeávamos livremente pela sala ampla. Conforme esbarrávamos em algum colega presente, deveríamos parar e formar uma imagem dessa pessoa por meio do toque. Alguns, mais retraídos, rapidamente tocavam e sumiam entre os caminhantes, porém alguns, pelo toque, exploravam o máximo de seu próprio potencial tátil para formar a imagem do tocado. A experiência agradou a todos os grupos, aumentando o potencial de percepção tátil.

Segundo Wood e Becker (1984) apud Murrell (1853-1912), "massagem é o modo científico de tratar certas formas de doenças por manipulação sistêmica".

De acordo com Douglas Graham (1884), grande pesquisador da massagem e suas técnicas:

> Massagem é um termo novo amplamente aceito pelos médicos europeus e americanos para determinar um grupo de manobras que são geralmente feitas com as mãos, como a fricção, amassamento, manipulação, rolamento e percussão dos tecidos externos do organismo em vários modos, com o objetivo tanto curativo, paliativo, quanto higiênico.

Uma definição com mais de dois séculos passados mantém-se ainda atualizada, pois observamos na prática da massagem os mesmos efeitos que ocorriam naquela época.

Hipócrates (460-370 a.C), o pai da Medicina da antiga Grécia, em seu *Tratado de luxação de ombro*, coloca a massagem como recurso terapêutico de grande importância, citando inúmeras vezes a fricção, além de estabelecer o sentido das massagens como centrífuga ou centrípeta, ou seja, direcionar as manobras do coração para a periferia ou da periferia para o coração. Cita ainda o amassamento para articulações rígidas ou para articulações soltas.

Galeno (129-199 d.C.), célebre médico greco-romano, escreveu um livro sobre massagem, e Júlio César (100-44 a.C.) fazia-se massagear todos os dias por causa de seus ataques epilépticos. Belzunce (1964) cita que, "no ano 500 a.C., Heródico utilizava a massagem em todos os seus pacientes".

Segundo Nessi (2006), "temos infinidades de pessoas que sofrem com as dores miofasciais, dores lombares, dores ocasionadas por esforços repetitivos no trabalho. As afecções musculo-esqueléticas relacionadas ao trabalho poderiam ser tratadas facilmente por Hipócrates nos dias de hoje, com auxílio da massagem".

Austregésilo (1988) afirma que "os gregos e os romanos foram, sem dúvida, grandes conhecedores e praticantes da massagem, e a indicavam nos esportes e nos tratamentos das doenças".

É interessante a referência que Wood e Becker (1984) fazem sobre o objetivo da massagem, citando Avicenna (980-1037):

> O objetivo da massagem é dispersar os catabólicos formados nos músculos e não expelidos pelo exercício. A massagem faz com que os catabólicos usados sejam dispersos, removendo a fadiga.

Segundo Rumpler e Schutt (1993):

> O sueco Per Henrick Ling (1776-1839) desenvolveu a 'Massagem Sueca' que é considerada a forma clássica das massagens. Ele conhecia as massagens egípcias, romanas, gregas e chinesas. Em 1813, fundou em Estocolmo a primeira escola para massagistas. A partir da forma clássica que ensinou, surgiram muitos métodos diferentes.

Podemos encontrar diversos métodos de massagens, como o método alemão de Albert Hoffa (1859-1907), o método francês de Dispard e Tappan, o método norte-americano de Mitchell, Kellogg e Beard e o método inglês de Brundell.

Além das definições e indicações citadas pelos autores anteriores, Leitão (1970) cita Pemberton, que diz que "uma massagem vigorosa não dá lugar à formação de ácido lático, e, conseqüentemente, acidose, como acontece quando se realiza uma ginástica leve". É importante essa definição, porque mesmo estando por muito tempo em uma posição estática, produzimos substâncias tóxicas em nossa musculatura. Quando não arrumamos uma atividade física para eliminar essas substâncias tóxicas, a massagem exerce um papel importante para esse fim. Compreendendo os mecanismos de funcionamento da massagem, podemos aplicá-la com muito mais eficiência para produzir muitos benefícios fisiológicos, estruturais e psicológicos. Para qualquer grupo que vai organizar e desenvolver a atividade física adaptada, a massagem integrativa proporcionará benefícios, como citado por Pemberton: "o valor benéfico da massagem sobre os músculos, principalmente após exercícios excessivos, provinha como uma conseqüência do princípio da não-formação de acidose muscular ou formação de toxinas nocivas" (Nessi, 2006). Pemberton confirmava que a massagem por fricção ou vibração tinha um efeito magnífico sobre os músculos, porque atuava nos tecidos, produzindo uma melhora da circulação e aumentando a eliminação do ácido lático acumulado nos tecidos musculares.

Segundo Nessi (2006):

> A massagem desempenha um importante papel nas trocas nutritivas e gasosas entre a corrente sangüínea e os tecidos, melhorando desse modo o metabolismo. A massagem hoje é uma terapia de alívio, podendo ser utilizada a qualquer momento desde que feita com sabedoria. As pessoas naturalmente deixam-se ser tocadas, para que possam sentir o mundo a sua volta e perceber que estão vivas. A massagem é uma forma passiva de movimentar o corpo que pede movimento. Historicamente, a massagem estava presente entre os diversos grupos sociais, entre reis e rainhas, entre os filósofos, freqüentadores de saunas, entre os atletas, e hoje também faz parte do cotidiano das pessoas nas mais variadas classes socioeconômicas. Encontramos na massagem um instrumento útil para uma boa comunicação entre o corpo do massageado e sua mente. Autores modernos citam que a massagem tem influência não só sobre o corpo físico, mas mental e até espiritual.

Segundo Fritz (2000), a técnica do toque é a base das formas de trabalho corporal em tecido mole. O toque é a ferramenta para a massagem. A massagem consiste nas várias formas de toque para atingir um resultado específico. Esse tipo de toque pode ser considerado como toque técnico. Em termos de toque técnico, existe uma intenção terapêutica, que pode ser classificada de duas maneiras:

- Toque mecânico de um resultado anatômico ou fisiológico específico. Usar a massagem para aumentar a amplitude de movimento do ombro é um exemplo desse tipo de toque;
- Toque expressivo é aquele aplicado para dar suporte e comunicar consciência e empatia para o paciente como um ser global. Um exemplo disso é usar a massagem para o prazer e relaxamento geral a fim de dar conforto a um paciente após um dia especialmente duro no trabalho.

Podemos dividir os efeitos da massagem em reflexos (fisiológicos) e mecânicos. Os efeitos reflexos são os que vão atuar em nível periférico, como sobre a pele e sobre os receptores periféricos que transmitem a sensação de prazer e relaxamento.

Os efeitos mecânicos atuam sobre a circulação sangüínea tanto no retorno venoso, sobre a circulação arterial, como também na circulação linfática, uma vez que a movimentação com maior força, durante as manipulações, obedece ao sentido centrípeto (da extremidade para o coração).

Sobre os órgãos congestionados, a massagem atua sobre eles diminuindo a congestão e produzindo maior sensação de alívio. As pessoas em estado de tensão não conseguem manter um equilíbrio entre os sistemas do organismo. Quando tocadas de forma metódica, produzem esse equilíbrio.

Os efeitos fisiológicos da massagem, segundo Nessi (2006):

- fortificam a pele mediante movimentos constantes e rítmicos;
- estimulam a circulação dos fluidos sangüíneos, como o sangue e a linfa;
- melhoram a elasticidade mediante a manipulação dos tecidos corporais;
- reduzem a rigidez e imobilidade articular com a elasticidade aumentada dos músculos;
- observa-se o sistema nervoso funcionar mais harmoniosamente mediante a estimulação e o relaxamento;
- estimulam os órgãos internos, resultando no funcionamento aperfeiçoado;
- estimulam as glândulas direta ou indiretamente, para aprimorar o funcionamento ou o metabolismo corporal;
- dispersam o ácido lático;
- facilitam o crescimento;
- favorecem o relaxamento muscular;
- diminuem a fadiga muscular;
- melhoram a viscosidade entre as fáscias;
- estimulam a produção de elastina e colágeno;
- melhoram a circulação arterial e venosa;
- estimulam a atividade metabólica intersticial;
- amaciam a pele, deixando-a mais fina e brilhante;
- diminuem as aderências cutâneas;
- aumentam as trocas metabólicas e energéticas;
- contribuem na produção de endorfinas;
- auxiliam no aumento da resistência do organismo;
- equilibram o simpático e o parassimpático;
- aumentam a atenção e o aprendizado, com resultados positivos em pessoas com problemas de atenção;
- contribuem para pessoas com hiperatividade ou incapacidade de aprendizado;
- auxiliam o indivíduo a desenvolver as atividades sociais;
- ajudam a superar vícios, como o tabagismo;
- diminuem os sintomas pré-menstruais;
- reduzem a pressão sangüínea em hipertensos;
- abrandam a ansiedade;
- diminuem os níveis de hostilidade em indivíduos;
- auxiliam no raciocínio lógico;
- melhoram a apreensão manual;
- reduzem o estresse e substâncias nocivas presentes;
- contribuem para auto-estima;
- melhoram a imagem corporal;
- favorecem a utilização adequada do corpo para suas funções.

Por meio de seus benefícios estruturais, fisiológicos e psicológicos, podemos perceber a importância da massagem integrativa para a área esportiva, estética, terapêutica e laboral.

Com as pesquisas, podemos perceber que a massagem, quando aplicada antes de uma competição, deve ser suave e superficial, com duração curta. Deve ser encerrada pelo menos 30 minutos antes do início da competição, visto que tem seu efeito máximo 20 minutos após o encerramento.

A mesa segue um padrão de medida. Para saber sua medida, deve-se estar de pé, com os braços relaxados, com a mão direita mantendo uma dorsoflexão, com a palma da mão voltada para baixo horizontalmente. A linha da palma da mão é a altura ideal para a mesa em que se vai trabalhar.

Caso deseje trabalhar com colchonete, use sempre toalhas ou lençóis limpos para colocar sobre eles. É importante sempre utilizar o corpo durante a massagem, respeitando os princípios da biomecânica corporal.

A mesa de massagem ou a cadeira para massagem rápida devem estar em um local em que o profissional possa trabalhar em todas as posições e regiões anatômicas do paciente e tenha circulação livre para executar uma boa massagem. Sua postura durante a execução da massagem deve ser segura e confortável.

Uma música suave alegra sempre o ambiente, mas saber o gosto do paciente é muito importante para o relaxamento.

O óleo que será utilizado na massagem deve sempre ter algum perfume aromático, suave e que produza um efeito calmante. Aromas como camomila e lavanda são bem aceitos.

Sempre que se trabalhar sobre uma mesa de massagem, devem-se providenciar apoios de espuma ou pequenas almofadas para apoiar o paciente de forma bastante confortável. Caso ocorra algum desconforto durante o posicionamento do paciente, ele deve ser corrigido. Antes de iniciar a massagem, certifique-se de que suas mãos estão adequadas: unhas aparadas, sem objetos como relógio, anéis e pulseiras, que podem atritar com a pele do paciente. Lave sempre as mãos e braços antes e depois de aplicar a massagem. Mesmo que a massagem não necessite de óleo ou mesmo não tendo contato com a pele do paciente, as mãos devem ser lavadas.

Em ambientes abertos, em escritórios ou setores de produção, tente manter os olhos do paciente fechados, colocando uma pequena toalha sobre eles. Uma toalha úmida favorece a diminuição da circulação e pressão na vista, contribuindo para o relaxamento. Evite conversar durante a massagem. O que pode e deve ser feito é perguntar, em momentos diferentes, se a massagem está agradável. Com a resposta do massageado, é possível certificar-se da intensidade, ritmo e direção.

O tempo de aplicação da massagem depende do programa de Atividade Física Elaborada. O ideal é que a massagem seja praticada com o tempo mínimo de 20 minutos para que o massageado seja beneficiado pelas substâncias liberadas durante a massagem, como melatonina, endorfina e serotonina, entre outras. Mas esse tempo pode ser estendido quando a massagem é realizada no corpo inteiro: entre 50 e 60 minutos.

Uma regra importante é esquentar as mãos antes de iniciar a massagem. Uma vez iniciada a massagem, não se deve perder o contato com o massageado, mantendo o contato até o final da massagem.

Seqüência Padrão

Em decúbito dorsal: membro superior esquerdo, membro superior direito, abdômen, tórax, face, membro inferior esquerdo, membro inferior direito, mudança de decúbito.

Em decúbito ventral: membro inferior direito, membro inferior esquerdo, glúteos, costas, couro cabeludo.

Seqüência da massagem integrativa

Região das costas

Parte 1. Sem o uso de óleo ou creme, a massagem pode ser aplicada sobre uma mesa de massagem ou colchonete

1. Posicione o massageado de forma confortável em decúbito ventral, com apoio de espuma para que o rosto fique alinhado com a coluna vertebral. Algumas mesas já adaptadas têm um buraco no qual se pode colocar o rosto. Devem-se colocar também apoios para os tornozelos, diminuindo a extensão dos joelhos, e para a cintura pélvica, diminuindo a curvatura lombar, o que produz uma retificação da região.

2. Retire anéis, pulseiras e relógio. Devem-se aquecer as mãos, com movimento de fricção, até atingir uma temperatura agradável. Fique posicionado em frente à cabeça do massageado.

3. Coloque as mãos sobre as costas do massageado, sobre as escápulas, e mantenha por alguns segundos, para que a temperatura da região anatômica a ser trabalhada se aproxime da temperatura de suas mãos e vice-versa. Preste muita atenção a todas as posturas que você mantém enquanto faz a massagem: devem ser posturas confortáveis, em que você use seu próprio corpo para executar algumas manobras da massagem. Caso seja utilizada mesa de massagem, fique próximo à mesa, mantendo uma perna à frente para utilização de sua cintura escapular nos movimentos; caso seja em um colchonete, utilize o máximo da aproximação do corpo das mãos em execução, diminuindo os incômodos na região lombar; mantenha o olhar mais horizontal possível, o que elimina os incômodos da região torácica.

4. Com as mãos colocadas sobre a cintura escapular e com os dedos entreabertos, totalmente em contato com a região, faça movimentos circulares para direita, fazendo uma pressão suave enquanto movimenta a mão. Essa pressão não é feita com força dos braços, mas com o peso do corpo sobre os braços. Repita o mesmo movimento para a esquerda. A partir desse momento, todos os movimentos são executados de sete a doze vezes. Esses são os números ideais para trabalhar, favorecer a percepção agradável do movimento pelo massageado e diminuir a possibilidades de tensões ou algias nos membros superiores do massageador.

5. Balance. Ao balançar o corpo, ocorrem efeitos químicos e reflexos. Uma comunicação rápida entre o corpo e o cerebelo produz uma sensação calmante. Posicionando-se ao lado esquerdo do paciente, coloque a mão direita espalmada sobre a região lombo-sacral e a mão esquerda sobre a região cérvico-toráxica. Faça movimentos circulares para direita, iniciando com movimentos suaves, aumentando para um movimento mais rítmico com balanços. Repita o movimento para o lado esquerdo. Nesse momento, o paciente já mantém uma respiração que acompanha o ritmo da massagem. Agora, faça movimentos alternados com as mãos, entre puxar e empurrar. Nesse caso, como

2. Deslizamento em S, considerado um dos movimentos mais nobres da massagem, promove um relaxamento bastante profundo. Trabalha sobre os músculos mais superficiais, como trapézio, deltóide, infra-espinhoso, redondo menor e redondo maior, latíssimo do dorso, rombóide e oblíquo externo. Nesse momento, a massagem já está atuando sobre o sistema parassimpático e ocorre uma constrição dos bronquíolos e uma diminuição dos batimentos cardíacos, no estômago, além de um aumento da secreção, aumento da motilidade dos intestinos e estímulos sobre o cólon e bexiga. Lembrando os efeitos fisiológicos já citados, o deslizamento suave ajuda na lubrificação da região e aumenta a atenção do paciente para a região massageada. O deslizamento iniciase lento e suave, depois lento e profundo, rápido e profundo, terminando rápido e suave. Esse movimento começa com as mãos unidas, formando um triângulo entre os polegares e indicadores. Partindo com as mãos sobre a região cervicotorácica, deslize sobre a musculatura do trapézio e paravertebrais. Na região lombar, deslize as mãos para os lados, retornando lateralmente, passando sobre as costelas e escápulas e deslizando sobre todo o deltóide, quase elevando os ombros sobre a mesa. Termine na região cervical, posicionando as mãos para iniciar o movimento. Esse deslizamento pode ser feito entre 10 e 20 vezes.

3. Com as mãos fechadas, posicione as falanges proximais sobre o trapézio, deslizando-as sobre as costelas. As mãos trabalham simultaneamente ao deslizar. Retorne uma de cada vez.

4. Mantenha as mãos unidas como em prece, com as laterais das mãos sobre as costas e a coluna vertebral entre elas. Deslize com movimento profundo, ocasionando um esvaziamento da musculatura trabalhada, eliminando, dessa forma, todos os resíduos químicos e tóxicos produzidos nessa musculatura.

5. Posicione-se próximo ao deltóide do cliente. Com os polegares paralelos, massageie toda a borda medial da escápula, friccionando bem o músculo rombóide.

6. Massageie com os polegares de forma alternada as fibras musculares transversais na região torácica alta.

7. Com os polegares paralelos à coluna vertebral, inicie o movimento próximo às últimas vértebras cervicais. Friccione os polegares com movimentos curtos e eficientes até a região sacra, retornando com deslizamento bem suave sobre a coluna.

8. Faça massagem circular com os polegares sobre a musculatura paravertebral, no sentido crânio-sacro. Retorne suavemente com deslizamento sobre a coluna vertebral.

9. Massageie a musculatura paravertebral, com os dedos e a base da mão. Trabalhe ambas as mãos com movimentos alternados. Retorne as mãos para o início do movimento com deslizamento suave sobre as costelas.

10. *Fricção aquecedora*. Com as mãos espalmadas sobre as escápulas, inicie um movimento suave e longo com toda a extensão de seus braços. Movimentar sua cintura pélvica durante o início da fricção é muito importante, porque a massagem mantém por muito tempo os membros inferiores estáticos. Aos poucos, aumente a velocidade da

fricção até promover um bom calor sobre a pele do paciente. Deve ser feita a fricção sobre toda a região exposta e trabalhada, primeiramente no centro próximo à coluna, depois mais ao lado sobre as costelas e lateralmente a elas.

11. *Deslizamento transverso*. Após terminar a fricção aquecedora, inicie um movimento de deslizamento transverso das mãos, partindo da região da cintura escapular em direção à cintura pélvica, deslizando a mão esquerda ao fazer toda a extensão. Retire a mão esquerda somente quando iniciar o movimento com a mão direita.

12. O deslizamento transverso sobre a região lombar é feito com as mãos espalmadas sobre a região lombar, alternando o movimento. Primeiro, é feito sobre um lado, depois sobre o outro.

13. *Amassamento*. Esse movimento consiste em amassar o tecido conjuntivo da região, quebrando as moléculas de toxinas, o que libera as fáscias subcutâneas. O movimento das mãos é rítmico perfeito e sincronizado. Com umas das mãos, deve-se pegar o tecido da região, formando uma grande prega; com a outra mão, tente segurar e amassar essa mesma grande prega.

14. Amassamento da região torácica. Movimento feito conforme orientação anterior.

15. Amassamento da porção superior do trapézio. Primeiro, trabalhe um lado, depois o outro. Como o trapézio é um músculo forte e próximo ao sistema nervoso central, recebe sempre todas as tensões, precisando de um bom e prolongado trabalho de amassamento.

16. Amassamento dos músculos da região posterior do pescoço.

17. Percussão sobre a mão espalmada. Para atuar sobre os órgãos internos e como ação reflexa, com uma mão espalmada sobre as costelas deslize da região anterior para a posterior, e, simultaneamente, faça percussão com a outra mão fechada. Esse movimento é feito somente sobre as costelas.

18. Deslizamento em T é feito partindo da região lombar no sentido sacrocranial, um movimento suave que desliza paralelamente à coluna vertebral. Quando chega à região torácica, desliza para os ombros.

19. Deslizamento do ombro para escápula, muito relaxante, atua sobre o plexo nervoso braquial, aumentando sua ação antiestresse.

20 Beliscamento. Exerce uma ação estimulante sobre o sistema nervoso periférico que acentua a atividade simpática do sistema nervoso autônomo. No início da massagem, ocorre uma ação sobre o parassimpático; nesse momento, sobre o simpático. Desse modo, é possível manter um equilíbrio na ação do sistema nervoso central. Você deve ficar ao lado do paciente e pode começar sobre a região superior da região torácica. Forme uma prega e solte imediatamente, em um movimento rápido de pegar e soltar. É um movimento bastante relaxante e prazeroso.

21. *Percussão*. Tem o mesmo efeito estimulativo do beliscamento, sendo um movimento rápido e rítmico. Atua sempre em regiões com estruturas ósseas abaixo da musculatura. Na região posterior do tronco, não é feito na região lombar, mas sobre toda a região torácica.

22. *Tapotagem ulnar*. Com os dedos entreabertos, realize um movimento rápido de punho, porém com batidas suaves com a região lateral das mãos e do dedo mínimo. Geralmente, tentamos seguir a direção das fibras musculares em toda a região massageada.

23. *Percussão palmar*. De todas as percussões, é a que tem ação mais forte e estimulante. A mão deve estar em forma de concha. Suas batidas rápidas devem produzir um som opaco. Nesse momento da massagem, a respiração do paciente tende a ser mais rápida e a freqüência cardíaca, a subir. Após o término das percussões, faça um deslizamento suave por toda a região que foi massageada.

24. Mantenha uma das mãos sobre a região das costelas inferiores. Com a outra mão, forme uma coroa com a mão mantendo os dedos firmes e deslize sobre o couro cabeludo. Desperte seu cliente, peça para que ele abra os olhos devagar. Aos poucos, movimente as mãos, os dedos, os pés, os braços e as pernas. Auxilie seu cliente a levantar de forma adequada. Lembre-se de que a ação da massagem ainda ocorre após seu término.

Região Anterior – Preparação – Massagem de Pressão sobre as Articulações

Sem óleo ou creme massageado em decúbito dorsal

1. Após posicionar o massageado com o apoio abaixo da região poplítea, coloque os braços estendidos ao lado do corpo. A cabeça do massageado deve se manter apoiada confortavelmente.

2. Retire anéis, pulseiras e relógio. Aqueça bem as mãos até atingir um calor agradável. Coloque inicialmente sobre o punho do membro superior esquerdo. Assim, você estará posicionado de frente para o lado esquerdo do massageado.

3. A massagem será executada com movimentos suaves e crescentes de pressões sobre as articulações.

Veja a seqüência abaixo:

Posição Decúbito Dorsal

- MSE: punho, cotovelo, ombro. Passa-se para o outro lado sem perder o contato com o massageado;
- MSD: punho, cotovelo, ombro. Volta-se para o lado esquerdo. Essa passagem de um lado para o outro é realizada próxima à cabeça do massageado;
- MIE: tornozelo, joelho e coxofemoral. Passa-se para o outro lado. Nesse caso,

a passagem é realizada próximo aos pés do massageado;

- MID: tornozelo, joelho e coxofemoral. Unindo os polegares, posicione-se sobre a região diafragmática e auxiliar na inspiração e expiração. O massageado muda de decúbito para ventral;
- MID: tornozelo, joelho e coxofemoral. Passa-se para outro lado;
- MIE: tornozelo, joelho, coxofemoral. Volta-se para a região superior;
- MSE: punho, cotovelo, ombro. Nessa posição, mantém-se a palma da mão do massageado para cima. Passa-se para o outro lado;
- MSD: punho, cotovelo, ombro.

A massagem é encerrada com as mãos espalmadas nas regiões cervicotorácica e lombossacral, com movimentos de balanceios.

Bem devagar, o massageado desliza todo o corpo e flexiona o joelho até se colocar sentada sobre os próprios calcanhares. Pode-se despertá-la por meio de rolamentos nos MMSS e tronco, de maneira suave e agradável.

Região das mãos – Massagem Reflexa nas Mãos

Sem óleo ou creme massageado em decúbito dorsal

1. Após posicionar o massageado com o apoio abaixo da região poplítea, coloque os braços estendidos ao lado do corpo. A cabeça do massageado deve se manter apoiada confortavelmente.

2. Retire anéis, pulseiras e relógio. Aqueça bem as mãos até atingir um calor agradável. Coloque-as, inicialmente, sobre o punho do membro superior esquerdo. Dessa forma, você estará posicionado de frente para o lado esquerdo do massageado, e seu rosto deve estar direcionado para o rosto do massageado. Coloque uma toalha sobre os olhos dele.

3. A massagem será executada com movimentos suaves e amplos. Começa-se com movimentos circulares para ambos os lados das articulações interfalangeanas ou circundução. Colocando o dedo do massageado entre o anel formado com todos os dedos de sua mão, massageie com torções em toda a extensão do dedo. Repita esse processo, iniciando pelo dedo mínimo e encerrando no polegar.

4. Colocando os dedos mínimos intercalados com polegar e dedo mínimo do massageado, posicione os polegares no centro da palma da mão e demais dedos no dorso da mão. Assim, massageie toda a palma da mão com pressão agradável.

5. A mão de ação é sempre a que está mais próxima da cabeça do massageado. Coloque então os dedos intercalados com os do massageado, e o polegar bem no centro da palma da mão. A outra mão que está livre é a mão de apoio, que fica posicionada no dorso da mão do massageado.

6. Coloque os dedos polegares sobre o punho e os dedos indicadores sob o punho; com os demais dedos, é favorecido um balanceio agradável de soltura do punho.

7. Segurando o punho firmemente com ambas as mãos como um pássaro que fecha suas asas,

Dougans, I.; Ellis, S. **Um guia passo a passo para a aplicação da reflexologia**. São Paulo: Cultrix, 1996.

Engel-Arieli, S. L. **Como funciona o seu corpo**. São Paulo: Quark Books, 1998.

Engelhardt, L. **Terapia da aceitação**. 3. ed. São Paulo: Paulus, 1992.

Feliciano, A.; Campadello, P. **Reflexologia energética** – massagem para os pés. São Paulo: Madras, 1999.

Fonseca, D. **Manual básico de massagens**. São Paulo: Nova Sampa Diretriz, 1998.

Fu, W. **Metodos chinos de masoterapia**. Pequim: Ediciones en Lenguas Extranjeras, 1995.

Gagey, P. M.; Weber, B. **Posturologia**: regulação e distúrbios da posição ortostática. 2. ed. Barueri: Manole, 2000.

Gallego, V. **El masaje terapéutico y deportivo**. Madrid: Mandala, 1996.

______; Crespo, J. **El masaje transverso profundo**. Madrid: Mandala, 1994.

Garaudy, G. **Massagem e automassagem**. São Paulo: Oriental e Ocidental Hemus, 1985.

Gelb, M. **O aprendizado do corpo** – introdução à técnica de Alexander. São Paulo: Martins Fontes, 1987.

Gold, R. **Massagem Tai**: uma técnica médica tradicional. Barueri: Manole, 2000.

Goosmann-Legger, A. I. **Reflexoterapia**: usando massagem nos pés. Barueri: Agora, 1997.

Gunther, B. **Sensibilidade e relaxamento**. São Paulo: Brasiliense, 1979.

Haetinger, M. G. **Criatividade**: criando arte e comportamento. Porto Alegre: M. Haetinger, 1998. (Coleção Criar).

Hollis, M. **Massagem para terapeutas**. São Paulo: Manole, 1990.

Homem, F. V. **Manual de massagem**. Lisboa: Progresso, 1972.

Horn, S. **Técnicas de relaxamento**. São Paulo: Cultrix, 1989.

Houston, F. M. **Benefícios terapêuticos da acupressura**: acupuntura sem agulhas. São Paulo: Pensamento, 1996.

Jarney, C.; Mojay, G. **Shiatsu**: um guia completo. São Paulo: Pensamento, 1990.

LaHaye, T. **Por que agimos como agimos?** 3. ed. São Paulo: Abba, 1999.

Lundberg, P. **O livro do shiatsu**: vitalidade e saúde por meio da arte do toque. São Paulo: Manole, 1998.

Luppi, D.; Rocha, R. A. **Praticando qualidade**. 2. ed. Belo Horizonte: Sebrae, 1998.

Kaltenborn, F. M. et al **Mobilização manual das articulações**: método Kalterborn de exame e tratamento das articulações. v. 1. Extremidades. 5. ed. Barueri: Manole, 2001.

Keating, K. **A terapia do abraço**. São Paulo: Pensamento, 1996.

Marfort, J. E. **Manuel theorique et pratique de massage et de gymnastique medicale suedoise**. 4. ed. Paris: Vigot Frères Éditeurs, 1921.

Marinho Júnior, R. **Fisiologia das emoções**. São Paulo: Sarvier, 1975.

McArdle, W. D. **Fisiologia do exercício**: energia, nutrição e desempenho humano. 3. ed. Rio de Janeiro: Guanabara Koogan, 1991.

McClure, V. S. **Massagem infantil**: um guia para pais carinhosos. Rio de Janeiro: Record, 1995.

MENDONÇA, M. E. **Ginástica holística**: história e desenvolvimento de um método de cuidados corporais. São Paulo: Summus, 2000.

METZNER, K. **O poder do toque**: Shiatsu Kuarup. Porto Alegre: [s.e], 1997.

MITCHELL, S. **A massagem terapêutica**: medicinas alternativas. Lisboa: Estampa, 1994.

MITCHELL, S. **Massage**: A Practical Introduction Health Essentials. 3. ed. Rockport: Element, 1997.

MONTEIRO, J. **O sentido da auto-estima nas relações interpessoais**. São Paulo: J. Monteiro, 2000.

MOTZ, J. **Mãos de vida**. São Paulo: Cultrix, 2000.

NESSI, A. **Massagem antiestresse** – uma abordagem teórica e prática para o bem-estar. 3. ed. São Paulo: Phorte, 2006.

ORSI, R. M. **Massagem** – a terapia dos deuses – elementos de massoterapia. São Paulo: Ágora, 1985.

PEREIRA, G. **Shiatsu**: técnica de massagem terapêutica. 4. ed. São Paulo: Sol Nascente, [S.d].

PONTES, D. **Harmonia do corpo**: exercícios, massagens e toques para a saúde. São Paulo: Paulinas, 1988.

POOLEY, N. **Shiatsu**. Guia prático (sementes do saber). São Paulo: Callis, 1999.

QUEIROZ, G. J. P. **O equilíbrio do temperamento através da música**. São Paulo: Cultrix, 1997.

REIMÃO, R. **Sono, sonho e seus distúrbios**. São Paulo: Frôntis, 1999.

RIO, R. P. **Ergonomia**: fundamentos da prática ergonômica. 2. ed. Belo Horizonte: Health, 2000.

ROBBINS, S. L.; COTRAN, R. S.; KUMAR, V. **Fundamentos de patologia estrutural e funcional**. 2. ed. Rio de Janeiro: Guanabara Koogan, 1996.

ROTHENBERG; B.; ROTHENBERG, O. **Toque para treinamento de força**. São Paulo: Manole, 1999.

RUFFIER, J. E. **Guia prático de massagem**: indicações e prática das diversas massagens: higiênica, médica, estética, automassagem, ginástica passiva. 5. ed. Rio de Janeiro: Record, 1996.

RUMPLER, B.; SCHUTT, K. **Guia prático das massagens**. Lisboa: Presença, 1993. (Coleção Habitat).

SCHWOPE, F. **El masaje en el deporte**. Barcelona: Hispano Europea, 1994.

SHEN, P. **Massagem para alívio da dor passo a passo**. São Paulo: Manole, 1999.

SOUZA, M. **Matheus de iniciação à quiropatia**. São Paulo: Ibraqui, 1987.

STRUNA, M.; CHURCH, C. **Automassagem**: Técnicas de Toque para relaxar, acalmar e estimular seu corpo. Rio de Janeiro: Civilização Brasileira, 1984.

TAKAONO, W. **Do-In aliviando a dor com a pressão dos dedos** – massagens. 3. ed. Porto Alegre: Rígel, 2000.

VARGAS, A. **Reflexões sobre o corpo**. Rio de Janeiro: Sprint, 1998.

WEIL, P.; TOMPAKOW, R. **O corpo fala a linguagem silenciosa da comunicação não verbal**. 5. ed. Petrópolis: Vozes, 2000.

WOOD, E. C.; BECKER, P. D. **Massagem De Beard**. 3. ed. São Paulo: Manole, 1984.

YAMAMOTO, S. **Shiatsu dos pés descalços**. São Paulo: Ground, 1979.

Sobre o Livro
Formato: 21 x 28 cm
Mancha: 15,5 x 22 cm
Tipologia: ZapfHumnst BT
Papel: couché 115 g
nº de páginas: 456
1ª edição: 2008

Equipe de Realização
Edição de Texto
Talita Gnidarchichi (Editorial)
Nathalia Ferrarezi (Copidesque)
Renata Sangeon (Revisão)

Editoração Eletrônica
Renata Tavares (Capa, Projeto Gráfico e Diagramação)
Ricardo Howards (Capa e Ilustrações)

Impressão
Gráfica Ideal